Técnicas de DJ Para leigos

Ser disc-jóquei é instigante, criativo e gratificante. Os DJs têm a missão de entreter e tocar ótimas músicas. Esta Folha de Cola oferece dicas e informações para ajudá-lo a ser DJ com suas melhores habilidades.

ITENS PARA QUANDO VOCÊ FOR UM DISC-JÓQUEI

Você deseja viajar com pouca bagagem quando for DJ, mas também não quer esquecer nenhum item essencial. Imprima e fixe esta lista na porta para que nunca se esqueça das coisas importantes!

- **Discos/CDs/laptop/disco rígido/pen drives.** Lembre-se de sua música e de algo para limpar os discos ou CDs.
- **Fones de ouvido e forro para o prato do disco.** Nem todas as discotecas têm. Lembre-se do adaptador do fone de ouvido (plugue P2 para P10) também!
- **Gravador digital/CD em branco.** Tente gravar tudo o que você faz para ter uma referência.
- **CDs/pen drives demo.** Você nunca sabe quando a pessoa certa pedirá uma demo.
- **Ferramentas.** Um pequeno conjunto de chaves de fenda e uma fita isolante podem salvar a noite.
- **Caneta e papel.** Para os pedidos, bebidas e para dar e pegar números de telefone.
- **Algo para beber (sem álcool).** Um energético irá mantê-lo acordado durante a noite.
- **Algo para comer.** Você pode devorar jujubas ou uma barra de cereais entre as mixagens.
- **Chaves do carro e de casa.** Não ria, você pode tê-las esquecido antes. Não tem nenhuma graça.
- **Cartões de visita.** Mantenha seus cartões de visita na carteira para que eles fiquem à mão para dar às pessoas interessadas.
- **Uma coletânea relaxante na volta para a casa.** Para se acalmar depois da melhor noite de sua vida.

COMO CALCULAR AS BATIDAS POR MINUTO DE UMA MÚSICA E AJUSTAR A ALTURA DO SOM

As batidas por minuto (BPMs) são um modo de medir o andamento de seus discos. O nome é claro: BPM é o número de batidas que ocorrem em um minuto. Conte quantas batidas são feitas em 30 segundos. Se você contou a primeira batida quando iniciou sua observação, subtraia 1, então, dobre o resultado. Se você não contou a primeira batida, simplesmente dobre o valor. Isto é sua BPM.

Quando você tenta combinar a batida de dois discos diferentes, conhecer a BPM de cada música ajuda a fazer uma boa adivinhação sobre quanto é preciso ajustar o controle de andamento do som (que é o que você usa para fazer as batidas do ritmo de suas músicas tocarem na mesma velocidade).

Se você não quiser adivinhar e preferir calcular a quantidade para mudar o controle de andamento do som com mais precisão, use a seguinte fórmula para planejar quanto um ajuste no controle de andamento mudará a BPM original:

$$(\text{BPM original} \times \text{mudança de andamento do som}) / 100 = \text{mudança da BPM}$$

Por exemplo, uma música com 130 BPM e um aumento de 5% no andamento do som seria:

$$(130 \times 5) / 100 = 6{,}5 \text{ BPM}$$

Técnicas de DJ

para **leigos**

Técnicas de DJ para leigos

Tradução da 3ª Edição

John Steventon
DJ

Phil Morse
Editor e consultor digitaldjtips.com

ALTA BOOKS
E D I T O R A
Rio de Janeiro, 2016

Técnicas de DJ Para Leigos®
Copyright © 2016 da Starlin Alta Editora e Consultoria Eireli. ISBN: 978-85-508-0009-7

Translated from original DJing For Dummies®, 3rd Edition by John Steventon. Copyright © 2014 by John Wiley & Sons, Inc. ISBN 978-1-118-93728-0. This translation is published and sold by permission of John Wiley & Sons, Inc., the owner of all rights to publish and sell the same. PORTUGUESE language edition published by Starlin Alta Editora e Consultoria Eireli, Copyright © 2016 by Starlin Alta Editora e Consultoria Eireli.

Todos os direitos estão reservados e protegidos por Lei. Nenhuma parte deste livro, sem autorização prévia por escrito da editora, poderá ser reproduzida ou transmitida. A violação dos Direitos Autorais é crime estabelecido na Lei nº 9.610/98 e com punição de acordo com o artigo 184 do Código Penal.

A editora não se responsabiliza pelo conteúdo da obra, formulada exclusivamente pelo(s) autor(es).

Marcas Registradas: Todos os termos mencionados e reconhecidos como Marca Registrada e/ou Comercial são de responsabilidade de seus proprietários. A editora informa não estar associada a nenhum produto e/ou fornecedor apresentado no livro.

Impresso no Brasil — 1ª Edição, 2016 - Edição revisada conforme o Acordo Ortográfico da Língua Portuguesa de 2009.

Obra disponível para venda corporativa e/ou personalizada. Para mais informações, fale com projetos@altabooks.com.br

Produção Editorial Editora Alta Books	**Gerência Editorial** Anderson Vieira	**Marketing Editorial** Silas Amaro marketing@altabooks.com.br	**Gerência de Captação e Contratação de Obras** J. A. Rugeri autoria@altabooks.com.br	**Vendas Atacado e Varejo** Daniele Fonseca Viviane Paiva comercial@altabooks.com.br
Produtor Editorial Thiê Alves	**Supervisão de Qualidade Editorial** Sergio de Souza			**Ouvidoria** ouvidoria@altabooks.com.br
Produtor Editorial (Design) Aurélio Corrêa				

Equipe Editorial	Bianca Teodoro Christian Danniel	Claudia Braga Juliana de Oliveira	Renan Castro	

Tradução Patrícia Chaves Eveline Vieira Machado	**Revisão Gramatical** Fátima Chaves	**Revisão Técnica** Wagner Fester DJ e professor de técnicas de DJ	**Diagramação** Joyce Matos	

Erratas e arquivos de apoio: No site da editora relatamos, com a devida correção, qualquer erro encontrado em nossos livros, bem como disponibilizamos arquivos de apoio se aplicáveis à obra em questão.

Acesse o site www.altabooks.com.br e procure pelo título do livro desejado para ter acesso às erratas, aos arquivos de apoio e/ou a outros conteúdos aplicáveis à obra.

Suporte Técnico: A obra é comercializada na forma em que está, sem direito a suporte técnico ou orientação pessoal/exclusiva ao leitor.

Dados Internacionais de Catalogação na Publicação (CIP)
Vagner Rodolfo CRB-8/9410

S843t   Steventon, John

     Técnicas de DJ para leigos / John Steventon ; traduzido por Eveline Vieira Machado. - 3 ed. - Rio de Janeiro : Alta Books, 2016.
     432 p. ; 17cm x 24cm.

     Tradução de: DJing For Dummies
     Inclui índice.
     ISBN: 978-85-508-0009-7

     1. Música. 2. DJ 3. DJ – Técnicas e ferramentas. I. Machado, Eveline Vieira. II. Título.

                                                                           CDD 786.7
                                                                           CDU 78.07

Rua Viúva Cláudio, 291 — Bairro Industrial do Jacaré
CEP: 20.970-031 — Rio de Janeiro (RJ)
Tels.: (21) 3278-8069 / 3278-8419
www.altabooks.com.br — altabooks@altabooks.com.br
www.facebook.com/altabooks — www.instagram.com/altabooks

Sobre o Autor

John Steventon, também conhecido como Recess, transformou-se de frequentador de discotecas a DJ aspirante pelo "Ibiza Essential Mix" da BBC Radio 1 em 1996. Fascinado por aquilo que ouvia, ele comprou dois toca-discos de segunda mão, a coleção de discos de seu melhor amigo e começou a seguir o sonho de se tornar seu mais novo herói, Sasha.

Sem nenhum outro recurso disponível quando começou a ser, pela primeira vez, disc-jóquei, John fazia anotações, escrevendo artigos para consultar quando sentisse que precisava de ajuda. Juntar-se à revolução da internet significou 15 megabytes de espaço livre na web, e como ele já tinha escrito anotações sobre aprender como ser DJ, John achou que seria bom compartilhar essas informações com o resto da web. Ele criou o personagem "Recess" e expandiu o site quando seu conhecimento aumentou. Originalmente um site pequeno e básico, o www.recess.co.uk (conteúdo em inglês) cresceu com os anos, em tamanho e reputação, para se tornar um dos principais recursos online para aprender a ser DJ — o lugar para onde vão os novos DJs.

Tendo desenvolvido uma carreira como editor de TV ao mesmo tempo, agora editando na BBC da Escócia, ele diminuiu o tempo passado como disc-jóquei em discotecas, mas o *Recess* está sempre online para ajudar o novo DJ a superar os primeiros obstáculos e oferecer conselhos para aqueles que precisam de um pouco mais de confiança.

John é quarentão, passa bastante tempo fazendo exercício em seu aparelho de remada, é casado com Julie e eles vivem com suas filhas, gatos e um sorriso no subúrbio de Glasgow, Escócia. Ele ainda se considera um DJ aspirante.

Dedicatória

Este livro é dedicado a meu pai, Richard Steventon, que tenho certeza que teria se divertido ao ver seu filho escrever um livro.

À Julie: você ainda é minha melhor amiga, esposa, sorriso; sem você, eu estaria pela metade. Você é minha lagosta. Ao Jaime: meu turbilhão de energia e poço sem fundo de diversão. E para esta terceira edição, um novo acréscimo: à Holly Steventon, é incrível ver seu desenvolvimento. Sempre se lembre que é divertido ser a mais jovem. Apenas não enfie um garfo nos olhos de sua irmã mais velha... como eu fiz com a minha...

Agradecimentos do Autor

Minha lista de agradecimentos é surpreendentemente longa, mas são as pessoas sem as quais este livro não teria sido inspirado, criado ou chegado a ser terminado!

Obrigado a Graham Joyce, que me vendeu sua coleção de discos e iniciou-me nesta jornada, que fez minha primeira mudança indireta e levou-me ao lugar onde eu finalmente encontrei minha maravilhosa esposa. Minha irmã, Pamela Steventon, que afirma que se não fosse por ela, eu não teria feito amizade com Graham e, portanto, é responsável por tudo de bom em minha vida! Minha mãe, Mary Steventon, por ser minha mãe e por ajudar com a precisão do texto neste livro (mesmo que ela NÃO tivesse ideia do que significava). Meu tio, David Steventon, por disseminar a semente de que, talvez, as pessoas achariam meu texto interessante; a meus adoráveis cunhados, Jim (desculpe, "Sr."), Margaret (a rainha da lasanha) e Vicki Tuley, por entreter Julie enquanto eu passei meses escrevendo este livro; Carol Wilson, por assegurar que eu não estava abandonando o resto de minha vida; e Lucky, Ziggy e Ozzy por serem meus companheiros de escrita.

Todos os rapazes do pôquer, por me deixarem soltar fumaça até às 7h da manhã tentando tirar o dinheiro deles. Toda a equipe e DJs no que costumava ser o Café Cini em Glasgow, onde fiz minha mudança como DJ, Graham Angus por me lembrar como é instigante tentar ser DJ e Paul Crabb pela inspiração e distração. (Eu sei, ainda não consigo acreditar que eu escrevi um livro antes de você!) Este livro não teria tido metade das informações que tem se não fosse pelas pessoas a seguir ajudando-me, e gentilmente me dando permissão para reutilizar as imagens de seu equipamento: David Cross na Ableton, Adam Peck na Gemini, Stephanie Lambley da Vestax Images, Sarah Lombard na Stanton, Tara Callahan na Roland, Mike Lohman na Shure, Sarah O'Brien na PPLUK, Carole Love na Pioneer, Grover Knight na Numark, David Haughton na Allen & Heath,

Wilfrid na Ortofon, Justin Nelson na JGWave, Ryan Sherr na PCDJ, Laura Johnston na Panasonic, Jeroen Backx na Freefloat, todos na Etymotic, NoiseBrakers, Sony e Denon, Mark Davis da Harmonic-mixing.com, Yakov V na Mixedinkey.com por sua ajuda com o Harmonic Mixing Info, Phil na Digital TJTips.com, todos os visitantes do meu site Recess e a todas as outras pessoas que tocaram todas as edições deste livro de alguma maneira — não é possível citar todas, mas obrigado a vocês.

E, finalmente, da Wiley, Rachael Chilvers, cujo suporte, compreensão e encorajamento tornaram um prazer escrever as duas primeiras edições deste livro e Iona Everson, que foi muito paciente ao segurar minha mão durante a terceira edição.

Ufa... mal posso esperar por meu discurso no Oscar!!

Obrigado por ler este livro. Boa sorte e mantenha as batidas com precisão.

Sumário Resumido

Introdução 1

Parte 1: Começando a Conhecer as Técnicas de DJ.........5

CAPÍTULO 1: Contaminando-se com a Febre do DJ 7

CAPÍTULO 2: Começando com o Básico 15

CAPÍTULO 3: Comprando o Equipamento 29

CAPÍTULO 4: Retrô Chic ou PC Geek? Comprando Discos,
CDs e Arquivos Digitais de Música 45

Parte 2: Abastecendo Sua Caixa de Ferramentas de DJ...59

CAPÍTULO 5: A Revolução Tecnológica: Opções de Formatos 61

CAPÍTULO 6: Enfeitando com os Toca-discos 77

CAPÍTULO 7: Aperfeiçoando Seus Aparelhos: Plataformas Deslizantes e Agulhas... 99

CAPÍTULO 8: Girando com CDs..111

CAPÍTULO 9: Bits e PCs: DJ Digital................................... 129

CAPÍTULO 10: Agitando com os Mixers 149

CAPÍTULO 11: Conselho Ensurdecedor sobre Não Acabar
com Seus Ouvidos: Fones de Ouvido 167

CAPÍTULO 12: Deixando Seus Vizinhos Saberem que Você É DJ: Amplificadores... 177

CAPÍTULO 13: Plugando, Ligando: Configuração e Conexões.................. 187

Parte 3: Mixagem.. 203

CAPÍTULO 14: Entendendo o Básico da Mixagem........................ 205

CAPÍTULO 15: Escolhendo a Batida. Estrutura da Música 231

CAPÍTULO 16: Mixando como os Profissionais........................... 243

CAPÍTULO 17: Scratch Lírico.. 265

Parte 4: Sendo Notado e Tocando ao Vivo................ 289

CAPÍTULO 18: Criando um Conjunto Imbatível 291

CAPÍTULO 19: Criando uma Ótima Demo............................... 309

CAPÍTULO 20: Ocupando-se Disso: Trabalhando como DJ 333

CAPÍTULO 21: Encarando a Música: Tocando ao Vivo 345

Parte 5: A Parte dos Dez...................................... 365

CAPÍTULO 22: Dez Recursos para Expandir Suas Habilidades e Fãs............. 367

CAPÍTULO 23: Dez Respostas para as Perguntas dos DJs que
Você Tem Medo de Fazer...................................... 375

CAPÍTULO 24: Dez Ótimas Influências sobre Mim............................ 385

CAPÍTULO 25: Dez Erros dos DJs a Evitar................................. 393

CAPÍTULO 26: Dez Itens para Levar ao Trabalhar como DJ..................... 399

Índice.. 405

Sumário

INTRODUÇÃO 1
    Sobre Este Livro 1
    Penso que... 2
    Ícones Usados Neste Livro 2
    Além Deste Livro 3
    De Lá para Cá, Daqui para Lá 3

PARTE 1: COMEÇANDO A CONHECER AS
              TÉCNICAS DE DJ 5

CAPÍTULO 1: **Contaminando-se com a Febre do DJ** 7
    Descobrindo os Fundamentos da Arte do DJ 8
        Researching 8
        Fazendo amizade com sua carteira 9
        Conhecendo sua música 10
        Pesquisando e descobrindo 10
        Conectando seu equipamento 11
    Ser DJ Requer Paciência e Prática 11
    Trabalhando como DJ 13

CAPÍTULO 2: **Começando com o Básico** 15
    Fazendo uma Lista e Checando Duas Vezes 16
    Considerando os Dispositivos de Entrada 16
        Sobre os toca-discos 17
        Decisões sobre CD-players 19
        Refletindo sobre MP3s e PCs 20
    Uma Caixa para Controlar Tudo 21
    Monitorando Sua Música com Fones de Ouvido 22
    Energizando o Equipamento com Amplificadores 23
    Adaptando o Mobiliário 24
        Pensando em ergonomia e estabilidade 24
        Mesinhas, prateleiras, suportes etc. 25
        Anulando as vibrações com tijolos e ar. 25
    Posicionando Seu Equipamento de DJ 26

CAPÍTULO 3: **Comprando o Equipamento** 29
    Fazendo um Balanço Antes de Comprar 30
        Experimentando antes de comprar 30
        Dentro do orçamento 31
        Passando para o DJ digital 32
    Comprando Aparelhos Novos em Folha 33
        Visitando as lojas físicas 33

Optando por comprar online 34
Comprando de Segunda Mão. 35
Fazendo ofertas em sites de leilões. 36
Esquadrinhando os jornais 37
Verificando se o Seu Equipamento Funciona. 37
Examinando os cabos 38
Testando toca-discos e pratos giratórios 38
Examinando CD-players. 40
Monitorando mixers. 41
Avaliando fones de ouvido 43
Sondando amplificadores e caixas de som 43

CAPÍTULO 4: Retrô Chic ou PC Geek? Comprando Discos, CDs e Arquivos Digitais de Música 45

Pesquisando e Comprando Suas Músicas 46
Comprando arquivos digitais 46
Comprando CDs e discos de vinil. 47
Escolhendo o que comprar. 50
Notícias e resenhas 50
Uma rede emaranhada 51
Considerando entre Música Antiga e Moderna 51
Protegendo Seus Discos e CDs. 53
Armazenando discos 53
Limpando CDs, discos e agulhas 53
Restaurando discos de vinil. 54
Consertando discos e CDs deformados 55
Consertando CDs riscados/rachados 56
Fazendo backup de coletâneas digitais 57

PARTE 2: ABASTECENDO SUA CAIXA DE FERRAMENTAS DE DJ 59

CAPÍTULO 5: A Revolução Tecnológica: Opções de Formatos . . 61

Os Concorrentes 62
Descobrindo Sua Música 62
Girando os pratos. 62
Polindo as opções de CD. 64
Digital — todas as músicas, a noite toda 66
Escolhendo Som Analógico ou Digital 68
Mecânica: O Meu Jeito É o Melhor! 69
O vinil é esteticamente mais agradável. 69
Virando a mesa (e girando os pratos) com os controladores. . . 71
Toca-discos e discos são pesados e desajeitados 72
Toca-discos não têm efeitos embutidos. 73
No CD você não vê a música. 73
Não existem mais toca-discos nos clubes 74
Toca-discos são mais caros que CD-players 74

xii   Técnicas de DJ Para Leigos

CAPÍTULO 6: Enfeitando com os Toca-discos 77

Evitando Toca-discos Baratos 78
   Indo na direção certa 78
   Tomando cuidado com o design do controle de
     andamento do som 80
Identificando os Principais Recursos do Toca-discos 81
   Iniciar/parar 81
   Ligar/desligar 81
   Luz estroboscópica 81
   Pratos 82
   33/45/78 rpm 82
   Luz de destino 82
   Controle de andamento do som 83
   Ajuste do contrapeso/altura 85
   Antirresvalo 85
   Proteção de plástico/cápsula removível 86
   Adaptador de 45 rpm 86
Personalizando Seu Som com Recursos Avançados do Toca-discos .. 86
   Opções da faixa de frequências do som 87
   Deslocamento do andamento do som e controle joystick 88
   Redefinição do ritmo/trava de quartzo 89
   Master tempo/trava 89
   Tela digital do andamento do som 90
   Freio ajustável para iniciar/parar 90
   Reprodução reversa 91
   Braços com formas diferentes 91
   Cabeamento removível 91
   Saídas digitais 92
   Batalha ou design da boate 92
   Controles MIDI 92
Preparando os Toca-discos 93
   Dolacha 93
   Braço 94
   Periféricos 96
Consertando Seus Toca-discos 96

CAPÍTULO 7: Aperfeiçoando Seus Aparelhos: Plataformas Deslizantes e Agulhas 99

Deslizando com as Plataformas Deslizantes 100
   Escolhendo uma plataforma deslizante apropriada 101
   Vencendo a guerra do atrito 101
Ficando Bom com Agulhas e Cápsulas 102
Sentindo a Força das Definições do Contrapeso 107
Cuidando de Suas Agulhas 108

CAPÍTULO 8: Girando com CDs 111

Conhecendo o CD Player do DJ 112
   Preparando o design 112

Navegando no CD 115
Ajustando o Andamento do Som 119
Suavizando as Vibrações 120
Trabalhando com o Início 121
Localizando o início. 121
Marcando o início 122
Verificando o início 122
Iniciando a música 123
Aproveitando os Recursos Especiais 123
Reprodução do arquivo de música digital 123
Master tempo 124
Pontos quentes 125
Loop. 125
Bancos de amostragem (Samplers). 126
Reprodução reversa. 126
Contadores de batidas por minuto 126
Controle do software de DJ digital 127
Tendo uma Experiência Divertida 127

CAPÍTULO 9: **Bits e PCs: DJ Digital** 129

Planejando Seu Equipamento de DJ Digital 130
Processando o computador 130
Considerações da memória e do processador 131
Estabilidade 132
Controlando os Dígitos. 133
Laptop/computador apenas. 134
Aperfeiçoando o básico adicionando equipamentos. 135
DVS usando discos e CDs 136
Conexões e requisitos 138
Adicionando Controladoras. 139
Controladoras multifuncionais 139
Colocando CD players e mixers no controle 140
Seu modo é o melhor... para você. 141
Escolhendo o Software. 141
Software projetado para DJs. 141
Controlando as Decisões. 144
Animando a escolha do software. 144
Explorando as Alternativas 145
Técnicas de DJ com iPods, iPads e unidades USB. 145
Mixagem em movimento. 146

CAPÍTULO 10: **Agitando com os Mixers** 149

Familiarizando-se com os Controles do Mixer. 150
Entradas 150
Saídas 151
Monitoramento UV da entrada 152
Crossfaders 152
Atenuadores de canais 155

xiv   Técnicas de DJ Para Leigos

EQs e cortes. 155
Controles de ganho 156
Monitoramento dos fones de ouvido 157
Controles de balanço e panorâmicos. .158
Hamster switch 158
Controles para bater e transformar 158
Efeitos embutidos. 159
Envio e retorno de efeitos. 160
Samplers embutidos 161
Contadores de batida embutidos 161
Indicadores de luz da batida. 162
Controles MIDI e USB. 162
Escolhendo o Mixer Certo 162
DJ de mixagem contínua 162
DJ com scratch. 163
DJ com efeitos 164
DJ de rock/festa/casamento 164
Consertando Seu Mixer 165

CAPÍTULO 11 **Conselho Ensurdecedor sobre Não Acabar com Seus Ouvidos: Fones de Ouvido** . .167

Escolhendo um Bom Par de Fones de Ouvido 168
Fios enrolados laterais. 170
Fones articulados 171
Peças substituídas pelo usuário. 171
Cortando o fio 172
Fixando nas orelhas 172
Lembrando que o Volume Não Precisa Ficar Acima de 11 173
Usando Protetores de Ouvido 174

CAPÍTULO 12: **Deixando Seus Vizinhos Saberem que Você É DJ: Amplificadores**. 177

Escolhendo uma Amplificação Adequada. .178
Decidindo sobre seu estéreo doméstico 178
Comprando caixas de som ativas 179
Optando por peças individuais. 180
Permitindo uma margem de potência para risco 181
Trabalhando com Monitores. 182
Trabalhando com a velocidade do som .182
Posicionando seu monitor 183
Poluição Sonora: Mantendo os Ouvidos nos Níveis do Volume. . .184
Protegendo seus ouvidos 184
Cuidado com a vizinhança. 184
Entendendo que você só precisa de uma caixa de som 185

CAPÍTULO 13: **Plugando, Ligando: Configuração e Conexões** . . .187

Familiarizando-se com os Conectores. 188
Conexões RCA/fono 188
XLRs. 188

Sumário XV

Tomada de ¼ 190
Plugando no Mixer 190
Conectando os toca-discos a um mixer 191
Conectando os CD players a um mixer. 191
Conectando iPods e MP3 players pessoais a um mixer 192
Escolhendo as entradas do mixer 193
Plugando seus fones de ouvido .194
Conectando unidades de efeito a um mixer 195
Conectando as saídas do mixer .196
Conectando um mixer ao seu hi-fi doméstico. 197
Conectando um mixer a caixas de som ativas. 197
Conectando um mixer ao PC/Mac 197
Solucionando Problemas de Configuração e Conexões 198
Tudo está conectado e ligado, um disco (ou CD) está
tocando, mas não consigo ouvir nada nas caixas de som. . .198
Posso ouvir música no amplificador agora, mas não
consigo ouvir nada nos fones de ouvido 199
Um dos toca-discos está distorcendo e o som agudo
é impreciso. 199
Por que minhas agulhas continuam pulando no
início da faixa? 200
Ouço um zumbido realmente estranho vindo de
meus toca-discos. 200
Por que tudo fica distorcido quando toco um CD?. 200
Por que tudo fica muito quieto ao usar meus toca-discos,
mesmo quando tudo está ligado no máximo? 201
Tudo parece bem no mixer, mas fica distorcido no
amplificador 201
A música está tocando no mixer, mas não consigo
ter nenhuma música no PC. 201
Consigo gravar o que está entrando, mas nada é
retornado no PC 202
Por que meu dispositivo de gravação parece não gravar
nada quando conectado diretamente a um mixer? 202

PARTE 3: MIXAGEM 203

CAPÍTULO 14: **Entendendo o Básico da Mixagem** 205
Sabendo o que É Combinação de Batidas 206
Descobrindo como Fazer a Combinação de Batidas 207
Escolhendo habilidades, em vez de sensações. 207
Preparando seu equipamento 207
Localizando a primeira batida do ritmo 208
Iniciando suas músicas no tempo certo 210
Ajustando os erros 213
Sabendo qual disco ajustar. 215
Usando o Controle de Andamento do Som. 215
Entendendo a bpm. 216
Calculando a bpm. 216

xvi   Técnicas de DJ Para Leigos

Combinando a definição do andamento do som 217
Todas as mãos (de volta) nos players .218
Tocando lento demais ou rápido demais. 219
Tirando os olhos do controle de andamento do som 221
Introduzindo Seus Fones de Ouvido 222
Mudando para o controle do fone de ouvido 222
Iniciando a mixagem nos fones de ouvido. 223
Centralizando a cabeça com uma imagem estéreo 225
Praticando com seus fones de ouvido 227
Usando novas músicas 228
Combinação Rápida de Batidas 228

CAPÍTULO 15: Escolhendo a Batida: Estrutura da Música 231

Por que os DJs Precisam de Estrutura. 232
Multiplicando as batidas, compassos e frases. 232
A ovelha pode dançar 235
Contando com onde você está. 235
Ouvindo o prato como um símbolo. .235
Tudo muda. 237
Ouvindo ativamente suas músicas 237
Estudando a Estrutura da Música 238
Repetindo a fórmula. 240
Aceitando que toda música é diferente 240
Desenvolvendo seus instintos básicos 241
Ouvindo uma Estrutura de Amostra 241

CAPÍTULO 16: Mixando como os Profissionais 243

Colocação Perfeita. 244
Introduções acima das saídas 244
Saída melódica. 245
Introdução melódica 247
Mixando com Pausas 247
Controlando o Som da Mixagem 251
Deslizando o crossfader na reprodução. 252
Soltando os atenuadores de canal 253
Revelando o grande segredo da curva 254
Balanceando com EQs. 255
Usando Truques e Efeitos de Mixagem. 256
Giros para trás e paradas totais. 256
Sem energia 257
A cappella 258
Cortando. 258
Remixando com vários players. 259
Efeito de transição 260
Mixando Diferentes Estilos de Música. 261
Mixagem para casamento/festa/rock/pop 261
Mixagem R&B. 262
Drum n' bass e breakbeat 263

Músicas com combinação de batidas e ritmos
muito diferentes 263

CAPÍTULO 17: Scratch Lírico 265

Montando o Equipamento do Modo Certo 266
Pesando as agulhas 267
Fixando o orifício no meio 270
Desgastando seus discos 270
Deslizando as plataformas deslizantes .271
Tocando nos mixers 271
Tornando o mixer um hamster 271
Preparando-se para a Grande Ação 272
Marcando as amostras 272
Fazendo scratch no CD, MP3 e Computador 275
Marcando os bits e os bytes 276
Dominando a Técnica 276
Praticando com o vinil 276
Mudando os sons da amostra 277
Começando do Zero e Novamente 278
Fazendo scratch sem o crossfader 279
Introduzindo a febre do crossfader 280
Combinando os scratches 284
Divertindo-se com as Batidas 285
Deslocamento 286
Prática, dedicação e paciência 287

PARTE 4: SENDO NOTADO E TOCANDO AO VIVO 289

CAPÍTULO 18: Criando um Conjunto Imbatível 291

Escolhendo as Músicas para Mixar 292
Combinação de batidas — a próxima geração 292
Mixando com cuidado 294
Mudando o equipamento 295
Entrando na música com uma mixagem harmônica 295
Ajustando a música 299
Sabendo o quanto ajustar o andamento do som 301
Desenvolvendo um Estilo 302
Diminuindo a energia 303
Mudando o tom 304
Aumentando o ritmo 304
Evitando a estagnação 305
Respeitando o público 306
Demonstrando seu estilo 307

CAPÍTULO 19: Criando uma Ótima Demo 309

Preparando-se para Gravar uma Demo 310
Programando sua coleção de músicas .310

xviii   Técnicas de DJ Para Leigos

Escolhendo e organizando as músicas....................311
Fechando as lacunas 312
Praticando sua coleção de músicas...................312
A prática leva à perfeição...........................313
Preparando-se para gravar...........................314
Corrigindo os níveis da gravação 315
Cuidando do Processamento do Som....................318
Mantendo um volume igual 318
Definindo seus EQs................................321
Testando, testando.................................321
Ajustando o amplificador............................322
Preparando a Demo 323
Ficando focado 323
Tornando-se um perfeccionista.......................325
Ouvindo com uma mente aberta......................325
Fazendo um CD Demo no Computador 326
Editando seu set 326
Gravando um CD....................................329
Criando um CD com faixas 330
Enviando a Demo 331

CAPÍTULO 20: Ocupando-se Disso: Trabalhando como DJ....333

Marketing Pessoal....................................334
Inundando o mundo com sua demo....................334
Tocando de graça 337
Fazendo propaganda na internet 337
Ingressando em uma Agência..........................338
Pesquisando uma agência............................340
Atendendo os critérios para ingressar 340
Mantendo as agências em seu loop musical............341
Cortando as perdas 341
Colocando em Rede Seu Caminho para o Sucesso 342
Vendendo-se 342
Fazendo amigos 342
Como um agente secreto 343
Marketing Pessoal na Internet 344

CAPÍTULO 21: Encarando a Música: Tocando ao Vivo 345

Investigando o Local..................................346
Sondando uma boate................................346
Preparando-se para a festa..........................350
Preparando-se para a Apresentação....................351
Selecionando a coleção de músicas 351
Organizando sua caixa..............................353
Sabendo o que Esperar na Boate 354
Lidando com os nervos 354
Acostumando-se com suas ferramentas 354
Trabalhando em um ambiente barulhento 356

Sumário **xix**

Tocando Sua Música. 356
    Fazendo a leitura do público. 356
    Lidando com as solicitações 358
    Assumindo o controle de outra pessoa .360
    Terminando a noite 363

PARTE 5: A PARTE DOS DEZ 365

CAPÍTULO 22: Dez Recursos para Expandir Suas Habilidades e Fãs 367

Ficando Atualizado com a Mídia. 368
    Música. 368
    O cenário 368
    Suas habilidades 369
Visitando Websites de Conselhos para DJ .369
Obtendo Respostas nos Fóruns de DJs. 370
Lendo Outros Livros 370
Obtendo Conselhos Práticos. 371
Transferindo Podcasts ou Mixagens Hospedadas 372
Ouvindo os Sets de Outras Pessoas 372
Participando de Competições. 373
Sendo Anfitrião em Sua Própria Noite. 373
Mergulhando no que Você Adora 374

CAPÍTULO 23: Dez Respostas para as Perguntas dos DJs que Você Tem Medo de Fazer 375

Eu Preciso Falar? 376
O que Devo Vestir? 376
Como Vou ao Banheiro? 377
Posso Convidar Meus Amigos para a Cabine do DJ?. 378
Como Retiro a Batida ou os Vocais?. 378
Como Escolho Meu Nome de DJ?. 379
Tenho Bebidas de Graça? (E Como Pego Bebidas no Bar?). 380
Quem Faz a Iluminação da Noite? 381
Devo Redefinir o Andamento do Som para Zero
    Depois de Combinar a Batida? 382
O que Faço se o Disco ou o CD Pular, ou o Software Travar?. 383

CAPÍTULO 24: Dez Ótimas Influências sobre Mim 385

Renaissance: Disco 1 386
Amidalites 386
La Luna: "To the Beat of the Drum" 386
Ibiza 1996, Fim de Semana da Radio 1 387
Tunnel Club, Glasgow 387
Jamiroquai: "Space Cowboy" 388
Técnicas de DJ Digital 388
Alice DeeJay: "Better Off Alone". 389
Delirium: "Silence" 389
Sasha e Digweed, Miami 2002 390

CAPÍTULO 25: Dez Erros dos DJs a Evitar 393

Esquecendo as Plataformas Deslizantes/Fones de Ouvido/Laptop . . 394
Tirando a Agulha do Disco Errado 394
Exterminando os Problemas de Definição do Mixer 395
Ficando Bêbado Durante a Apresentação 395
Navegando ao Mixar. 396
Inclinando-se sobre os Aparelhos 396
Evitando as Falhas do Guarda-roupas. 396
Passando Tempo Demais Falando com Alguém 396
Deixando Sua Última Música para Trás. 397
Sendo Pago Antes de Sair 397

CAPÍTULO 26: Dez Itens para Levar ao Trabalhar como DJ 399

Todos os Discos ou Bits Corretos. 400
Não Emprestar Fones de Ouvido e Plataformas Deslizantes 400
Você É uma Estrela! Obtendo um Gravador Digital/CD em Branco . . 401
Divulgando a Música com Demos 401
Sempre Estar Preparado: Caneta e Papel. 401
Embalando Suas Ferramentas e Salvando o Dia. 401
Mantendo-se Abastecido com Comida e Bebida 402
Mantendo-se em Movimento com as Chaves do Carro. 402
Pegue a Carteira e Viaje. 402
Apenas para Esfriar: Set para Relaxar na Volta para a Casa 403

ÍNDICE 405

xxii   Sumário

Introdução

A atividade de disc-jóquei é exercida por pessoas de diferentes lugares e por diferentes motivos, mas podemos dividi-las em três categorias: as que amam música, as que querem ganhar dinheiro e as que acham que ser DJ é legal e querem ficar famosas. Você pode se enquadrar em uma destas categorias ou até nas três, mas a mais importante é amar música.

Se você é um bom DJ e tiver sorte, pode ficar rico e famoso, mas ao iniciar esta atividade sem gostar de música, você corre o risco de se entediar e ficar impaciente com o tempo e o treino que você precisa investir e acabar desistindo. Mesmo que você consiga se sair bem na arte de DJ, se você não adorar tocar e ouvir música noite após noite, a atividade rotineira em festas, eventos e clubes vai começar a ser cansativa, mais com cara de trabalho do que diversão. Ser DJ não é um trabalho; é ganhar para fazer algo que você ama.

Quando eu comecei a praticar a atividade de DJ, eu já amava música, mas a primeira vez que vivenciei a verdadeira habilidade de um DJ tocando para um razoável grupo de pessoas (Sasha, Ibiza, 1996), eu me apaixonei pela atividade e soube que queria ser DJ. A mecânica da coisa não me ocorreu até eu me ver diante de dois toca-discos e um mixer; tudo que eu queria fazer era tocar a música de outras pessoas e me sentir no domínio da multidão.

Sobre Este Livro

Este livro é baseado no meu site www.recess.co.uk (conteúdo em inglês), que desde 1996 tem oferecido a novos DJs no mundo inteiro o incentivo inicial que eles precisam para se tornarem grandes DJs.

Como a combinação de batidas é uma habilidade complicada e importante para os DJs que querem tocar música dance eletrônica (house, trance, house progressiva, drum and bass, breakbeat etc.), reservei um capítulo só para esse assunto (Capítulo 14), e vou mencioná-lo com frequência ao longo do livro. Entretanto, o livro também contém as habilidades de mixagem e o conhecimento de estrutura musical que possibilitam mixar rock, indie e música pop, e também para o DJ que toca em casamentos e outras festas, portanto, nada foi deixado de fora.

Eu uso uma técnica muito simples para iniciar a carreira de DJ, que começa com as noções básicas de tocar uma música e combinar batidas e ritmos e depois envolve a habilidade de criar transições entre as músicas, uma técnica que todo DJ deve dominar, seja um DJ de rock, de casamentos, pop ou dance. Você pode encontrar várias outras maneiras de desenvolver suas habilidades, mas como estas outras maneiras ignoram o básico e envolvem uma boa dose de tentativa e erro e confusão, tenho obtido muito mais êxito orientando DJs com o meu método do que com qualquer outro.

Você vai encontrar as seções de equipamentos e informações sobre como usar a variedade de opções disponíveis nas Partes I e II, e estas são relevantes para todos os DJs. A Parte III aborda habilidades de mixagem, como combinação de batidas, scratch, estrutura musical e transições de set. Por favor, não pense que, porque diferentes habilidades estão associadas a certos gêneros, os DJs de festas devem simplesmente ignorar as informações sobre combinação de batidas e scratch, ou que os DJs de boates devem ignorar tudo o que se refere a música para festas. Conhecimento é habilidade, e quanto mais você tiver, melhor você será e mais trabalho terá.

Penso que...

Às vezes eu concluo, erroneamente, que você vai captar o meu senso de humor. Não se preocupe; sei que não sou engraçado, por isso, são poucas as vezes em que tento ser. Não desviarei sua atenção do assunto em pauta, mas, de vez em quando, surge alguma coisa e eu tento ser engraçado e divertido. Peço desculpas por isso agora, mas afinal, a série *Para Leigos* é famosa pela abordagem bem--humorada e divertida.

Além disso, este livro parte do pressuposto que você quer ser um DJ, que está disposto a dedicar o tempo necessário para aprender e se aperfeiçoar, que ama música e não vai perder a paciência quando demorar mais de dez minutos para ser o próximo Deadmau5, Zane Lowe, DJ Qbert ou outro DJ famoso e premiado. Eu presumo também que você não tenha uma vasta experiência em teoria musical.

Ícones Usados Neste Livro

De vez em quando aparecem alguns símbolos da *Para Leigos* na margem do livro. São sinais indicativos de que aquele trecho específico se refere a algo muito útil, essencial, que você deva sempre lembrar, ou algo que pode ser perigoso para o seu equipamento ou técnica, ou então um exemplo de jargão técnico próprio do assunto ou tema.

Este é fácil: realça alguma coisa que você deve gravar na memória para ajudar você a progredir e manter-se no caminho certo de sua jornada rumo a tornar-se DJ.

As dicas são algumas informações que talvez você nem precise, mas que podem ajudar a acelerar o seu desenvolvimento, melhorar o seu som e facilitar a sua vida em geral, como DJ.

Quando você começa a atuar como DJ, é possível que você se depare com algumas situações complicadas. Entre elas, discos, CDs ou agulhas quebrados, falhas no computador ou no equipamento, ou uma reputação arruinada como DJ. Leve em consideração estes conselhos com este ícone e proceda com cautela.

É inevitável; palavras que alguém diz que não significam nada para você. Sempre que possível, tentarei traduzir os termos técnicos de DJ numa linguagem mais inteligível.

Além Deste Livro

As informações contidas neste livro não terminam quando você terminar de ler. Saiba mais sobre as técnicas de DJ pesquisando conteúdo adicional disponível em sites indicados ao longo do texto, onde você encontra sugestões e dicas úteis, bem como artigos relacionados ao assunto. Os sites possuem conteúdo em inglês.

Não é necessário fazer downloads de links para entender o que escrevo aqui, mas ver e ouvir algumas coisas, em vez de apenas ler, pode, às vezes, ajudar a esclarecer algumas dúvidas. Afinal, ser DJ tem tudo a ver com o que você escuta e sente; não é um assunto muito fácil de ser escrito.

De Lá para Cá, Daqui para Lá

Vá até a cozinha, faça um sanduíche, pegue um copo de água gelada ou uma xícara de café quente, ponha para tocar alguma música que você goste e mergulhe no Capítulo 1, ou qualquer capítulo que você ache interessante! Se quiser saber sobre combinação de batidas, vá para o Capítulo 14; se quiser saber como conectar seu equipamento, vá para o Capítulo 13.

Quando se sentir inspirado, deixe o livro de lado e experimente algumas das técnicas sobre as quais você leu. Se quiser passar uns 20 minutos fazendo um set de músicas, só para ouvir, sem se concentrar em suas habilidades, faça isso!

O seu amor pela música e pela atividade de DJ é tão importante quanto a mecânica e funcionamento, senão mais.

Você também pode acessar a internet e assistir aos clipes que apoiam este livro em www.recess.co.uk.

1

Começando a Conhecer as Técnicas de DJ

NESTA PARTE . . .

Solucione os problemas de equipamento usando seu conhecimento do hardware.

Antes de começar, escolha as músicas que você quer tocar — você precisa amar as músicas que toca.

Explore suas opções de compra — pondere o toque pessoal versus a conveniência de comprar online.

NESTE CAPÍTULO
O que é necessário para ser DJ
Mixando mecanismos e criatividade
Chegando ao fim da jornada — a pista de dança

Capítulo 1

Contaminando-se com a Febre do DJ

A jornada que você empreende como DJ — desde a primeira música que você toca quando entra no mundo de DJ até a última da sua primeira apresentação diante de uma porção de gente numa discoteca — é empolgante, criativa e gratificante, mas é preciso muita paciência e prática para chegar lá.

A acessibilidade do software de DJ e aplicativos para smartphone significa que mais e mais pessoas são apresentadas diariamente ao mundo de DJ — o que pode inspirá-las a se tornarem DJs. Centenas de DJs no mundo inteiro estão empenhados em entreter as pessoas tocando boa música. Todo mundo precisa de uma vantagem ao competir com centenas de pessoas com o mesmo objetivo. A sua vantagem é o conhecimento, e eu vou ajudá-lo com isso.

Descobrindo os Fundamentos da Arte do DJ

Em primeiro lugar, ser DJ tem tudo a ver com música. As roupas, os carros, o dinheiro, a fama, tudo isso é sensacional, nada contra, mas tocar a música certa e a reação do público é o que define um DJ. Como DJ, você está no controle da noite de todo mundo. Para isso, é preciso ser profissional e habilidoso, estar bem informado sobre o que as pessoas ali presentes querem ouvir e pronto para assumir a responsabilidade pelo bem-estar e divertimento delas.

LEMBRE-SE

O tipo de DJ que você será depende de como você escolhe, usa e respeita suas ferramentas e habilidades de DJ. Torne-se um aluno da arte de DJ, bem como alguém que adora música e apresentar-se para um grupo de pessoas, e seus fundamentos serão sólidos.

Researching

A primeira coisa a fazer para iniciar a jornada é equipar-se com duas coisas: conhecimento e equipamento.

O conhecimento você pode dividir em duas partes: o que você vai aprender e o que você já sabe. Você pode selecionar e desenvolver habilidades de mixagem, como combinação de batidas, scratch, criar lindas transições e escolher partes de músicas que combinam para tocar ao mesmo tempo.

Ao tocar para um grupo — independentemente da quantidade de pessoas e do gênero musical que você escolheu — o mais importante é escolher as músicas certas. Aprender a decifrar um grupo vem com o tempo e a experiência.

Noção de ritmo, ouvido para música, percepção de quais músicas se harmonizam e capacidade de entender o que aprimora uma melodia são coisas que desenvolvemos desde o dia em que nascemos. Destas, a noção de ritmo pode ser a melhor arma secreta à qual você recorre quando começa a aprender a atuar como DJ. Eu toco bateria desde os 10 anos de idade, o que me proporcionou uma forte noção de ritmo e um sexto sentido para compasso e estrutura da música.

Não se preocupe se você não sabe distinguir entre compassos e barras ou entre bumbos e tambores; eu explico tudo nos Capítulos 14 e 15. Você precisa dedicar um tempo considerável para desenvolver uma sensibilidade, um *feeling* pela música, e treinar seu cérebro para captar as artimanhas e fazer delas uma rotina, mas com tempo e concentração, você consegue! O mesmo vale para desenvolver a sensibilidade de ter ouvido para música e reconhecer quais músicas têm melhor potencial para mixagem e tudo mais. Com experiência, dedicação, determinação e, sim, mais tempo, você pode desenvolver todo o conhecimento musical que precisa para se tornar um grande DJ.

O equipamento que você usa como DJ pode definir você, tanto quanto a música que você toca. Os equipamentos básicos necessários são:

- **Aparelhos de som para tocar música:** Você pode escolher desde CD-players e MP3-players até um computador com software de DJ ou toca-discos para discos.
- **Mixer:** Esta caixa mágica permite que você mude o som de uma música para outra. Diferentes mixers oferecem várias opções de controle na mixagem de músicas.
- **Fones de ouvido:** Os fones de ouvido são essenciais para escutar a próxima música enquanto uma já está tocando.
- **Amplificador:** Sua música precisa ser ouvida, e dependendo da música que você toca, o som tem que ser ALTO!
- **Discos/CDs/MP3s:** O que é um DJ sem músicas para tocar?

LEMBRE-SE

Se dinheiro não for problema para você, escolher entre CD e vinil deixou de ser um dilema. As funções de um toca-discos são equivalentes às de um aparelho de som, e a técnica de DJ digital (veja Capítulo 9) significa que você pode usar seus toca-discos para tocar arquivos de músicas através do software do computador; desta forma, você não fica limitado à disponibilidade da música que foi lançada (ou não) em vinil ou CD. Portanto, a decisão se resume a estética, dinheiro e o tipo de pessoa que você é. Você pode adorar a sensação retrô do vinil e gostar de procurar discos nas lojas, ou pode preferir o visual moderno dos aparelhos de som, ou a versatilidade do computador, ou a disponibilidade dos MP3s e CDs — a escolha é sua.

Fazendo amizade com sua carteira

Ser DJ custa dinheiro. A primeira coisa a fazer, independentemente se você faz compras online ou no shopping, é analisar sua situação financeira. Se você tem algum dinheiro guardado, terá um orçamento mais folgado para adquirir seu equipamento. Mas lembre-se de que as despesas não param por aqui. Novas músicas são lançadas todos os dias, e como DJ, você obviamente vai querer tocar os últimos lançamentos. Você pode começar a pensar no preço de outros itens e calcular quantas músicas você poderia comprar com o mesmo valor. Eu me lembro de pensar uma vez: "Duzentos e cinquenta reais por uma camisa? Isso dá para 10 discos!"

DICA

Embora seja um pouco impessoal, comprar equipamentos e músicas online pode sair mais barato do que nas lojas. Se você não tem dinheiro para comprar equipamentos novos imediatamente, use softwares grátis ou em versões demo em um computador para desenvolver suas habilidades e espere para comprar o equipamento de DJ ou as controladoras de software quando puder. Nos Capítulos 3 e 9 você encontrará mais informações sobre isto.

Conhecendo sua música

Ao longo dos anos em que tenho ajudado pessoas a se tornarem DJs, uma das perguntas mais surpreendentes que escuto é: "Quero ser DJ. Que tipo de música você sugere que eu toque?" Eu sempre acho estranha esta pergunta. Escolher o gênero (ou gêneros) da sua música é muito importante, porque você precisa amar e sentir entusiasmo ao tocar, durante toda a sua carreira de DJ. (Nos Capítulos 4 e 5 você encontrará mais informações sobre gêneros e formatos musicais.)

Depois que você descobrir sua essência musical, comece a escutar as músicas com a maior frequência possível. Compre discos e CDs, escute no rádio, procure informações sobre o(s) gênero(s) na internet, pesquise o máximo que puder. Este trabalho de base é útil para escolher as músicas que você quer tocar e para procurar remixes de artistas, além de ajudar a desenvolver seu estilo de mixagem. Um pouco de pesquisa antes de iniciar a atividade ajuda muito a entender as facetas e criar blocos das músicas que você gosta. Torne-se um estudante de trance, um erudito em jungle, um conhecedor de rock e um professor de pop — apenas certifique-se de começar a tratar sua música como uma ferramenta e de usar essa ferramenta como um verdadeiro artesão usaria.

Pesquisando e descobrindo

Você sabe que estilos de música quer tocar, decidiu qual formato é certo para você, e economizou dinheiro por algum tempo; agora você precisa conhecer a ampla variedade de equipamentos disponíveis e tratar de comprar o melhor e mais adequado ao seu trabalho.

DICA

Com a tecnologia avançando mais rápido do que consigo escrever este livro, é fácil ficar perdido entre tantas opções disponíveis de CD-players, toca-discos, mixers e novos softwares. Não tenha pressa de decidir, avalie com calma o que você realmente quer e que vale a pena comprar. Pesquise na internet, tire suas dúvidas em fóruns de DJs, certifique-se de que o que você está comprando é exatamente o que você quer e precisa e de que não haja características adicionais que estejam elevando o preço mas que não terão utilidade para você.

Aqui está um breve guia para ajudar você em sua procura de equipamentos:

» Os toca-discos para uso de DJs precisam ter um motor forte, um controle de andamento para ajustar a velocidade do prato e uma boa agulha. Elas também precisam ter uma estrutura suficientemente sólida para aguentar as vibrações e exageros que envolvem a técnica de DJ. Creio que um toca-discos doméstico não dará conta do recado. Veja mais informações no Capítulo 6.

» O ideal é que os mixers tenham EQs (equalizadores) de três bandas (graves, médios e agudos) para cada canal de entrada, um cross-fader (controle para passagens rápidas), controles de sinal de fone de ouvido e um bom painel de leds para indicar o nível (volume) em que a música sai do mixer, para que nenhuma caixa de som estoure acidentalmente. O Capítulo 10 contém mais detalhes sobre este assunto e outras funções do mixer.

» Os CD-players devem ser suficientemente sólidos para não pularem toda vez que sons de bateria e baixo ressoarem nas caixas de som.

» Jog wheels, painéis fáceis de navegar e um controle de andamento são dispositivos importantes em um CD-player de DJ. O Capítulo 8 é dedicado a tudo que se relaciona com CDs.

» Você pode usar computadores com softwares de DJ de várias maneiras, desde cliques no mouse e no teclado até controladoras — ou você pode simplesmente usar seus toca-discos/CD-players e um mixer para controlar a música no computador. Eu explico todas estas escolhas no Capítulo 9.

» Os fones de ouvido têm de ser confortáveis, ter um som claro e nítido em volume alto e bloquear ruídos externos da pista de dança. Sua audição é preciosa, por isso tente não usar os fones de ouvido no máximo o tempo todo. No Capítulo 11 você encontra todas as orientações e dicas relativas a fones de ouvido.

» Controle de som e controle de volume são as palavras de ordem para a amplificação. Você não precisa de amplificadores e caixas acústicas enormes para escutar música no quarto, assim como um aparelho de som doméstico não é de grande utilidade num salão. O Capítulo 12 ajuda você a encontrar o equilíbrio correto.

Conectando seu equipamento

Quando você já tiver todas as peças do seu equipamento de DJ, a tarefa final é juntar tudo. Saber como conectar o equipamento não é apenas importante, é vital. Se você não souber o que conectar a quê, e quais são prós e os contras da aparelhagem toda, você não terá como solucionar problemas quando alguma coisa não funcionar direito. E isto acontece, nas piores horas possíveis.

Vai chegar um momento em que alguém vai ver você tocar e pedir para você tocar numa festa com o seu equipamento — equipamento este que você conectou faz um ano, com a ajuda do seu irmão mais novo. Pense no soldado que é capaz de montar uma arma em questão de minutos; é essa agilidade e segurança que você precisa ter ao conectar as peças do seu equipamento de DJ — com a diferença de que, ao contrário do soldado, você não vai matar nem ferir ninguém, vai apenas arrasar na pista de dança. (O Capítulo 13 explica tudo o que você precisa saber sobre conexões.)

Ser DJ Requer Paciência e Prática

Não importa que tipo de DJ você seja — rock, dance, festas, indie, drum and bass ou qualquer das outras centenas de modalidades que existem — o importante

TUDO A VER COM ESTILO

Estilo é o verdadeiro caminho criativo, porque tudo se resume à música. A sequência em que você toca as músicas, harmoniza a mixagem, muda o gênero de música, aumenta o andamento e cria uma montanha-russa de poder e energia são os diferenciais entre um DJ e outro.

é selecionar as músicas certas para tocar para aquelas pessoas que estão ali naquele momento, bem como a transição e a mistura que você faz com elas.

Saber selecionar as músicas certas vem com o conhecimento, a experiência e a capacidade de decifrar como as pessoas estão reagindo na pista de dança (veja mais informações sobre isto nos Capítulos 20 e 21), mas você pode descobrir, desenvolver e refinar a mecânica de como passar de uma música para outra, com prática e dedicação.

PAPO DE ESPECIALISTA

Combinação de batidas (ajustar a velocidade de duas músicas de tal modo que a bateria e o baixo de ambas toquem constantemente e ao mesmo tempo) é a habilidade considerada fundamental para o DJ de música eletrônica. Com tempo, paciência e prática, todo mundo pode aprender as noções básicas que eu descrevo no Capítulo 14.

Alguns gêneros de música não são propícios para combinação de batidas, porque as velocidades das várias músicas variam tanto que é quase impossível mixar. Mas isto não significa que o DJ de rock, pop ou festa não precise ter habilidades — a maior habilidade está em saber escolher que músicas tocar, mais até do que fazer a transição entre elas, e também ser capaz de evitar a cacofonia de sons durante a mixagem.

Além das habilidades fundamentais de criar os tipos certos de transições, o que diferencia um bom DJ de um DJ qualquer é a criatividade. Você precisa de um conjunto de blocos de construção para ajudá-lo a desenvolver esta criatividade. O modo como você vai empilhar estes blocos tem uma importância crucial para determinar a sua habilidade como DJ:

» Um bom controle de som é o primeiro bloco de construção da sua habilidade e criatividade. Você precisa ter um bom ouvido para perceber se uma música está alta demais, ou se o som do grave está excessivo. Esta habilidade é algo que se desenvolve, e você pode aprimorá-la com a prática, mas um DJ com bom ouvido para a qualidade do som já tem meio caminho andado. O Capítulo 16 é sobre controle de som para criar um set estupendo, e os Capítulos 19 e 21 contêm informações sobre o controle geral do som de quando estiver tocando ou fazendo sets de demonstração.

» O conhecimento da estrutura de uma música é o segundo bloco de construção essencial na sua escalada para tornar-se um DJ criativo. Saber quantos compassos e frases formam partes maiores de músicas é importante para criar mixagens bem legais. Com o tempo, os DJs desenvolvem um sexto sentido de como uma música foi gravada e do que acontece nela, de forma que não precisam recorrer a pedaços de papel de anotações para obter ajuda com suas mixagens. No Capítulo 15 você encontra o passo a passo desta estrutura.

» Embora o scratch seja considerado uma habilidade isolada, você pode usar esta técnica para acrescentar emoção e imprevisibilidade ao set. É o terceiro bloco de construção para a prática criativa de DJ. Em vez de deixar um disco ou CD tocar na velocidade normal, você o para e manuseia uma pequena parte da música (chamada amostra) para trás e para a frente, para criar um som único e exclusivo.

A habilidade de scratch também ajuda com os mecanismos de usar seu equipamento quando estiver atuando como DJ. As pessoas são ensinadas a ter medo de manusear seus discos, ou acham que não têm a delicadeza necessária para mexer adequadamente com uma controladora de vinil ou de CD. O scratch resolve tudo isso em pouco tempo, não deixando margem para desculpas. Sua destreza ao trabalhar com as músicas terá aumentado dez vezes quando você desenvolver o mais básico dos movimentos de scratch descritos no Capítulo 17.

Trabalhando como DJ

A maior dificuldade com relação a apresentação é, na realidade, ter a chance de se apresentar. Centenas de pessoas lutam por um trabalho na indústria do entretenimento, e você precisa sobressair se quiser ser bem-sucedido.

Você precisa se diferenciar da concorrência e certificar-se de ter as habilidades para se promover. Convença os proprietários de discotecas e promotores de eventos de que você será uma vantagem para eles, e então mande ver nas baladas. Eis o que você precisa fazer:

» Os sets demo são a sua janela para o mundo. São a primeira maneira de mostrar para as pessoas o tipo de DJ que você é. Seja para os seus amigos, seu chefe, ou alguém do ramo, uma demo (demonstração) é uma exibição das suas habilidades de DJ. Mostre apenas o seu melhor, e não dê desculpas se não for tão bom como deveria ser. O Capítulo 19 contém as informações que você precisa saber sobre demos.

» Saiba fazer seu marketing e se promover. Use todos os métodos que descrevo no Capítulo 20 desde o início, desde a primeiríssima apresentação em uma boate, barzinho ou festa.

CAPÍTULO 1 **Contaminando-se com a Febre do DJ** 13

Depois que você tiver garantido seu trabalho, o desenvolvimento do estágio de iniciante a DJ profissional estará apenas na metade do caminho. Você passou bastante tempo no seu quarto praticando uma boa mixagem, mas agora, independentemente de você tocar em uma casa noturna super badalada ou na recepção de casamento de uma celebridade no salão mais chique da cidade, você simplesmente precisa arrasar e proporcionar uma noite musical extraordinária.

Sua técnica pode ser um pouco fraca, mas se você tocar as músicas certas, essa falha será perdoada. (Se bem que isto não é desculpa para ignorar o básico!) A ideia é criar um ambiente musical que tente evocar reações emocionais e físicas nos convidados — em outras palavras, que eles dancem muito, sorriam muito e se divirtam muito a noite inteira.

LEMBRE-SE

Leve em consideração os seguintes aspectos (que eu abordo com mais detalhes nos Capítulos 20 e 21):

» Assim como com qualquer coisa nova que você vá começar, a preparação é a chave para uma noite bem-sucedida. Não se arrisque a ter surpresas, investigue o máximo possível, pesquise o desconhecido, combine antecipadamente a parte financeira e certifique-se de que você e a administração do estabelecimento ou do salão de festas estejam na mesma sintonia musical, de modo que a única preocupação da noite seja entreter o grupo que estará presente.

» Decifrar o grupo é a habilidade mais importante que você pode desenvolver, e pode demorar semanas, meses, até anos, para dominar adequadamente esta técnica. Os "ganchos", ou dicas, que você capta da linguagem corporal das pessoas que estão na pista de dança são semelhantes aos que um jogador de pôquer experiente enxerga. Você olha para a pista de dança e imediatamente reage ao modo como as pessoas estão dançando, analisa as expressões delas e dá uma injeção de ânimo e empolgação, para tornar a noite memorável.

» Como você é responsável pelo foco principal da noite, que é a música, você também precisa ser uma pessoa do povo. Você é o representante do lugar, da boate ou salão, e por isso precisa agir de acordo. Uma palavra errada para a pessoa errada, uma música errada tocada no momento errado, ou até algo simples como dar a impressão de que você não está se divertindo podem refletir negativamente na pista de dança, e seu trabalho estará ameaçado.

Acima de tudo, lembre-se: do seu quarto para um barzinho, de uma recepção de casamento para uma boate badalada em Ibiza, ou até mesmo fazendo o aquecimento num show antes que uma famosa banda de rock entre no palco — você está ali porque quer ser DJ. Você ama música, quer proporcionar o melhor som, quer fazer as pessoas se divertirem e quer ser reconhecido por isso.

> **NESTE CAPÍTULO**
>
> **Descobrindo um equipamento básico de DJ**
>
> **Escolhendo seu formato**
>
> **Conhecendo os controles e funções vitais**
>
> **Pondo um ponto final na realimentação e nas vibrações**
>
> **Usando o mobiliário certo**

Capítulo 2

Começando com o Básico

Você tem inúmeras opções quando se trata de escolher e comprar seu primeiro equipamento de DJ. A quantia de dinheiro que você pode gastar é um fator. Qualquer decisão sobre usar vinil, CDs ou uma aparelhagem digital para mixagens tem um enorme impacto no que você vai comprar. O gênero de música e o estilo de mixagem que você quer adotar também têm um papel importante no seu primeiro equipamento de DJ.

Considere este capítulo como uma lista de compras dos equipamentos que você precisa para ser DJ. Mais adiante há capítulos que oferecem mais orientações com relação ao melhor equipamento a sua e o mais adequado ao seu orçamento.

Fazendo uma Lista e Checando Duas Vezes

Como com qualquer ofício, arte ou profissão, é preciso garantir que você está comprando as ferramentas certas para o trabalho. Qualquer aparelhagem de DJ consiste dos seguintes elementos básicos, cada um dos quais eu descrevo mais detalhadamente ao longo deste capítulo:

» **Dispositivos de entrada:** Toca-discos, CD-players, MP3s e computadores com software de DJ são os dispositivos de entrada comuns. No caso dos toca-discos e CDs, você normalmente precisa de um par de cada.

» **Mixer:** Você usa o mixer para transferir a música que toca através dos alto-falantes de um dispositivo para outro sem pausas.

» **Fones de ouvido:** Estes são conectados ao mixer, de modo que você possa escutar a próxima música que quer tocar sem que ninguém mais ouça.

» **Amplificador:** Sem um amplificador (e alto-falantes), as pessoas na pista de dança não vão ouvir as músicas fantásticas que você selecionou para tocar.

» **Algo para acomodar tudo isso:** Você pode se sentar no chão, com as pernas cruzadas e todas as peças espalhadas no tapete ao redor, mas é mais fácil criar, comprar ou tomar emprestado um mobiliário adequado para acomodar o equipamento.

Acrescente a estes itens alguns metros de cabos, vizinhos compreensivos, uma pilha de CDs, MP3s ou discos, talvez uma controladora — se você for usar o software de DJ — e sua jornada de DJ já pode começar.

Considerando os Dispositivos de Entrada

Como DJ, você pode escolher entre uma ampla variedade de dispositivos de entrada. A habilidade mais básica de um DJ envolve mixar de uma música para outra sem pausa entre as duas, e para isto, você precisa de dois dispositivos de entrada:

» **Toca-discos:** São basicamente toca-discos de vinil. Se você for usar somente discos de vinil, vai precisar de dois aparelhos.

» **CD-players:** Podem ser aparelhos de som individuais ou dois aparelhos em um. Alguns tocam somente CDs, outros também tocam arquivos de MP3 e recebem pen drives e dispositivos USB. (Veja mais informações ainda neste capítulo, na seção "Refletindo sobre MP3s e Pcs", e também nos Capítulos 4 e 8.)

» **Software de DJ num computador:** Geralmente aparecem duas janelas na tela, cada uma mostrando um aparelho de som para controlar a música armazenada no disco rígido.

» **Aparelhos e dispositivos portáteis:** Os aplicativos de tablets e smartphones substituíram amplamente as antigas tentativas dos dispositivos de DJ "tudo em um". Esses aplicativos permitem que você pratique a arte de DJ usando aparelhos portáteis para tocar sua coletânea musical ou até tocar músicas migradas do Spotify, iTunes e outros.

» **Qualquer coisa que ainda venha a aparecer no futuro:** Quem sabe um dia seja possível você pensar numa música e tocá-la simplesmente movendo os dedos...

Embora o que usar seja tecnicamente uma escolha sua, o gênero de música que você quer tocar pode significar que a sua decisão foi tomada tendo em vista o seu gosto pessoal. Veja no Capítulo 5 mais informações sobre decisões de formato.

CUIDADO

Se você tem pilhas de CDs e pilhas de discos e quer mixar entre estes dois formatos, a princípio pode parecer uma boa ideia ter apenas um CD-player e um toca-discos, e mixar entre eles. Entretanto, isto pode causar certa confusão e forçar sua mão em várias situações. Você vai ter que mixar de vinil para CD, para vinil, para CD e assim por diante. Você não vai conseguir mixar de um CD para outro, nem de um disco de vinil para outro. Se você acha que será primordialmente um DJ de vinil, pode tentar começar com um CD-player e dois toca-discos, supondo que nunca vai querer mixar de CD para CD, mas ainda assim é um risco. Se você pretende usar somente CDs, talvez seja o caso de ter um toca-discos para incorporar no seu equipamento de DJ ou usar para converter suas seleções em vinil para CD.

Sobre os toca-discos

Os toca-discos são os aparelhos mais antigos na indústria de DJ. Eles existem de uma forma ou de outra desde o início, quando despontou a música gravada, e são usados em casas noturnas como uma parte vital da música para dançar, desde a sua concepção.

Um disco é uma peça circular de vinil sólido, porém flexível, com um sulco espiral que começa na borda externa e termina perto do centro. Este sulco contém milhões de minúsculas saliências e variações que armazenam as informações da música.

PAPO DE ESPECIALISTA

A agulha se encaixa no sulco e converte as saliências do disco de volta em música. Você coloca o disco sobre um *prato* circular, que faz com que a agulha gradualmente percorra o disco, começando em qualquer ponto do sulco até o centro do disco. As saliências e variações no sulco fazem com que a agulha vibre, e estas vibrações são convertidas em um sinal elétrico, que por sua vez (em um equipamento de DJ) é enviado para um mixer que o converte em música.

CUIDADO

Você precisa usar o tipo certo de toca-discos. O que faz parte do aparelho de som dos seus pais provavelmente não vai servir para DJ (a menos, claro, que seu pai seja o Fatboy Slim). Os toca-discos domésticos se destinam a tocar discos em uma direção, em velocidade normal, e não são feitos para aguentar pancadas e vibrações como deve ser um equipamento de DJ.

Os requisitos mínimos básicos para um toca-discos de DJ são:

» Um controle de andamento variável para ajustar a velocidade do disco (tipicamente numa esfera de 8 a 12 por cento mais rápido ou mais lento que o normal). Os toca-discos mais avançados oferecem a opção de aumentar a velocidade em até 100 por cento, mas para quem está começando não há necessidade disso, por enquanto.

» Um cabeçote removível para poder usar diferentes tipos de agulhas e cápsulas no braço do toca-discos (veja mais informações no Capítulo 7).

» Uma base circular com superfície macia, para que gire sob o *tapete* (uma peça circular de feltro ou borracha que fica entre o disco e a base; veja mais informações no Capítulo 7).

» Um motor com potência suficiente para manter a base girando sob o forro quando você faz o disco parar com a mão.

Devido à qualidade e solidez, as séries de toca-discos Technics 1200 e 1210 se tornaram o padrão industrial nas cabines de DJs, embora os toca-discos Pioneer, Stanton, Numark, Reloop e Gemini — todos de excelente qualidade — tenham tido uma considerável penetração no mercado, quebrando um pouco o monopólio do Technics. Entretanto, até mesmo os Technics de segunda mão são peças bem caras, então, felizmente para os DJs com orçamento apertado, existem outras opções, como o Gemini TT02, mostrado na Figura 2-1.

As vantagens deste design familiar são o layout dos controles e a posição e tamanho do controle de andamento. O longo controle de andamento que desliza pelo lado direito do toca-discos possibilita que o DJ seja bem mais preciso ao definir a velocidade de um disco. Alguns toca-discos mais baratos no mercado têm controles e botões muito pequenos, dificultando a mudança gradual de andamento.

Embora os fabricantes tenham acrescentado outras características aos aparelhos, cantos arredondados e designs mais estéticos, o modelo básico na Figura 2-1 é o que você encontra com mais frequência quando procura um toca-discos de DJ — isso no mundo inteiro. (O Capítulo 6 contém mais informações e detalhes sobre toca-discos e suas várias características, incluindo diferentes estilos de motor e como o torque (força) do motor pode ajudar ou atrapalhar suas capacidades de mixagem.)

FIGURA 2-1: Toca-discos Gemini TT02.

Decisões sobre CD-players

Até algum tempo atrás só era possível tocar um CD na velocidade normal, e era necessário colocar o CD-player sobre um tecido grosso de algodão ou bloco de espuma para evitar que as vibrações fizessem o CD pular. Quanto a começar a tocar a parte certa do CD na hora certa era questão de pura sorte e torcer para dar certo, quando os CDs começaram a surgir.

Felizmente para todo mundo, o design e a tecnologia dos CD-players para uso de DJs melhoraram imensamente ao longo dos anos.

CUIDADO

Assim como com os toca-discos (veja a seção anterior), ao escolher seus CD-players tente evitar os modelos domésticos padrão ou portáteis. Mesmo que você seja um DJ de rock, indie ou festas que não esteja pretendendo fazer combinação de batidas (mudar a velocidade da música usando um controle de andamento — veja o Capítulo 14 para mais informações sobre combinação de batidas), os CD-players de DJ são bem mais fáceis de controlar e são mais resistentes — aguentam muito mais trancos e vibrações do que um CD-player doméstico comum.

Os CD-players para uso de DJs devem incluir a seguintes funções vitais:

» Controle de andamento (da mesma forma que os toca-discos, com uma variação de dez a dezesseis por cento mais rápido ou mais lento que o normal).

» Um conjunto de controles que permita que você encontre facilmente a música ou a parte da música que quer tocar. Estes controles podem ser botões que saltam através do CD, ou uma jog wheel que gira no sentido horário ou anti-horário para correr através do CD com mais precisão.

» Um cronômetro com boa visibilidade da duração da música (principalmente no escuro).

CAPÍTULO 2 **Começando com o Básico** 19

Eu sugiro também alguns controles básicos:

>> Controle que permite mudar o andamento sem alterar o tom da música (Master Tempo).

>> Função anti-skip no CD-player (para evitar que o CD pule com as vibrações sonoras em um ambiente ruidoso).

>> Capacidade de tocar discos *CD-RW* (CDs regraváveis que você pode gravar e apagar várias vezes), discos MP3 e receber pen drives e dispositivos USB (veja a próxima seção).

O Capítulo 8 contém descrições detalhadas sobre as funções do CD-player e como usá-las.

Refletindo sobre MP3s e PCs

MP3s são arquivos de música de computador que foram *compactados* (reduzidos no tamanho) mas que ainda assim conservam praticamente a mesma qualidade de som original. Isto facilita que sejam baixados e enviados pela internet, e eles ocupam muito pouco espaço no disco rígido do computador e em MP3-players, como iPods ou smartphones.

Para você ter noção de como essa compactação ajuda, o meu iPhone, por exemplo, tem uma capacidade de 60 gigabytes; se eu abastecesse o espaço inteiro, eu teria som suficiente para ouvir durante seis semanas sem repetir a mesma música! Para ter essa mesma quantidade de música em CDs eu precisaria de 800 discos!

Como os MP3s começam como arquivos de computador, você tem algumas maneiras diferentes para utilizá-los como DJ:

>> **Criar CDs tradicionais em formato WAV.** Você pode transferir músicas de MP3 para CDs e tocá-los do modo tradicional usando qualquer CD-player. Você pode gravar 80 minutos de música em um CD usando este formato. A maioria dos programas de gravação em CD tem um dispositivo que converte automaticamente os MP3s em CDs tradicionais em WAV.

>> **Fazer CDs MP3.** Deixando as músicas compactadas no formato MP3, você consegue gravar muito mais músicas em um CD. Dependendo da duração e do tamanho do arquivo de cada música, você consegue colocar mais de 100 músicas em um CD. Os CDs MP3 ainda têm a vantagem de permitir que você separe as músicas em pastas, o que pode ajudar bastante quando você quiser localizar uma entre centenas.

>> **Usar pen drives e HDs externos.** Vários CD-players, como o Denon SC2900/3900 ou o Pioneer CDJ900 Nexus e CDJ2000, poupam você da necessidade de gravar CDs e permitem conectar, via USB, pen drives e HDs externos com todos os seus arquivos musicais. Estes aparelhos normalmente

possuem visores grandes, com menus completos, para ajudar a localizar rapidamente a pasta ou faixa desejada.

» **Usar software.** A arte de DJ digital tomou conta da comunidade de DJ, permitindo aos DJs armazenar milhares de arquivos musicais nos computadores e usar uma variedade de métodos para controlar o software para tocar e mixar as músicas.

A vantagem de mixar usando computador é que geralmente o software contém o pacote inteiro de mixagem para DJ. Em uma janela, ou em uma série de janelas, o software disponibiliza pelo menos dois aparelhos na tela e um mixer. Assim, tudo que você precisa são vários arquivos de músicas e a placa de som do seu PC conectada a um amplificador e pronto... Você é um DJ! A arte de DJ digital, no entanto, pode ficar um pouco — ou muito — mais complicada; o Capítulo 9 aborda as diferentes opções.

» **Aperfeiçoar a habilidade com aplicativos.** Os smartphones e tablets com aplicativos para DJ possibilitam ao DJ ser extremamente prático e portátil, e ainda assim fazer uma excelente mixagem. Onde antes um DJ precisava de espaço para pelo menos dois toca-discos e um mixer, e geralmente tinha de carregar este equipamento para toda parte, agora com um aplicativo no iPhone e uma boa coletânea de músicas ele só precisa tirar o celular do bolso e encontrar um lugar para ficar próximo a um amplificador.

Uma Caixa para Controlar Tudo

O mixer é que vai dar a liga para manter a noite transcorrendo às mil maravilhas e as pessoas dançando incansavelmente. A finalidade do mixer é mudar a música que soa nas caixas de som de uma entrada para outra sem nenhuma pausa. O Capítulo 10 contém mais informações sobre tudo relacionado a mixers.

As características mais básicas que um mixer precisa ter para uso de DJ são:

» **Um cross-fader:** Na maior parte dos mixers de DJ, o controle importante que ajuda a mudar o som de uma entrada para outra é o cross-fader. Conforme você move o cross-fader da esquerda para a direita (ou vice-versa), o som que se ouve pelas caixas de som muda gradualmente de uma música para outra. Se você deixar o cross-fader no meio, você ouve as duas músicas tocando ao mesmo tempo. O modo como você muda o som de uma música para outra contribui imensamente para o seu prestígio como DJ.

» **No mínimo dois canais de entrada:** Cada canal de entrada deve ter uma chave para selecionar uma entrada fono (para toca-discos) ou uma entrada de linha (para o resto).

» **Monitoração de fones de ouvido com pré-escuta:** A pré-escuta permite que você ouça a música pelos fones de ouvido sem tocá-la nos alto-falantes.

CAPÍTULO 2 **Começando com o Básico** 21

Isto é importante quando você quer localizar o ponto certo para iniciar a próxima música, e é vital para a combinação de batidas.

» **Indicadores de LED:** Exibem o nível de som que entra e sai do mixer.

» **Controles de ganho:** São usados conjuntamente com os indicadores de LED. São extremamente importantes para manter o volume global e criar um som profissional.

» **EQs (equalizadores) para os graves, médios e agudos:** Estes três controles simples ajudam a aumentar a criatividade e a melhorar a qualidade do som, transformando transições desbotadas de uma música para outra em transições sensacionais, sem emendas.

Os mixers para DJ oferecem uma ampla gama de características e funções adicionais que podem ajudar você a ajustar e aprimorar suas mixagens, mas não são tão vitais quantos as seis características que descrevi acima.

DICA

Os mixers mais baratos (que custam por volta de 200 reais) dificilmente terão controles de EQ de três bandas. Os controles de EQ de três bandas não são 100 por cento necessários se você for um DJ de festas que não cria longos sets mixados, mas com 100 reais a mais você encontra um mixer com tudo o que eu recomendo, de marcas como Gemini, Numark, Stanton e Behringer. Com estas funções, você tem um bom controle sobre suas mixagens e já tem mais de meio caminho andado para se tornar um DJ profissional.

No extremo oposto da faixa de preço, controladoras como as Pioneer SZ e SX, Numark NS6 e NS7 e a Allen & Heath Xone: DB4 contêm todas as funções padrão que você precisa, mas eles também permitem que você use mais o software de DJ digital — o que significa que você ainda tem a sensação familiar de um mixer de DJ mas pode usá-lo para manipular e mixar de softwares, bem como de CDs ou discos de vinil. Consulte o Capítulo 9 para mais informações sobre este assunto e sobre como as controladoras podem enriquecer a experiência de DJ digital.

Monitorando Sua Música com Fones de Ouvido

Não subestime a importância de um par de fones de ouvido de boa qualidade. Quando você estiver no seu canto de DJ numa festa ruidosa, os fones de ouvido são a única maneira de garantir uma mixagem suave e fluida.

Quando você estiver tocando ao vivo, é extremamente importante usar fones de ouvido que não distorçam o som em alto volume. (Isto não é tão essencial quando você estiver praticando no seu quarto.) Se você não ouvir com nitidez a música que está tocando no momento e a que pretende tocar em seguida, é grande a probabilidade de a mixagem não dar muito certo!

DICA

Ao comprar seu primeiro par de fones de ouvido para DJ, escolha pelo conforto e qualidade do som. Certifique-se de que são macios e confortáveis de usar, e de quando você os usa consegue ouvir com nitidez as batidas e compasso do grave, e de que o som dos agudos seja claro e puro. Se você tiver chance de testá-los num volume bem alto, faça isso *cuidadosamente* (para não danificar os fones nem seus ouvidos), apenas para ter certeza de que o som não sai distorcido e de que as frequências vocais médias não abafam as batidas graves.

Se você preferir comprar fones de ouvido mais em conta para poder comprar toca-discos de melhor qualidade, eu recomendo que assim que possível você compre um bom par de fones de ouvido específicos para DJ — use seu primeiro pagamento para isso. Você só terá problemas com fones de ouvido baratos, que podem até lhe custar a próxima contratação! Consulte o Capítulo 11 para mais informações sobre fones de ouvido.

Energizando o Equipamento com Amplificadores

O sinal de som que sai do mixer é insuficiente para alimentar seus fones de ouvido, por isso você precisa de algo para aumentar (amplificar) este sinal, de tal modo que ele acione alguns alto-falantes (faça-os funcionar). Você pode amplificar sua música de quatro maneiras diferentes (o Capítulo 12 contém mais detalhes sobre estas opções):

» Compre amplificador e alto-falantes separados. Esta opção pode custar um pouco mais, mas é uma excelente maneira de amplificar sua música.

» Conecte o cabo de saída do mixer no CD-player ou na porta auxiliar (line in/aux) atrás do seu aparelho de som doméstico (se você tiver um). Eu prefiro este método em casa no início, porque ele reduz a quantidade de equipamentos que você precisa — e economiza dinheiro também —, sendo que você já tem um aparelho embutido para gravar suas mixagens.

» Use alto-falantes ativos — caixas de som com um amplificador embutido. Se eles tiverem uma boa potência para que você escute a música num bom volume, eles serão suficientes.

» Use as caixas de som no seu Mac ou PC, que normalmente são alto-falantes ativos, como na opção anterior. Em vez de conectar as caixas de som diretamente no mixer, você pode conectar seu mixer numa placa de som de computador, primeiro. Este método tem a vantagem adicional de permitir que você grave no seu computador a qualquer momento, facilitando a transferência de seus sets para a internet.

Adaptando o Mobiliário

O mobiliário é, provavelmente, o aspecto mais negligenciado e menos ponderado do equipamento de um DJ. Algumas pessoas passam semanas pesquisando os melhores aparelhos e o melhor mixer para comprar e se esquecem completamente de que vão precisar de um suporte físico para acomodar tudo isso!

Dois itens de mobiliário que você deve considerar são:

» Um suporte para os aparelhos de som e para o mixer
» Um suporte para os discos e CDs

Pensando em ergonomia e estabilidade

Ao procurar uma mesa de DJ, você precisa de uma peça que seja bastante sólida, para que a agulha ou o CD não pule ao menor movimento. Certifique-se também de que ela tenha tamanho suficiente para acomodar todo o seu equipamento. Ou seja, ela deve ser suficientemente comprida para você colocar sobre ela dois toca-discos e um mixer, e larga o bastante para você poder usar um computador e uma controladora. Meça duas vezes e compre de uma vez!

Com um arranjo inteligente e logístico, você consegue colocar seu equipamento em quase qualquer mesa. O mais importante é a altura do equipamento.

CUIDADO

Se você precisar se curvar para usar seu equipamento, você vai acabar como o Corcunda de Notre Dame depois de horas de prática e trabalho. Por isso certifique-se de que seu equipamento fique a uma altura que lhe permita usá-lo com o corpo ereto e os ombros alinhados com a espinha. Eu tenho uma grande amizade com o Dr. Dan, meu fisioterapeuta, graças a anos e anos não seguindo meu próprio conselho!

A ergonomia correta para qualquer mesa (incluindo a mesa de DJ) significa que você não precise se esticar, se inclinar nem se curvar para usar o equipamento. O ideal é que você fique de pé, com as costas retas e os cotovelos dobrados a 90 graus quando estiver executando seu trabalho. Proteja também o pescoço, limitando-se a olhar para baixo para os controles em vez de esticar ou dobrar o pescoço como um ganso!

Como a altura das pessoas varia, estes princípios ergonômicos significam que, dependendo da altura da mesa que você usa, pode ser que você precise apoiá-la sobre alguns tijolos, blocos ou outro tipo de suporte firme a fim de deixá-la numa altura mais confortável.

Mesinhas, prateleiras, suportes etc.

Existem mesas especificamente projetadas para uso de DJs, com altura ajustável, topo plano para os aparelhos e o mixer, e prateleiras embaixo para colocar os discos. A minha preocupação com relação a ter tudo numa única peça é que, quando você estiver vasculhando os discos para procurar determinada música, o ato de mover 50 discos de um lado para o outro possa balançar a mesa e fazer a agulha pular.

Pesquise na internet as lojas que vendem equipamentos para DJ (eBay, Amazon e outras) e você irá encontrar uma enorme variedade de mesas e acessórios. Quase todas elas vêm desmontadas, então você mesmo terá de montar — por isso tenha à mão uma chave de fenda e uma boa dose de paciência!

A empresa sueca IKEA, especializada em comércio de móveis, disponibiliza uma série muito prática de módulos chamada EXPEDIT, onde você pode adaptar suas mesas com bastante espaço para armazenar os discos, porque os módulos são projetados em formato de cubos. A EXPEDIT foi substituída por um modelo mais novo, chamado Kallax, mas ainda é possível encontrar EXPEDITs à venda no eBay ou em anúncios classificados.

Prateleiras compradas em lojas "Pegue e Faça" também podem ser úteis para acomodar os discos e CDs, mas são necessários dois cuidados com elas: ter certeza de que são planas e colocá-las junto a uma parede. Eu tive um lamentável acidente com o *Ubik* de Timo Maas quando ele escorregou para fora da capa por causa de uma prateleira instável — digamos que o disco nunca mais voltou a ser o mesmo...

Eu já tive várias instalações para meu equipamento. A primeira era uma mesa de metal, bastante precária! Depois usei um móvel que meu pai fez para mim nos anos 1970, mas atualmente uso uma mesa sob medida feita por mim mesmo. Meus toca-discos e o mixer ficam num compartimento na parte de cima, e meus CD-players e o laptop ficam apoiados em suportes comprados no eBay.

Anulando as vibrações com tijolos e ar

Outro aspecto a considerar com relação ao mobiliário é como minimizar as vibrações. Os CD-players que não têm uma boa proteção anti-skip podem parar de tocar adequadamente se alguma coisa balançar ou se as vibrações graves forem muito altas nas caixas de som. Se você usar discos de vinil, é grande a probabilidade de a agulha pular ou arrastar se a mesa balançar, e a preocupação com as vibrações será a realimentação, ou "uivo".

LEMBRE-SE

A finalidade da agulha é converter em música as vibrações do sulco do disco. A realimentação acontece quando o som dos alto-falantes chega ao toca-discos (através de vibrações de som) e é reamplificado. Esta reamplificação cria um efeito bola de neve (uma re-re-re-re-reamplificação), produzindo um ruído ressonante que rapidamente fica cada vez mais alto. O feedback fere os ouvidos e prejudica as caixas de som, por isso tente evitá-lo.

Seja você um DJ de CD ou de vinil, evite colocar as caixas de som na mesma peça onde estão seus toca-discos. Se não for possível evitar este arranjo, tente minimizar as vibrações colocando os toca-discos sobre alguma coisa que absorva a vibração. Como tantos outros DJs iniciantes praticando em seus quartos no mundo inteiro, eu colocava meus toca-discos em cima de tijolos para minimizar a vibração.

DICA

Se você quiser um jeito mais elegante de anular a vibração, você pode usar suportes (pés) específicos para toca-discos. Feitos de metal, eles substituem os suportes usuais de borracha em cada canto do aparelho e absorvem as vibrações com mais eficácia do que os tijolos. Estes suportes isolantes podem custar bem caro (mais de 400 reais um conjunto de quatro). Uma alternativa fantástica, por menos de 150 reais, é colocar o toca-discos sobre um "colchão" inflável. (A Figura 2-2 mostra o colchão de ar inflável para estabilizar o toca-discos.) Este colchão não só estabiliza os aparelhos, como ainda tem a vantagem adicional de ter uma aparência bem mais profissional do que tijolos de construção!

FIGURA 2-2:
Colchão de ar inflável para estabilizar o toca-discos.

Posicionando Seu Equipamento de DJ

O local onde você coloca seus aparelhos de som no quarto provavelmente já foi definido em razão da posição da cama, da televisão e dos outros móveis, mas se você tiver espaço suficiente para mudar os móveis de lugar, o ideal é que você fique perto das caixas de som. O Capítulo 12 tem uma seção sobre posicionamento, mas contanto que você esteja a poucos centímetros das caixas de som, não precisa se preocupar com delay (atraso) de áudio ou problemas acústicos.

DICA

Uma coisa que sempre me surpreendeu é por que alguns DJs (eu inclusive) sentem a necessidade de posicionar o equipamento contra uma parede. Experimente virar tudo e ficar de frente para o quarto. Esta posição ajuda com a visualização, pois você começa a se imaginar tocando num salão, e além disso, também impressiona mais quando seus amigos forem à sua casa para ver você exibir suas habilidades. Você só precisa organizar os cabos para que não fiquem pendurados da mesa, mas esta posição voltada para fora lhe proporciona uma sensação muito melhor de estar numa cabine de DJ.

28   PARTE 1 Começando a Conhecer as Técnicas de DJ

> **NESTE CAPÍTULO**
>
> **Experimentando o equipamento certo para você, dentro do orçamento**
>
> **Decidindo entre comprar nas lojas ou pela internet**
>
> **Escolhendo entre peças novas versus segunda mão**
>
> **Testando o funcionamento dos aparelhos**

Capítulo 3

Comprando o Equipamento

Você pesquisou extensivamente, leu revistas (e livros, espero!) sobre o assunto, visitou tudo que é site na internet, e agora finalmente está pronto para começar a comprar seu equipamento.

A boa notícia é que, nas últimas duas décadas, o comércio de equipamentos para DJ se transformou de mercado de venda em mercado de compra. As lojas e os sites não podem se dar ao luxo de ignorar o comprador e oferecem promoções atraentes, frete grátis e um bom suporte técnico. Existem por aí ofertas muito boas mesmo.

Fazendo um Balanço Antes de Comprar

Por experiência própria, eu sei que quem tem um sonho não está a fim de ouvir conselhos de outras pessoas, muito menos dizendo para que pensem bem e esperem antes de gastar seu dinheiro. Se você estiver tão empolgado quanto eu estava para ter meu primeiro equipamento de DJ, é provável que eu não consiga convencer você de que pensar primeiro é importante — mas vou tentar. Antes de abrir o cadeado do seu cofrinho, faça uma investigação final.

Experimentando antes de comprar

A primeira coisa a considerar é: você está preparado para investir dinheiro nesse sonho? Porque você vai gastar uma quantia considerável de dinheiro com uma coisa na qual você não sabe se é bom (se bem que quando você terminar de ler este livro você estará capacitado!). Então, antes de abrir a carteira para comprar o equipamento dos seus sonhos, veja se você tem como experimentar um equipamento antes, com alguém que você conheça, ou faça o download de uma versão demo de um software de DJ e toque um pouco, para que você se familiarize com as noções básicas da arte de DJ.

DICA

O ideal é você experimentar no equipamento de um amigo que tenha mais de um toca-discos e CD-player, e vários discos, CDs e arquivos de música digital prontos para você mixar à vontade e se divertir um pouco. Desta forma você terá uma noção do equipamento que você precisa e de como ele funciona, mas mais importante que isso, você provavelmente irá desenvolver uma afinidade com um ou outro modo; isto ajuda imensamente se você ainda não tiver se decidido entre CD ou vinil ou só arquivos digitais. Talvez seu amigo não tenha um equipamento tão completo, então pergunte a pessoas conhecidas e procure se informar se alguém conhece um DJ que estaria disposto a deixar você fazer um teste no equipamento dele.

As lojas de equipamentos mais cordiais deixam você experimentar alguns equipamentos se acharem que você está realmente interessado em comprar, mas são poucas as que têm um espaço reservado no fundo, com um equipamento bom e completo, onde você possa testar suas habilidades. Veja o que as diferentes lojas têm a oferecer, em termos de equipamento para teste e opções de demonstrações.

Uma grande vantagem de usar o equipamento de outras pessoas ou uma versão de demonstração de software de DJ é que você terá mais tempo para economizar dinheiro para comprar o seu equipamento dos sonhos. Quando você tiver absoluta certeza do que quer, então é hora de ir às compras.

Dentro do orçamento

Quanto dinheiro você tem e como você o gasta influi bastante nas opções de equipamentos disponíveis para você comprar, incluindo se você opta por aparelhos novos ou de segunda mão.

LEMBRE-SE

Tenha um orçamento realista. Você não vai conseguir comprar um bom equipamento de DJ por 300 reais, a menos que você conheça alguém que precise urgentemente vender. A arte de DJ não pode ser baseada na barganha; reserve o máximo de dinheiro que você puder e evite ir atrás do mais barato que encontrar. Lembre-se do ditado "o barato sai caro", que se encaixa perfeitamente neste tipo de coisa; se você comprar um equipamento barato demais, vai acabar tendo de comprar outro de melhor qualidade depois de alguns meses, quando estiver mais experiente e capacitado na arte de DJ. Faça economia comprando um equipamento de qualidade, que dure bastante tempo.

DICA

Se você tiver um orçamento limitado e quiser praticar a arte de DJ com CD-players ou toca-discos (a arte de DJ digital é abordada na seção 'Passando para o DJ digital'), a melhor forma de fazer o orçamento render é dividi-lo em duas partes: uma parte maior para os toca-discos ou CD-players e uma parte menor para o mixer. Gastar o máximo que você puder com os dispositivos de entrada é mais sensato, porque nem o melhor mixer do mundo é capaz de compensar CD-players instáveis ou toca-discos que não mantêm uma velocidade constante ao tocar. Um mixer básico pode ser muito básico, mas ainda assim é suficiente na fase inicial, enquanto você está aprimorando suas habilidades de DJ. Mesmo que no futuro você tenha de comprar outro mixer, ainda sai bem mais barato do que ter de comprar dois bons toca-discos ou CD-players.

Existe uma ampla variedade de equipamentos no mercado, e eu destaco abaixo algumas marcas populares — mas é claro que não são as únicas disponíveis. Cada nível de orçamento abrange várias opções de toca-discos ou CD-players novos.

» **R$2.000,00+:** Você compra um mixer bem básico e um conjunto de toca-discos e CD-player com este orçamento. Se você só puder gastar mil reais, eu diria que a sua melhor opção é comprar toca-discos ou CD-players de segunda mão da Numark, Stanton ou Gemini. Você pode aprender a fazer mixagens com estes aparelhos, mas se eles forem básicos demais e tiverem muito uso, podem não ser os mais confiáveis do mundo e eventualmente apresentar problemas.

» **R$4.000,00+:** Com cerca de 4 mil reais, você consegue comprar toca-discos ou CD-players novos e de qualidade razoável. Os CD-players nesta faixa de preço têm maior variedade de funções do que os modelos básicos, e os toca-discos têm um motor mais potente. Por outro lado, não irá sobrar muito dinheiro, então talvez você tenha de comprar um mixer bem básico.

» **R$8.000,00+:** Se você dispõe deste valor para comprar seu equipamento de DJ, espero que você siga meu conselho de experimentar o equipamento de alguém primeiro! Com este orçamento você pode comprar toca-discos e CD-players bem razoáveis mais um bom mixer. Entre os melhores aparelhos, minha preferência seria algo como um toca-discos Technics 1210, Reloop ou Numark de boa qualidade. Para os DJs que preferem CD eu sugiro os CD-players Pioneer, Stanton, Numark ou Denon de qualidade média e um mixer médio também.

» **R$10.000,00+:** Com um valor superior a 10.000 reais, o mundo se abre para você. Eu prefiro os toca-discos Technics ou CD-players Pioneer top de linha, mas verifique também os modelos mais avançados da Reloop, Stanton, Numark e Denon. Estes custam entre 5.000 e 15.000 reais o par. Meus mixers prediletos são da Pioneer, Rane, Denon, Reloop e Allen & Heath, que custam entre 3.000 e 8.000 reais.

LEMBRE-SE

No momento em que você decidir gastar em equipamentos um dinheiro economizado a duras penas, lembre-se de reservar um valor para comprar os discos ou arquivos digitais das músicas que você quer tocar. Eu gastava cerca de 200 reais por mês em discos quando comecei a prática de DJ, mas esse valor logo subiu para mais de mil reais, portanto é bom se programar neste sentido.

Passando para o DJ digital

Mesmo que você queira ser um DJ digital que toca música através do computador, ainda assim você vai precisar de um orçamento, para:

» **Um computador** (se você ainda não tiver um)**:** De 1.500 reais para um laptop simples a 10 mil ou mais para um Mac ou PC de alta especificação.

» **Software de DJ:** Você encontra softwares grátis (como o Mixxx, disponível em `www.mixxx.org` — conteúdo em inglês, e principalmente o Virtual DJ, disponível em `www.virtualdj.com` — conteúdo em inglês), mas os softwares mais aclamados, como o Traktor e o Serato, podem custar na faixa de 700 reais, se você quiser continuar usando toca-discos e mixer.

» **Toca-discos/CD-players:** Ser DJ digital não significa que você tenha de obrigatoriamente abandonar os CD-players e toca-discos. Os toca-discos de vinil permitem que você continue usando o mixer para controlar a música no computador. Mas se você ainda não os tem, vai precisar levar em consideração o custo dos toca-discos e CD-players, mais o mixer — veja as orientações na seção anterior.

» **Controladoras:** As controladoras possibilitam que você controle a música e faça a mixagem em um único aparelho. O custo-benefício vale mais a pena, pois você tem mais controle do que com os toca-discos (ou CD-players) e um mixer. Existem modelos básicos por menos de 400 reais e outros com inúmeras funções por mais de 5 mil reais. A menos que você tenha certeza de que vai usar todas essas funções que custam mais de 5 mil reais, com um valor entre 2.000 e 3.000 reais você compra boas controladoras.

O Capítulo 9 contém informações adicionais sobre DJ digital e mais detalhes sobre as diversas soluções disponíveis para mixar músicas no computador.

Comprando Aparelhos Novos em Folha

Há muitas vantagens em comprar um equipamento novinho. Além de você ter a opção de escolher aparelhos modernos, eles vêm intactos e funcionando perfeitamente. As peças têm garantia, podendo ser trocadas se apresentarem defeito e consertadas gratuitamente pela assistência técnica no prazo da garantia.

A desvantagem mais óbvia de um equipamento novinho em folha é o preço. Mas com a concorrência entre as lojas — físicas e online — os preços tendem a cair, e se você tiver paciência para pesquisar pode encontrar boas ofertas e promoções.

Outra desvantagem é a desvalorização do equipamento. Um bom par de toca-discos pode lhe custar quase 5 mil reais, mas na hora de passar adiante você dificilmente consegue 2 mil reais pela revenda, pois já se trata de um artigo de segunda mão. O prejuízo é grande. (Só é um grande negócio para quem compra!)

CUIDADO

TESTE ANTES DE COMPRAR E SE ARREPENDER

Eu aprendi uma árdua lição com relação a não testar antes de comprar e não dar a devida importância a uma resenha numa revista. Eu estava tentando decidir entre dois modelos de mixer bastante populares, e tinha lido que, embora um deles tivesse mais funções, os controles não eram muito práticos, eram mais difíceis de usar (principalmente no escuro) porque ficavam próximos demais um do outro, quase sobrepostos. Eu fiquei ali na loja algum tempo, olhando para os dois modelos, e não tive a simples e sensata ideia (nem este livro) de pedir para experimentar um e outro (nem ao menos para girar os botões). Comprei o mais caro, com mais funções, claro, e presumi que o vendedor que estava me atendendo devia ser desajeitado com as mãos.

Na primeira vez em que eu acidentalmente acionei o comutador errado, a resenha que eu tinha lido na revista me assaltou de imediato! Não há nada como o silêncio resultante de um engano como este para fazer você se arrepender de algumas escolhas.

Visitando as lojas físicas

As lojas de rua e em shopping centers oferecem três coisas que você não encontra em nenhum outro lugar:

> » **A chance de experimentar diferentes equipamentos.** A possibilidade de ter uma rápida demonstração do equipamento dentro da loja e poder comparar as peças é um diferencial importante entre as lojas físicas e as lojas online.

CAPÍTULO 3 **Comprando o Equipamento** 33

CUIDADO

É possível que você tenha lido em revistas e livros que determinado estilo de toca-discos é melhor que outro, ou que o CD-player simples é melhor que o duplo, ou que determinado software de DJ é o mais adequado para o seu estilo, mas enquanto você não se vê diante do equipamento que você quer comprar e vê-lo funcionar, você não vai ter certeza. Arriscar uma decisão e gastar uma quantia considerável de dinheiro com o equipamento baseado apenas numa indicação não é o ideal.

» **O toque pessoal — poder fazer perguntas ao vendedor.** Sem dúvida alguma, ficar frente a frente com o equipamento, receber dicas e orientações do vendedor, poder fazer perguntas, esclarecer dúvidas e escolhas é extremamente útil na hora de comprar o equipamento. Os vendedores das lojas estão acostumados a vender e geralmente conhecem bem os produtos.

» **Gratificação imediata.** Não sei se ter gratificação imediata é importante para você, mas para mim com certeza é! Se eu compro algo tão valioso como um equipamento de DJ, eu quero poder sair com ele da loja e usá-lo assim que chegar em casa. Se aquilo que eu quero comprar custa só um pouquinho mais na loja do que na internet, e se eu estou realmente ansioso para comprar, eu prefiro ir logo até a loja, comprar de uma vez e levar comigo para casa do que passar os dias seguintes espiando na janela e esperando que cada van que passa na rua seja a que vai entregar a minha encomenda.

Optando por comprar online

De forma geral, quando você faz a compra pela internet, seja no site de uma loja de rua ou num revendedor online que não possui estoque próprio, você pode esperar obter um preço bem mais em conta. Com tantas lojas oferecendo seus produtos, um pouco de paciência e de comparação podem lhe poupar um bom dinheiro.

A maioria dos sites tem um bom serviço de atendimento ao consumidor e são bastante eficientes para responder a perguntas e esclarecer dúvidas via e-mail. O inconveniente de comprar online, entretanto, é não poder ter uma conversa frente a frente com o vendedor e obter respostas imediatas para as suas dúvidas. Embora alguns sites ofereçam chat ao vivo ou assistência por telefone para contornar este obstáculo, não se compara com a experiência de estar ao vivo numa loja, poder examinar de perto o equipamento e trocar ideias com o vendedor.

Ironicamente, embora as lojas virtuais pareçam anônimas e impessoais, o serviço de atendimento ao consumidor pós-venda geralmente é tão bom, ou melhor do que o das lojas físicas. Por outro lado, uma loja online é equivalente à sua reputação; quando os clientes começam a escrever comentários negativos, as pessoas leem e levam em consideração. A comunidade dos DJs é muito unida, e as lojas virtuais precisam evitar causar má impressão, pois uma opinião desfavorável se alastra mais rapidamente do que fogo em folhas secas.

LEMBRE-SE

Além de um SAC eficiente e de preços atraentes, as lojas da internet permitem que você monte seu próprio pacote, numa tentativa de atrair você para comprar deles em vez de ir a uma loja física. Normalmente, o *pacote* que a loja oferece são os toca-discos (ou CD-players) mais um mixer, por um preço reduzido. Já as lojas físicas não têm a mesma flexibilidade de oferecer esse tipo de pacote por causa das limitações de estoque. Elas até podem encomendar um equipamento ao seu gosto, mas isso leva tempo, então, se for para esperar é melhor comprar online por um preço mais vantajoso.

Com estoque próprio ou não, as lojas virtuais têm acesso a cada peça de equipamento disponível, o que proporciona a possibilidade de obter qualquer combinação de toca-discos ou CD-players, mais o mixer, que você possa imaginar. Com acesso a uma igualmente ampla variedade de controladoras, fones de ouvido, amplificadores, cabos, agulhas etc. para DJ digital, as opções e os preços que você pode obter online, se você realmente souber o que quer, é bastante atraente.

DICA

Vários fabricantes vendem suas próprias combinações de aparelhos de som e mixer, especiais para DJs iniciantes. O pacote pode ser uma maneira conveniente de comprar um kit básico por um valor baixo, mas a desvantagem é que você pode sentir que esse equipamento está ultrapassado e já não é suficiente, quando as suas habilidades de DJ se aprimorarem e você quiser ter mais opções para trabalhar com a música. A opção mais segura é pesquisar exaustivamente e montar o pacote ideal para você.

Muitas pessoas vão até a loja de equipamentos de som e fazem todas as perguntas certas para encontrar o melhor equipamento para elas, só para depois comprar tudo online por um preço melhor. Não existe nenhuma regra que proíba isto, somente a ética e, para quem acredita na lei do retorno, mais um pequeno ponto contra.

Comprando de Segunda Mão

A vantagem de comprar o equipamento de DJ de segunda mão é que você pode conseguir aparelhos de padrão mais alto do que você conseguiria comprar se fossem novos. Pode valer mais a pena comprar de segunda mão um equipamento de melhor qualidade do que comprar aparelhos novos de qualidade inferior.

A desvantagem é que você não tem como saber como a pessoa que está vendendo cuidou do equipamento. A seção "Verificando Se o Seu Equipamento Funciona" fornece dicas de alguns detalhes que você pode checar ao comprar aparelhos de segunda mão, mas você não tem como ter certeza se os toca-discos não passaram os últimos 10 anos de uso afundados em pingos de cerveja e cinzas de cigarro!

Você pode usar dois diferentes locais para obter seu equipamento de segunda mão:

» Sites de leilões
» Anúncios classificados em jornais, em vitrines e na internet

Fazendo ofertas em sites de leilões

Os sites de leilões como o eBay são um ótimo local para encontrar um bom negócio, e o sistema de classificação vendedor/comprador proporciona uma maneira relativamente segura de comprar (ou vender) seu equipamento. É preciso ter um pouco de paciência, mas se você souber o que quer antes de começar a procurar, você encontra algumas ótimas ofertas.

Ao comprar num site de leilões na internet, é natural ter duas preocupações básicas:

» O vendedor não enviar a mercadoria depois que você pagou.
» O vendedor não ter feito uma descrição fiel da mercadoria.

Ler as opiniões dos compradores lhe dá uma ideia de se você precisa ou não se preocupar em não receber a mercadoria após o pagamento. Dedique um tempo para ler os comentários de pessoas que já compraram desse vendedor, e se não ficar convencido de que o vendedor já vendeu o suficiente para garantir segurança, seja cauteloso antes de depositar seu dinheiro na conta dele!

Não se sinta mal de enviar um e-mail ao vendedor fazendo perguntas que não são respondidas pela descrição do item. Peça a ele para confirmar o estado geral do equipamento, incluindo se está tudo funcionando perfeitamente. Pergunte também se ele está disposto a assumir a responsabilidade por peças que possam apresentar algum defeito quando chegarem às suas mãos. Caso o vendedor tenha distorcido a verdade na descrição do item (uma hipótese improvável, mas que deve ser considerada) e você tenha necessidade de fazer uma reclamação oficial no site de leilões, o e-mail será uma prova bastante útil.

O último aspecto que você deve considerar ao comprar qualquer coisa num site de leilões é o custo do frete. Dois aparelhos de som e um mixer requerem uma embalagem bem sólida para serem transportados com segurança. O frete em si já pode custar caro, sem falar na quantidade de plástico bolha, isopor, espuma etc. que podem encarecer ainda mais o serviço de entrega. E alguns vendedores podem tentar lucrar em cima disso, portanto, se você suspeitar que alguém está querendo levar vantagem às suas custas, escreva um e-mail para o vendedor pedindo a ele que lhe envie um recibo das despesas com o frete.

Esquadrinhando os jornais

As seções de classificados dos jornais perderam muito para os sites de leilões nos últimos anos, reduzindo bastante o número de anunciantes de itens para vender. Por outro lado, pelo mesmo motivo também diminuiu consideravelmente o número de pessoas que leem a seção de classificados, portanto é menor a chance de outra pessoa encontrar e comprar o seu equipamento dos sonhos antes de você. Além disso, você compra o produto pelo preço anunciado e imediatamente, em vez de ter de participar de uma guerra de ofertas!

Os itens vendidos na seção de classificados de um jornal ou numa vitrine de uma loja provavelmente também estão mais perto de você. Você pode economizar indo pessoalmente buscar sua compra em vez de pagar o frete, e também pode dar uma olhada de perto no equipamento antes de desembolsar seu dinheiro.

CUIDADO

Agora vou dar uma de pai, com um conselho sobre ir até a casa de desconhecidos: seja cauteloso. Sempre avise alguém aonde você vai e, se possível, vá acompanhado, para o caso de o vendedor querer aumentar o preço, o que pode se transformar num confronto desagradável e até agressivo.

Os sites de classificados na internet oferecem uma combinação da vantagem do preço fixo e a possibilidade de pesquisar no país inteiro (ou no mundo) por alguém que esteja vendendo uma peça ou aparelho específico. Cautela continua sendo a palavra de ordem ao comprar por intermédio destes sites. Certifique-se de aquilo pelo que você paga é o que será entregue a você e desconfie se o vendedor lhe pedir para efetuar o pagamento por um método incomum. Sinto vergonha de admitir que caí numa armadilha dessas ao comprar peças de bicicleta, só porque meus olhos foram maiores do que o meu cérebro. Se lhe pediram para fazer o depósito e enviar o comprovante para algum intermediário ou terceira pessoa antes de a transação ser finalizada, não se deixe levar (como aconteceu comigo). A menos que você tenha certeza absoluta ou uma comprovação sólida de que este método é legítimo, você corre o risco de perder seu dinheiro.

Verificando se o Seu Equipamento Funciona

Mesmo que você tenha a oportunidade de testar seu equipamento antes de comprá-lo de segunda mão, nem sempre os defeitos são tão óbvios como uma nuvem de fumaça. Então, tente examinar a peça o mais minuciosamente possível, testando e checando todas as partes e controles mais vulneráveis e propensos a apresentar defeito.

DICA

Escute a sua voz interior; a primeira impressão quase sempre é correta. Se você examinar o equipamento e perceber que ele está bem conservado, limpo e cuidado, é grande a probabilidade de você não ter problemas. Se ele estiver sujo, amassado e arranhado, e estiver guardado num porão úmido ou no quarto de um adolescente bagunceiro, teste exaustivamente o equipamento, conforme eu descrevo nas próximas seções, antes de desembolsar seu dinheiro! (Luvas de borracha são opcionais...)

Examinando os cabos

Verifique todos os cabos e conexões. Nos toca-discos, mixers, amplificadores e fones de ouvido, mude os cabos de posição com o som ligado para identificar algum possível problema de conexão ou mau contato. Você saberá se houver algum problema, porque você vai ouvir ruídos e estalidos, ou haverá interrupções no som.

Testando toca-discos e pratos giratórios

Veja a seguir como testar um toca-discos:

1. Primeiro verifique o funcionamento do motor do toca-discos. (O Capítulo 6 trata de tudo o que você precisa saber sobre o funcionamento dos toca-discos.) A luz vermelha que brilha nos pontos na lateral do prato giratório é uma luz estroboscópica que ajuda você a verificar se a velocidade do motor flutua quando o aparelho está tocando (veja a Figura 3-1). Para testar isto, posicione o controle de andamento no zero e olhe para os pontos na lateral do prato.

FIGURA 3-1: Interruptor de um toca-discos, com a luz estroboscópica sob ele se refletindo nos pontos de calibragem no prato giratório.

No andamento zero nos aparelhos da Technics, por exemplo, os pontos maiores na segunda fileira de baixo para cima devem ficar totalmente imóveis; em

+6 por cento, a fileira superior deve ficar imóvel. Se os pontos se moverem só um pouco, você pode ajustar o motor para corrigir isso. Se os pontos se moverem de maneira irregular, acelerando e depois desacelerando e depois se movendo na direção oposta, é porque o motor tem um problema sério.

2. Presumindo que você esteja satisfeito com o motor nas quatro velocidades de calibragem (mostradas na Figura 3-1, ao lado do controle: -3.3, 0, +3.3 e +6 por cento), comece a mover o controle de andamento lentamente, do zero para o + (região mais rápida). Conforme você aumenta o andamento, a segunda fileira de pontos na lateral do prato começará a se mover da direita para a esquerda, e quanto mais você aumenta o controle, mais rápido os pontos se movem. Esta mudança nos pontos deve indicar um aumento suave da velocidade; se o aumento for irregular, alguma coisa está errada com o controle de andamento ou com o motor. Repita este método para a região de andamento mais lento.

3. Enquanto você checa como o controle de andamento afeta a velocidade do toca-discos, preste atenção na mobilidade do fader. Se ele ficar preso em alguns pontos ou duro de mover (afora o ponto 0, onde ele fica encaixado), é porque provavelmente ele precisa de uma limpeza. Você pode comprar um spray desengordurante para limpar o controle, mas antes seria bom fazer algumas perguntas ao dono do aparelho, entre elas, por que o equipamento está nesse estado de (má) manutenção.

4. A última coisa a verificar no motor é se os botões de 45 e 33 rpm estão funcionando direito. Algumas pessoas se esquecem de checar isto e levam o aparelho para casa, apenas para descobrir que o toca-discos só toca em 45 rpm, por mais que elas batam no botão 33 com um martelo.

5. Se você tiver tempo, erga o prato giratório do toca-discos e olhe embaixo. Se essa área estiver suja, é provável que o motor também esteja. Se for o caso, pergunte se você pode desaparafusar a tampa e dar uma olhada no motor.

6. Examine o prato e verifique se ele não está deformado ou dobrado. Coloque-o sobre uma superfície plana e veja se ele fica todo encostado na superfície. Se você estiver examinando (Deus o livre) um aparelho acionado por correia, examine a correia também, que fica localizada embaixo do prato. Olhe bem para ver se há sinais de estiramento ou outros danos. As correias são facilmente substituídas e não custam caro, mas o desgaste indica que o toca-discos tem muito tempo de uso.

7. Por fim, examine o braço do toca-discos. O maior problema que você pode encontrar é uma montagem instável do braço. Se o vendedor for uma pessoa falante, a esta altura você já deve estar a par de como ele usou os aparelhos. Se o equipamento foi usado em boates e transportado para lá e para cá, examine o braço com atenção redobrada. Embora um toca-discos normalmente seja um item resistente, o braço é uma peça frágil e desprotegida, a parte mais delicada do aparelho.

CAPÍTULO 3 **Comprando o Equipamento** 39

DICA

Existem duas maneiras de examinar o braço para detectar danos. Nos dois casos, se o braço tiver um controle de ajuste de altura, certifique-se de que esteja travado. (Veja o Capítulo 6 se quiser saber mais sobre o ajuste de altura.) As duas maneiras são:

- **Agite-o.** Com muito cuidado e delicadeza, tente mover o mecanismo do braço. Se ele sair do lugar, é provável que esteja danificado.

- **Faça-o pairar para um lado e para o outro.** Este método é o mais preciso para detectar problemas nos rolamentos do mecanismo do braço. É aconselhável remover a agulha da cápsula, para fazer este teste; melhor ainda, peça ao vendedor que faça a experiência.

Com o controle anti-skate no ponto zero, vire o contrapeso (o peso na parte de trás do braço) de tal forma que o braço se erga no ar. (Para mais informações sobre como fazer isto, veja o Capítulo 6.)

Mova o braço até o meio do disco e, nesse ponto, comece a aumentar o controle anti-skate. À medida que você aumenta o anti-skate, o braço deve começar a voltar para a posição inicial. Se ele não se mover, ou se travar em algum ponto, é provável que o mecanismo tenha problemas sérios e de conserto dispendioso.

CUIDADO

Se o braço do toca-discos não passar nos dois testes, desista de comprar o aparelho. O conserto desses defeitos é muito caro e complicado, e não vale a pena comprar um equipamento já comprometido e ter de se aborrecer com isso.

8. Enquanto estiver examinando o braço, dê uma rápida olhada na agulha e na cápsula onde ela está instalada. É possível substituir uma agulha, mas talvez não esteja nos seus planos fazer isso logo no início, portanto, se ela estiver torta ou dobrada, peça um desconto no preço. Na cápsula, examine os fios e procure sinais de corrosão ou de conexões soltas.

DICA

Se você estiver disposto a comprar aparelhos com bastante uso, talvez seja o caso de mandar fazer uma revisão. Um bom técnico normalmente consegue pôr tudo em ordem, mas isso tem um custo, então lembre-se de que o custo do aparelho mais o custo do conserto pode ser o mesmo de um aparelho novinho!

Examinando CD-players

Verificar como o controle de frequência afeta a velocidade de playback num CD-player é mais difícil do que num toca-discos, porque você não tem a referência visual como a luz estroboscópica no toca-discos. Entretanto, os aparelhos de CD não são tão suscetíveis a apresentar os mesmos problemas dos toca-discos, então, na verdade você só precisa verificar se o controle de andamento está funcionando direito e se está limpo.

Seguem algumas dicas para examinar CD-players:

» Certifique-se de que o controle de andamento aumente e diminua a velocidade da música de maneira constante e regular, e que os botões moduladores mudem temporariamente o andamento quando você os pressiona e que o ritmo da música retorne ao original quando você os solta.

» Tente usar todas as funções do aparelho. Se você pesquisar bem o CD-player antes de decidir comprá-lo, saberá melhor o que esperar dele. Por segurança, faça uma lista das funções do modelo em questão e verifique se todas as funções estão em ordem.

» Inspecione o sistema de carregamento de CDs. Se for por meio de bandeja, veja se ela não está deformada, se não há nada quebrado e se ela desliza suavemente. Se o CD entra diretamente no aparelho, tente inserir um disco algumas vezes para ver se ele fica lá ou se o aparelho o devolve. (Mesmo que ele não goste da música, ele tem de aceitar...)

» Se o CD-player tiver uma boa função anti-skip (que evita que o CD pule quando há muita vibração), peça para ter uma demonstração para ver se está funcionando a contento. Peça ao vendedor para fazer essa demonstração, em vez de socar o aparelho com o punho algumas vezes ou jogá-lo para o outro lado da sala. Verifique se a função anti-skip está em ordem e se ela realmente impede o CD de pular quando sujeito a vibrações.

Monitorando mixers

Faça questão de ver o mixer ligado e em ação — você não vai querer levá-lo para casa e descobrir que ele não funciona ou que está soltando fumaça! (Veja mais informações sobre mixers no Capítulo 10.)

Antes de tocar qualquer coisa através do mixer, conecte os toca-discos/CD-players ao mixer e escute. Se você ouvir algum tipo de zumbido vindo do equipamento ou das caixas de som, desligue o toca-discos e deixe apenas o mixer ligado; se o zumbido persistir, verifique as conexões (principalmente o fio terra) para detectar possíveis problemas. O ruído pode ser um zumbido operacional inofensivo produzido pelo mixer, mas se você não tiver certeza se é inofensivo ou não, é porque provavelmente não é!

Depois que você ouvir o mixer sem nenhum aparelho tocando através dele, coloque uma música para tocar e verifique se todos os controles estão funcionando direito. O volume master, o controle de ganho, os Eqs (equalizadores, controles de graves, médios e agudos), os controles de canal, o cross-fader, o controle de retorno e a seção de efeitos; absolutamente tudo precisa ser checado para cada canal do mixer. Preste atenção a qualquer falha de som ou ruídos ou estalos ao girar os botões e mover os controles.

CAPÍTULO 3 **Comprando o Equipamento** 41

DICA

Dedique uma atenção especial ao cross-fader. O cross-fader deve ter um movimento suave e fluido de um lado para o outro, e é preciso olhar bem para ver se não tem nenhum defeito também.

A primeira coisa a prestar atenção é se há algum ruído quando você move o controle de um lado para o outro, mas o mais importante é verificar se não tem música vazando de outro canal. Se você estiver tocando no canal 1 e não estiver tocando nada no canal 2, mova o cross-fader para o canal 2, onde ele deve ficar silencioso. Se mesmo assim você ainda ouvir o canal 1 tocando bem baixinho quando não deveria ouvir som algum, então o cross-fader está com problemas.

Dependendo do mixer que você estiver avaliando, é possível que mesmo com problemas você queira comprá-lo se ele tiver um cross-fader substituível pelo usuário. Neste caso, peça um desconto ao vendedor, para que você possa comprar um cross-fader novo. Um cross-fader desgastado pode ser sinal de uso excessivo do mixer, mas também pode ser que o aparelho esteja em bom estado e apenas o cross-fader esteja desgastado devido a meses e meses de prática de scratch. Siga a sua intuição.

Se você tiver fones de ouvido e um microfone à mão, teste-os com o mixer. Agite os cabos dos fones de ouvido e do microfone enquanto eles estiverem conectados e escute para ver se existe algum mau contato que esteja cortando o sinal.

Use todos os controles do fone de ouvido, para se certificar de que o som está bom e nítido em cada canal. Se o fone de ouvido tiver recursos adicionais, como mistura ou canais independentes, teste-os também para ver se não há corte de sinal. Ligue o microfone e verifique se os controles e dispositivos não produzem estalos ou crepitações. Se o mixer tiver a função talk-over (que baixa o volume da música para que o sinal do microfone seja ouvido acima do som), cheque também para ver se está funcionando direito.

Como dispositivos de saída, você provavelmente vai ver 'saída master', 'saída de gravação' e, se for um mixer dos bons, terá também 'saída de cabine'. Teste todas as três saídas de som através do amplificador para verificar se ocorre alguma queda de sinal quando você balança os cabos.

LEMBRE-SE

Não deixe de verificar os seletores linha/fono ao examinar um mixer de segunda mão. Veja se o seletor de linha para fono para cada canal está funcionando sem crepitar e cheque se fica silencioso quando você muda para linha ou para fono quando não há entrada de som. Por exemplo, se você tiver um toca-discos conectado ao mixer, quando você coloca em linha não deve ouvir o som do toca-discos.

Se o mixer tiver qualquer uma das outras características que eu menciono no Capítulo 10, tais como contador de batidas por minuto (BPM), ajuste de curva do cross-fader, botões e seletores de efeito e loops ou hamster (inversão do cross-fader), verifique se tudo está funcionando adequadamente.

Avaliando fones de ouvido

Se o equipamento que você tem em vista para comprar incluir fones de ouvido, teste-os minuciosamente ouvindo a música em diferentes volumes. Mova o cabo para ver se não há quedas de sinal e cheque a conexão do cabo com o mixer e com os fones, para se certificar de que você pode se mover à vontade sem perder o som.

Aumente o volume dos fones de ouvido por alguns segundos; não tão alto a ponto de ferir seus ouvidos, mas o suficiente para verificar se a música sofre distorção. A distorção pode ocorrer naturalmente nos fones de ouvido quando você toca música num volume muito alto, mas eles devem ter a capacidade de suportar um volume bem alto sem que o som fique distorcido.

Sondando amplificadores e caixas de som

Examine o amplificador e as caixas de som (se estiverem inclusos) da mesma forma que você fez com o mixer e os fones de ouvido na seção anterior. Verifique se as caixas de som não produzem zumbido, se todos os controles estão funcionando perfeitamente no amplificador e se os alto-falantes não distorcem o som em volumes moderados. Como sempre, agite os cabos com cuidado e veja se as conexões não produzem estalidos e se não há interrupção de sinal.

Se as caixas de som estiverem num local aberto que possibilite que você veja os alto-falantes propriamente ditos, inspecione-os para procurar rupturas, cavidades ou até manchas. Se o cone do alto-falante estiver rachado ou amassado, isto pode fazer com que a música comece a distorcer rapidamente; os alto-falantes podem falhar se a música ficar muito alta, portanto nem considere a possibilidade de comprar caixas de som com esses defeitos. Se estiverem manchados, pode ser devido a algum líquido que tenha se derramado para dentro deles, o que além de enfraquecer o alto-falante pode também corroer cabos e circuitos.

44   PARTE 1 **Começando a Conhecer as Técnicas de DJ**

> **NESTE CAPÍTULO**
>
> **Montando uma biblioteca de músicas**
>
> **Comprando músicas de maneira inteligente**
>
> **Cuidando dos seus CDs e discos de vinil**

Capítulo 4

Retrô Chic ou PC Geek? Comprando Discos, CDs e Arquivos Digitais de Música

Se os seus toca-discos, mixer e fones de ouvido são as ferramentas que você usa como DJ, considere seus discos, CDs e arquivos digitais como os pregos, parafusos e cola que você precisa para desempenhar um trabalho perfeito.

Neste capítulo, falarei sobre o que procurar quando for comprar suas músicas e como garantir que seus discos de vinil a tão duras penas encontrados e seus CDs sejam conservados duradouramente.

PAPO DE ESPECIALISTA

É divertido trabalhar como disc-jóquei. Enquanto você está tentando construir sua reputação e procurando trabalho, você gasta uma quantia considerável (que na verdade você não tem) para comprar sua coletânea de músicas. Quando você finalmente consegue *ficar* conhecido, você pode entrar numa lista *promo* — o que significa que você ganha as músicas, mesmo agora podendo pagar por elas!

Antigamente, as gravadoras enviavam discos de vinil promocionais (conhecidos como *promos*) aos DJs na esperança de que as músicas fossem tocadas antes do lançamento e ganhassem popularidade nos eventos. Atualmente, porém, os CDs e arquivos digitais como o MP3 se tornaram mais comuns, por serem mais baratos e mais fáceis de distribuir do que centenas de discos que teriam de ser produzidos para essa finalidade. As gravadoras ainda enviam discos de vinil para alguns poucos selecionados, e você descobre que tem prestígio como DJ se receber promos de vinil. A disponibilidade de material promocional pode ter um grande impacto na escolha do equipamento que você usará como DJ. (Veja o Capítulo 5 para mais informações sobre a escolha do tipo de DJ que você quer ser.)

As músicas custam caro, por isso você precisa ter certeza de que está comprando as músicas certas, das pessoas certas e nos lugares certos. Portanto, você tem de considerar todas as opções antes de gastar seu precioso dinheiro.

Pesquisando e Comprando Suas Músicas

Em muitos casos, o lugar onde você pesquisa sobre quais músicas comprar é o mesmo onde você as compra. Os sites de download online e as lojas físicas podem lhe fornecer muitas informações sobre as músicas disponíveis.

Comprando arquivos digitais

Os downloads digitais são as principais fontes para se adquirir músicas, não apenas para os DJs, mas também para grande parte da população.

Baixar as músicas do iTunes, em `www.apple.com/itunes` — conteúdo em inglês, e acessar a loja do iTunes são maneiras fantásticas de comprar e fazer download de uma enorme variedade de músicas populares e de gêneros raros. A grande vantagem é que você pode comprar as faixas que você quiser de um álbum, em vez do álbum inteiro. Pagar R$1,99 por faixa em vez de 50 reais pelo álbum inteiro representa uma considerável economia de dinheiro, após um certo número de compras.

Para uma abordagem semelhante voltada mais para os DJs de música eletrônica, os sites de download como Juno Download (`www.junodownload.com` — conteúdo em inglês), DJTunes (`www.djtunes.com` — conteúdo em inglês) e Beatport (`www.beatport.com` — conteúdo em inglês) operam de modo similar

EVITANDO FUROS MUSICAIS

Se você se basear numa opinião ou recomendação de alguém para comprar uma música que você ainda não ouviu, ou se você apenas ouviu uma parte online, procure ouvi-la inteira para se certificar de que não há um "furo musical" no meio da faixa. (Programas de rádio, boates, lojas online e até o YouTube podem ajudar você neste sentido.)

Com "furo musical" eu quero dizer que uma música pode ser maravilhosa no primeiro minuto e de repente, por alguma razão, é como se o artista resolvesse tocar 20 segundos de um alarme de carro disparado!

Isto pode ter implicações adicionais se você estiver conectado com a internet e baixando músicas enquanto está tocando numa boate ou numa festa. A menos que você confie totalmente na pessoa que recomendou a música, dê um jeito de ouvi-la do começo ao fim antes de tocá-la em um evento. Assim você tem certeza de que "Merry Christmas Everyone" não vai começar a tocar de repente, no meio da música. Eu não estou brincando, aconteceu exatamente isso comigo uma vez. Juro para você que eu queria que o chão abrisse debaixo dos meus pés e me engolisse...

ao iTunes e possuem um vasto catálogo de músicas disponíveis. Não descarte os sites de música grátis, como o SoundCloud e o 4Shared, na sua pesquisa. O fato de ser grátis nem sempre significa que a qualidade seja ruim.

LEMBRE-SE

A maioria dos sites de download de música oferece um *preview*, ou seja, possibilita que você escute a música antes de comprá-la, para que você tenha certeza se é mesmo a música ou versão que você quer comprar e se você realmente gostou. Estes *previews* geralmente são um pequeno trecho da música, portanto, se você não escutou a música inteira, tome cuidado: você corre o risco de, em algum momento, ela se tornar um pouco estranha! Um pouco de pesquisa (veja a seção 'Escolhendo o que comprar' mais adiante neste capítulo) pode ajudá-lo neste sentido.

Comprando CDs e discos de vinil

Existem três maneiras de comprar discos e lançamentos originais em CD:

- » Lojas físicas
- » Lojas online
- » Sites de leilões

Visitando lojas físicas de discos

As lojas físicas podem ter sofrido uma queda de consumo nos últimos anos devido ao número de lojas online que vendem as mesmas músicas por muito menos, mas ainda assim você encontra muita coisa útil nessas lojas, nos grandes shopping centers e nas ruas da cidade. Principalmente para os DJs de CD, as lojas físicas são uma boa opção, mais do que para os DJs de vinil. Se você estiver procurando novo lançamentos em vinil, talvez tenha de procurar lojas mais especializadas nesse tipo de disco.

Todas as boas lojas de discos têm uma ou mais *cabines de som* (com toca-discos ou CD-player e fones de ouvido, onde você pode ouvir os discos ou CDs antes de comprar), ou pelo menos têm um aparelho de som nos fundos da loja onde o vendedor provavelmente permitirá que você escute alguns discos se você pedir com jeitinho e demonstrar intenção de comprar.

Não se sinta na obrigação de ouvir com pressa as músicas que lhe interessam só porque tem outro cliente do lado de fora da cabine esperando para usá-la. Você provavelmente vai gastar uma quantia considerável de dinheiro para adquirir essas músicas, então não tenha pressa, escute com calma para ter certeza de que vale a pena comprar este ou aquele disco. Escute o máximo possível do disco ou CD e examine-o para ver se ele tem algum risco ou sujeira na superfície — saiba que muitas pessoas não sabem manusear os discos da maneira correta, principalmente aqueles que ainda não foram comprados.

Navegando nas lojas online

A internet é uma coisa maravilhosa. Já encontrei de tudo online, desde fichas de pôquer até casas à venda. Para o DJ que estiver procurando novos lançamentos em CD ou vinil, principalmente se não houver uma loja de discos próxima, a internet é um tesouro. Quando a internet ainda não existia, o coitado do DJ tinha de percorrer todas as lojas e vasculhar nas Páginas Amarelas para encontrar aquele disco ou CD raro de achar. Hoje, tudo o que você precisa fazer é acessar a internet e pesquisar.

Para as próprias lojas, a internet também é uma grande conveniência, pois é uma ótima maneira de divulgar e promover seus estoques; por isso, centenas de lojas físicas também vendem online.

Em geral, os preços são mais baixos online do que nas lojas físicas, porque os varejistas que vendem online têm menos encargos. Você pode até sentir falta do contato pessoal ao comprar pela internet em vez de numa loja física, onde você é atendido por um vendedor que está ali para responder a perguntas e esclarecer dúvidas, mas isto pode ser compensado por uma pesquisa detalhada antes de comprar.

Os sites especializados como Hard to Find Records (www.htfr.com) — (discos difíceis de encontrar) —, Juno Records (www.juno.co.uk) e Discogs (www.discogs.com) possuem vastos catálogos de estoque e também de

SEGUINDO A ETIQUETA DAS LOJAS DE DISCOS

Aqui está um guia rápido das boas regras a seguir numa loja de discos:

- Use o disco ou CD de demonstração se houver um disponível na cabine de som em vez de abrir um exemplar embalado.

- Recoloque os discos e CDs no mesmo lugar de onde você os pegou.

- Sempre devolva os discos no mesmo estado em que os encontrou (não os amontoe na prateleira nem misture discos danificados ou sujos com os que estão intactos).

- Manuseie os discos de vinil com cuidado — lembre-se, eles ainda não são seus. Esta é a hora de você fazer como sua mãe sempre lhe ensinou: segure--os pelas bordas e não deixe marcas de impressões digitais.

- Use o tempo que for necessário para ouvir suas músicas, mas também não leve uma pilha de 50 discos para a única cabine de som disponível na loja.

- Se o toca-discos ou CD-player na cabine de som for de um marca ou modelo barato, não pense que isto justifica você danificá-lo ou manuseá-lo sem cuidado.

- Seja cuidadoso com a agulha do toca-discos; a maioria das lojas vai optar por remover a cabine de som do que substituir a agulha do aparelho.

- Manuseie os fones de ouvido com cuidado. Pode ser que a loja disponibilize um modelo bem barato, mas não os destrua só por causa disso. Tome cuidado com o arco, que pode se romper se for manuseado com falta de cuidado.

lançamentos. Se você estiver procurando músicas comerciais e populares, não deixe de acessar sites como Amazon (www.amazon.com), Play (www.play.com) ou HMV (www.hmv.co.uk). A maioria destes sites oferecem ao cliente a opção de ouvir as músicas antes de comprar o CD ou disco, e muitos também são sites de download de músicas. Os sites citados possuem conteúdo em inglês.

Em qualquer site de compras da internet, esteja você procurando sapatos, móveis para jardim, mochilas ou acessórios para iPhone, o aspecto mais importante é um SAC confiável e eficiente, para você efetuar a compra e receber os itens. Se o site for complicado de navegar e você tiver dificuldade para realizar a compra, dificilmente você voltará a fazer compras ali. Se a entrega demorar para chegar, se o frete for muito caro ou — Deus o livre — a loja enviar o item errado, você também irá pensar duas vezes antes de voltar a acessar o site.

LEMBRE-SE

Em muitas lojas virtuais de discos e CDs, dependendo do valor da compra, o frete é gratuito. Mesmo que você tenha de pagar alguma taxa de correio, é provável que o custo total seja o mesmo que você pagaria numa loja qualquer. E se

CAPÍTULO 4 **Retrô Chic ou PC Geek? Comprando Discos, CDs e Arquivos Digitais...**   49 você contar com o que gastaria de gasolina e estacionamento, ou com a passagem de metrô etc., talvez valha mais a pena esperar um ou dois dias para sua encomenda chegar em casa. A maioria das lojas online entregam em qualquer lugar do mundo, apenas lembre-se de fazer a conversão da moeda!

Utilizando sites de leilões

Sites como o eBay (www.ebay.co.uk — conteúdo em inglês) são um ótimo recurso para encontrar aqueles discos que você pensou que não existissem mais. Contudo, verifique se os discos (e CDs) estejam em bom estado. Certifique-se de que:

> » Não estejam lhe cobrando a mais pela postagem.
> » O vendedor tenha uma boa reputação.
> » O CD seja original e não uma cópia gravada.
> » De perguntar se os discos têm algum defeito; mantenha contato via e-mail, pois será uma evidência caso alguma coisa dê errado.
> » O vendedor realmente tem o disco ou CD. (Infelizmente eu me dei mal por causa disso uma vez, quando comprei um disco raro.)

Veja *eBay para Leigos* — por enquanto disponível somente em inglês: *eBay for Dummies* (Wiley), de Marsha Collier, Jane Hoskyn e Steve Hill, para maiores informações sobre como usar o eBay.

Escolhendo o que comprar

É possível encontrar muitas músicas boas no mercado, mas é preciso saber separar o joio do trigo.

DICA

Quanto mais música você ouvir, melhor. Tente ouvir programas de rádio, inclusive online, como os programas de Pete Tong, Annie Mac e Zane Lowe na Radio 1 (www.bbc.co.uk/radio1 — conteúdo em inglês); é recomendável voltar e ouvir mais uma vez, para o caso de você ter se distraído na primeira vez e perdido alguma partezinha da música que a transforma de ok em mais ou menos. E convenhamos, às vezes o apresentador menciona o nome da música, ou do cantor ou banda, rápido demais para a gente entender, então é bom escutar novamente, ou então ler a lista das músicas online.

Notícias e resenhas

Leia revistas e sites de música e DJ, e preste atenção às opiniões, críticas e comentários dos leitores e consumidores. Claro que as opiniões variam de acordo com o gosto musical e ponto de vista de cada um, então, é preciso avaliá-las com bom senso e discernimento, mas de forma geral elas refletem o que pode ser bom ou não.

As listas e gráficos de DJs online (como www.djpages.com, www.djcity.co.uk e www.beatport.com) podem ser boas fontes de informações sobre as músicas mais populares nos diversos gêneros que existem. As páginas e fóruns de DJs na internet contêm listas de músicas de DJs populares, de modo que você pode saber o que o seu DJ favorito tem tocado atualmente e escolher músicas que você também queira tocar. Os sites acima possuem conteúdo em inglês.

Se você estiver num barzinho, boate ou qualquer outra balada na night, ou até mesmo ouvindo rádio, e escutar uma música que você goste mas não conheça, você pode usar aplicativos no smartphone, como Shazam e SoundHound, para descobrir o nome da música.

Uma rede emaranhada

Ao final dos conselhos que você leu e pesquisas que você fez em programas de rádio, revistas e sites, é possível que você acabe tendo uma numerosa coleção de discos ou CDs, ou navegando no acervo musical de uma loja online, lendo a propaganda que a loja faz de uma música e tentando se decidir se você gosta ou não.

Se você gostou das últimas cinco ou seis músicas de um cantor ou banda, ou lançadas por uma gravadora, há uma boa possibilidade de você também gostar do último lançamento na prateleira à sua frente. Mas além das músicas dos seus artistas prediletos, veja também quem fez os remixes das músicas deles, porque é bem possível que você também goste de outros remixes feitos pelos mesmos produtores, mesmo que você não conheça os artistas originais.

Depois de algum tempo, a sua seleção de artistas, gravadoras e produtores de remixes acaba criando links para outras gravadoras, remixers e artistas que se expandem como uma rede de conhecimento e experiência, ajudando você a selecionar músicas às quais você normalmente nem prestaria atenção.

A orientação do atendente da loja é bastante útil para que você fique a par dos últimos lançamentos e tendências musicais. Quando você gasta uma quantia (e tempo) considerável numa loja especializada, os atendentes acabam por conhecer seus gostos e preferências e lhe dão dicas preciosas, que só dão para clientes preferenciais.

Considerando entre Música Antiga e Moderna

O gênero de música que você toca tem um forte impacto em como você forma a sua coleção musical. Os DJs de festas e casamentos precisam tocar um misto de músicas atuais e outras mais antigas, a fim de manter o interesse dos convidados de todas as faixas etárias. Uma boa ideia é ir a algumas festas e recepções de casamentos para observar que tipo de música está sendo tocada, e também consultar catálogos online para se inspirar na formação de sua própria coleção de músicas. Os DJs de rock, indie e pop tocam muitas músicas atuais, mas também intercalam canções mais antigas, sucessos clássicos, para agitar a pista de dança.

Os DJs de house e trance podem se dividir entre os dois estilos ao montar sua coleção. Se você cresceu ouvindo determinadas músicas — possivelmente aquelas que o levaram a querer ser DJ —, é natural que você queira ter essas músicas para tocar e mixar, o que é ótimo. Como principiante, é bom você ter discos com os quais esteja familiarizado, músicas que você goste e que tenham um significado para você. Principalmente se o seu progresso na combinação de batidas já atingiu um certo nível, se você ainda curte ouvir essas músicas e se isso é um estímulo para você se aperfeiçoar.

No entanto, é preciso pensar sobre o que ocorre quando você tenta conseguir uma oportunidade de trabalhar como DJ: em quantos lugares as pessoas vão achar legal se você tocar somente músicas antigas. Dependendo da boate ou do lugar onde você toca, pode ser que os responsáveis ou organizadores do evento para você só tocar músicas atuais. De qualquer forma, é sempre bom estar preparado e ter as duas opções.

Eu tive sorte. Meu primeiro trabalho de DJ foi num evento chamado "Uma Década de Sucessos", portanto eu pude tocar qualquer coisa que quisesse, músicas novas ou antigas. Mas se o seu objetivo é tocar em boates badaladas, onde só se tocam músicas atuais e de sucesso, talvez seja melhor não investir muito dinheiro em discos de músicas antigas, pois talvez você tenha poucas chances de tocá-las ao vivo.

DICA

Se você tiver chance de incluir uma ou outra música mais antiga durante uma apresentação, o resultado pode ser muito bom. Observe bem como as pessoas reagem às músicas que você está tocando (veja o Capítulo 21 para mais informações sobre como decifrar o público) e tente definir se é um grupo que apreciaria um bom sucesso de antigamente. Mas seja prudente, porque avaliar um grupo erroneamente pode esvaziar uma pista de dança num piscar de olhos!

CUIDADO

Se você ainda não tem um trabalho remunerado como DJ, seja criterioso com as músicas que está comprando; não compre uma música por impulso, só porque é o sucesso do momento. Você se arrisca a tocá-la uma ou duas vezes, fazer alguns sets demo e depois relegá-la ao fundo da pilha de discos, porque o apelo inicial já se desgastou. Sempre reflita bem se determinada música tem potencial para fazer sucesso numa pista de dança ou se você só a está comprando porque gosta dela. Compre primeiro as músicas que você é pago para tocar; depois, se ainda sobrar dinheiro, compre as músicas que você gosta de ouvir.

Seja você um DJ de rock, festas ou pop, quando você começar a ter mais trabalho, precisará comprar e tocar músicas mais populares e que são tocadas com frequência nas discotecas. Só não compre uma música que você ache que nunca vá tocar, mesmo que seja popular.

Claro que você não tem como saber quais músicas continuarão fazendo sucesso mesmo com o passar do tempo. Algumas músicas poderão surpreender, mantendo-se nas paradas por meses ou até anos, mas se você sentir que está comprometendo sua integridade musical comprando uma música, e não irá tocá-la, portanto, não compre! A menos que haja uma compensação financeira.

Protegendo Seus Discos e CDs

Você pode ter o melhor equipamento de DJ do mundo — os melhores toca-discos, agulhas, amplificador, mixer, processadores de efeitos e CD-players já fabricados — mas nada disto adianta se os seus discos e CDs estiverem riscados ou sujos, pois mesmo num equipamento de boa qualidade, o som será tão ruim quanto num equipamento básico.

Armazenando discos

O modo como você guarda seus discos quando não estão sendo usados é extremamente importante para mantê-los limpos e protegidos contra riscos. Recoloque os discos na capa interna e na externa e, se possível, disponha-os de tal forma que a abertura não fique para cima, porque a poeira que paira no ar se depositará ali (por causa da eletricidade estática e da gravidade).

Se você tiver paciência, tenha um cuidado extra e coloque a capa interna dentro da externa com a abertura para dentro; desta forma, mesmo que a poeira assente sobre a capa não alcançará o disco.

Limpando CDs, discos e agulhas

Cuide dos seus discos e CDs com o mesmo cuidado com que você cuida dos seus dentes. Se você puder prevenir danos, limpando-os antes e após o uso, eles durarão mais tempo. (Na verdade, tenho de confessar que vivo adiando consultar o dentista; só vou mesmo quando estou com dor de dente...) Minhas sugestões para limpar os discos são:

> » **CDs:** É fácil limpar um CD. Passar um pano limpo e macio, em linha reta, a partir do centro do CD para a extremidade é suficiente para remover a poeira. Se alguma substância tiver se derramado em cima do CD, faça a mesma coisa usando um pano umedecido em água levemente ensaboada (sempre do centro para a extremidade). Depois passe outro pano umedecido em água limpa para enxaguar e, por fim, enxugue com um pano macio seco, sem esfregar.
>
> Tente evitar usar máquinas de limpar CDs, que limpam o CD com movimentos circulares. Não recomendo limpar os CDs dessa forma; limpe-os

CUIDADO

sempre com movimentos radiais, do centro para fora, em linha reta, com um pano macio.

É melhor prevenir do que remediar, por isso sempre recoloque seus CDs dentro da capa e no estojo, após usar. Não tenha preguiça de fazer isso; nunca deixe os CDs soltos e espalhados, pois pode respingar bebida sobre eles e danificar suas preciosas músicas.

» **Discos:** Existem vários produtos que você pode usar para manter seus discos reluzentes; em alguns você até vai ler na embalagem que basta limpar o disco uma vez com o produto em questão e nunca mais será necessário limpá-lo. Algumas pessoas preferem usar um produto mais leve para limpar discos, outras afirmam que nada é melhor que álcool ou água com sabão (e um bom enxágue).

DICA

Eu acho que limpar com uma escova de fibra de carbono (especial para esta finalidade) com um movimento circular ao redor do disco, antes e depois de usar, é mais que suficiente. A verdade, porém, é que, na prática, quando você está numa cabine de DJ mal iluminada, o máximo que seus discos podem esperar é que você os esfregue com a barra da camiseta!

» **Agulha:** O motivo pelo qual é preciso ter tanto cuidado com os discos e mantê-los limpos é a fricção causada pela agulha no sulco do disco, que cria muito calor (até 150 graus centígrados). Este calor amolece o vinil, e as partículas de poeira que estão no sulco se acumulam na lateral da agulha e aderem às paredes do sulco. Esta cadeia de eventos é a principal causa de estalos e crepitações no som dos discos. A segunda causa principal é jogar os discos em cima da cama depois de tocá-los...

Restaurando discos de vinil

Se uma das faixas do disco estiver riscada a ponto de fazer a agulha pular, talvez seja melhor descartar e comprar outro. Mas se você estiver realmente empenhado em salvar o disco, pode tentar uma técnica com uma agulha de costura antes de jogá-lo fora. Eu aprendi isso há 18 anos, com um amigo que riscou meu LP do Van Halen (que eu tenho até hoje, já o amigo não teve a mesma sorte...). Tudo o que você precisa é de uma agulha de costura pequena, uma lupa e muito cuidado e paciência, para fazer isto sem arruinar o disco ainda mais. Eis o que você pode fazer, como uma opção final para recuperar o disco:

1. **Toque o disco para localizar o ponto exato do arranhão e observe se a agulha pula para a frente ou para trás.**

   Se a agulha pular para uma parte anterior do disco, é porque o arranhão foi feito da direita para a esquerda. Se ela pular para uma parte posterior, que ainda não tocou, o arranhão está da esquerda para a direita.

2. **Pegue a agulha de costura. (Se quiser ter mais firmeza para segurar, enrole-a em fita adesiva.) Arraste a agulha ao longo do sulco, começando um ou dois centímetros à frente do arranhão, até um ou dois centímetros para trás.**

   Arraste no sentido contrário ao do arranhão. Se a agulha pulou para trás quando o disco estava tocando, você precisa arrastar a agulha de costura em sentido anti-horário. (E se ela pulou para a frente, arraste-a no sentido horário.)

   Observação: Se você for uma pessoa desajeitada, não use este método.

CUIDADO

   Enquanto estiver arrastando a agulha pelo sulco, aplique uma leve pressão no início e aumente para uma pressão moderada quando alcançar o arranhão, para em seguida voltar a aliviar a pressão. Essa mudança gradual da pressão torna menos perceptível uma possível redução na qualidade do áudio. Talvez você tenha de repetir este procedimento em cinco ou seis linhas de sulco para cobrir o arranhão inteiro.

Em vez de arrastar cuidadosamente uma agulha ao longo do sulco, alguns DJs simplesmente pressionam com força a cápsula do toca-discos sobre o arranhão enquanto tocam lentamente o disco, para obter um efeito similar. Se o arranhão for superficial, esta técnica pode resolver. Mas se o arranhão for profundo, isto pode piorar ainda mais a situação, além de danificar a agulha do toca-discos — portanto, tem uma boa dose de sorte envolvida nesse procedimento!

Consertando discos e CDs deformados

Discos e CDs podem empenar, se expostos ao calor, e principalmente os discos de vinil também são suscetíveis a empenar sob peso, dependendo do ângulo em que estiverem. Alguns componentes do vinil e dos CDs não são afetados pelo calor, o que dificulta o conserto, mas já que você não pode mesmo tocá-los, talvez valha a pena tentar o método a seguir. É uma técnica que no início era usada para discos de vinil mas que pode funcionar também com CDs que empenam por causa de calor.

CUIDADO

1. **Limpe o disco/CD.**

   É sério. Certifique-se de que esteja tudo bem limpo antes de realizar o procedimento, ou você corre o risco de desentortar o disco e descobrir que o arranhou!

2. **Coloque o disco/CD entre duas lâminas de vidro.**

3. **Aqueça o disco/CD prensado entre os vidros, com um secador de cabelos ou deixando-o ao sol.**

O secador é melhor, porque é mais fácil regular o calor e controlar a duração do procedimento para que ele dê certo. A temperatura do sol é impossível de controlar (eu moro na Escócia, e o sol por aqui não é lá essas coisas!), então não há como garantir que você vá conseguir a mesma temperatura quando for desempenar outros discos.

4. **Independentemente do método que você usou para aquecer o disco/CD, depois que ele estiver quente, aplique um peso uniforme sobre ele e deixe-o assim por alguns dias.**

5. **Passado algum tempo, remova o peso e verifique se o disco/CD está plano outra vez.**

Outro método semelhante consiste em colocar o disco ou CD no forno para gerar calor. Eu tentei uma vez e não deu muito certo... É preciso tomar cuidado com a temperatura a que você expõe o disco, porque se esquentar demais vai ficar parecendo uma obra de Salvador Dali.

DICA

Se você quiser testar os métodos de desentortar discos empenados antes de aplicá-los em seus preciosos discos e CDs, vá a um sebo e procure (ou peça) uns dois ou três discos ou CDs empenados para usar como teste. Depois de treinar com eles e aperfeiçoar a técnica, você pode consertar seus discos.

Consertando CDs riscados/rachados

As lojas de discos possuem vários produtos que protegem CDs de riscos e arranhões e também os consertam se estiverem riscados.

Algumas pessoas são adeptas de substâncias e aparelhos que removem parte da superfície protetora do CD, o que suaviza os riscos. Mas eu não aconselho fazer isto, pois há o risco de remover a superfície além da conta e depois o CD-player não conseguir fazer a leitura. E não dê uma de esperto como eu fiz certa vez, quando inventei de usar Brasso para limpar o CD. Não deu muito certo...

Se um dos seus CDs rachou acidentalmente, e você não quer gastar dinheiro comprando outro (ou não consegue encontrar), ainda é possível tocar esse CD. As partes que estão rachadas provavelmente não irão tocar (lembre-se de que o CD toca de dentro para fora), mas o resto pode estar ok. Mas cuidado, porque se houver muitas rachaduras, o CD pode desintegrar quando for tocado.

Alguns software de extração de áudio contêm um avançado corretor de erros que permite arquivar a música de discos quebrados antes de descartá-los, mas eu ainda acho mais fácil comprar um CD novo; caso você não encontre a música em CD, você pode fazer o download da música e gravá-la num CD.

Fazendo backup de coletâneas digitais

LEMBRE-SE

Seja você um DJ usuário de PC ou de Mac, não confie em sistemas operacionais para armazenar suas músicas digitais. Toda semana, ou toda vez que importar um número considerável de músicas, faça o backup em algum local seguro. Se possível, guarde o backup num lugar diferente de onde se encontra o seu equipamento de DJ, só para o caso de incêndio ou inundação.

Eu tenho a maior parte da minha coleção musical no iPhone, que eu uso para ouvir todas as músicas. A vantagem adicional disto é que ele funciona como backup para as minhas músicas, e uma vez por semana eu envio meu banco de dados para mim mesmo por e-mail, para garantir, caso aconteça algum imprevisto. Os serviços de nuvem, como o Box e o Google Drive, funcionam de maneira semelhante, para arquivar seu banco de dados. Veja o Capítulo 9 para mais informações sobre DJ digital.

PARTE 1 Começando a Conhecer as Técnicas de DJ

2
Abastecendo Sua Caixa de Ferramentas de DJ

NESTA PARTE . . .

Descubra como a arte de DJ digital está ajudando a criar uma nova geração de DJs.

Explore as opções do vinil, cd e softwares e tenha um panorama de todas as características e funções disponíveis.

Saiba mais sobre toca-discos, mixers, fones de ouvido e amplificadores e descubra quais são os melhores para você.

> **NESTE CAPÍTULO**
>
> **Analisando a linha tênue entre CD e vinil**
>
> **Decidindo entre analógico e digital**
>
> **Desmontando o argumento com híbridos e computadores**

Capítulo 5

A Revolução Tecnológica: Opções de Formatos

Caim e Abel, Montecchio e Capuleto, Apple e Microsoft; ao longo do tempo, a história e a literatura narram as rivalidades entre dois lados — rivalidades que existem por causa do que ambos os lados têm em comum, não por causa de suas diferenças. Quando surgiram os primeiros CD-players, os puristas do vinil no mundo inteiro protestaram. Os CDs foram encarados como uma grande ameaça aos DJs de vinil, e o DJs começaram a tomar partido entre o tradicional vinil e a novidade mais recente — o CD.

Entretanto, desde o início dos anos 2000, esta não é mais uma disputa de dois lados. Embora o formato digital de DJ já existisse bem antes da virada do século, nos últimos anos ele cresceu muito e se tornou o mais comum entre os DJs.

Se você estiver indeciso quanto ao formato que vai usar como DJ, este capítulo trata das principais diferenças entre praticar DJ com CDs e com vinil, e mostra como estas diferenças podem ser anuladas com o uso do computador.

Os Concorrentes

Há três formatos principais competindo por sua atenção para a prática de DJ:

» Discos de vinil — usando toca-discos

» CDs — usando CD-players

» Arquivos digitais — usando... bem, praticamente tudo e qualquer coisa que toque arquivos digitais de música armazenados num computador ou num HD externo.

É muito difícil comparar os três formatos entre si. Comparar vinil e CD é relativamente fácil. É mais ou menos como comparar uvas-passas pretas e brancas. São muito semelhantes mas também são diferentes. A arte do DJ digital é como um bolo de Natal. Pode conter passas brancas, pretas ou ambas — mas o importante é que ele contém muito mais que isso! Só não tenho certeza do que seria equivalente à cobertura do bolo — um iPad?

Portanto, eu sugiro que se comparem os prós e os contras dos toca-discos e dos CD-players — e então, no final, procure entender como o DJ digital utiliza as melhores partes — ou nenhuma parte — dos dois formatos.

Descobrindo Sua Música

Você pode ter o sonho de ser um DJ de vinil, usar dois toca-discos, um mixer e ter uma caixa cheia de LPs e compactos para formar seu equipamento, mas, infelizmente, o gênero de música que você quer tocar talvez não possibilite essa escolha. Nos anos 1970 e 1980, isto não era problema, porque as músicas eram lançadas em todos os formatos: vinil, fita-cassete e CD. Mas à medida que os discos de vinil foram perdendo a popularidade, os CDs e downloads digitais se tornaram o principal meio de comprar músicas, e a variedade de músicas em discos de vinil acabou caindo consideravelmente.

Girando os pratos

Os pratos giratórios são a base dos toca-discos de vinil, que são discos circulares com um único sulco que gira em espiral, no sentido da borda do disco para o centro. Este sulco contém as informações de áudio; conforme o disco gira, a agulha do aparelho percorre o sulco e extrai essas informações, transferindo-as para as caixas de som.

Os discos de vinil existem em diferentes tamanhos e formatos:

» **Compactos simples de 7 polegadas:** Já não são tão populares como eram alguns anos atrás, mas ainda existem. Os compactos geralmente têm a música principal de um álbum (LP) de um lado (lado A) e outra música do mesmo álbum do outro lado (lado B). A música do lado A pode ser uma versão da original, especialmente editada para tocar no rádio (conhecida como *radio edit*, ou *radio version*), quando a música é reduzida para um mínimo de tempo e conteúdo; este processo pode cortar partes da música que você gostaria de tocar para o público. Já a música do lado B, é bem provável que você nem queira tocar.

Os compactos são discos pequenos, por isso são um pouco desajeitados para manusear, e a versão abreviada da música do lado A, combinada com a ausência de remixes da música resulta no uso pouco frequente deste formato pelos DJs, com exceção daqueles que gostam de tocar northern soul, ska, reggae e retrô. Para estes, os compactos ainda são os melhores.

» **LPs:** O LP (Long Play) é um disco maior (com 31cm — 12 polegadas — de diâmetro), que contém todas as músicas do álbum de um artista. Os DJs de festas e casamentos que ainda gostam de usar vinil geralmente usam os LPs porque a versão de uma música no álbum é normalmente a que as pessoas conhecem e gostam mais, e além disso o LP pode ter outras faixas que o DJ queira tocar.

A desvantagem de usar LPs é que a combinação de batidas e o scratch ficam mais difíceis de praticar, devido ao grande espaço ocupado por cada música. Com pouco espaço disponível para uma trilha sonora inteira, o sulco é mais fino, e fica mais difícil distinguir onde uma música acaba e a outra começa. Além disso, o sulco mais compacto fica mais sujeito a riscos e arranhões.

» **Compactos de 12 polegadas:** Estes compactos são projetados e produzidos com o DJ em mente. Tipicamente, você tem dois ou três remixes da mesma música em um disco, o que proporciona muito mais escolha e versatilidade para você tocar a música. Às vezes, há uma outra música no Lado B também — mas, nem sempre.

Os remixes são variações da mesma música, às vezes, feitos pelo produtor que criou a música original e, às vezes, por outros produtores que modificam completamente o som da música original (como Tiësto fez com "Silence", de Sarah McLachlan). O layout muda de disco para disco, mas em geral a versão principal, que a gravadora considera ser a mais popular, ocupa todo um lado de um compacto de 12 polegadas, com os remixes no Lado B.

CAPÍTULO 5 **A Revolução Tecnológica: Opções de Formatos**

Refletindo sobre a disponibilidade do vinil

Como as vendas no varejo caíram bastante ao longo dos anos, o uso do vinil hoje, praticamente, se restringe às boates, devido à sua tradição. Os gêneros musicais como house, trance, drum and bass, hip-hop e techno ainda são comumente lançados em vinil.

Algumas músicas de rock, clássicas, folk e country também ainda são lançadas em vinil, e no Reino Unido também houve um ressurgimento do cenário indie/alternativo em compactos de 7 polegadas, mas quando você compara toda a variedade de músicas que é lançada, em todos os diversos gêneros, a porcentagem disponível em vinil é bem pequena. Portanto, antes de se decidir por um formato, pesquise para ver qual é a disponibilidade do gênero de música que você pretende tocar. Está tudo disponível em vinil? Se estiver, então pode ser uma boa. Mas se estiver difícil de encontrar, talvez seja o caso de escolher um dos outros dois formatos.

Polindo as opções de CD

Se você está pensando em ser um DJ de CD, as opções de músicas disponíveis são bem mais numerosas.

Existem CDs de tamanhos diferentes também, assim como os discos de vinil. O tamanho mais comum é o de 12 centímetros de diâmetro, mas há uma versão menor (originalmente comercializada como CD single, ou CD compacto), com 8 centímetros de diâmetro. Estes CDs menores são usados como cartões de visita e lançamentos promocionais. O CD habitual de 12 centímetros vem em diferentes tipos:

» **CDs compactos (singles):** São o meio-termo entre um compacto de 7 polegadas e um de 12. Estes CDs normalmente contêm a versão principal de uma música (em geral a versão tocada nas rádios), o mix inteiro de uma música (se for o caso) e a música que estaria no Lado B de um compacto de vinil. O mais importante é que os CDs compactos normalmente contêm um ou dois dos remixes que você encontraria nos compactos de 12 polegadas.

» **CDs álbuns:** Os álbuns em CD são similares aos LPs, no sentido em que contêm mais músicas do cantor ou banda, mas eles têm apenas um mix (o original) da música para tocar. Diferentemente dos álbuns de vinil, porém, o tamanho e a confiabilidade não são um problema para os CDs, portanto, se você está satisfeito com um determinado álbum de um determinado artista, nada impede que você use o CD.

» **CDs de compilação:** Álbuns de compilação, com 20 ou mais músicas de diferentes artistas, podem ajudar o DJ de casamentos e festas a formar uma coleção maior de músicas por um preço mais baixo.

CUIDADO

Um CD de compilação pode conter a trilha sonora inteira para uma noite de apresentação. Faça duas cópias do mesmo CD para que você possa mixar um com o outro, e você terá uma boa coleção por 40 reais, ao passo que as músicas individuais todas juntas custariam cerca de 300 reais!

Um aspecto a tomar cuidado ao comprar CDs de compilação é o seguinte: as faixas do CD podem ser as temidas versões que costumam tocar nas rádios, não as músicas integrais que você deseja.

» **CDs de compilações mixadas:** Esteja você procurando música pop, música dance comercial ou rock, você pode se deparar com vários álbuns em CD pré-mixados com faixas que você adoraria tocar. Mas em vez de uma música terminar e outra começar, elas se misturam, migrando de uma para a outra (algo que você vai querer fazer, você mesmo).

O problema com os CDs mixados é que não dá para você tocar uma música integralmente do começo ao fim e fazer sua própria mixagem, por causa da sobreposição do final de uma faixa com a introdução da próxima. Se, por exemplo, um CD tiver a música "Jump", do Van Halen, e o DJ mixar com "Everlong", dos Foo Fighters, o final de "Jump" e a introdução de "Everlong" irão se sobrepor. Se você quiser tocar "Everlong" em um dos seus sets, tocando-a desde o início, não terá como excluir o som do Van Halen, pois as duas faixas estão mixadas no próprio CD. Você precisa ter uma versão integral e sem interferências de "Everlong", ou enfim, de qualquer música que você queira tocar, coisa que num CD mixado não existe.

A facilidade dos CDs

Praticamente todos os lançamentos das gravadoras estão disponíveis em CD, hoje em dia. Para todos os gêneros de música dance eletrônica — rock, folk, clássicas, country, pop — a grande maioria você encontra em um pequeno disco brilhante de 12 centímetros de diâmetro. E mesmo que alguma música não esteja disponível em CD na loja, você pode comprar e fazer o download de um arquivo digital online, gravar a música em um CD, e ela está pronta para ser tocada!

O DJ DE FESTAS: A VANTAGEM DA FAMILIARIDADE

A grande vantagem de ser um DJ de festas ou casamento é que você só precisa tocar aquelas músicas (e versões das músicas) que todo mundo conhece. Tocar um remix hard house de "Brown Eyed Girl" numa festa de casamento provavelmente irá afugentar os convidados da pista de dança, portanto, não precisa perder tempo procurando mixagens raras de músicas que normalmente são tocadas pelos DJs de boates. Vá a uma loja de discos, compre alguns CDs de coletânea e reforce sua coleção com músicas que você não consegue obter em um bom CD, e você terá um excelente set list para uma noite fantástica.

Como DJ de CD, se você receber brindes promocionais em vinil, você pode facilmente transferi-los para CDs. Tudo que você precisa é de um bom toca-discos com acionamento direto (direct drive) que toque acuradamente no andamento original (veja o Capítulo 6), um bom conjunto de agulhas e um computador com placa de som e gravador de CD; com isto, você pode transferir todos os seus discos de vinil para CD. Claro que se você tiver um bom toca-discos, é provável que você também queira usá-lo em suas apresentações e variar de vez em quando, tocando alguns discos de vinil!

DICA

Se você tiver uma pilha de discos de vinil para transferir para CD, e se você for um DJ de combinação de batidas, use um contador de bpm (batidas por minuto) para estabelecer as batidas por minuto de cada música do mesmo gênero num mesmo valor durante o processo de transferência (125 bpm para house, 135 para trance e assim por diante). Desta forma, quando você tocar músicas de fundo de um gênero similar em um CD, a combinação de batidas fica muito fácil, porque você precisa mudar muito pouco a velocidade das suas músicas (ou nem precisa mudar) para combinar as batidas. (Veja o Capítulo 15 para mais informações sobre combinação de batidas.)

Se, por exemplo, você for um DJ de rock, você vai descobrir que a maior parte das músicas que deseja tocar não estão disponíveis em vinil; então, para ser um DJ de rock que usa vinil, você precisa de uma maneira de transferir para o vinil a música que quer tocar. Infelizmente para o DJ de vinil, gravar de CD para vinil não é tão fácil/eficaz/barato como o contrário. Se você quiser gravar música em discos virgens de 12 polegadas, você pode acoplar um Kingston Dubcutter da Vinylium em um toca-discos Technics padrão. Mas, considerando que o Dubcutter custa por volta de 30.000 reais, você precisaria converter um bocado de discos para fazer valer a pena!

Digital — todas as músicas, a noite toda

O DJ digital toca músicas armazenadas em arquivos digitais em um computador ou em um pen drive ou HD externo. Isto lhe dá acesso a praticamente todas as músicas existentes no mundo, quase instantaneamente; isto que é argumento, o resto é bobagem!

Praticamente todas as músicas já lançadas estão disponíveis em formato digital, ou comprando e fazendo o download pela internet, ou comprando em CD e depois convertendo e copiando para o seu HD. Nos raros casos em que a música esteja disponível somente em vinil, é um processo simples conectar um toca--discos à placa de som do computador (geralmente por meio de um mixer) e então salvar a música no seu computador, num arquivo digital.

O formato específico dos arquivos digitais podem variar dependendo de onde você obteve as músicas ou como as converteu, mas a maioria dos softwares de DJ tocam muito bem os arquivos WAV, FLAC e AIFF (ambos descompactados) e os arquivos compactados como AAC, M4A, WMA e MP3 (as formas mais comuns de arquivo digital de música).

Compactação com arquivos digitais

Um CD típico tem espaço para no máximo 80 minutos de música de boa qualidade. Se você gravar seu MP3 em um CD a 320 Kbps (*kilobits por segundo*) — o melhor índice de bits para arquivos musicais compactados — você consegue gravar 250 minutos de música de boa qualidade em um CD. Se levar um estojo de CDs para a discoteca em vez de uma caixa cheia de LPs (considerando volume e peso) já é uma vantagem, pense no que significa um CD de MP3! Você pode chegar na discoteca com apenas um fone de ouvido e dois CDs com MP3s e tocar por horas a fio!

Os MP3s e AACs reduzem o tamanho dos arquivos por meio da *compactação*, descartando frequências de som que não criam grande impacto na qualidade do som da música. Este método é perfeitamente aceitável para muitas pessoas, e com um bom fone de ouvido, tocando música a 320 Kbps, seu cérebro logo se adapta para aceitar e relevar esta compactação da música.

Mas a compactação nos MP3s pode ter um efeito importante no som da música em uma boate. As frequências supergraves e as frequências muito agudas são os principais problemas da codificação do MP3, principalmente em índices baixos de bit. As frequências mais altas favorecem a nitidez do som, mas são as batidas supergraves que fazem seu corpo sacudir — e a perda deste recurso pode ser devastadora.

DICA

Amplificadores e caixas potentes com sub-woofer e uma atenção especial do DJ ao EQ (equalizador) podem compensar as informações do supergrave das frequências que são deixadas de lado na música compactada, mas a solução para ter arquivos digitais com som de qualidade está na modalidade da compactação. A música compactada para 320 Kbps é de longe a mais adequada, mas se você puder garantir que o som não vai ficar abaixo de 192 Kbps, tudo bem.

Fazendo tudo dentro da lei

É muito simples explicar as legalidades relativas ao download de músicas e ao uso do MP3. Se você acessar sites como o iTunes ou Beatport para comprar e fazer o download de músicas, você está procedendo dentro da lei. Se você usar um software pirateado ou compartilhar músicas do computador de outra pessoa, baixando alguns gigabytes de música sem dar um único centavo para o cantor ou banda, você está procedendo fora da lei.

Do ponto de vista ético, como DJ você também é um artista e deve respeitar seus colegas. Imagine um cantor, por exemplo, que acabou de lançar seu primeiro compacto. Da noite para o dia, a música faz um sucesso estrondoso, e dezenas de milhares de DJs no mundo inteiro começam a fazer download pirata da música para tocar nas boates; só que o cantor em questão não tem uma situação financeira suficientemente sólida para abrir mão de um lucro ao qual ele teria direito. Aí, semana após semana, mês após mês, você é pago para tocar a música dele — uma música com a qual você não gastou nada — enquanto ele passa dificuldades... Tudo bem, pode ser que eu esteja exagerando, mas como um DJ que ganha para tocar, você está pisando em gelo fino, tanto legal quanto moralmente, se tocar música pirateada.

Uma forma que a indústria musical encontrou para tentar controlar esse problema é por meio do credenciamento de DJs digitais. Procure saber se você precisa de uma credencial ou de algum tipo de licença para atuar legalmente como DJ. Investigue o que você precisa fazer como DJ e verifique também se o local onde você vai tocar também precisa de alguma autorização. Aqui no Reino Unido, existe uma instituição chamada PPL (Phonographic Performance Limited) que cuida disso (www.ppluk.com — conteúdo em inglês). Procure nos sites de pesquisa por "credenciamento DJ digital" para saber se é necessário no seu país e informe-se também na Secretaria de Cultura de sua cidade.

Escolhendo Som Analógico ou Digital

A disponibilidade da música que você pretende tocar provavelmente é o fator que mais irá influenciar a sua decisão do formato de DJ que você vai ser, mas se você ainda está dividido e precisa resolver de uma vez por todas, a qualidade da música que você vai tocar talvez ajude a desempatar.

O áudio analógico (que é o que o DJ toca com toca-discos e discos de vinil), quando tocado da maneira certa e com o equipamento certo, pode ser mais caloroso (mais gostoso e agradável, com uma sensação de profundidade) do que o som do CD tocado no mesmo equipamento de som. Mas a fragilidade do vinil, que ao longo do tempo fica sujeito a riscos, arranhões e rachaduras, é um ponto fraco que (na minha opinião) deixa em posição de vantagem o CD e a música digital.

A única ocasião em que o CD produz um som diferente é quando você o toca num aparelho de som diferente. O CD não se desgasta, não desintegra, e contanto que você tome cuidado para evitar riscos na superfície do disco, você não precisa se preocupar com saltos ou distorções.

Os arquivos digitais gravados em CD já são uma história um pouco diferente. A fim de manter os arquivos digitais pequenos, os MP3s são extremamente compactados, o que resulta na remoção de algumas frequências de áudio mais graves e mais agudas que, na verdade, já não são muito audíveis. Se você for usar MP3 ou AAC com um software de DJ, é o mesmo caso. Se você quiser ser um DJ que toca música digital de qualidade e descompactada, use arquivos WAV, FLAC e AIFF.

O grau de compactação da música afeta diretamente o som. Se você compactar demais a música e remover frequências de áudio em excesso a fim de reduzir o tamanho do arquivo, o som pode parecer como se a música tivesse sido gravada debaixo d'água. Mas com a definição de compressão correta (eu recomendo codificação estéreo de 320 Kbps — mas nunca abaixo de 192 Kbps por segundo) em um bom aparelho de som, é difícil perceber a diferença.

Você pode gravar um MP3 em um CD-R no formato MP3, o que significa que você pode armazenar uma quantidade bem maior de músicas no disco, ou então você pode supraconverter os MP3s e gravá-los num CD tradicional. Esta supraconversão, contudo, não transforma um MP3 em um CD com boa qualidade de som. Ela apenas possibilita que você toque MP3s em um CD-player, cabendo bem mais músicas em um CD — se o som era ruim antes, continuará sendo ruim...

Mecânica: O Meu Jeito É o Melhor!

Se você tiver oportunidade de comparar um disco, um CD e o som de 320 Kbps tocados com software de DJ em um ambiente de boate, vai ser bem difícil perceber a diferença. Portanto, se você conseguir obter as músicas que quer tocar, e se o som for bom para você, a decisão final tem a ver simplesmente com a mecânica de *como* você mixa as músicas.

É muito importante decidir quanto espaço você quer ocupar com seu equipamento de DJ e o volume de equipamento que você está disposto a carregar de um lugar para outro. Mas o aspecto mais importante na mecânica da prática de DJ é como vai ser usar o equipamento.

Praticar DJ com toca-discos é uma questão tátil. Você literalmente toca na música — o que pode ajudá-lo a mergulhar nas funções da mixagem. Usar CDs pode ser muito técnico, e com CD-players mais baratos envolver muitas teclas e botões, o que reduz a conexão com a música. Dependendo do equipamento que você tem, praticar o DJ digital pode significar um monte de teclas, botões e uso do mouse — ou pode também ser tão tátil e bonito como tocar discos de vinil.

O vinil é esteticamente mais agradável

Praticar DJ com vinil é quase uma representação teatral. Ocorre uma dança atrás dos aparelhos, conforme o DJ manuseia os discos, empurrando, puxando, polindo e virando, a fim de obter o melhor som.

O CD envolve o uso de teclas e botões, o que já não é tão empolgante. Mas os CD-players profissionais e caros como os fabricados pela Pioneer, Reloop, Numark e Denon possuem pratos grandes, que produzem um som semelhante ao do vinil e permitem que o DJ trabalhe com a música do CD de um modo similar ao do toca-discos.

Para quem gosta de ver um DJ fazer mais do que apenas pressionar alguns botões em CD-players básicos, estes aparelhos profissionais proporcionam ao DJ flexibilidade criativa, junto com a oportunidade de demonstrar seu talento e habilidade em efeitos visuais conforme opera os controles.

CAPÍTULO 5 **A Revolução Tecnológica: Opções de Formatos** 69

Pessoalmente, a visão de um DJ esfregando um disco com a manga, limpando-o na camiseta, colocando a agulha no sulco e manuseando-o para combinar as batidas ainda é o máximo para mim. Mas à medida que o design, controle e versatilidade dos CD-players evolui, o argumento sobre pobreza de estética e desempenho visual perde a força — contanto que você esteja disposto a gastar dinheiro.

DJ tradicional ou moderno?

O argumento da estética se renova com o DJ digital, porque a principal peça do equipamento usado para o DJ digital é o computador. E convenhamos que ver uma pessoa usar um computador não é uma coisa das mais eletrizantes.

Normalmente funcionando num laptop, o software de DJ contém a coleção de músicas e, às vezes, também o mixer e processadores de efeito — tornando-o o foco principal do DJ. O problema é que geralmente este é o *único* foco do DJ. Eu já assisti a apresentações de DJs digitais que tiveram um desempenho mais impressionante do que o melhor DJ de vinil que já vi na vida — mas também já testemunhei apresentações dos melhores DJs do país em que eles estavam tão envolvidos com o monitor do computador que parecia que eles estavam fazendo uma compra de supermercado pela internet em vez de tocando música ao vivo.

Grande parte disto tem a ver com a mecânica de como o DJ pratica a sua arte de DJ digital. O Capítulo 9 aborda esta questão com mais detalhes, mas existem duas maneiras de praticar o DJ digital:

> » Usar apenas um laptop
> » Usar controladora para toda a mixagem

Usar apenas um laptop é um método que tende a ser um pouco sem graça, porque tudo o que as pessoas vão ver é um DJ pressionando teclas e arrastando o mouse.

Entretanto, quando alguma controladora é usada para manusear o software, a história é outra — uma história que acaba com o dilema da escolha entre vinil, CD ou software de DJ.

Em primeiro lugar, incluir um mixer no equipamento de DJ digital proporciona ao DJ a animação necessária para criar uma faísca e uma química com o público. Um recurso adicional seria usar uma controladora que permite ao DJ iniciar, parar, acrescentar efeitos e mixar a música sem usar as teclas do computador. Isto proporciona a resposta tátil ao DJ e mostra que o DJ está fazendo mais do que apenas postando alguma coisa numa rede social.

Uma analogia digital

Se a prática de DJ com CD fosse o papai urso e a prática com o vinil fosse a mamãe urso, definitivamente o sistema de vinil digital seria o bebê ursinho.

A característica mais explosiva do DJ digital é que em vez de usar uma controladora, você pode usar seus toca-discos ou CD-players junto com um mixer para controlar e mixar a música no software. O Capítulo 9 contém mais informações a este respeito, mas em suma, enquanto os formatos de CD e vinil disputam entre si pela disponibilidade das músicas e apontam o dedo para o aspecto estético dos DJs digitais, o DJ digital pode se recostar com um sorriso nos lábios e mostrar a eles como a técnica digital pode ser versátil.

Do ponto de vista da funcionalidade, a maior parte das características que os CD-players têm e os toca-discos não, como efeitos, contadores de batida por minuto e controles de loop, estão presentes em alguns softwares para DJ. Isto dá ao DJ de vinil e ao DJ digital o acesso a exatamente as mesmas ferramentas de criatividade que os DJs de CD possuem, e significa que, nas mãos certas, com o software certo, os toca-discos ficam no mesmo patamar que os CD-players. Para os DJs de vinil e de CD, o modo como as músicas podem ser organizadas numa biblioteca digital com o software adequado, e a inclusão de mais efeitos e opções de mixagem, combinado ao fato de os DJs, ainda assim, poderem usar seus CD-players ou toca-discos com CDs ou discos, dá a eles a liberdade de fazer o melhor set possível em vez de fazê-los se sentir presos a um formato obsoleto.

Na minha jornada pelos formatos de DJ, eu comecei como DJ de vinil, mas mudei para CD quando começou a ficar difícil encontrar em vinil as músicas que eu queria tocar. Depois mudei para um equipamento digital, usando meus toca-discos e o mixer para controlar o "Traktor" (Native Instruments) — ao perceber que minhas opções se expandiam, com uma maior paleta de efeitos e múltiplas faixas no software, permitindo-me ser criativo quando eu queria, e ao mesmo tempo me dando liberdade para mixar músicas como nos velhos tempos, usando dois toca-discos e um mixer. Hoje em dia, meus toca-discos e CD-players estão praticamente encostados, já que eu uso uma controladora (atualmente o S4 da Native Instruments), porque o controle e capacidade que ela oferece para criar bons sets são fantásticos.

Virando a mesa (e girando os pratos) com os controladores

Uma extensão da ideia de usar toca-discos tradicionais para controlar o software pode ser encontrada em aparelhos como o Reloop RP-8000, que funciona como um toca-discos padrão mas também funciona como controladora para o software de DJ digital. Com uma série de funções, pode ser uma alternativa interessante para o uso da controladora ou dos toca-discos normais com sistema de vinil digital.

Se você quiser usar algo como o Reloop RP-8000, não espere que ele esteja instalado nas boates e salões em geral onde você toca — portanto, informe-se antecipadamente para não ser pego de surpresa!

CAPÍTULO 5 **A Revolução Tecnológica: Opções de Formatos** 71

Os Capítulos 20 e 21 contêm orientações sobre o que esperar encontrar numa cabine de DJ.

Toca-discos e discos são pesados e desajeitados

Os toca-discos são sólidos e pesados por um bom motivo: se não fossem, a agulha pularia a cada acorde grave que tocasse no sistema de som da boate.

Depois de perambular por aí arrastando sacolas e caixas cheias de discos de vinil de um lado para o outro, eu reconheço que um laptop abastecido de músicas ou um estojo com 100 CDs são bem mais leves do que a mesma quantidade de músicas em vinil e todos os trambolhos que acompanham; por outro lado, você pode aproveitar essas idas às boates como prática de levantamento de peso e reforço às aulas na academia...

De um ponto de vista de ostentação, preciso confessar que eu me sentia o máximo entrando nas boates carregando duas caixas grandes cheias de discos. Todo mundo por quem eu passava sabia que eu era o DJ (e se alguém não notasse, eu dava um jeito de esbarrar nos joelhos da pessoa com as caixas). Se você entrar numa boate carregando um simples estojo de CDs, vai passar anonimamente pela multidão.

É brincadeira a história de esbarrar nas pessoas com as caixas. Eu jamais faria isso...

AS AREIAS MOVEDIÇAS DO TEMPO E DO DESENVOLVIMENTO

Os primeiros CD-players eram baseados no aparelho de som doméstico, e embora possuíssem um controle e um jog wheel para procurar as músicas, não eram nem um pouco versáteis ou funcionais como os toca-discos. Desde então, a tecnologia evoluiu muito, e os CD-players agora não só competem com os toca-discos em todas as áreas, como também os superaram em matéria de funcionalidade e criatividade. Opções como pitch bend, master tempo, scratch, looping sem emenda, indicadores, efeitos e mixagens entre duas músicas no mesmo CD eliminaram a linha divisória que antes existia entre o vinil e o CD.

Em 2007, Judge Jules (um dos maiores DJs do Reino Unido) disse que só usava CD-players quando tocava em boates porque os efeitos e controles possibilitavam a ele uma criatividade enorme dentro da cabine. Acrescente a isto a capacidade de remixar uma música em um laptop a caminho de uma apresentação, gravá-la em CD e tocá-la na mesma noite, e ele consegue proporcionar um set incrível e exclusivo a cada noite. Embora isso já faça muito tempo, continua sendo válido para o DJ de CD e para o DJ digital. Já os DJs de toca-discos não têm as mesmas opções.

Toca-discos não têm efeitos embutidos

Até os CD-players e softwares para DJ incluírem efeitos embutidos, este aspecto não era um problema. Se você queria produzir efeitos, você comprava um processador de efeitos como o Pioneer EFX-1000 ou um mixer com efeitos embutidos. Pessoalmente, eu prefiro os efeitos produzidos externamente, no mixer ou no software, em vez de no toca-discos ou CD-player, mas deixando minha opinião de lado, os efeitos, controles de loop e múltiplos pontos sinalizadores (indicadores de onde começar a tocar) fazem do CD-player um aparelho mais versátil do que um simples toca-discos. Veja o Capítulo 8 para mais informações sobre estas funções.

No CD você não vê a música

A grande vantagem do disco de vinil é que todos os diferentes tons de cinza e preto dos anéis no disco permitem que você distinga a faixa da música e a parte dela em que você está. Se você observar com atenção as nuances nos anéis, você sabe quanto tempo falta para a música acabar, ou para o refrão e assim por diante, e assim sabe quando começar a mixar.

A maioria dos software para DJ tem um display em forma de onda que mostra os altos e baixos da música. As partes mais espessas da onda são as partes mais altas e as mais finas são as mais baixas. Observando as mudanças nesta onda, você consegue navegar na música tão bem quanto num disco de vinil.

Como o CD (que é um disco brilhante sem sulcos nem sombreamentos) apenas gira dentro do aparelho, você precisa de tempo para descobrir a estrutura das músicas, lembrar de onde as mudanças ocorrem e ler o display de tempo, a fim de fazer adequadamente a transição. A menos, claro, que você tenha um CD-player com display em forma de onda, como o Pioneer CDJ-2000 e o CDJ-900 Nexus.

Os fabricantes perceberam que a necessidade de lembrar a estrutura da música era uma questão importante para o DJ de combinação de batidas e começaram a mostrar uma representação das ondas da música em visores nos aparelhos (veja a Figura 5-1). Pode não ser uma informação tão detalhada quanto nos displays dos softwares, mas segue o mesmo princípio. É maior para as partes altas e menor para as partes baixas, então é possível decifrar pelos altos e baixos quando a música está prestes a mudar para uma parte mais alta ou mais baixa. Mesmo assim, você precisa conhecer a estrutura da música; o display é mais uma referência do que um guia preciso, mas transformou a mixagem em CDs de simples memória em um recurso visual.

CAPÍTULO 5 **A Revolução Tecnológica: Opções de Formatos** 73

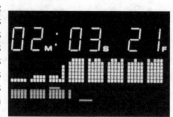

FIGURA 5-1: Os altos e baixos mostram as partes mais baixas e as partes mais altas da música.

Não existem mais toca-discos nos clubes

Como o vinil perdeu a popularidade e mais DJs aderiram ao CD e à técnica digital, lamentavelmente vários estabelecimentos chegaram à conclusão de que poderiam ganhar mais espaço retirando os toca-discos e substituindo-os por um par de CD-players, bem mais compactos, ou reservando um espaço somente para um laptop e um controlador. Se você for um DJ de vinil, não há muito o que fazer a este respeito, a menos que deixem você levar seu próprio equipamento. Uma opção é transferir toda a sua coleção para CDs, para eventuais ocasiões como essa, mas isso requer muito tempo.

Quanto às boates disporem ou não de toca-discos, depende muito do gênero de música que elas tocam. As boates de house/trance provavelmente ainda têm toca-discos, mas se você for um DJ de rock, pop ou indie, talvez não tenha a mesma sorte.

Toca-discos são mais caros que CD-players

Tudo depende do que você vai comprar. Eu descobri que um dos toca-discos exclusivos para vinil mais caros é o Technics SL-1210M5G, que custa por volta de 4.000 reais; mas um dos CD-players mais caros no mercado é o Pioneer CDJ-2000, pelo preço aproximado de 8.000 reais! Até o CDJ-900 Nexus da Pioneer custa por volta de 6 mil reais. Mas se considerarmos o custo-benefício, os toca-discos ainda são bem mais caros que os CD-players.

Um par de toca-discos de 700 reais cada, provavelmente serão acionados por correias, terão motores que não sustentam o andamento, produzirão realimentação quando você tocar muito alto, devido à matéria plástica fina, e é provável que você se canse deles depois de um ano ou coisa assim e queira comprar um novo par. Por outro lado, se você tem 700 reais para gastar, você pode encontrar um CD-player que tenha um controle de andamento confiável, master tempo e, possivelmente, também uma função de loop. O anti-skip pode não ser o melhor que existe, mas estas funções básicas em um CD-player barato podem oferecer mais controle e confiança na mixagem da música do que um toca-discos acionado por correia.

Se você tiver dois mil reais para gastar, você vai descobrir que as características dos CD-players ultrapassam as dos toca-discos do mesmo preço. Embora o toca-discos que você pode comprar por esse valor tenha um torque (força) alto, motor direto e também ofereça uma esfera maior de pitch bend e variação de andamento (às vezes, mais de 50 por cento mais rápido ou mais lento), ainda assim eu não acho que um toca-discos possa competir com um CD-player da mesma faixa de preço.

DICA

Com mil e quinhentos reais você compra dois CD-players, ao passo que para comprar dois toca-discos você gastaria 3 mil reais. Ou então você pode comprar um CD-player com vários efeitos embutidos, múltiplos sinalizadores, contador de batidas, loop sem emenda e também a chance de riscar os CDs. E claro que você ainda teria de comprar mais um...

Se você comparar o Technics SL-1210Mk5G de 4.000 reais mencionado acima com um CD-player na mesma faixa de preço, você vai ver que o CD-player ainda supera de longe o toca-discos, por causa das funções. Por 4.000 reais você consegue comprar o Denon DJ SC3900, que é um arraso. Tem prato motorizado, é a mesma sensação de usar um toca-discos, efeitos embutidos, capacidade de conectar a HDs externos e ainda pode funcionar como controladora para a música do software.

Então, se você comparar os preços, os CD-players são mais caros, mas valem mais a pena. Consulte o Capítulo 3 para mais informações sobre orçamentos e compras de equipamento.

76   PARTE 2 Abastecendo Sua Caixa de Ferramentas de DJ

> **NESTE CAPÍTULO**
>
> **Descobrindo as partes básicas de um toca-discos**
>
> **Ficando atualizado com outras inovações**
>
> **Cuidando de seu toca-discos**

Capítulo 6

Enfeitando com os Toca-discos

Todos os toca-discos são iguais no sentido de que tocam discos, mas como a maioria das coisas na vida, alguns são melhores que outros. Se você está usando toca-discos para tocar muitos discos diferentes ou deseja usá-los em um sistema vinil digital para controlar a reprodução da música no software (veja Capítulo 9), precisará de um toca-discos que possa lidar com as demandas físicas do DJ. Neste capítulo, vejo as funções que você precisa procurar ao comprar e montar os toca-discos.

Evitando Toca-discos Baratos

Sua decisão sobre qual toca-discos comprar e usar é baseada em grande parte no orçamento. Quando você for comprar não escolha a opção mais barata para economizar um pouco de dinheiro. Investir em um toca-discos de melhor qualidade coloca-o no caminho de se tornar um DJ de qualidade. Na verdade, talvez invertendo o motivo deixe as coisas mais claras: quanto pior o toca-discos, mais difícil será tornar-se um bom DJ. E este conselho não é apenas para o DJ que combina batidas. Se você for um DJ de rock, independente ou de festas, e estiver planejando usar toca-discos, é igualmente importante comprar toca-discos de qualidade que não pularão nem criarão retorno em ambiente barulhentos.

As principais coisas para ficar atento quanto aos toca-discos baratos são que eles tendem a ter motores acionados por correias, ao invés de motores com acionamento direto (veja a seção a seguir), e eles geralmente são restritos quanto aos recursos essenciais do DJ, como proteções de plástico removíveis, braços com contrapesos ajustáveis e longos controles para o andamento do som.

LEMBRE-SE

Gaste o quanto puder nos toca-discos — só então pense em comprar o resto do equipamento. Os ótimos aparelhos continuam ótimos aparelhos não importando qual mixer ou fones de ouvido você usa, mas nem mesmo o melhor mixer ou fones de ouvido mais precisos poderão melhorar os aparelhos acionados por correias.

Indo na direção certa

Dois métodos diferentes são usados para fazer o disco girar: acionamentos direto e por correia. Os aparelhos acionados por correia podem parecer uma opção atraente quando você está tornando-se um DJ porque eles são muito mais baratos que os grandes aparelhos com acionamento direto. Mas não se engane!

Toca-discos acionados por correia

PAPO DE ESPECIALISTA

Dentro de um toca-discos acionado por correia existe um pequeno motor com um elástico ligando-o à parte inferior do *prato* (a parte sobre a qual você coloca o disco). É parecido com girar a roda da frente com os pedais da bicicleta, fazendo um giro para trás. Esse design resulta em um *torque* baixo (energia para o toca-discos), significando que o prato geralmente range até parar quando você segura o disco parado.

A outra desvantagem é que a velocidade na qual o toca-discos toca pode flutuar, indo mais rápido e mais lentamente. Se você for um DJ que tentará combinar as batidas do ritmo de dois discos diferentes (veja Capítulo 14), a flutuação da velocidade tornará isso, para qualquer transição acima de 10 segundos, extremamente difícil. Você pode culpar suas próprias habilidades, ao invés de perceber que é uma falha do toca-discos.

GANHOS DE CURTO PRAZO, PROBLEMAS A LONGO PRAZO

Se você estiver contente em fazer as coisas do modo difícil, poderá achar que, pelo menos, uma boa coisa acontece ao aprender a ser DJ com toca-discos acionados por correia. A curto prazo, você será um DJ extremamente preciso e atento ao combinar as batidas.

Descobri que os DJs iniciantes que começam usando toca-discos sofisticados da Technics, Reloop, Stanton e Numark podem ter muita facilidade. O motor é tão poderoso e confiável que eles não precisam preocupar-se com as flutuações da velocidade confundindo suas habilidades para combinar as batidas. Quando esses DJs precisam usar um aparelho pior de toca-discos, eles podem achar que seus níveis de concentração e atenção não são tão bons quanto os dos DJs que foram forçados a se desenvolver com aparelhos ruins; eles podem ter dificuldade para manter as batidas combinadas porque não estão acostumados aos problemas dos aparelhos ruins.

Contudo, é preciso enfatizar que, como consequência, os bons DJs desenvolvem atenção e precisão com o tempo gasto praticando e desenvolvendo suas próprias habilidades — não importa qual toca-discos eles usam — portanto, isto não é uma desculpa para comprar aparelhos baratos acionados por correia!

Uma boate na qual trabalhei teve problemas com os toca-discos quando um cliente derramou cerveja neles. Embora os toca-discos tivessem sido consertados, o dono da boate decidiu alugar um par de toca-discos acionados por correia. Devido ao calor da boate, as correias começaram a dilatar, fazendo com que os aparelhos ficassem piores ao manter a frequência do som, tornando a combinação das batidas muito difícil.

Felizmente, eu estava acostumado com os aparelhos que tocavam assim, pois um dos bares onde eu havia trabalhado tinha aparelhos com problemas no motor que se comportavam exatamente como os aparelhos baratos acionados por correia, e que realmente costumavam me chatear. Usando esses aparelhos com frequência, desenvolvi intuição e concentração para ouvir as batidas fora do ritmo antes de serem notadas na pista de dança e não foi grande incômodo quando aconteceu na boate naquela noite.

O outro DJ não teve tanta sorte...

Toca-discos com acionamento direto

Onde os toca-discos acionados por correia têm um elástico para transferir a energia do motor para o prato, que então gira em torno de um eixo central, nos toca-discos com acionamento direto, o eixo central é anexado diretamente no motor.

O torque melhorado resultante significa tempos de início bem abaixo de meio segundo e a energia do motor é mais do que suficiente para manter o prato girando sob a plataforma deslizante quando você mantém parado ao se preparar para iniciar uma música ou fazer scratches complicados.

A velocidade do toca-discos é sólida e confiável em um toca-discos com acionamento direto. Embora você possa ter oscilações do andamento do som em torno da marca zero, poderá ter confiança de que qualquer erro de combinação de batidas será um erro seu, não uma falha de uma transferência ruim de energia através do elástico.

Tomando cuidado com o design do controle de andamento do som

CUIDADO

O *controle de andamento do som* em um toca-discos controla a rapidez com a qual a música toca. Tenha cuidado com os toca-discos baratos que usam um pequeno atenuador de andamento do som (5cm) ou um botão giratório para ajustar o andamento do disco. Geralmente, você não encontrará isto nos aparelhos com acionamento direto, mas os aparelhos acionados por correia superbaratos têm. Esses atenuadores de andamento do som são pequenos demais para fazerem os ajustes precisos necessários para manter as batidas de seus discos tocando no ritmo certo, e isto pode tornar muito difícil combinar as batidas.

Veja o design padrão de um toca-discos (Technics 1210 na Figura 6-1) e observe o controle grande de andamento do som abaixo na lateral do aparelho, que permite fazer ajustes precisos no andamento do som. Verifique se o toca-discos que você comprou tem um design parecido.

FIGURA 6-1: O toca-discos 1210 DJ da Technics.

Identificando os Principais Recursos do Toca-discos

Um toca-discos do DJ tem muitos recursos principais. Algumas das funções são parecidas com as de um aparelho de discos do sistema hi-fi doméstico, mas a funcionalidade extra desses controles e design são o que realmente o separa de um toca-discos do DJ. Esta seção fala sobre o que esses recursos fazem, para que você não apenas compre os toca-discos corretos, como também saiba como usá-los.

Iniciar/parar

Os aparelhos de disco hi-fi automáticos começam a tocar quando você coloca a agulha no disco e apenas param de girar quando você tira a agulha e recoloca o braço no descanso, ou quando a agulha chega ao fim do disco e volta automaticamente para o descanso.

Isto não é útil para o DJ: você precisa de um controle manual de como o motor inicia e para. Algumas vezes, você precisa parar o toca-discos, mas ainda deixar a agulha em um lugar específico no disco. Isto geralmente ocorre quando você reservou um tempo para encontrar o lugar para iniciar o disco (o ponto de *início da mixagem*), mas não deseja iniciar a música por alguns minutos. O botão para iniciar/parar dá total controle sobre como e quando o toca-discos inicia e para. Pressionar a parada quando o disco está tocando pode ser um ótima técnica de DJ também (veja Capítulo 16).

Ligar/desligar

A chave para ligar/desligar em um toca-discos do DJ normalmente fica no canto inferior esquerdo do aparelho, perto do botão para iniciar/parar. A chave fica acima do prato e uma luz estroboscópica é posicionada embaixo. Embora a chave seja usada em grande parte para a tarefa comum de ligar e desligar o toca-discos, você também pode usá-la criativamente na mixagem (veja Capítulo 16).

Luz estroboscópica

A *luz estroboscópica* é uma luz vermelha suave na lateral do toca-discos (normalmente no canto inferior esquerdo). Não é apenas uma bela luz vermelha — é uma luz estroboscópica que você usa para calibrar e verificar a precisão do motor do toca-discos, como descrevo em detalhes no Capítulo 3.

Pratos

O *prato* é a parte do toca-discos que gira e é o onde ficam a plataforma deslizante e o disco. Os hi-fis domésticos têm uma plataforma deslizante firmemente presa no prato, que é inútil para o DJ porque o prato precisa ser feito de metal polido para permitir que a plataforma deslizante deslize. (Veja o Capítulo 7 para saber o que é uma plataforma deslizante e como fazer com que deslize melhor.)

DICA

Quando você compra aparelhos Technics, eles vêm com uma plataforma deslizante grossa sobre o prato, que felizmente não está fixada. Se seus aparelhos vierem com uma plataforma deslizante grossa parecida sobre o prato de metal, simplesmente levante, exponha o prato e mantenha a plataforma deslizante em um local seguro. Acho que a parte de trás do armário é um local bem seguro.

33/45/78 rpm

Nada especialmente particular com o botão rpm (rotações por minuto) em seu aparelho de DJ; quando você pressiona 33 e o controle da frequência do som é definido para zero, o disco faz 33 rotações em um minuto e quando está em 45, o disco gira 45 vezes por minuto. Se você não souber para qual velocidade deve ajustar seu toca-discos, veja o rótulo do disco ou a capa, que informa se é para tocá-lo com 33 ou 45 rpm. Ou simplesmente experimente ouvir o disco. Se você estiver tocando Barry White e ele parecer um esquilo, você está girando o disco rápido demais; tente pressionar o botão 33!

DICA

Se você tiver discos mais antigos que tocam com 78 rpm, alguns toca-discos terão uma definição oculta e secreta: quando você pressionar os botões 33 e 45 junto, o toca-discos tocará com 78 rpm. Se precisar desse recurso, verifique se os toca-discos que você está querendo comprar têm isso antes de abrir mão de seu dinheiro.

Luz de destino

A *luz de destino* (mostrada na Figura 6-2) fica na lateral do prato e acende uma luz nas ranhuras do disco onde a agulha passa. Por que você precisa de uma? Com exceção de permitir que você veja onde está a agulha (ou onde gostaria de colocá-la), a luz de destino ajuda a localizar as diferentes partes de uma música. Se você der uma olhada em um disco sob uma boa luz, poderá ver grupos de diferentes anéis sombreados. Esses anéis são o mapa da música: os anéis mais escuros são as partes mais silenciosas e os anéis mais claros são as partes mais barulhentas. Conseguir ver onde a agulha está no disco pode ajudá-lo a calcular quando as novas partes estão para começar, ajudando com uma colocação perfeita da mixagem (veja Capítulo 16).

Como sua saúde, você não pensa nas luzes de destino inesperadas até não tê-las. Se a luz de destino quebrar ou os aparelhos não tiverem uma, poderá ser difícil ver os anéis em um cômodo bem iluminado, o que dirá em uma cabine escura do DJ.

FIGURA 6-2: A luz de destino em um Technics 1210. Um amiguinho útil.

Controle de andamento do som

O *controle de andamento do som* ajusta a taxa na qual o toca-discos gira. Se você mover o controle de andamento do som para a área + (para perto de você um toca-discos do DJ padrão), o disco irá girar mais rapidamente; se mover o controle para a área − (longe de você), o disco tocará mais lentamente. Toca-discos diferentes têm faixas diferentes, mas você geralmente encontra essas faixas de ajuste do andamento do som entre 8 ou 12% em qualquer direção.

LEMBRE-SE

Embora o disco toque mais rapidamente quanto mais você aumenta o controle de andamento do som, ele é chamado de controle de andamento do som, não controle de velocidade, portanto, quanto mais você aumenta a velocidade, mais alta é o andamento do som da música. Assim, você pode iniciar a combinação de batidas de duas músicas que acha que ficarão boas junto, mas quando aumentar o andamento do som de uma delas, as duas músicas poderão ficar fora do tom, como seu pai cantando no chuveiro junto com o rádio. Veja a seção "Ritmo principal/trava" posteriormente no capítulo para encontrar um modo de resolver o problema (e tire as pilhas do rádio para impedir que seu pai cante no chuveiro).

Números

Os números no controle de andamento do som podem ser confusos. Esses números não se referem à bpm (batidas por minuto; a medida comum do ritmo) da música que você está tocando, mas a uma diferença de porcentagem da velocidade do toca-discos. A única vez em que os números corresponderão exatamente à bpm será se a música tocada tiver uma bpm 100. Se você mover o

A ZONA DE ANDAMENTO DO SOM DAS BERMUDAS EXISTE

Os aparelhos com os quais aprendi costumavam mudar o andamento do som de modo errado para uma região de 1%: se eu movesse o atenuador de andamento do som em +1%, a música ficava lenta, e a música ficava rápida se eu movesse o atenuador para a região -. Felizmente, após a área de +/- 1%, o controle de andamento do som voltava ao normal — do contrário, eu teria enlouquecido! Até meus Technics 1210 têm esse problema, mas não é tão acentuado quanto nos aparelhos com os quais aprendi.

Felizmente, os fabricantes de toca-discos notaram e corrigiram o problema: a Technics em seu 1210 MkIII tornou o atenuador de andamento do som totalmente suave, sem nenhum ponto de clique quando você passa pelo andamento do som zero, causando problemas.

controle para +1, aumentará a frequência do som em 1% de 100, que é 1 bpm; e o mesmo ocorre com os outros números (5% seriam 5 bpm etc.).

Se você estiver tocando uma música com 150 bpm e diminuir o andamento do som para -1%, então, a música será tocada em 148,5 bpm (1% de 150 é 1,5). Uma música com 130 bpm e um andamento do som definida para +5,5%, aumenta em 7,15 bpm — portanto, você pode supor que a música agora é tocada 'em torno de' 137 bpm e ajustar o andamento do som nas outras músicas para que elas sejam tocadas na mesma velocidade também.

CUIDADO

Infelizmente usar o controle de andamento do som não é uma ciência exata. A diferença de até 1 milímetro de mudança pode fazer a velocidade de seu disco ser suficiente para acabar com sua combinação de batidas. Mesmo que o atenuador fique perto de 2%, você poderá estar tocando em 2,2% e esse 0,2% pode fazer uma diferença enorme em suas habilidades para combinar as batidas. Portanto, use seu ouvido e ouça o que a batida está fazendo, ao invés de contar com os números no controle de andamento do som.

Para saber mais sobre como calcular a bpm pode ajudar a combinar as batidas, verifique o Capítulo 14. A Folha de Cola tem o cálculo matemático para resolver as mudanças de porcentagem da bpm.

Precisão

Outro problema com o controle de andamento do som é que com o tempo, sua precisão começa a mudar, portanto, por exemplo, quando você define a frequência do som para 4,5%, o toca-discos pode ser operado, de fato, em apenas 4%. Mas o pior é a área em torno da marca zero de andamento no toca-discos (o que gosto de chamar de "zona de andamento do som das Bermudas", pois é fácil ficar perdido nela por dias!). Nos aparelhos com problemas, quando você define o controle de andamento do som para zero, o controle clica no lugar. Quando move o controle para longe desse ponto zero de andamento, algumas vezes o motor tem problemas para saber em qual direção você está movendo-o e pode fazer o oposto de onde você está definindo ou, outras vezes, permanece em guerra no andamento zero em uma curta distância em qualquer lado do ponto de clique do andamento zero.

Ajuste do contrapeso/altura

O *contrapeso* é um peso de metal na parte de trás do braço que, quando movido para a esquerda para adicionar peso, aumenta a pressão para baixar agulha no disco, tornando menos provável que o braço pule quando você está movendo o disco para frente e para trás, para encontrar o ponto inicial de um disco (o *início da mixagem*) ou ao fazer o scratch. Você pode encontrar informações detalhadas sobre como calibrar e usar devidamente o contrapeso posteriormente na seção "Contrapeso".

Quanto mais alto você coloca o baço, maior é o ângulo no qual a agulha aponta para baixo na ranhura, exercendo ainda mais força e tornando menos provável que pule. Muitos DJs que fazem scratch adotam esta definição para ter uma estabilidade aumentada da agulha. Porém, tenha cuidado: se você colocar a altura do braço no topo e o contrapeso for total, irá desgastar seus discos e agulhas muito rapidamente.

CUIDADO

Você pode ter lido ou ouvido falar sobre os DJs que gostam de colocar contrapeso nas partes de trás e da frente para ter um pouco mais de pressão na agulha; esta ação é muito ruim para a agulha e os discos, danificando-os e desgastando-os muito rapidamente. Para o DJ que faz scratch e aceita um desgaste acelerado como uma das consequências do scratch, isso é bom. Mas como um DJ que faz combinação de batidas e mixagem, nunca coloque mais peso do que o fabricante da agulha informa. Se você precisar adicionar mais peso, há chances de que sua técnica esteja errada, suas agulhas já estejam danificadas ou sujas, ou você está usando a agulha errada. (O Capítulo 7 cobre estes problemas.)

Antirresvalo

PAPO DE ESPECIALISTA

Quando um disco toca para frente, uma força *centrípeta* empurra a agulha na ranhura em direção ao centro do disco. O *antirresvalo* cancela esse empurrão adicionando uma força igual que puxa a agulha em direção à borda externa do disco, mantendo a agulha no meio da ranhura sem nenhuma força lateral para desgastar as paredes da ranhura.

Embora o antirresvalo ajude a manter as cópias de vinil de Mozart do ouvinte doméstico em uma condição pura, a função pode ser redundante nas técnicas do JD porque você não toca apenas o disco para frente; entre o scratch e a mixagem para trás, você também faz sua justa contribuição de tocar a música para trás.

Quando você toca um disco para trás, a força que normalmente puxa a agulha para o centro do disco ao tocar para frente, agora está puxando a agulha em direção à borda do disco (ela se torna a força *centrífuga*). Se uma definição antirresvalo já está puxando o disco para a borda, mais força que o normal está agindo na agulha, tornando ainda mais provável que salte da ranhura. Tudo isso realmente significa que a maioria dos DJs tende a deixar o antirresvalo ajustado em zero.

Proteção de plástico/cápsula removível

A agulha usada é muito importante, dependendo do seu estilo de DJ. Os DJs que querem fazer scratch precisam colocar as agulhas com a máxima estabilidade e os DJs que combinam as batidas precisam assegurar que terão o melhor som e versatilidade de suas agulhas e cápsulas. A capacidade de ajustar o ângulo no qual a agulha aponta na ranhura ou mudar a proteção inteira (por exemplo) de um design padrão da Technics para um design multifuncional do Concorde são fatores importantes para conseguir as exigências dos DJs individuais. Esses ajustes separam o toca-discos do DJ do aparelho de discos hi-fi doméstico, que geralmente não permite esse tipo de customização.

DICA

De um ponto de vista prático, as proteções removíveis podem ser mais seguras se você danificar a agulha durante uma apresentação na boate. Se algo acontecer com a agulha no toca-discos e você tiver uma proteção sobressalente à mão, ao invés de tentar remover a agulha da cápsula para substituí-la em uma cabine do DJ escura e barulhenta, sob pressão, para ter a próxima música pronta para a mixagem, poderá pegar a proteção que contém a agulha danificada e aparafusar uma nova, tudo em cinco segundos. Para obter mais informações sobre as agulhas e as cápsulas, vá para o Capítulo 7.

Adaptador de 45 rpm

Agora, relegado a um lugar escondido no canto superior esquerdo do toca-discos, esta peça brilhante de metal tornou-se (realmente) obsoleta devido ao fim dos tradicionais discos da jukebox. Contudo, se você tocar discos mais antigos (ska ou reggae, em especial) ou os discos pequenos e mais novos de 7 polegadas de reggae/ragga, descobrirá que ainda poderá precisar usar esse adaptador em alguns deles.

Personalizando Seu Som com Recursos Avançados do Toca-discos

Os recursos básicos em um toca-discos permitem tocar um disco e mudar a velocidade na qual ele gira. Para a maioria dos DJs, isso é mais do que o suficiente. Mas para algumas pessoas, os equipamentos, botões e chaves andam

LEMBRE-SE

de mãos dadas com a criatividade e a individualidade, portanto, elas esperam toca-discos com recursos aperfeiçoados.

Quando você vir os equipamentos e controles em seu toca-discos, apenas tenha uma coisa em mente: onde você tocará como DJ? Se apenas pretende fazer a mixagem de CDs e fazer suas próprias festas usando um equipamento próprio, então, sinta-se à vontade para enlouquecer, mas se planeja tocar em boates, pense rapidamente sobre o quanto usa esses complementos e a probabilidade deles estarem disponíveis nas instalações das discotecas.

Este argumento é parecido com contar com os contadores de batidas para desenvolver suas habilidades de combiná-las (veja Capítulo 10). As funções avançadas, tais como tocar ao inverso, trava de quartzo, telas digitais e deslocamento/controles do andamento do som com uma variação de 50%, são úteis, adicionando uma bela dimensão às suas mixagens em casa, mas como 97% das boates ainda usam os aparelhos Technics 1210s (e nada além de um controle de andamento que é um pouco instável em torno do andamento zero e um motor bem duro), pergunte a si mesmo se suas habilidades avançadas de DJ funcionarão bem nessas boates. Se você puder mixar bem apenas em toca-discos avançados, terá problemas quando não puder usar um.

Não estou dizendo para não ter toca-discos com recursos avançados. Nem vou mentir dizendo que você nunca trabalhará em uma boate que tem aparelhos com esses recursos, mas no mesmo filão dos contadores de batida, não conte com esses recursos avançados para se tornar um bom DJ.

Opções da faixa de frequências do som

Foi-se o tempo em que sua escolha da faixa de andamento do som era limitada a 8% mais rápido ou mais lento (a menos que você tenha aberto o toca-discos e começado a aparafusar suas partes internas); isso foi quando os aparelhos Technics 1200/1210 dominavam. Mas as coisas mudaram. Agora, uma variação de andamento do som de 12% tornou-se um padrão em muitos toca-discos, mas os avanços no controle de andamento significam que o DJ pode ter 50% de variação de andamento a oferecer ou mais!

Provavelmente, você não tocará uma música em 50% com frequência, mas certamente desejará tocar uma música mais rapidamente que 8%. Alguns DJs que fazem scratch, funk e DnB (drum and bass) gostam de um andamento do som excessivo em suas músicas, tornando-as completamente diferentes. (Contudo, tente não fazer isso usando músicas com vocais porque parecerá que o vocalista está inalando gás hélio!)

LEMBRE-SE

Aumentar ou abaixar o controle de andamento do som para 50% no final de uma música é uma boa técnica a usar (com moderação) para colocar uma música na outra, mas as grandes faixas de andamento oferecem ao DJ outro nível de criatividade do que o uso diário.

SIMPLICIDADE É CONFIABILIDADE

Acredito que os toca-discos Technics 1200 e 1210 MkII ganharam popularidade com os anos em grande parte porque são extremamente confiáveis. Eles são confiáveis porque há muito poucos recursos neles para algo dar errado: apenas um motor, alguns componentes eletrônicos para controlar a energia e a velocidade do motor, e a saída de áudio.

Adicionar recursos extras aos toca-discos pode aumentar as chances de quebras e maus funcionamentos. Contudo, em minha opinião, os fabricantes, como Gemini, Pioneer, Reloop, Stanton e Numark, elevaram os toca-discos a outro nível de funcionalidade oferecendo ao DJ uma criatividade extra (por um preço), enquanto asseguram uma longa vida útil do equipamento aumentando a confiabilidade e a qualidade física.

Deslocamento do andamento do som e controle joystick

O *deslocamento do andamento* foi introduzido primeiro nos CD players. Ao combinar as batidas, se elas começassem a sair do ritmo, ao invés de aumentar ou reduzir temporariamente a velocidade do toca-discos empurrando o disco, girando o eixo, tocando no lado do aparelho ou aumentando/cortando rapidamente a definição do atenuador de andamento em 4 ou 5%, você tem dois botões no toca-discos, ou um joystick, que controla os pequenos aumentos de velocidade. Quando você usa os botões ou controles + ou – do deslocamento, o toca-discos aumenta ou diminui a velocidade em uma pequena quantidade. Quando você solta os botões, o aparelho volta à definição original da velocidade.

Os DJs de CD gostam muito desses controles quando usam pela primeira vez o vinil. Você ainda precisa ajustar o controle de andamento do som e iniciar o disco na hora certa, mas se estiver mais familiarizado usando os botões para corrigir a velocidade dos CDs, o conceito e a técnica de usar o deslocamento de andamento do som do toca-discos serão iguais, tornando a migração do CD para o vinil um pouco mais fácil para o DJ de CDs.

Previsibilidade

A capacidade de ajustar a velocidade do disco com as mãos é algo que você pega após algumas horas, mas, algumas vezes, você encontra um disco que é difícil de mover ou escapa rápido e gira muito mais rapidamente do que pensou, quase saindo do controle quando você tenta aumentar a velocidade. A mudança constante e previsível que você sempre tem ao lidar quando pressiona os botões de deslocamento de andamento do som, não importando o disco usado, pode facilitar a combinação das batidas.

Discos mais limpos

O deslocamento de andamento do som também é uma boa alternativa ao invés empurrar ou diminuir a velocidade da música com os dedos, pois protege os discos de marcas digitais excessivas e sujeiras. Como DJ, você é muito encorajado a tocar em seus discos, mas um método que mantém os discos o mais limpos possível ainda é uma boa coisa.

DICA

Quando você estiver considerando comprar um toca-discos com deslocamento de andamento do som, tente ver o recurso em ação primeiro. Alguns toca-discos têm um controle realmente desajeitado sobre o aumento/atraso da velocidade e pode mover demais e muito rapidamente a velocidade de sua música, algumas vezes tornando o controle inútil, pois você nunca consegue fazer pequenos ajustes suficientes para ter as batidas do ritmo no tempo certo.

Redefinição do ritmo/trava de quartzo

Anteriormente neste capítulo, descrevi a "zona de andamento do som das Bermudas", que é onde o controle de andamento do som fica um pouco instável na faixa de andamento zero nos toca-discos que clicam quando definidos para zero. Para resolver esse problema, os fabricantes de toca-discos começaram a fabricar toca-discos com atenuadores de andamento do som sem clique, que deslizam na área do andamento zero, movendo-se suavemente em toda a faixa de andamento. Contudo, o problema com o atenuador sem clique é que você não consegue mais ter certeza quando está exatamente no andamento zero. Alguns toca-discos mostram ainda uma luz verde quando você passa pelo zero, mas uma opção melhor é o botão da *trava de quartzo* ou de *redefinição do ritmo*, que redefine o andamento do som para o andamento zero, não importando onde você colocou o controle de andamento do som.

Algumas pessoas usam a trava de quartzo quase como um deslocamento de andamento do som quando o disco está tocando rápido demais. Pressione o botão uma vez para diminuir a velocidade da música temporariamente e de novo para voltar a música para a velocidade definida. Contudo, essa técnica, às vezes, funciona outras não, e não é tão precisa quanto um deslocamento de andamento do som ou usar as mãos.

Master tempo/trava

O *master tempo* — disponível pela primeira vez como um complemento para toca-discos por uma empresa chamada Vinyl Touch, então disponível nos CD players da Pioneer e agora uma opção em vários toca-discos digitais avançados — permite mudar a velocidade de uma música, mas não sua afinação. É a base do software do DJ digital, porém muito mais raro nos toca-discos.

LEMBRE-SE

O controle de andamento do som não é apenas um controle de velocidade. Quando você aumenta ou diminui o controle do andamento, a afinação da música fica mais alta ou mais baixa como consequência da música sendo tocada mais rápido ou lentamente. Pressionar o botão do ritmo principal significa que você pode mudar apenas a velocidade, deixando a afinação da música igual.

Alguns aparelhos levam isso a outro estágio, como a trava nos toca-discos Numark TTX1. Você pode usar o controle de andamento do som para selecionar qualquer andamento de música desejado para a música tocada, pressionar o botão de trava, então, ajustar o ritmo enquanto mantém a mesma afinação. Verifique as informações sobre a mixagem harmônica no Capítulo 16 para saber mais.

CUIDADO

Esses controles podem ser bem temperamentais — não apenas nos toca-discos, mas nos CD players e software também. Se a definição de andamento do som for maior que 4 ou 5% e você ativar o master tempo ou a trava, algumas vezes, poderá adicionar uma interferência digital à música, fazendo com que o som da trilha pareça estar tocando embaixo d'água. As músicas com fortes vocais tendem a piorar esse problema, ao passo que as trilhas musicais simples podem resistir a uma grande mudança.

Você não encontrará nenhuma regra absoluta para usar os recursos do master tempo e da trava, portanto, simplesmente precisa continuar experimentando para calcular a qual distância pode levar cada uma de suas músicas.

Tela digital do andamento do som

O controle de andamento do som é uma ferramenta essencial em um toca-discos, mas sua natureza analógica significa que você não pode estar 100% seguro de que quando define o andamento do som para 3,5%, ela realmente mudou em 3,5%. Uma tela digital no toca-discos mostra exatamente onde você colocou o andamento do som e se ajustou o andamento em uma pequena quantidade suficiente para fazer as batidas tocarem na hora certa. Essa informação ajuda a mixar com confiança, acabando com a adivinhação que ocorre com os controles analógicos de andamento do som.

Freio ajustável para iniciar/parar

Tradicionalmente, quando você pressiona para parar o toca-discos, o disco para em cerca de meio segundo. Alguns aparelhos permitem ajustar o freio, que muda o tempo que o disco leva para parar, dando mais controle se você decidir usar a parada como uma técnica de mixagem (veja Capítulo 16).

Uma parada rápida realmente é bom, mas prolongar isso em um compasso (que é igual a quatro batidas em geral) pode dar outra dimensão à mixagem ou você pode definir um tempo de parada realmente longo e imitar uma queda de luz, como descrito no Capítulo 16.

Em alguns casos, você pode apertar tanto o freio, que quando pressiona para parar, o disco toca para trás!

Reprodução reversa

Ao invés de ajustar o freio para fazer o toca-discos tocar para trás nos aparelhos avançados, algumas vezes os toca-discos têm um pequeno botão útil (em geral localizado perto do controle de andamento do som) que faz exatamente a mesma coisa. Apenas pressione o botão reverso e o aparelho toca para trás. Você tem uma parada lenta e um atraso no início quando faz essa operação, mas se a sincronização estiver correta ao pressionar o botão, ficará ótimo.

Alguns CD players têm a opção de voltar instantaneamente a direção da música, ao invés de precisar ter esse atraso quando o disco muda a direção. Veja o Capítulo 8 para obter informações sobre como trabalhar como DJ com CDs.

Braços com formas diferentes

Por anos, a forma padrão do braço em um toca-discos era um S. A forma S cria várias forças diferentes na agulha quando ela é empurrada para o centro do disco: uma força de alinhamento, uma força interna e uma força vertical. Com tantas forças diferentes, você pode entender por que a agulha pode pular da ranhura ao fazer o scratch.

O braço reto, por sua vez, possibilita cancelar algumas forças laterais, conseguindo maior estabilidade, com menos possibilidade da agulha pular na ranhura ao se fazer um scratch mais intenso.

Porém, o braço reto não é apenas para o DJ que faz scratch. A redução nas forças que atuam na agulha na ranhura significa que você tem menos desgaste no vinil, portanto, seus discos duram e parecem bons por muito mais tempo.

DICA

Muitos toca-discos vêm com apenas uma forma S ou um braço reto, mas alguns aparelhos de empresas, tais como, a Numark e a Stanton, agora incluem os dois estilos em um formato intercambiável para que você possa mudar o design do braço com a mesma frequência com que troca de roupa.

Cabeamento removível

Por anos, os toca-discos vieram com *cabos RCA* (você pode conhecê-los como *cabos fonográficos*) presos nas partes eletrônicas dentro do aparelho. Qualquer dano nos cabos significava abrir a proteção e soltar novamente as conexões (se possível) ou enviar seu precioso toca-discos para o conserto.

Quando os fabricantes de equipamentos perceberam que isso era um problema para os DJs, começaram a fabricar toca-discos com plugues RCA na parte de trás, exatamente como as entradas no mixer. Com esses toca-discos, tudo que você precisa é de um cabo RCA duplo que você pluga entre o toca-discos e o mixer, e se qualquer coisa danificar os cabos, eles serão fáceis de substituir.

Saídas digitais

Assim como endereçaram a mecânica do cabeamento na parte traseira do toca--discos, os fabricantes também viram a faixa e a qualidade das conexões de saída oferecidas para o DJ tecnológico. Não contentes com o sinal analógico enviado pelas saídas RCA, as saídas digitais, como USB e S/PDIF (que descrevo com mais detalhes no Capítulo 13), agora são oferecidas para conectar os toca--discos a um mixer ou PC com uma entrada parecida.

Batalha ou design da boate

Examine a história dos DJs e verá que os DJs de boate têm toca-discos posicionados segundo as expectativas dos fabricantes, mas os DJs que fazem scratch giram-nos em 90º à esquerda. Isso é para que a agulha fique livre em suas mãos quando eles se movem rapidamente do aparelho para o mixer, para outro aparelho e voltam de novo, tudo em um piscar de olhos. A desvantagem dessa orientação é que o controle da energia, controle de andamento do som e botão para iniciar/parar (tudo que os DJs que fazem scratch adoram usar) agora são colocados de modo complicado.

Empresas como a Numark e a Reloop viram uma lacuna no mercado dos toca--discos e desenvolveram toca-discos com botões para iniciar/parar nos dois cantos e controles de andamento do som que você move de um lado do aparelho para outro, tornando mais confortável para o DJ que faz scratch usar os aparelhos.

CUIDADO

Se você for um DJ que combina as batidas sem nenhum interesse em fazer scratch, ir para uma boate que tem toca-discos posicionados com esse "alinhamento vertical" para os DJs que fazem scratch pode ser extremamente chato. Não é tão fácil acessar o controle de andamento do som, é um pouco mais difícil colocar e tirar a agulha do disco e simplesmente é desconfortável combinar as batidas com os toca-discos colocados assim. Passar um tempo usando os toca-discos nessa orientação logo o faz superar a dificuldade, portanto, quando você pesquisar um local onde irá tocar, veja como os toca-discos estão posicionados e pratique em casa com essa configuração se precisar. (Verifique o Capítulo 21 para saber mais sobre como tocar ao vivo.)

Controles MIDI

O DJ digital pode ter feito um espaço no mercado dos toca-discos, mas isso não impediu que empresas, como a Reloop, desenvolvessem de novo o toca-discos para torná-lo mais funcional ao controlar o software do DJ. Com um conjunto de botões MIDI programáveis na lateral do toca-discos, o RP-8000 adiciona mais controle tátil a um sistema vinil digital (veja Figura 6-3). O Capítulo 9 fala mais sobre o DJ digital.

FIGURA 6-3: O Reloop RP-8000 fecha a lacuna entre o DJ de vinil tradicional e o DJ digital.

Preparando os Toca-discos

Os vários recursos que descrevo neste capítulo poderão fazer com que os toca-discos pareçam criaturas complicadas se você não souber nada sobre eles. Se você está usando seus toca-discos para tocar muitos discos diferentes ou apenas os dois de sempre em um sistema vinil digital (veja Capítulo 9), precisará preparar três elementos diferentes antes de usar:

» Tapete
» Braço
» Periféricos

Bolacha

Se você estiver usando toca-discos com acionamento direto, tudo que terá que fazer é assegurar que tenha removido a plataforma deslizante grossa que pode ter vindo com ele, então, colocar a plataforma deslizante diretamente sobre o prato — e o disco fica sobre a plataforma deslizante.

Se você comprou toca-discos novinhos acionados por correia, poderá descobrir que a correia não foi conectada entre o motor e o prato. Levante com cuidado o prato e veja embaixo; se a correia não estiver ligada ao motor, provavelmente está amarrada sob o prato. Estique a correia entre o eixo do motor (a parte do motor que gira) e a parte inferior do prato. No caso de dúvida, verifique o manual para ter instruções!

Braço

O braço segura a agulha. Se você preparar o braço de modo ruim, a agulha poderá pular da ranhura quando estiver tentando encontrar o ponto para iniciar a mixagem (veja Capítulo 14). Pior que isso, contudo, um braço mal preparado pode danificar de modo permanente a agulha e os discos.

O braço pode requerer ajuste em dois aspectos diferentes:

» Contrapeso
» Altura

Contrapeso

 O *contrapeso* é um peso na parte de trás do braço que controla quanta força para baixo o braço aplica na agulha para mantê-la na ranhura. A quantidade a adicionar é sugerida pelo fabricante das agulhas e cápsulas usadas. (O Capítulo 7 informa mais sobre as agulhas e as cápsulas, e tem uma tabela das definições comuns do contrapeso.)

O segredo para conseguir a definição desejada começa com a flutuação do braço. (A Figura 6-4 mostra a posição de flutuação correta; note como o braço fica completamente paralelo ao prato sem apontar para cima nem para baixo.)

FIGURA 6-4: O braço perfeitamente equilibrado, com a agulha removida do cartucho para evitar danos.

Para flutuar o braço, siga estas etapas:

1. **Remova qualquer disco do toca-discos.**

2. **Comece em um dos toca-discos, elevando com cuidado o braço em repouso, em direção ao meio do prato.**

3. **Segurando a proteção de plástico para impedir que a agulha arranhe a plataforma deslizante, gire o contrapeso para a direita com a outra mão para que comece a se mover em direção à extremidade de trás do braço.**

4. **Quando você mover o peso para trás, verifique com frequência para ver se uma mudança no peso fez o braço apontar para cima, ao invés de para baixo.**

5. **Quando o braço começar a apontar para cima, gire um pouco o contrapeso para a esquerda para encontrar a posição onde a agulha flutua no ar, como mostrado na Figura 6-4.**

6. **Depois de ter encontrado o ponto de flutuação, volte o braço para o repouso e use a garra do braço para travá-lo no lugar.**

7. **Agora, segure a parte prateada do contrapeso e use dois dedos para segurar o anel preto na frente do peso. O anel, que tem números, gira independentemente do resto do contrapeso.**

8. **Gire apenas o anel preto até a linha que aponta para baixo no número zero alinhar-se com a linha no braço abaixo. A Figura 6-5 mostra como controlar o anel preto.**

PAPO DE ESPECIALISTA

Agora, o braço está colocado na posição de flutuação e foi *zerado*. Se o fabricante da agulha sugerir que você adicione 3 gramas de contrapeso ao braço, gire o contrapeso inteiro (para que o anel preto também gire) para a esquerda até que o número 3 no anel preto alinhe-se com a marca abaixo no braço.

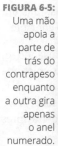
FIGURA 6-5: Uma mão apoia a parte de trás do contrapeso enquanto a outra gira apenas o anel numerado.

CAPÍTULO 6 **Enfeitando com os Toca-discos** 95

Altura

O ajuste da altura na maioria dos aparelhos é um anel na parte inferior do conjunto do braço que eleva ou abaixa o braço quando ele gira para a direita ou a esquerda. Uma pequena marca no conjunto mostra quanta altura você adicionou e, a menos que você seja um DJ que usa scratch, usando uma altura de braço elevada para adicionar ainda mais força para baixo à agulha, sua melhor escolha será seguir a altura sugerida pelos fabricantes da agulha e da cápsula usadas.

Quando você estiver alterando a altura do braço, deixe-o no repouso com a garra segurando-o no lugar. Do contrário, um movimento errado e a agulha poderá bater no disco/plataforma deslizante/prato.

CUIDADO

Preste atenção na trava do braço — sem soltar a trava, você não conseguirá mudar a altura e se tentar forçar o anel, pensando que ele está preso, poderá danificar de modo permanente o conjunto do braço.

Periféricos

Os últimos itens a cuidar ao preparar seus toca-discos são os pés e as tampas. Manter as tampas colocadas nos toca-discos quando você está mixando é uma má ideia; elas atrapalham e você pode bater nelas, fazendo com que a agulha salte. Não seja preguiçoso: retire e coloque sempre que você usar seus aparelhos.

Os pés de borracha nos toca-discos não agem como meros amortecedores de vibração. Como os pés estão aparafusados, ajustar o aperto deles afeta a altura de cada um dos quatro cantos do toca-discos, sendo ideal ao compensar um móvel caseiro mal construído onde estão seus aparelhos. Pegue um nível de bolha (instrumento para nivelação de superfícies) se quiser ser preciso e ajuste os pés para assegurar que seus aparelhos fiquem nivelados. Se não estiverem nivelados, as agulhas poderão pular.

Consertando Seus Toca-discos

Faça com que seus toca-discos durem o máximo possível mostrando um pouco de cuidado e atenção de tempos e tempos. Você pode encontrar informações na Internet para consertar várias peças quebradas em seus aparelhos, mas um pouco de limpeza e lubrificação poderão manter os monstrinhos sob controle.

DICA

Como regra geral para todo o seu equipamento, quando não estiver usando-o, mantenha-o coberto. Se seus toca-discos tiverem tampas de plástico, coloque-as quando não estiver usando-os. Se você mantiver os aparelhos em malas, coloque a tampa. Se não tiver nada disso, coloque um lençol macio e sem fiapos sobre os aparelhos quando não estiverem sendo usados, para evitar poeira antes que ela se deposite nos controlers, motor e braço.

Para cuidar de seus toca-discos:

» **Motor:** Se você mantiver o motor devidamente lubrificado, ele poderá operar suavemente por anos. Tudo que você precisa fazer é remover o prato e colocar uma gota de óleo de máquina de costura no eixo central. Use óleo lubrificante, como óleo de máquina de costura ao invés de cobrir as laterais inteiras de seu aparelho com um spray WD-40 escorrendo!

Depois de ter lubrificado o motor, recoloque o prato e gire-a com a mão. Você pode usar o toca-discos imediatamente, contanto que não despeje metade de uma lata de óleo nas engrenagens internas do aparelho.

» **Braço:** Você precisa de uma lata de ar comprimido e uma lata de lubrificante com agente desengordurante para limpar e lubrificar completamente o conjunto do braço. (O agente desengordurante dissolve qualquer sujeira que você não consegue limpar com a mão ou ar apenas; escolha um que seja lubrificante também, do contrário, as peças poderão agarrar!) Não se preocupe se você pensa que os sprays são caros demais apenas para limpar um braço, pois você também precisará deles para o mixer (veja Capítulo 10).

Cubra o resto do equipamento com um lençol que você não se importa de ficar sujo, então, pulverize o conjunto do braço com o ar comprimido para remover qualquer sujeira da superfície (o lençol é para que você simplesmente não mova a sujeira de um aparelho para outro). Pulverize o solvente de graxa nos eixos do braço para remover qualquer sujeira agarrada e mantenha-os lubrificados.

» **Atenuador da frequência do som:** Use ar comprimido para soprar qualquer sujeira do atenuador de andamento do som. Use o lubrificante de limpeza para dissolver qualquer resíduo de sujeira no atenuador se achar que tem um problema, mas usar ar comprimido geralmente é adequado para limpar o atenuador.

» **Proteção de plástico:** Se você já teve problemas com a perda de sinal da cápsula (que é quando a música começa a picotar e cortar), use um lápis ou clipe para limpar qualquer sujeira dos contatos. Ouvi falar sobre DJs lambendo os pontos de contato na proteção de plástico e na cápsula para tentarem limpar a sujeira, mas assim como é nojento, sua saliva (misturada com qualquer coisa que você tenha bebido) acaba danificando os contatos a longo prazo.

Verifique se os parafusos que prendem a cápsula estão apertados, a agulha está limpa sem sujeira e se ela fica dentro, com firmeza, da cápsula.

» **Sob o prato:** Se seu toca-discos vier com um prato removível, levante-o e limpe embaixo com um pano sem fiapos, retirando qualquer poeira ou sujeira presa. Usar a lata de spray de ar pode ser uma má ideia porque você pode soprar a poeira mais para dentro do chassi do aparelho. Embora um pouco de sujeira possa não causar um problema nas partes eletrônicas, não é uma boa ideia continuar forçando cada vez mais poeira do que o normal dentro do toca-discos.

CAPÍTULO 6 **Enfeitando com os Toca-discos** 97

98   PARTE 2 Abastecendo Sua Caixa de Ferramentas de DJ

NESTE CAPÍTULO
Entendendo para que servem as plataformas deslizantes
Assegurando que suas plataformas deslizantes deslizem
Conhecendo as diferenças nos designs da agulha
Escolhendo a agulha e a cápsula certas para seu estilo de DJ
Prolongando a vida de suas agulhas (e discos)

Capítulo 7

Aperfeiçoando Seus Aparelhos: Plataformas Deslizantes e Agulhas

Quando você estiver escolhendo um toca-discos para ser DJ, o Capítulo 6 encoraja-o a procurar um com bom controle de andamento do som, braço ajustável, motor forte e design sólido — qualidades que separam o aparelho do DJ de um aparelho de discos doméstico.

Contudo, você ainda precisa ver mais duas áreas antes de seu toca-discos ser uma verdadeira ferramenta do DJ: plataformas deslizantes e quais tipos de agulhas e cápsulas usar.

Deslizando com as Plataformas Deslizantes

Assim como agir como um dispositivo antiestático, a plataforma deslizante é um fator-chave ao transformar seus novos toca-discos de apenas um par de toca-discos realmente bom em aparelhos de DJ totalmente funcionais.

PAPO DE ESPECIALISTA

A *plataforma deslizante* tem a mesma forma e tamanho de um disco de 12" e fica entre o disco e o *prato* (a parte do toca-discos que gira para fazer o disco rodar). As plataformas deslizantes normalmente são feitas de feltro e se você aceitou meu conselho no Capítulo 6 sobre assegurar que seus toca-discos tenham um prato de metal polido, achará que o baixo atrito entre o feltro e o metal mantém o prato girando embaixo do disco quando você o segura em uma posição parada. Esta simples função da plataforma deslizante é extremamente importante quando você deseja começar a tocar um disco em um momento exato e é essencial para uma combinação de batidas bem-sucedida, seja você um DJ de vinil tradicional, seja um DJ digital usando um sistema de vinil digital.

Sem uma plataforma deslizante, se você segurar um disco parado — pronto para que comece a tocar — poderá levar quase um segundo para o prato entrar em velocidade total, significando que você inicia o disco depois do planejado. Com uma plataforma deslizante ajudando o prato a continuar girando sob o disco parado, o tempo de inicialização é mínimo e sua música começa exatamente quando você deseja.

Este deslizamento sem atrito também é essencial para o DJ que faz scratch, que pode mover o disco para frente e para trás com facilidade, sem o arrastar e a inércia do peso total do prato movendo-se para frente e para trás com o disco.

A configuração que você deseja conseguir com a plataforma deslizante é esta:

» O prato (a parte com um topo macio e ressaltos na lateral que gira) fica bem embaixo.
» A plataforma deslizante fica em cima do prato.
» Você coloca o disco diretamente na plataforma deslizante.

LEMBRE-SE

Quando você comprar pela primeira vez seus toca-discos, eles poderão vir com um tapete de borracha grosso e pesado no prato, com as plataformas deslizantes colocadas em cima. Retire esse tapete grande para que tenha a mesma configuração descrita acima. Se você deixar o tapete de borracha, a plataforma deslizante não deslizará sobre o tapete e o prato irá parar quando você segurar o disco parado.

Escolhendo uma plataforma deslizante apropriada

A melhor plataforma deslizante é feita de feltro macio e compacto, é fina e leve. Se a plataforma deslizante for grossa e pesada demais, e o feltro muito áspero (ou felpudo demais), o atrito extra se arrastará no prato, fazendo com que gire muito mais lentamente sob um disco parado ou fazendo com que pare completamente.

Uma rápida pesquisa online mostrará um carregamento inteiro de plataformas deslizantes com diferentes logotipos, designs e cores impressas. Essas plataformas deslizantes são ótimas de ver, mas tente ficar longe das versões baratas cheias de impressão porque, dependendo da técnica usada pela impressora, a plataforma deslizante poderá prender no disco e causar problemas ao arrastar, ou o design poderá desgastar-se e danificar seus discos.

Meu primeiro conjunto de plataformas deslizantes era de segunda mão (como foram os toca-discos) e a impressão tinha começado a sair e quebrar ligeiramente, acabando por arranhar algumas de minhas músicas queridas. Resolvi o problema virando a plataforma para baixo para que o logotipo ficasse em contato com o prato. Isso teve o bônus extra de reduzir o atrito ainda mais e tornou a plataforma deslizante muito mais... deslizante.

Vencendo a guerra do atrito

Quando você segura seu disco parado, a energia do motor (conhecida como *torque*) afeta diretamente a facilidade com a qual o prato continua a girar embaixo. Se você tiver um motor fraco ou (suspire!) escolher toca-discos acionados por correia (o Capítulo 6 tem mais sobre como escolher um toca-discos), o motor poderá ter problemas para manter o prato girando, mesmo com as melhores plataformas deslizantes sem atrito.

DICA

Se você achar que seus toca-discos prendem até parar quando você segura o disco parado, antes de culpar seus aparelhos, dê uma olhada em sua técnica. Algumas vezes, pressionar demais ao segurar o disco parado pode impedir o prato de girar. Deixe levemente um ou dois dedos na borda externa e isso deverá ser o suficiente.

Se você estiver convencido de que é um problema de atrito entre a plataforma deslizante e o prato, e que precisa reduzir o atrito, poderá comprar produtos comerciais, como Tapetes Voadores, que você coloca entre a plataforma deslizante e o prato. Contudo, antes de gastar mais dinheiro, tente cortar um pedaço de papel encerado com o mesmo tamanho e forma da plataforma, e coloque entre a plataforma e o prato.

Eis como tornar a plataforma deslizante sem atrito uma aliada:

1. **Coloque o papel encerado ou capa interna em uma superfície de corte plana.**

   Tapetes, mesas da sala de jantar e o capô do seu carro são sugestões de superfícies para *não* usar.

2. **Usando sua plataforma deslizante existente como modelo e uma faca afiada como uma ferramenta de corte, corte um círculo de 30cm no papel encerado.**

3. **Marque o centro de seu corte passando uma caneta pelo centro da plataforma deslizante, então, corte um pequeno orifício nesse ponto para o eixo central no toca-discos passar.**

4. **Coloque esse recorte encerado entre o prato e a plataforma deslizante, e experimente.**

Se você não quiser sair e comprar papel encerado para essa finalidade, veja seus discos e as capas internas que os protegem. Você poderá encontrar uma capa feita de papel encerado em um deles. Apenas se lembre de manter o disco protegido com outra coisa, caso tire sua capa interna.

Ficando Bom com Agulhas e Cápsulas

A *agulha* é a parte no toca-discos que fica na ranhura do disco. Quando o disco toca, pula e percorre dentro da ranhura, causa vibrações na agulha que o cartucho traduz em sinais elétricos, que são, então, enviados do toca-discos para o mixer, e você ouve a música. É como a ranhura o torna bom. Os discos com controle codificado do tempo (timecode) para os sistemas de vinil digitais usam exatamente o mesmo princípio, exceto que ao invés de tocar música, esses discos enviam um código do tempo (você irá ouvi-lo como um chiado alto) que controla a música tocando no software.

As agulhas usadas como DJ são muito mais fortes do que as encontradas nos toca-discos domésticos porque elas passam por um pouco de abuso. Iniciar a mixagem ao inverso (tocar o disco ao inverso enquanto tenta encontrar o local para iniciar), fazer o scratch, os inevitáveis ruídos quando você rasga a agulha no disco e tirar repetidamente a agulha e colocá-la em outro lugar no disco com um golpe podem ter um preço para a agulha.

Os fabricantes de toca-discos do DJ foram bem espertos ao desenvolverem uma conexão universal da cápsula com o braço para que você possa usar qualquer cápsula em qualquer toca-discos. Isto significa, por exemplo, que você não precisa usar as agulhas e cápsulas Stanton nos toca-discos Stanton e não precisa usar a proteção de plástico Technics que vem com os toca-discos Technics. Naturalmente, essa troca aplica-se apenas aos toca-discos do DJ. Se você comprou um toca-discos hi-fi básico e barato com um braço e cápsula moldada multifuncional, muito provavelmente estará fadado a usar uma agulha e a cápsula. A Figura 7-1 mostra a parte de trás de algumas cápsulas com a mesma conexão.

FIGURA 7-1: A mesma conexão na parte de trás de diferentes cápsulas.

As considerações de sua cápsula e agulha estão em pares (combinadas porque geralmente você os compra em pares). Em primeiro lugar, há dois designs principais para como a cápsula basicamente se encaixa no braço, então, você também tem que escolher entre dois diferentes estilos de agulha:

» **Proteções de plástico com cápsula e agulha aparafusadas:** Este design é um que quase sempre acompanha seus toca-discos quando você os compra. Isto não significa que é um design ruim — é apenas o design que cobre o básico.

Uma das configurações mais populares e resistentes de agulha do DJ que faz scratch é uma agulha Shure M44-7 e cápsula anexadas à proteção de plástico e você encontra o Stanton 500AL (veja Figura 7-2) em boates e quartos em todo o planeta.

O topo da cápsula é aparafusada à proteção de plástico e a agulha é plugada na cápsula (a agulha é a parte branca mostrada na frente na Figura 7-3). Quatro cabos coloridos fazem a conexão elétrica da cápsula com a proteção de plástico, que é plugada no braço para fazer a conexão final.

CAPÍTULO 7 **Aperfeiçoando Seus Aparelhos: Plataformas Deslizantes e Agulhas** 103

FIGURA 7-2: Uma proteção de plástico da Technics com o Stanton 500AL anexado.

FIGURA 7-3: Uma agulha e cápsula desmontadas com uma proteção de plástico da Technics.

» **Proteção de plástico embutida:** Este design acaba com a proteção de plástico separada; ao contrário, a cápsula, que é o corpo principal da unidade, pluga-se diretamente no braço. A agulha ainda está separada e é fácil de remover e substituir, mas o design elegante torna a cápsula uma parte muito atraente de seu toca-discos.

Esse estilo de agulha e cápsula tem uma forte ligação nas boates para o DJ que combina as batidas, mas é igualmente adequado para os DJs que fazem scratch. Para citar apenas dois, o Numark CC-1, representado na Figura 7-4, é o modelo de assinatura do Scratch Perverts e o Ortofon Concorde QBert foi desenvolvido pelo DJ Qbert. (Scratch Perverts e DJ Qbert são excelentes DJs que fazem scratch.)

FIGURA 7-4: A agulha e cápsula da Numark Carl Cox.

Depois de ter decidido sobre o design de suas agulhas e cápsulas, a próxima coisa a considerar é se deve comprar agulhas em elipse ou esféricas. Muitos fabricantes fornecem as duas formas para a mesma cápsula e você pode obtê--las para ambos os designs mencionados acima, portanto, a escolha é segundo sua preferência, ao invés da disponibilidade. Escolha entre:

» **Esférica:** Uma agulha esférica tem uma ponta arredondada que faz contato apenas com os lados retos da ranhura, portanto, o contato entre a agulha e a ranhura é extremamente pequeno (veja Figura 7-5).

CAPÍTULO 7 **Aperfeiçoando Seus Aparelhos: Plataformas Deslizantes e Agulhas** 105

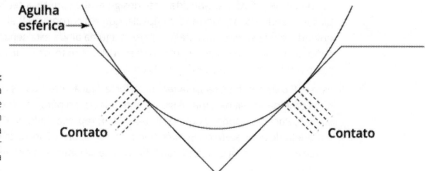

FIGURA 7-5: A pequena faixa de contato com a ranhura ao usar uma agulha esférica.

> A pequena área de contato cria uma *força de alinhamento* muito forte (a força criada entre a agulha e os lados da ranhura), portanto, a agulha luta para não saltar da ranhura, tornando as agulhas esféricas uma excelente opção para os DJs que fazem scratch. Contudo, a concentração da força de alinhamento significa que o disco se desgasta mais rapidamente e a pequena área de contato com a ranhura significa menos, fazendo com que a agulha vibre e resultando em uma qualidade do som reduzida.
>
> » **Elíptica:** As agulhas elípticas fazem mais contato com as laterais da ranhura por causa de sua forma cônica (mostrada na Figura 7-6), produzindo uma qualidade de som muito melhor porque elas podem obter mais informações na ranhura. Porém, a troca por essa qualidade de som melhorada é que a força de alinhamento agora está estendida por uma área de superfície maior, facilitando bater a agulha na ranhura. Isto torna as agulhas elípticas inadequadas para os movimentos de scratch realmente vigorosos (veja Capítulo 17), mas são perfeitas para o DJ que combina das batidas, que demanda uma ótima qualidade do som.

Os DJs que usam sistemas de vinil digitais não precisam preocupar-se com a qualidade do som, pois a agulha apenas seleciona o código do tempo. Portanto, as agulhas esféricas que se prendem na ranhura podem ser preferíveis. Apenas se lembre que como você tocará os mesmos dois discos sempre para um conjunto inteiro de músicas do DJ, eles ficarão desgastados muito rapidamente se você usar agulhas esféricas.

DICA

Se você estiver comprando novos toca-discos, descubra se eles vêm com agulhas e cápsulas. A maioria das lojas inclui o conjunto básico de cápsulas e agulhas da Stanton 500AL com os toca-discos, mas verifique — nunca suponha. Imagine a frustração e o desapontamento que você sentirá se esperar entusiasmado que seus aparelhos cheguem, só para descobrir que as agulhas e as cápsulas não foram incluídos ao abrir!

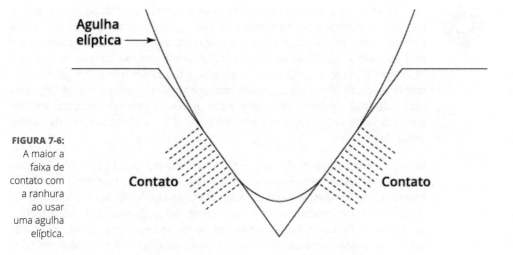

FIGURA 7-6: A maior a faixa de contato com a ranhura ao usar uma agulha elíptica.

Sentindo a Força das Definições do Contrapeso

O *contrapeso* afeta a força de alinhamento da agulha na ranhura. Quanto mais pesado o contrapeso, mais forte é a força, portanto, mais segura fica a agulha na ranhura — porém, mais rapidamente se desgastam seus discos.

No Capítulo 6, descrevo como preparar devidamente o braço para o uso do DJ e como adicionar a quantidade correta de força de alinhamento com o contrapeso. Os fabricantes incluem uma documentação sugerindo quanto contrapeso você deve adicionar ao braço (e a altura para definir o braço também). Contudo, alguns desses valores não são para o uso do DJ, para o qual você precisa de estabilidade; geralmente, eles são calculados para a maior longevidade de seus discos.

PAPO DE ESPECIALISTA

Como um rápido guia, eis algumas definições mais populares de contrapeso para as agulhas comuns do DJ:

Agulha	Contrapeso (em gramas)
Stanton 500AL II, Stanton Discmaster II, Stanton 605SK	2–5
Shure M44-7, Shure Whitelabel	1,5–3
Numark CC-1	3–6
Ortofon Concorde DJ S	2–4
Ortofon Concorde Nightclub S	2–5

Se você achar que a agulha ainda pula quando você está fazendo o scratch ou tentando encontrar o ponto de início do disco, primeiro verifique sua técnica. Se você for muito bruto quando mover o disco com as mãos, poderá ser você quem está fazendo a agulha saltar da ranhura. Você não precisa forçar para mover o disco; pode movê-lo para frente e para trás tão rapidamente com um movimento leve e fluido quanto com um movimento rude, bruto e abrupto. Quando você empurrar e puxar o disco, siga a curva dele, ao invés de empurrar e puxar em uma linha reta. Essa força em linha reta é uma causa comum da agulha saltar da ranhura.

Se você estiver convencido de que a agulha está pulando porque não há contrapeso suficiente nela, lembre-se que se você adicionar uma força de alinhamento, ela irá desgastar o disco e a agulha mais rapidamente do que o normal. Tente aumentar gradualmente o contrapeso em pequenas quantidades até a agulha parar de pular. Então, retire um pouco de peso novamente; você pode achar que ainda está bom. Mesmo essa pequena quantidade de peso reduzido aumentará a vida útil do vinil.

Cuidando de Suas Agulhas

Como você pretende ser DJ com essas agulhas, sua vida útil é inevitavelmente reduzida, mas você pode fazer algumas coisas para estender sua utilidade:

» **Mantenha seus discos limpos.** Você acha que se o Sr. Diamante e o Sr. Poeira brigassem entre si, o Sr. Diamante venceria. Infelizmente este não é o caso com a agulha com ponta de diamante e a poeira na ranhura de seu disco. Se você considerar que, em um conjunto de músicas do DJ, a agulha percorre uma ou duas milhas de ranhura do disco, se uma partícula de poeira estiver presa na ponta do diamante, a agulha irá desgastar-se muito mais rapidamente do que se estiver tocando em um disco limpo.

» **Mantenha o peso baixo.** Quanto mais contrapeso você adiciona, mais rapidamente a agulha se desgasta. É simples assim.

Naturalmente, suas agulhas irão desgastar-se no final. A única maneira de realmente saber se suas agulhas estão desgastadas e precisam de substituição é vê-las em um microscópio. Poucas pessoas têm um microscópio ao lado de seus toca-discos, portanto, você pode querer fazer um pouco de pesquisa agora e entrar em contato com algumas lojas especializadas em sua área para ver se eles podem verificar suas agulhas.

Contudo, você pode procurar sozinho as coisas simples a seguir:

- » As agulhas estão pegando muita sujeira nos discos?
- » Se você toca uma parte silenciosa em um disco, na próxima vez que toca o disco ele pula e estala por causa do dano causado por uma agulha gasta?
- » Os agudos (especialmente os sons dos pratos que normalmente tocam entre as batidas dos tambores graves) parecem confusos?
- » Suas agulhas duravam mais de um ano e você as usava por algumas horas praticamente todo dia?
- » Seu instinto diz que suas agulhas precisam ser substituídas?

Se você puder responder sim para metade dessas perguntas, especialmente para a última, então, há chances de que precisa substituir as agulhas. Se você estiver usando agulhas relativamente baratas, como as Stanton 500ALs, confie em seus instintos e compre agulhas novas. Mas se estiver usando algo como as agulhas Ortofon Nightclub E, que custam cerca de R$200 cada, verifique-as primeiro com um profissional, ao invés de sair imediatamente para gastar R$400 em agulhas novas.

LEMBRE-SE

Suas agulhas e cápsulas são literalmente o primeiro ponto de contato da música que você está tocando. Tenha cuidado com suas agulhas e verifique se você as substitui quando estão gastas. Não importa o quanto é bom o resto de seu equipamento, se suas agulhas não estiverem pegando todas as informações que devem no disco, sua música não parecerá tão boa quanto pode.

Você só pode ter algo ruim com algo ruim. Som ruim entrando = som ruim saindo.

110   PARTE 2 Abastecendo Sua Caixa de Ferramentas de DJ

> **NESTE CAPÍTULO**
>
> **Considerando os designs dos CD players**
>
> **Localizando a música certa e o ponto de início da mixagem usando diferentes controles do CD player**
>
> **Iniciando o CD e fazendo correções no andamento do som**
>
> **Experimentando os recursos adicionais do CD player**

Capítulo 8

Girando com CDs

O bom da mixagem com CDs, caso você combine as batidas, é que o único modo das batidas de duas músicas poderem sair do ritmo é se você não definiu corretamente o andamento do som. Quando o andamento está correto e as batidas estão sincronizadas, tudo que você tem para se preocupar é com a mixagem, não com os motores que escapam nos toca-discos baratos.

Este capítulo analisa os vários controles nos CD players, como os DJs de CD usam-nos para fazer a mesma coisa que os DJs de vinil fazem e como usá-los para levar a mixagem a outro nível de criatividade.

Conhecendo o CD Player do DJ

Um CD player para o uso do DJ é diferente daquele que fica imprensado no sistema hi-fi doméstico. As principais diferenças são:

» O layout do CD player é diferente.

» Os controles e as telas ajudam a buscar e encontrar os pontos de início exatos nas músicas.

» Os controles do andamento do som permitem alterar a velocidade na qual o CD toca.

» Os designs robustos impedem que o CD pule.

Os CD players do DJ têm muito mais melhorias (veja a seção "Aproveitando os Recursos Especiais" posteriormente); esses recursos do design são o que separam um amador do DJ.

Preparando o design

Os CD players têm diferentes modelos e embora as funções e a facilidade de uso variem dependendo do layout do CD player, esses vários designs permitem mixar a música não importando o gênero tocado. Os DJs de rock, pop, indie, house ou casamento e festas podem usar qualquer CD player mencionado nesta seção. O único DJ que pode requerer algo mais específico é o DJ que faz scratch.

CD players duplos

Os CD players duplos (mostrados na Figura 8-1) são divididos em duas metades. A parte superior é um painel de controle com dois conjuntos de telas do tempo, controles de reprodução e início da mixagem, um controle deslizante do andamento do som e deslocamento do andamento do som, e um botão de avanço para cada aparelho para ajudar a buscar a música no CD. Juntos, esses controles permitem ao DJ encontrar o local certo na trilha, iniciar a reprodução, definir os controles do andamento do som para combinar as batidas, no caso da combinação de batidas, voltar ao ponto inicial da mixagem, iniciar a música com o pressionar de um botão e ajustar rapidamente a velocidade com o deslocamento do andamento do som, caso as batidas não estejam devidamente combinadas.

O painel de controle é ligado por um cabo à outra metade da unidade: dois CD players que usam um sistema de "bandeja" (como um CD player doméstico) para inserir os CDS e ejetá-los quando você termina.

112   PARTE 2 **Abastecendo Sua Caixa de Ferramentas de DJ**

FIGURA 8-1:
O CD player duplo da Numark CDN55.

CD duplo com um mixer embutido

Os CD players duplos como o Numark CD MIX 1 (mostrado na Figura 8-2) levam o design do CD duplo a um passo além; ao invés de uma unidade de CD dupla separada e um mixer, tudo fica junto como uma parte do equipamento. Esse design é bom no papel, mas como o mixer incluído com esse tipo de equipamento é muito básico (especialmente no caso do CD MIX 1), você fica limitado quanto à criatividade ao seguir essa rota.

Esse design é bom para o DJ de festa/casamento, que pode usar apenas o mixer para definir o volume dos dois CD players e realizar uma mixagem muito simples e muito rápida de um CD para outro. Mas como o mixer é básico, — principalmente por falta de controles EQ (equalizador) — ele não oferece total controle sobre o som da mixagem.

CUIDADO

Esta combinação de CD e mixer parece boa financeiramente quando você inicia como DJ, mas os DJs que combinam as batidas desejarão um novo mixer e isto é um problema porque mesmo que você possa enviar as saídas dos CD players nessa unidade combinada de CD player/mixer para outro mixer separado, ainda ficará preso ao mixer original agregado em uma caixa grande de plástico e metal com os CD players. O mixer sempre fará parte de seu equipamento, usando-o ou não.

FIGURA 8-2:
O CDMIX 1 da Numark; tem um bom valor, a menos que você queira mais funcionalidade.

CAPÍTULO 8 **Girando com CDs**   113

CD players simples

Os CD players simples não tendem a usar o design de bandeja como as unidades duplas. Os antigos CD players usavam um design de carregamento superior, onde o topo do aparelho era girado e aberto para você inserir o CD, mas os CD players mais novos usam um compartimento na frente da unidade, que insere e ejeta automaticamente o CD usando motores (parecido com o CD player que você pode ter em seu carro).

Os controles fornecidos nos CD players simples são parecidos com as unidades duplas, exceto que o controle deslizante de andamento do som pode ser muito mais longo (oferecendo maior controle) e o botão de avanço é maior, ajudando a encontrar os pontos de início da mixagem (pontos iniciais) no CD com facilidade. Os CD players simples podem também ter muitos outros controles para melhorar a mixagem, tais como, loops, reprodução reversa e os chamados pontos quentes, que permitem acesso rápido a qualquer trecho das músicas (veja "Aproveitando os Recursos Especiais" posteriormente neste capítulo).

DJs que fazem scratch e CD players

As inovações na tecnologia do CD deram ao DJ que faz scratch a capacidade de fazer scratch no CD também, mas fazer isso bem, com facilidade, tem um preço.

A primeira coisa que afeta como você será capaz de fazer scratch bem o CD player é o tamanho do botão de avanço usado para fazer o scratch. Os DJs que fazem scratch precisam de grandes botões de avanço como se estivessem usando discos normais. Isto significa que os botões de avanço nos CD players duplos, que são saltados e giram apenas em 90º para a esquerda e a direita, não são adequados para o DJ que faz scratch.

A série Pioneer CDJ usa grandes botões de avanço. A Figura 8-3 mostra o Pioneer CDJ-900.

FIGURA 8-3:
O CD player CDJ-900 da Pioneer.

LEMBRE-SE

Com exceção do botão de avanço, a coisa mais importante que o DJ que faz scratch precisa em um CD player é que o CD pareça um disco ao ser manuseado. Os CD players inadequados simplesmente picotam e param quando o DJ gira o botão de avanço, mas os adequados para os DJs que fazem scratch parecem idênticos a um aparelho de disco quando você toca a música para frente e para trás com o botão de avanço.

Navegando no CD

A maior diferença entre o DJ de vinil e o DJ de CD é como você encontra o ponto inicial (*início da mixagem*) em uma música, então, como inicia a reprodução da música. Com o vinil, encontrar o início da mixagem é fácil: pegue o lado do disco no qual você deseja tocar a música, veja a ranhura, coloque a agulha perto de onde deseja iniciar, mova o disco para frente e para trás para ouvir o ponto inicial da mixagem preciso, depois, segure o disco parado nesse ponto. A parte mais difícil ao ser DJ com o vinil, especialmente ao combinar as batidas, é iniciar o disco no tempo certo para que as batidas toquem no ritmo com as batidas na outra música instantaneamente.

PAPO DE ESPECIALISTA

O DJ de CD é o oposto exato do DJ de vinil. Após ter encontrado o ponto inicial da mixagem correto, iniciar a música no ritmo é extremamente fácil: tudo que você precisa fazer é pressionar o ponto de início e se estiver combinando as batidas, pressioná-lo no ritmo com as outras batidas. Porém, localizar o início preciso da mixagem pode ser um pouco mais difícil. Encontrar o início da mixagem em um CD significa localizar a trilha certa no CD, *varrer* (avançar ou retroceder rapidamente) a faixa para encontrar a área geral na qual deseja iniciar, então, *ajustar com precisão* o início da mixagem, tocando o CD para frente ou para trás em pequenas quantidades.

Embora navegar no CD não pareça ser algo particularmente difícil, os CD players não têm uma referência visual além da tela do tempo para ajudar a saber onde (ou quando) você está na música para definir o início da mixagem. As telas de onda, como a mostrada na Figura 8-4, têm uma série de picos e vales para mostrar as partes mais altas e mais silenciosas da música, e podem ajudar nesse problema.

FIGURA 8-4: A tela de onda no CDJ1000 MkIII popular da Pioneer, porém não mais fabricado.

CAPÍTULO 8 **Girando com CDs** 115

DICA

Mantenha as capas embutidas ou faixas escritas com seus CDs para ajudar a encontrar o número da faixa para certa música. Ler o que está no CD quando ele está girando dentro do CD player é bem difícil! Colocar todos os seus CDs em um estojo com as faixas torna fácil a leitura dos nomes e dos números das faixas, economiza tempo e evita frustração ao tentar encontrar a faixa que você deseja tocar em seguida.

Diferentes CD players têm conjuntos de controles um pouco diferentes para encontrar o início da faixa, usando um ou (mais comumente) uma mistura dos seguintes designs:

» Botões
» Botões de avanço
» Pratos

Botões

Os CD players com controles muito básicos usam apenas botões para navegar no CD. Você usa um par de botões + e – para percorrer a faixa no CD para localizar a música certa para reproduzir e um segundo par para pesquisar o CD e ajustar com precisão o ponto inicial.

Depois de ter encontrado a música correta com o primeiro conjunto de botões, quanto mais você segurar os botões de busca, mais rapidamente a música tocará em qualquer direção. Se você apenas tocar no botão de busca, o CD tocará quadro a quadro (um quadro é a menor mudança de tempo que o CD player pode oferecer), permitindo localizar o início exato.

CUIDADO

Tocar repetidamente o botão de busca faz a música tocar em movimento lento, mas como o CD player repete cada quadro onde, novamente, você sempre para até prosseguir, o som ouvido é como um CD pulando. Esse ruído digital pode levar, inicialmente, à dificuldade de ouvir onde você está na música, dificultando definir o início preciso da mixagem. Aguce o ouvido para cada mudança no som tocado; você aprenderá a reconhecer o trecho procurado com o tempo.

LEMBRE-SE

O ponto inicial que você deseja definir, se estiver combinando as batidas, provavelmente é a entrada do ritmo na música — veja Capítulo 14.

Usar botões para encontrar o início é bem trabalhoso e requer paciência e boa memória da música para ser feito rapidamente. Contudo, desenvolver um talento para encontrar o início assim, não leva muito tempo, e embora os CD players mais baratos tendam a usar apenas botões, contanto que você possa encontrar o início preciso quando precisar, então, não há nada de errado com esse design básico.

Botões de avanço

O botão de avanço em um CD player duplo tem entre 7 e 12cm de diâmetro e normalmente é composto de duas partes: um anel externo e um disco interno (veja Figura 8-5).

FIGURA 8-5: O disco de avanço em um CD player duplo.

Os CD players com botões de avanço ainda tendem a usar botões para ajudar a encontrar a faixa que você deseja tocar no CD, mas geralmente um anel elevado externo no disco substitui o botão de busca encontrado nos CD players mais baratos para localizar a área geral na música, a partir da qual você deseja iniciar. A distância na qual você gira o anel esquerdo ou direito muda a rapidez com a qual a música lê para frente ou para trás. Quando liberado, o anel volta para a posição central, tocando a música na velocidade definida com o controle de andamento do som.

Um disco interno dentro do anel elevado externo torna o ajuste preciso do início muito mais fácil. A maioria desses CD players é projetada para que seu disco interno dê um pequeno clique quando ele gira, com cada clique representando um quadro na música. Girando rapidamente esse disco para frente e para trás, você pode tocar a música em um movimento lento, então, girar o disco mais lentamente para tocar a música com mais lentidão e encontrar o quadro exato. Ao percorrer a faixa quadro a quadro, você ainda ouve uma repetição digital do quadro no qual está, portanto, ainda precisa de concentração, um talento especial e um bom ouvido para ouvir adequadamente, mas é muito mais fácil do que apenas usar botões para fazer o mesmo.

O botão de avanço em um CD player duplo é pequeno e bem complicado de usar, mas os CD players simples que usam um disco de avanço elevado parecido tendem a ter discos muitos maiores porque o topo do aparelho tem mais espaço — e esse espaço de trabalho aumentado facilita ajustar com precisão o início.

CAPÍTULO 8 **Girando com CDs** 117

Pratos

A introdução e a adoção geral subsequente dos CD players com grandes pratos de controle no início dos anos 2000 forneceram a funcionalidade do toca-discos de vinil, revolucionando o mundo do DJ de CDs.

Os CD players com pratos giratórios motorizados (como encontradas no Denon DJ SC3900 — veja Figura 8-6) ainda podem ser encontrados, mas não são tão comuns quanto os CD players com pratos manuais (como encontrados nos equipamentos Pioneer CDJ) que apenas giram e afetam a música quando você toca no prato. Ambos os designs ajudam os DJs de CDs a encontrarem o início do mesmo modo como um DJ de vinil, controlando o CD exatamente como um disco em um toca-discos, girando o prato para frente e para trás para localizar a área geral da música. Você ainda pode usar os botões para pular e buscar a faixa para encontrar a área geral em uma música específica, então, usar o prato para ajustar com precisão o ponto inicial, como faria com um disco em um toca-discos, tocando-o para frente para trás até encontrar o local exato.

O mais importante é que quando você está localizando o início, esses aparelhos emulam o som analógico exato ouvido ao usar o vinil, ao invés do som de CD digital picotado que se tem com outros CD players. Isto significa que eles são o design perfeito para o DJ que faz scratch e deseja usar CDs.

FIGURA 8-6: O Denon DJ SC3900 usa um prato com um motor com acionamento direto para dar ao DJ uma sensação parecida com o manuseio do vinil tradicional.

Ajustando o Andamento do Som

Como com o DJ que usa vinil, para um DJ que combina as batidas, localizar os pontos iniciais e começar a música no ritmo é apenas parte da tarefa. A outra parte importante é usar o controle de andamento do som para ajustar a velocidade da reprodução, para fazer as batidas do ritmo da música que você deseja tocar em seguida tocarem no mesmo ritmo da música saindo atualmente nas caixas de som.

A boa notícia é que o controle deslizante de andamento do som nos CD players age exatamente como em um toca-discos (consulte o Capítulo 6). Os controles de andamento do som têm melhorias, como ajustar a faixa de 4 a 100% ou mais, mas o princípio é o mesmo: mover o controle deslizante em sua direção (na área +) faz a música tocar mais rapidamente; mover para longe de você (a área -) faz a música tocar mais lentamente. (Verifique o Capítulo 14 para saber mais sobre o básico de usar o controle de andamento do som ao mixar.)

Contudo, se você definir o controle de andamento do som um pouco mais rápido ou lento, e as batidas começarem a oscilar, não conseguirá empurrar o CD como pode fazer com um disco (mesmo que pudesse tocá-lo, o CD pularia). Portanto, os controles de *deslocamento do andamento do som* são úteis para colocar a faixas de volta no ritmo. Esses controles podem ser diferentes dependendo dos CD players usados:

» **Botões:** Em geral, encontrados nos CD players duplos, mas algumas vezes, usados em aparelhos simples, os dois botões (um marcado com + e outro com -) aumentam ou diminuem temporariamente a velocidade da música quando pressionados. Quanto mais (e algumas vezes mais forte) você pressiona o botão, maior é o deslocamento do andamento do som conseguido. Quando você solta o botão, o CD volta para a velocidade definida originalmente com o controle de andamento do som.

» **Pequeno anel de avanço:** Encontrado em vários CD players duplos, geralmente há um botão ou chave que muda a função do anel externo de busca elevado para o deslocamento de andamento do som. Você gira o anel de avanço para a direita para ir um pouco mais rápido e para a esquerda para ir mais lentamente. A distância na qual ir para a esquerda ou a direita ao girar o anel afeta quanto deslocamento de andamento do som é obtido. Quando você retorna o anel para a posição central, o CD toca no andamento do som definido novamente.

» **Grande botão de avanço:** Dependendo do CD player, o grande botão de avanço pode funcionar exatamente como o pequeno anel de avanço. No caso dos CD players caros com bolachas, você pode ajustar temporariamente a velocidade na qual a música toca como se o CD fosse uma peça de vinil.

Com o vinil, se você precisar que o disco rode mais rapidamente, poderá fazer o disco girar mais rapidamente ou se precisar que diminua a velocidade, poderá adicionar resistência à lateral do aparelho. É exatamente igual aos CD players mais antigos, como o Denon DNS3500, que têm pratos motorizados; empurre o prato para tocar mais rapidamente ou corra o dedo na lateral para diminuir a velocidade.

A série Pioneer CDJ tornou-se os CD players mais comuns encontrados nas boates e eles têm um anel em volta da borda do prato que é usado como um deslocamento da frequência do som. Gire-o para a direita para aumentar a velocidade da música ou para a esquerda para diminuir. O mais importante, apenas quando o anel se move é que alguma mudança ocorre no CD — e a rapidez com a qual você move o anel afeta diretamente a quantidade de deslocamento do andamento do som. Isto significa que girar rapidamente o anel para frente ou para trás em algumas polegadas normalmente é tudo que é necessário para as batidas ficarem em sincronia, caso elas tenham escorregado um pouco.

LEMBRE-SE

Não importa qual método você usa para ajustar o erro na sincronização das batidas, lembre-se de mudar o controle de andamento do som para refletir o ajuste. Se você precisou diminuir brevemente a velocidade da música e as batidas estiverem oscilando cada vez mais, verifique se reduziu um pouco o controle de andamento do som e aumente-o se precisou aumentar a velocidade. Do contrário, como você não definiu a velocidade das músicas exatamente no ritmo, precisará continuar usando o deslocamento de andamento do som para colocar as batidas de volta no ritmo. Se o erro que você precisou corrigir foi apenas um erro inicial, use o deslocamento de andamento do som e não se preocupe em alterar o controle de andamento do som, a menos que tenha ouvido as batidas começando a oscilar fora do ritmo.

Suavizando as Vibrações

Quando você comprar seus CD players, faça uma pequena pesquisa e verifique se os escolhidos têm um bom recurso de proteção contra saltos. Felizmente, praticamente todos os CD players projetados para o DJ têm um nível de proteção contra saltos; você pode bater ou jogar alguns CD players no cômodo sem o CD pular; outros lidam bem com as vibrações do som, mas se você for duro demais com eles, o CD pulará.

Contudo, ainda é uma boa ideia minimizar as vibrações e parte disso é considerar onde você colocará seus CD players e onde eles ficarão. Escolha algo pesado e sólido que não irá transferir nenhuma vibração do som para o chassi do CD player, podendo fazer com que ele pule. Também tente colocar os aparelhos em algum lugar para não se chocar facilmente com eles. (Colocá-los de modo que eles se projetem da mesa na altura da cintura é pedir para ter problemas.)

Finalmente, considere o local das caixas de som. Evite colocar as caixas no mesmo lugar do móvel onde estão seus CD players, pois as vibrações do grave podem atravessar as superfícies sólidas e fazer com que os CDs pulem.

Trabalhando com o Início

Não importa qual formato você usa para trabalhar como DJ, — CD, vinil, software de computador ou um aplicativo no telefone — os conceitos básicos do DJ e da combinação de batidas são os mesmos: encontrar um ponto inicial preciso; se for combinar as batidas, defina o controle de andamento do som de modo que as batidas de suas músicas toquem na mesma velocidade; inicie a música tocando; e se for combinar as batidas, verifique se as batidas tocam no mesmo ritmo. A escolha feita sobre qual formato usar afeta apenas a mecânica de como você prossegue em cada estágio.

Descrevo como usar o controle de andamento do som e a função de deslocamento do andamento do som para combinar as batidas nos CD players no Capítulo 14, mas encontrar o início, iniciar a partir dele e retorná-lo no CD precisa de uma explicação dedicada.

As quatro etapas para trabalhar devidamente com o início são:

1. **Localize o início.**
2. **Marque o início.**
3. **Verifique o início.**
4. **Inicie a música a partir do início marcado.**

Localizando o início

Não importa quais controles seu CD player tem (veja "Navegando no CD" anteriormente neste capítulo), você precisa localizar o início preciso. Se você geralmente inicia a partir de partes parecidas da faixa, anote o que a tela do tempo informa e escreva essa informação perto do título da faixa na capa interna.

Alguns CD players (como o Pioneer CDJ-900 e CDJ-2000) têm recursos de memória que podem salvar os pontos iniciais definidos em seus CDs. Isto significa que você pode voltar para um ponto inicial marcado quase que imediatamente após colocar o CD no aparelho.

Se você não anotou nem armazenou ainda um ponto inicial para uma música, eis como usar os controles para encontrar o início:

1. Use os controles de busca para chegar perto de onde deseja definir o início. Se a música não começar a tocar automaticamente quando você soltar o controle de busca, pressione o play para que possa ouvir a música.

2. Quando estiver perto do ponto inicial, pressione play novamente para pausar a música, então, use os controles de avanço (botões, discos ou pratos) para avançar lentamente a música para encontrar o ponto inicial exato da primeira batida de um compasso ou frase, acordes do violão, canto ou qualquer parte da música a partir da qual você deseja iniciar.

Ao ajustar com precisão o início, se você quiser iniciar com o ritmo, ouvirá a mudança do som para ter mais graves quando a percussão tocar. Experimente definir o início antes ou no som para saber como isso afeta seu ritmo quando você pressiona play. Pode ser apenas uma diferença de centésimo de segundo, mas pode fazer toda a diferença entre iniciar as batidas no ritmo e fora dele.

Marcando o início

Depois de ter encontrado seu ponto inicial, você precisa marcar essa posição no CD player. Em alguns CD players, quando o CD está no modo pausa e você localizou o início exato, você simplesmente precisa pressionar play para definir o ponto inicial e se precisar retornar a ele, apenas pressione o mesmo botão novamente. Os CD players da Pioneer são diferentes no sentido de que você pressiona o botão para marcar o início quando o encontrou. Leia o manual que vem com seus CD players para que saiba qual método usar para armazenar o início.

Verificando o início

Inicie sua música e se achar que não definiu o início com bastante precisão, volte para o ponto inicial e use os controles de avanço para ajustar precisamente o início e marcar o novo início atualizado.

Depois de ter encontrado e marcado com sucesso o início preferido, você precisará voltar o CD para esse ponto, pronto para iniciar a música na mixagem. Este pode ser o caso de pressionar o botão, mas algumas vezes o estado no qual o CD player estava antes de você pressionar o início afeta o que acontece depois. Em alguns CD players, se você estiver no modo play quando pressionar o início, o CD voltará para o ponto inicial e reiniciará tocando a partir desse ponto ou se você estiver no modo pause, pressionar o início voltará para o ponto inicial e o CD ficará pausado. Porém, nos CD players da Pioneer, pressionar o início no modo pause redefine o início para onde você está nesse instante — o que poderá ser frustrante se você não estiver acostumado com isso!

É por isso que é muito importante que você aprenda como operar seus CD players. Leia os manuais que vieram com os CD players para que não pressione sem querer o botão errado na hora errada!

Iniciando a música

Iniciar as trilhas no CD é muito mais fácil do que no vinil. Quando a música sendo tocada nas caixas de som chegar onde você deseja iniciar a nova música, pressione play na nova música, então, vá para o mixer para mixar as músicas.

Se você for um DJ de rock ou de festas, assim que tiver mixado a música, não passará muito tempo ajustando as definições no CD player. Você poderá usar alguns recursos especiais (veja a próxima seção) para criar uma nova sensação, mas na maioria dos casos, terá terminado de definir os inícios ou de ajustar os controles de andamento do som.

Se você estiver combinando as batidas, ouça a batida do ritmo da outra música. Tente bloquear o resto da música e foque no som do ritmo, quase como uma meditação — isto ajudará pressionar o início na nova música no ritmo da faixa tocando atualmente. Pressionar o botão exatamente na batida requer prática, mas fique confortado de que é igualmente difícil iniciar as músicas no ritmo em um toca-discos.

Se você preferir um desafio e ainda quiser iniciar as músicas como no vinil, os CD players com pratos motorizados podem permitir isso. Encontre o ponto inicial, segure o prato parada e solte ou empurre um pouco para iniciar a música.

Aproveitando os Recursos Especiais

Os CD players do DJ aprimoram os CD players domésticos adicionando controles de andamento do som, designs robustos e uma melhor navegação, mas isso não é onde terminam as melhorias.

Reprodução do arquivo de música digital

Como a música ficou mais fácil de comprar online e baixar, faz sentido que muita música comprada como DJ seja arquivos baixados no iTunes ou outros armazenamentos online, como o Beatport. (Veja o Capítulo 4 se precisar de dicas sobre como comprar online.)

Os CD players que permitem tocar a música baixada que você gravou em *CDs graváveis* (CD-R ou CD-RW) não são exclusivos do CD player do DJ: os CD players domésticos e do carro conseguem fazer isso há muito tempo. Contudo, um recurso que anula a necessidade de um disco de CD e lê a música diretamente de dispositivos USB como pen drives e HDs externos, iPods e cartões de memória é um ótimo acréscimo aos CD players do DJ.

Os CD players, como o Pioneer CDJ-2000 Nexus (representado na Figura 8-7) e o Denon DJ SC3900 ainda permitem tocar CDs e CD-Rs, mas conectar discos pen drives ou HDs externos dá acesso a milhares de músicas, tudo sem precisar preocupar-se em ejetar e armazenar CDs individuais.

FIGURA 8-7: O CDJ-2000 Nexus vem com todos os recursos, inclusive a reprodução de arquivo digital e uma grande tela para navegar em seu acervo.

O importante a investigar ao ver os CD players para tocar CDs graváveis é como a tela e os controles permitem navegar em seu acervo. Se você tiver um CD com oito faixas gravadas, será difícil ficar perdido ao encontrar uma faixa; mesmo se você não estiver certo sobre qual precisa tocar, poderá apenas pular as oito faixas para encontrar. Se você estiver conectado a um iPod contendo 6.000 músicas, poderá levar um pouco mais de tempo para percorrê-las uma a uma... A maioria dos CD players que permitem a conexão de pen drives e HDs externos tem telas grandes para ajudar a verificar seu acervo mesmo nas cabines de DJ mais escuras e sombrias.

Master tempo

PAPO DE ESPECIALISTA

O *master tempo* não é exclusivo dos CD players; ele está disponível em muitos toca-discos e na maioria dos softwares do DJ também. Ele permite aumentar ou diminuir a velocidade de uma música sem mudar o tom no qual a música foi gravada. Portanto, se você tocar Barry White e *aumentar o andamento* (aumentar a velocidade da música) em 16%, ele ainda parecerá ser Barry, ao passo que os aparelhos sem o master tempo fazem com que ele pareça um esquilo.

124 PARTE 2 **Abastecendo Sua Caixa de Ferramentas de DJ**

Alguns CD players fazem isso melhor que outros. Quanto mais você aumenta a velocidade da faixa, mais difícil pode ser para alguns CD players manterem o mesmo andamento do som e outros podem ter terríveis problemas de ruídos digitais se você tentar fazer o scratch com o master tempo ativado. Se você acha que usará muito esse recurso, veja uma demonstração dele funcionando no CD player que está comprando.

Pontos quentes

Normalmente, rotulados como 1, 2, 3 ou A, B, C, os pontos quentes são pontos iniciaisextras que você pode definir *dinamicamente*, significando que não precisa parar nem pausar o CD para defini-los. Fazer isso requer uma pequena combinação de ouvido e mão, mas definir e voltar a esses pontos iniciais é muito simples.

Então, você poderá usar os pontos quentes para pular no CD, tocando instantaneamente diferentes partes de uma música ou até pular para um ponto quente definido em outra faixa no CD! Pressionar repetidamente o mesmo botão de ponto quente retorna para o ponto sempre que você pressiona o botão, tocando a mesma parte sempre.

Loop

A função *loop* toca uma parte separada de uma música de um *ponto de entrada* (que você pode definir em qualquer lugar na música) até um *ponto de saída* (que você também precisa definir). Quando você pressiona o botão loop, a música toca desde o ponto de entrada até o ponto de saída, então, da entrada até a saída sempre de novo, até você desativar o loop.

Fazer um loop nas introduções e nas saídas ou nas seções de uma música pode estender e remixar sutilmente a música para fazer algo diferente, ou fazer um loop em parte de um desenvolvimento para estendê-lo acrescenta variação. Se o desenvolvimento for uma sucessão de batidas, defina-o como um loop e edite a duração do loop para que ele fique cada vez menor; quanto menor o loop, mais frenética parecerá a interrupção e você poderá levar a multidão à loucura antes de finalmente desativar o loop ou pressionar o botão de ponto quente e acabar de voltar nas batidas poderosas da música.

Os controles do loop variam em capacidade de ajudá-lo a acertar. Se você estiver fazendo um loop em um compasso de batidas e não atingir os pontos de entrada e saída exatamente na batida, ouvirá um repicado/salto das batidas sempre que o loop reiniciar. Alguns CD players ajustam automaticamente o loop para você; outros permitem que você edite os pontos do loop e corrija qualquer problema; ao passo que com certos CD players, você precisa acertar na primeira vez, sempre.

CAPÍTULO 8 **Girando com CDs** 125

Você pode usar os loops criativamente para manter uma parte da faixa repetindo-se, ou pode usar esse recurso com uma rede de segurança. Se você não teve tempo ainda para definir a próxima faixa e está aproximando-se do final da música, poderá repetir uma seção do final da música, tendo tempo para configurar e mixar a nova música. (Isto não deve acontecer nunca, mas você pode passar tempo demais conversando com a pessoa errada e ficar sem tempo.)

Se você for do tipo que sempre fica sem tempo, poderá tentar salvar antes um ponto quente na trilha, então, inicializar para saltar e repetir o último minuto. Isto pode ser mais fácil do que usar os controles do loop porque se você ficar sem música, será fácil ficar atrapalhado e entrar em pânico, dificultando definir pontos de entrada e saída precisos em um loop — mas você precisa planejar antes.

Bancos de amostragem (Samplers)

Parecido com a função loop, ao invés de definir pontos de entrada e saída, você pode gravar um trecho da música em *bancos de amostragem* (a memória contida no CD player) para reproduzir como e quando quiser.

Você pode usar essas amostras de quantas maneiras puder imaginar. Você pode fazer um loop nelas e tocá-las por si só, e em alguns CD players, também pode tocá-las no CD do qual tirou a amostra, permitindo remixar uma trilha ou mixar em outra música no mesmo CD player. As possibilidades criativas são infinitas.

Reprodução reversa

A *reprodução reversa* é possível e um belo efeito com o vinil, mas os CD players oferecem muito mais controle. Para começar, alguns CD players permitem escolher se você deseja que o CD prossiga ao inverso, exatamente como um toca-discos, ou instantaneamente. Se um disco estiver no andamento do som 0 em 33 rotações por minuto (rpm), ele precisará diminuir de 33 rpm para 0, então, acelerar de 0 para 33 rpm ao inverso. Alguns CD players oferecem o mesmo som de desaceleração e aceleração, mas também a escolha de inverter instantaneamente a música sem nenhum atraso.

Contadores de batidas por minuto

Ao invés de precisar comprar um contador de batidas por minuto (bpm) externo ou um mixer com contadores de batida embutidos, muitos CD players calculam e incluem as batidas por minuto de uma música sendo tocada na área de exibição do tempo.

CUIDADO

Como qualquer contador bpm, pode ser fácil contar com esse cálculo ao invés de usar os ouvidos ao combinar as batidas. Tente não cair nessa armadilha, do contrário, na primeira vez em que você usar um equipamento que não tiver um contador bpm, não conseguirá combinar as batidas muito bem.

Controle do software de DJ digital

Denon, Numark, American DJ, Pioneer, Reloop e muitos outros fabricantes de CD players do DJ têm modelos que podem controlar a reprodução da música no software que suporta as conexões USB e MIDI (interface digital para instrumentos musicais), ao invés de contar com os discos de controle codificados com o tempo (time code). Verifique se o software de DJ digital que você usa permite isto antes de comprar CD players para essa finalidade.

Tendo uma Experiência Divertida

Muitos mais recursos estão disponíveis nos CD players e a cada ano uma nova parte do equipamento com uma inovação novinha foge para a comunidade de DJs, portanto, é fácil perder a pista do que seu CD player é capaz.

Se você não estiver certo sobre o que seus CD players podem fazer ou como utilizar melhor suas funções, leia o manual, vá para boates para vê-los em ação e verifique vídeos tutoriais em websites. Entre as resenhas nos websites dos fabricantes e resenhas pessoais em websites de revistas e no YouTube, você deverá conseguir ver o aparelho adorado fazendo todas as coisas que não sabia que ele poderia.

Ou simplesmente jogue o manual embaixo da cama e experimente um pouco. Então, depois de estar totalmente confuso, tente encontrar o manual de novo...

> **NESTE CAPÍTULO**
>
> **Descobrindo os vários equipamentos de DJ digitais**
>
> **Escolhendo e controlando o software certo para você**
>
> **DJ em movimento**

Capítulo 9

Bits e PCs: DJ Digital

Acho que o *DJ digital* — usar o software do computador para tocar a música armazenada em um HD — foi a maior revolução do DJ desde quando alguém percebeu que usar dois toca-discos e um mixer poderia manter a música tocando a noite inteira sem intervalos.

Com o DJ digital, o equipamento que o DJ usa não se limita mais à música disponível para tocar. Os DJs de vinil, que antes precisavam descobrir incansavelmente a música disponível no vinil, agora podem baixar as trilhas em seus HDs e usar seus toca-discos para controlar o software de DJ. Os DJs de CD podem tomar conta de seus acervos, guardando os CDs regraváveis incontáveis que eles espalhavam na cabine, mantendo toda a música em um HD. E os DJs que usam controladoraspara reproduzir, mixar e manipular a música têm um vasto conjunto de possibilidades criativas diante deles, tudo com uma peça.

Ao lado de um acesso maior e controle da música, a criatividade que o DJ digital abre é considerável. Seja através de inúmeros efeitos embutidos, vários aparelhos de reprodução ou inicializadores de loops e amostras (samples) para melhorar o som de uma mixagem para o DJ criativo, seja uma função de sincronização automática que pode ajudar a manter os novos DJs inspirados, acabando com a necessidade de combinar manualmente as batidas das músicas, o DJ digital está ajudando a criar e motivar uma nova geração de DJs.

CAPÍTULO 9 **Bits e PCs: DJ Digital** 129

Planejando Seu Equipamento de DJ Digital

As três coisas para você considerar ao montar um equipamento de DJ digital são:

» Você precisa comprar um computador?
» Qual software você usará?
» Você deseja usar algum equipamento externo para controlar o software do computador?

Processando o computador

O computador é o centro do equipamento de DJ digital e como tal, é fundamental assegurar que seja o mais poderoso, estável e capaz possível.

Mac versus PC

Se você tiver bastante sorte de comprar um novo computador para usar seu equipamento de DJ digital, a decisão de usar um Mac ou PC provavelmente se resume àquilo com o qual você está mais familiarizado e qual prefere. Tenho usado um laptop Windows e um MacBook Pro em meu equipamento, mas continuo com o Mac.

LEMBRE-SE

Os títulos do software de DJ mais populares e líderes de mercado descritos posteriormente no capítulo, como Traktor, Serato DJ, Virtual DJ, PCDJ e o novo Rekordbox, são lançados para os sistemas operacionais Windows e Mac. Contudo, alguns programas de DJ (como o BPM Studio) funcionam apenas nos computadores com os sistemas operacionais Windows, portanto, se você decidiu sobre o software que deseja para trabalhar como DJ antes de pensar sobre o computador no qual irá usá-lo, pesquise para verificar se será forçado a usar um Mac ou um PC segundo as especificações do software.

A maioria do software de DJ funcionará com um sistema operacional Windows; os usuários Mac, porém, precisam verificar se o software rodará em seu Mac e se rodará na versão do SO do Mac instalada. Os usuários Windows ainda precisam verificar se o software funciona com seu sistema operacional instalado, pois alguns títulos foram lentos em adotar as novas versões dos sistemas operacionais Windows. E se você ainda tem aquele antigo PC com o Windows XP, poderá ser a hora de tirar o pó da carteira e comprar um novo PC!

Desktop versus laptop

O design de computador mais comum usado em um equipamento de DJ digital é um estilo laptop/MacBook, devido à sua portabilidade e natureza compacta. As estações de trabalho grandes, PCs e Mac Pros funcionam como os laptops, — algumas vezes melhores por causa de uma tela maior (ou várias telas), memória aumentada e velocidades do processador mais rápidas — mas não são muito portáveis ao ir de uma boate para outra e encontrar espaço para um teclado separado, mouse e monitor, o que dirá uma torre do PC/Mac, que pode ser complicado em uma cabine de DJ, ou mesmo na estrutura de seu quarto.

Considerações da memória e do processador

Se seu computador for antigo, verifique se você tem capacidade de processamento suficiente e memória RAM, junto com um hardware adequado (como as placas de som suportadas e as portas USB) para executar o software que você deseja usar.

Para os DJs de PC, a maioria dos softwares recomenda no mínimo um processador de 2 GHz e 2 GB de memória RAM — embora 4 GB sejam recomendados.

PAPO DE ESPECIALISTA

A rapidez com a qual seu computador pode "pensar" e fazer o que você deseja que ele faça é medida em hertz (Hz) — e 1.000 Hz são 1 GHz. A memória RAM é como um estacionamento de automóveis: quanto mais espaço ou RAM seu estacionamento tiver, mais carros poderão entrar; mas, com menos espaço, menos carros podem estacionar ou menos aplicativos podem ser executados sem problemas no computador e haverá um congestionamento, diminuindo a velocidade do tráfego e de seu computador. Se você quiser descobrir mais sobre os PCs ou os Macs das pessoas que pensam em termos de mais crescimento, verifique o livro *PCs For Dummies* de Dan Gookin e *Macs For Dummies* de Edward C Baig — ambos publicados pela Wiley.

Se você for um DJ que usa um computador Windows, a maioria dos softwares irá requerer o Windows 7 ou posterior.

Os usuários Mac precisam de um Intel Mac com um processador parecido e requisitos mínimos de memória RAM para aplicarem no PC do DJ. O sistema operacional OS X mais recente provavelmente funcionará bem, mas verifique os requisitos de software para assegurar que não exista nenhum problema de compatibilidade.

DICA

Se você puder escolher um computador com especificações bem acima do mínimo recomendado do software, achará que tem uma experiência de DJ mais suave. Você pode querer gravar sua mixagem durante a performance ou ter uma janela do navegador de internet aberta em seu armazenamento de download de músicas escolhido, no caso de precisar baixar uma música para tocar para o público diante de você. Ter um computador altamente especializado é como dar a si mesmo mais andares para o estacionamento de carros, com os carros movendo-se mais rapidamente.

CUIDADO

A memória e a capacidade do processador aumentadas podem fornecer uma experiência mais suave ao tentar rodar vários aplicativos ao mesmo tempo, mas saiba que muita carga no computador pode fazer com que o software falhe e termine ou pare completamente a música que está sendo tocada. Se você forçar os limites do computador, faça um teste extenso em cada um primeiro, antes de todos os seus carros metafóricos baterem durante uma apresentação na boate.

Estabilidade

A estabilidade depende muito da rapidez de seu computador, como você o mantém e quais outros programas e processos estão em execução em segundo plano. Mas se você estiver comprando o software de DJ por si mesmo ou um novo computador também, pesquise os fóruns da internet (e os websites específicos de softwares de DJ) para assegurar que o software funcione em harmonia com seu computador.

Tive problemas com meu laptop HP, pois se eu tivesse a placa Wi-Fi ativada, a música ficava cortada de modo intermitente — o que não fica muito bem no meio de uma boate! Não costumo conectar o Wi-Fi durante uma apresentação para baixar música para tocar (ou atualizar meu status do Facebook, como alguns DJs que conheço), portanto, não é um problema para mim. Mas muitos DJs (especialmente os DJs de festa e casamento que recebem solicitações variadas) adoram ter a opção de baixar qualquer música para tocar instantaneamente, então, o acesso Wi-Fi pode ser um complemento importante para seu acervo de músicas.

Um software antivírus e qualquer coisa que se atualiza automaticamente pode, algumas vezes, forçar a capacidade do computador ao limite. Provavelmente é uma boa ideia continuar a executar um software antivírus (a menos que você saiba que ele esteja causando problemas), mas desative qualquer varredura automática ou atualizadores quando estiver trabalhando como DJ.

Os Macs também não estão imunes aos problemas de hardware. Antes, os MacBook Pros requeriam que você conectasse as placas de som USB e controladoras ao soquete mais próximo da tomada de energia, para manter energia suficiente para impedir que a música fosse interrompida.

DICA

Pesquise antes e depois de comprar seu equipamento para evitar mergulhar no silêncio durante uma apresentação de DJ. Os sites de software geralmente são muito bons ao darem conselhos sobre o equipamento e solução de problemas. O site Native Instruments tem uma lista completa de ajustes para os sistemas operacionais; visite www.native-instruments.com/support (conteúdo em inglês) e pesquise "tuning tips" ou apenas pesquise o fórum e a base de conhecimento do site. O site do software Serato também possui um serviço semelhante, em www.serato.com/support (conteúdo em inglês). Mesmo que você não esteja usando software Traktor ou Serato, as ideias para solucionar problemas podem resolver qualquer problema que você tenha com outro software de DJ.

Controlando os Dígitos

O DJ digital gira em torno de rodar o software em um computador, com um layout de tela refletindo o que você veria em uma cabine de DJ: pelo menos dois aparelhos para tocar a música, algumas vezes com um mixer no meio e um acervo de suas músicas abaixo de tudo (veja Figura 9-1).

FIGURA 9-1: A interface do Traktor Scratch Pro — dois aparelhos, um mixer no meio e o acervo de músicas abaixo.

Várias opções de configuração diferentes estão disponíveis para o DJ digital:

» Use um laptop apenas (ou uma torre de computador com teclado, mouse e tela); você controla tudo no software de DJ com o teclado e o mouse.

» Adicione uma placa de som melhor e um mixer de DJ ao laptop, deixando o mouse e o teclado para controlar apenas a reprodução da música e os efeitos do software (se seu mixer não tiver efeitos).

» Use um DVS (sistema vinil digital) para controlar a reprodução da música usando quaisquer toca-discos ou CD players. Um mixer externo geralmente é acrescentado a um equipamento DVS para ter um controle total e prático.

» Use controladoras que combinam um mixer e uma reprodução completa e controle de mixagem para o DJ enquanto também envia saídas para um amplificador em uma parte multifuncional do equipamento.

» Conecte os CD players via USB diretamente a um computador para controlar a reprodução da música. Adicionar um mixer externo minimiza o uso do teclado e do mouse.

Laptop/computador apenas

De longe, o equipamento mais simples é mostrado na Figura 9-2. Instale o software, conecte a saída da placa de som de seu computador a um amplificador, então, navegue no acervo de músicas, faça a mixagem da música, reproduza-a e controle o mixer com o mouse e o teclado.

FIGURA 9-2: Um equipamento simples entre seu laptop e o amplificador.

Saída de áudio para o amplificador

Não há nada de errado em ser DJ assim; você só precisa ser rápido com o mouse e as teclas, e lembrar de todos os atalhos do teclado para os controles do software. Você precisará ser rápido ao navegar os menus, clicando e arrastando os pontos iniciais para frente e para trás, encontrando o tecla certa a pressionar para ativar um efeito enquanto também é capaz de mover o mouse lentamente o bastante para controlar o crossfader e os EQs (equalizadores) no mixer interno do software para que a mixagem ainda pareça boa.

Contudo, em minha opinião, um DJ que usa apenas um mouse e teclado para fazer a mixagem fica um pouco sem brilho no desempenho. Que eu saiba, estou vendo um gerente verificando o e-mail, não um DJ mixando uma música alta!

As conexões e as exigências para esse equipamento são relativamente simples. Tudo o que você precisa é:

» Um laptop (ou um computador com uma tela, mouse e teclado) com uma placa de som para que você possa enviar a saída para um amplificador
» Software de DJ
» Arquivos de música
» Amplificador e caixas de som
» Um cabo para conectar a saída da placa de som ao amplificador (verifique as conexões em seu computador e amplificador)

Conexões de áudio básicas do computador

Se você tiver uma placa de som com saídas RCA analógicas, use um cabo com dois conectores RCA em cada extremidade e conecte as saídas RCA da placa de som do computador às entradas de linha RCA no amplificador (ou se precisar experimentar um mixer conectado a um amplificador, conecte-o a uma entrada de linha).

Se a placa de som tiver uma tomada de saída de 3,5mm marcada com "linha", você precisará de um cabo do tipo "tomada para RCA" de 3,5mm.

CUIDADO

Poucos laptops têm saídas de linha. A saída de áudio de um laptop provavelmente é apenas um soquete de fone de ouvido (P2). Como isso pode precisar ser amplificado mais que uma saída de linha, haverá um risco de introduzir muita distorção e ruído.

Contudo, a maior desvantagem é que como DJ, você deseja conseguir enviar o principal som da mixagem para um amplificador, mas também ser capaz de ouvir em seus fones de ouvido a próxima música que deseja tocar (sem ela ser enviada para o amplificador também; verifique o Capítulo 12 se precisar de mais informações do motivo disso ser importante). Um equipamento com laptop apenas tem pouca probabilidade de permitir que você faça isso porque talvez tenha apenas uma saída (os fones de ouvido) e mesmo que tenha uma saída de linha e uma saída de fone de ouvido, é improvável que você possa tocar uma música diferente em cada um através do software. Para que isso aconteça, você precisa adicionar um equipamento ou um cabo especial.

Uma "solução" muito comum para corrigir esse problema é usar um cabo derivador "DJ"/mono e uma definição adequada no software para enviar uma saída principal mono em um canal estéreo e uma saída de mixagem mono em outro. A Native Instruments vende esse cabo para o Traktor e há um modelo popular da Griffin também, custando menos de 80 reais. Embora não seja ideal a longo prazo (porque toda a música será mono, ao invés de ter o glorioso estéreo), tal solução é barata e um bom apoio, caso você esqueça ou tenha problemas com o equipamento adicionado (veja a próxima seção). É assim que muitos DJs iniciam trabalhando como DJ, com apenas um laptop. Também será uma boa solução se você quiser trabalhar como DJ usando um aplicativo em seu computador iDevice ou tablet (veja mais tarde sobre isso no capítulo).

DICA

Sempre verifique o software e o hardware do computador que você usa para obter qualquer instrução especial da conexão de entrada ou saída para ativá-lo para o uso do DJ. Os manuais existem por uma razão; não comece a desconectar e gritar com os cabos apenas para descobrir que você deveria ficar "furioso" com o software!

Aperfeiçoando o básico adicionando equipamentos

Se seu laptop tem apenas uma saída de áudio e você deseja manter a música estéreo, poderá comprar uma nova placa de som (muito provavelmente para ser uma placa de som USB externa) que tenha duas saídas estéreo; uma para os fones de ouvido e outra para o amplificador. O software de DJ envia as duas músicas via USB para a placa de som que, então, divide o sinal em duas saídas separadas. Com essa placa de som mais avançada, você conseguirá enviar a música para o amplificador e ouvir a próxima música nos fones de ouvido, como a Figura 9-3 mostra.

Adicionar essa placa de som ao seu equipamento laptop também permite mixar usando qualquer mixer de DJ externo. Isto significa que você pode mixar entre as músicas usando um mixer de DJ tradicional com muito mais controle (e valor de desempenho), liberando-o das algemas de um teclado e mouse.

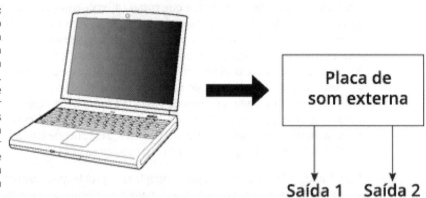

FIGURA 9-3: Um laptop com uma placa de som externa. Você pode conectar as duas saídas a um amplificador e fones de ouvido, ou ambas a um mixer.

Usando uma placa de som que pode aceitar dois sinais de entrada do software de DJ (via uma conexão USB) e que tenha duas saídas (geralmente conexões RCA analógicas, mas algumas vezes tomadas de 3,5mm), você pode enviar a unidade 1 do software para o canal 1 do mixer de DJ e a unidade 2 para o canal 2 do mixer. Você faz a mixagem da música a partir das duas unidades usando o mixer como um DJ convencional faria e a saída do mixer é, então, enviada para o amplificador para agitar a pista de dança!

DICA

É raro que você encontre um software de DJ que não consiga enviar dois sinais de saída para uma placa de som, mas se não estiver certo sobre a funcionalidade do software escolhido ou se tiver qualquer recomendação específica para qual placa de som usar, faça uma pesquisa no website do programa ou nos fóruns da internet primeiro.

DVS usando discos e CDs

O DVS (sistema vinil digital) é como o DJ digital originalmente fazia sua marca e explodia nas boates e quartos no mundo inteiro.

O que torna um equipamento DVS diferente é que, ao invés de usar um teclado e mouse para controlar e ajustar a reprodução da música no software, você pode usar toca-discos tradicionais (ou CD players) para fazer a mesma coisa, como a Figura 9-4 mostra. Se você usar um mixer nesse equipamento, a única vez em que precisará chegar perto do teclado ou do mouse do laptop será quando quiser selecionar a próxima faixa a tocar ou ativar algum efeito. Mesmo assim, com o mixer certo ou controladora adicionados, você poderá nem mesmo ter que fazer isso! (Veja a seção "Adicionando Controladoras" mais tarde.)

A opção DVS na Figura 9-4 é baseada nos discos ou CDs que tocam com discos de time code em uma placa de som especial. Se você tocar os discos através do mixer, não na placa de som, ouvirá um chiado alto — que é o sinal de time code.

FIGURA 9-4: Um equipamento DVS controlado pelo time code. Mostrado usando toca-discos, isto funciona igualmente bem com os CD players.

O software de DJ lê os discos de time code e combina-os com a música que você deseja tocar. Portanto, se você mover a agulha no disco um minuto e começar a tocar, a trilha carregada na unidade combinada no software começará a tocar em um minuto. Se você parar o disco, a música irá parar de tocar também ou se você tocar o disco para trás, a música tocando a partir do computador será tocada para trás.

LEMBRE-SE

Praticamente todo software que você pode usar em um equipamento DVS tem um som de emulação de vinil fantástico (usando CDs ou vinil), portanto, não apenas a música para de tocar ou toca para trás, ela parece ser exatamente igual, como se a música estivesse tocando em um disco, ao invés de um computador. Isto permite que os DJs que fazem scratch usem o software de DJ e o som criado é igual, como se eles estivessem usando um disco com música real, ao invés do som estridente do time code.

DICA

Se você pretende fazer scratch usando um equipamento DVS, poderá querer definir o modo reprodução para *Relativo*, ao invés de *Absoluto*. O Capítulo 17 tem mais informações sobre a diferença entre os dois modos, mas como o modo *Relativo* usa apenas as informações de controle para dizer ao software a rapidez com a qual você está tocando a música e em qual direção, isto significa que se a agulha pular da ranhura, o som que você está fazendo scratch não pulará como se estivesse no modo *Absoluto*.

Em um equipamento de DJ digital DVS, um mixer separado nem sempre é essencial porque você ainda pode usar o mixer embutido do software (se ele tiver um) para mixar a música. Mas a maioria dos DJs usa um mixer externo com seus CD players e/ou toca-discos, para que ele simule fielmente um equipamento de DJ tradicional.

Conexões e requisitos

Praticamente todo software de DJ que você pode comprar como um equipamento DVS usa uma placa de som específica designada pelo fabricante do software. Por exemplo, uso a interface de hardware Audio-8 (que é chamada de placa de som externa) quando trabalho como DJ com o Traktor Pro da Native Instruments, então, tenho que desconectar e conectar o Serato SL fabricado pela Rane ao usar o Serato para trabalhar como DJ. (Veja "Escolhendo o Software", posteriormente neste capítulo, para saber mais sobre as opções de software do DJ.)

Infelizmente, na maioria dos casos, você não conseguirá comprar apenas o software, uma placa de som barata e alguns cabos, então, usar seus toca-discos para tocar arquivos de música em seu laptop, embora o DVS MixVibes Cross seja uma exceção, tendo tal sistema. Porém, com grandes variações de preços entre os diferentes equipamentos DVS de DJ, você deverá conseguir encontrar um dentro de seu preço, portanto, felizmente as especificações rígidas do equipamento não se tornam um grande problema financeiro.

LEMBRE-SE

As conexões são importantes, mas podem parecer complicadas, com a placa de som externa agindo como uma junção entre os toca-discos, CD players, mixers e computador. Você conecta as saídas dos toca-discos (ou CD players) à placa de som (usando cabos RCA-RCA) e a placa de som ao computador via USB, que traduz os dados de código do tempo do CD ou do disco para controlar a reprodução da música no computador. Então, a música é enviada de volta para a placa de som e você conecta as saídas da placa ao mixer, com a saída do mixer enviada para um amplificador. Pode parecer confuso, mas assim que você executar a cadeia do que está acontecendo e vir o gráfico na placa de som, não será tão ruim!

Algumas placas de som têm duas entradas e duas saídas, portanto, você pode controlar e enviar apenas duas músicas do computador para o mixer usando essas conexões (como se tivesse conectado dois toca-discos ou CD players diretamente ao mixer tocando discos ou CDs normais).

As placas de som com quatro entradas e saídas permitem usar dois toca-discos e dois CD players (ou quatro de cada) ao mesmo tempo, controlando suas músicas em quatro aparelhos no software e mixando entre eles com um mixer de quatro canais. Isto abre grandes opções criativas!

LEMBRE-SE

Os fabricantes do software de DJ perceberam que você pode ter um grande acervo de CDs e discos normais, assim como um grande acervo digital de músicas, portanto, geralmente eles têm uma função ou cabos especiais que permitem ignorar o software para que você possa enviar a música dos discos e CDs reais diretamente para o mixer usado na mixagem. Se você quiser usar discos e CDs existentes em seus aparelhos de DJ, verifique se o software, hardware e cabos permitem fazer isso antes de gastar muito dinheiro apenas para inutilizar seu antigo acervo.

Adicionando Controladoras

Embora o DVS tenha aumentado os limites do DJ, as controladoras externas provavelmente são o lado mais veloz, popular e excitante do DJ digital agora.

Controladoras multifuncionais

Simplificando as conexões e as necessidades de equipamentos, as controladoras liberam você de contar com o teclado e o mouse para controlar o software do mesmo modo como faz o equipamento DVS, mas significa que você precisa apenas de um laptop, software e controladora.

Combinando o controle da reprodução, mixer, efeitos, controles de loop e sensores de inicialização para ter amostras, assim como a interface de áudio, essas controladoras são um modo muito conveniente e, algumas vezes, com bom custo-benefício para o DJ.

Ao invés de precisar de um sinal de código do tempo para controlar a música, a controladora tem um controle embutido sobre a música, portanto, não há nenhum risco de erros reais dos CDs ou do vinil pulando. Uma conexão USB ou MIDI (interface digital para instrumentos musicais) simples é tudo que é necessário para conectar a controladora — significando que o ninho de cabos que um DJ DVS tem atrás das mesas é algo do passado!

Diferentes marcas e modelos oferecem níveis diferentes de funcionalidade (e diferentes preços). As ofertas com preços menores de nomes como Numark, Reloop, Denon, Hercules e Pioneer, fornecem um nível total de controle acessível para reproduzir e mixar.

Até as controladoras mais caras têm um bom custo-benefício em comparação com comprar um equipamento DVS. Considere que dois toca-discos, um mixer e o software DVS (com interface de áudio) vencerão facilmente a barreira de $10.500 se você estiver comprando um bom equipamento e compare isso com gastar $7.000 ou menos em uma controladora de alto padrão da Pioneer, Reloop, Numark, Denon ou Native Instruments (como o Kontrol S4 mostrado na Figura 9-5). A maioria dos controladores vem com o software de DJ, dando total controle da mixagem por um preço menor (e exigência de espaço em uma cabine do DJ), em comparação com um equipamento DVS.

A maioria das controladoras permite adicionar outros dispositivos de entrada também, portanto, não apenas você pode tocar a música armazenada no computador, mas se alguém entregar a você um CD com uma música para você tocar, você poderá colocar no CD player (se tiver um) e mixar com a música tocada a partir do computador.

FIGURA 9-5: O Kontrol S4 MkII da Native Instruments funciona com o Traktor Pro também da Native para ajudar a controlar e criar uma mixagem incrível para qualquer gênero de DJ.

Colocando CD players e mixers no controle

Ao invés de usar discos ou CDs codificados pelo tempo para controlar a música tocando no software com um equipamento DVS, os CD players especiais da Pioneer, Denon, Numark e outros fabricantes conectam o software de DJ diretamente via USB para controlar a reprodução da música. Sem nenhum CD ou disco para tocar, a estabilidade e a segurança são 100% garantidas ao usar essas peças do kit, com coisas avulsas internas dentro dos próprios CD players fazendo todo o controle.

Você ainda precisa decidir se deseja usar o mixer interno no software de DJ (se houver um) ou um externo (sugiro usar um mixer externo) e precisa assegurar que seus CD players funcionem com o software que deseja usar. Os mixers mais caros, como o Pioneer DJM 9000 e o Xone:4D da Allen & Heath, adicionam outra camada de controle à reprodução e à mixagem ao usar o software de DJ, permitindo maior flexibilidade e aumentando as opções práticas para a criatividade.

Usar CD players com conexões USB acaba com muita confusão na conexão do equipamento. Um cabo USB por CD player conecta o computador para controlar a música no software e as saídas de áudio padrão dos CD players são enviadas para um mixer, no caso de você querer tocar um CD real. Você ainda pode precisar de uma placa de som para conectar a música do software ao mixer, mas, no geral, as conexões são quase tão complicadas quanto o método de conexão DVS.

Seu modo é o melhor... para você

A decisão de adicionar uma controladora ao seu equipamento de DJ é inteiramente sua. Se você puder criar uma ótima mixagem com o equipamento escolhido e adora usá-lo, então, é o certo para você.

O tipo de DJ que você é pode afetar o tamanho de seu equipamento. Os DJs de festa podem estar contentes com apenas um laptop; os DJs que trabalham em um bar e desejam um pouco mais de controle, mas ainda manter as coisas compactas, podem apenas adicionar um mixer ao laptop. Os DJs de boate provavelmente desejarão usar opções mais desenvolvidas, utilizando controladoras ou equipamentos DVS para terem total controle e desempenho.

Diferentemente das décadas anteriores nas cabines de DJ, você não encontrará um equipamento padrão nas boates. Onde costumava ser comum ter dois toca-discos Technics 1210, dois CD players CDJ-1000 MKIII da Pioneer e um mixer de alto padrão como os da Pioneer ou Allen & Heath nas grandes boates, quando se trata do DJ digital, você apenas aparece com seu computador e controladora, conecta o sistema de som e começa a mixar. As boates não fornecem a controladora — você sim (porém, a boate deve fornecer um modo simples de conetar o amplificador). Portanto, o mundo está aberto para você escolher o que *deseja* usar, ao invés de usar o que é informado a usar.

Como ocorre com todas as coisas relacionadas ao DJ, pesquise o máximo que puder e tente obter uma demonstração prática de qualquer equipamento antes de gastar dinheiro.

Escolhendo o Software

Escolha o título do software certo para si, dependendo de quanto dinheiro tem no bolso e quanto controle deseja ter sobre o software.

Software projetado para DJs

Desde títulos gratuitos, como Mixxx e Virtual DJ, até as opções caras padrão da indústria da Native Instruments, Pioneer e Serato, a maioria dos títulos de software de DJ digital tende a ter interfaces projetadas em torno da mesma configuração básica mostrada na Figura 9-1, anteriormente neste capítulo.

O que é adicionado ao design básico é o que separa os títulos do software de DJ dos outros. Um software muito básico tem apenas players (com controles do andamento do som e controle de início), um acervo, algumas vezes um mixer, sem efeitos, nenhuma tela com ondas para ajudar a encontrar as batidas na música e nenhuma opção para conectar uma controladora para controlar o software.

CAPÍTULO 9 **Bits e PCs: DJ Digital** 141

MANTENDO A SIMPLICIDADE COM O SOFTWARE JUKEBOX

Embora a maioria dos DJs queira usar um software específico de DJ, se você realmente não precisar ou quiser envolver-se muito na mecânica da mixagem, poderá configurar facilmente programas jukebox, como o iTunes, Windows Media Player ou SilverJuke, que oferecem níveis diferentes de controle.

Do ponto de vista do equipamento, esta é a configuração do DJ digital mais básica: apenas um laptop conectado a um amplificador. Carregue todas as suas músicas no programa jukebox de música, crie uma lista de reprodução da música que deseja tocar, ative qualquer opção crossfade que possa estar disponível para que as músicas se sobreponham um pouco (no iTunes, marque a opção "Crossfade Songs" em Playback preference), então, afaste-se. No caso do iTunes, ele cuida de tudo, deixa aleatória a ordem na qual as músicas tocam, mixa-as e até mantém o volume da saída geral igual, caso você ative a opção "Sound Check".

Por melhor que seja, a abordagem iTunes corre o risco de deixar muitos DJs sem trabalho quando os bares decidem que é mais barato e mais confiável ter um computador pré-carregado no fundo do bar tocando uma lista definida de músicas do que um DJ com opinião. Não deixe que esses gerentes de bar sejam um DJ melhor que você!

Contudo, as versões recentes do software atenuam esses problemas, com recursos que ajudam a criar uma mixagem de som fantástica. Até o Mixxx, o Virtual DJ e a versão gratuita do Zulu têm efeitos embutidos, sincronização automática das batidas e uma tela com ondas para ajudar nos pontos iniciais da mixagem e na combinação das batidas.

Considerando a sincronização automática das batidas

A sincronização automática das batidas é um recurso muito sedutor, lidando automaticamente com a mixagem para você e, algumas vezes, até encontrando os pontos de colocação perfeitos para que os compassos e as frases se combinem. Tudo é fácil demais para simplesmente deixar o software assumir o controle, portanto, tudo que você tem a fazer é mover o crossfader para mixar as músicas (e a maioria dos softwares pode assumir o controle disso também!).

CUIDADO

Se você fica ocupado adicionando efeitos, soltando amostras e fazendo um scratch alto, e deseja ter mais tempo para ser criativo removendo a mecânica de combinar as batidas, a sincronização automática das batidas será uma ferramenta útil. Se você não estiver fazendo nada disso e tiver muito tempo para combinar as batidas devidamente, mas sua confiança constante na sincronização automática das batidas significa que tudo o que você faz é mover o crossfader de um lado para outro a cada quatro minutos, você está fingindo que aprende uma grande habilidade. Você ainda é um DJ, mas sua confiança no software em fazer o trabalho pesado em seu lugar significa que se ele errar e você tiver que fazer sozinho, poderá estar prestes a ter dificuldades!

Na onda para ter ajuda

Uma *forma de onda* (mostrada na Figura 9-6) é uma representação visual da música. Quando a música é alta e potente, a forma de onda é maior; quando é mais silenciosa, é menor. Então, as batidas do ritmo (que são altas e potentes) aparecem como grandes picos agudos na forma de onda. Vendo a forma de onda e localizando onde estão esses grandes picos, você pode calcular quando as batidas do ritmo irão tocar. Por exemplo, na Figura 9-6, uma seção da música não tem batidas por um curto período, mas quando você vê os grandes picos, é quando as batidas começam a tocar.

FIGURA 9-6: A forma de onda de uma música no Traktor Scratch Pro — os picos são as batidas do ritmo.

As telas da forma de onda fazem mais do que deixar que você saiba o que acontecerá nos próximos segundos. Reduzindo e vendo a forma de onda inteira para uma música, você pode dizer onde a música muda em suas diferentes partes da estrutura. (Verifique o Capítulo 15 para saber mais sobre a estrutura de sua música.) Assim, você pode assegurar que a próxima música que deseja mixar começa no local correto para permitir uma colocação perfeita (veja Capítulo 16).

Os títulos do software, como Serato e Virtual DJ, ajudam a combinar as batidas mostrando as formas de onda de duas músicas tocando lado a lado ou uma sobre a outra. Os picos de diferentes frequências sonoras (do grave ao agudo) na música têm uma cor diferente na forma de onda, significando que você pode ver qual é a batida de bumbo e qual é a batida de bumbo/caixa/prato/baixo/tambor/ruído combinada. Ver como as cores mais parecidas na forma de onda tocam lado a lado quando você está ajustando o andamento do som da música mixada (a próxima que você deseja adicionar à mixagem) pode ajudar a revelar o mistério de qual música está tocando mais rapidamente que a outra. E quando picos com cores parecidas forem colocados lado a lado, você ouvirá que as batidas são combinadas, com as batidas do ritmo tocando ao mesmo tempo. É preciso acostumar-se, mas com um pouco de prática, é fácil fazer.

O encaixe perfeito foi demonstrado também, com a introdução de grades da batida. Dividindo a música em batidas e compassos usando grades da batida, o software pode adivinhar muito bem e sugerir partes adequadas das músicas a mixar. Nem sempre fica correto, portanto, o encaixe perfeito pode requerer um pouco de experimentação e certamente requer sua atenção, pois você ainda é o juiz para saber se as partes das músicas realmente tocam bem juntas.

A forma de onda e as grades da batida não são apenas para os DJs que combinam batidas: os DJs que fazem scratch aproveitam isso também. Você pode localizar a parte em que deseja fazer scratch vendo a forma de onda. Observando a forma de onda mover-se para frente e para trás enquanto faz o scratch, você pode assegurar que está voltando às seções corretas da parte. (O Capítulo 17 tem mais sobre o scratch.) E as grades da batida são um ótimo mapa para os DJs de malabarismo das batidas saberem onde estão em suas músicas.

Controlando as Decisões

O que pode fazer você escolher um software ou outro é como pode controlá-lo. O software que você pode controlar apenas com um mouse ou teclado pode ser bem difícil de usar com rapidez e criatividade, mas o software que permite usar controladoras ou até seus toca-discos ou CD players para tocar a música abre ótimas opções, criativamente e para o desempenho do DJ diante de um público.

A maioria dos softwares funciona com controladoras da Hercules, Behringer, Denon, Pioneer, Numark, Reloop e muitas outras, mas verifique primeiro antes de comprar o software e a controladora, apenas para assegurar.

Um número crescente de opções também permite que o controle DVS (veja "DVS usando discos e CDs" anteriormente neste capítulo). Os doissoftwares mais usados nos equipamentos DVS são o Serato DJ e o Traktor Pro. Como eles também são os softwares mais populares para usar com as controladoras DJ, ambos estão presentes nas pistas de danças e igualmente nos quartos.

Tenho o Serato DJ e o Traktor Pro, mas uso mais o Traktor por causa da funcionalidade aumentada. Diretamente, o Serato é projetado para scratch e mixagem com uma reprodução de música fácil de usar e confiável, e pacotes de expansão dando mais flexibilidade ao DJ. O Traktor Pro tem efeitos embutidos como padrão e oferece uma customização contínua para ajudar a configurá-lo para criar o melhor set que você puder. Investigue todas as opções de software antes de escolher sua favorita. Só porque uma pessoa gosta de determinado software de DJ não significa que você gostará também!

Animando a escolha do software

As soluções de DJ que simulam um equipamento de CD duplo são ótimas para os DJs tradicionais que desejam mixar uma música com outra, adicionar amostras, fazer scratch e adicionar efeitos à música, mas o Ableton Live (para o Mac OS e o PC) leva isso a um novo nível usando mais uma abordagem do sequenciador para montar a mixagem. Isto leva a mixagem no computador a um passo além, permitindo remixar qualquer música ao vivo durante a apresentação.

Você pode usar o Ableton Live em cada estágio do processo musical, portanto, você cria a música, então, apresenta essa criação para o público como um DJ. O software é tão versátil que você pode remixar as músicas feitas dinamicamente, ao vivo para o público, e adicionar instruções controladas por MIDI à mixagem, para criar um remix totalmente exclusivo e uma coleção de músicas que ninguém jamais ouviu ou poderá ouvir novamente.

Um conjunto inteiro de controladoras e opções está disponível para qualquer estágio do processo musical para o qual você usa o Ableton. Com interfaces de áudio e controladoras para criar música, mixer e interfaces de saída para controlar o Ableton para as apresentações do DJ, você não pode acusar ninguém de falta de estilo ao usar um computador com o Ableton e algumas controladoras anexadas. Verifique o `www.ableton.com` (conteúdo em inglês) para obter mais informações.

Explorando as Alternativas

Os enormes equipamentos de DJ digitais que incorporam dois CD players, dois toca-discos e um mixer ou um MacBook elegante e controladora poderão ser bons se você estiver esperando realizar um set grande e complicado, mas outras opções estão disponíveis, variando desde uma opção de DJ muito simples no iTunes até mixar com iPads, iPhones e dispositivos de MP3. Infelizmente, o *DJ Hero* no Xbox ou no PlayStation não são realmente DJ...

Técnicas de DJ com iPods, iPads e unidades USB

Se você quiser molhar os pés nas águas do DJ digital, mas realmente não deseja chegar ao ponto de carregar um computador com você, experimente estas alternativas.

DJ com HDs externos

Você pode usar de alguns modos diferentes os HDs externos que guardam milhares de arquivos de música.

Se você quiser carregar um laptop com você para trabalhar como DJ, poderá usar um HD externo para expandir o espaço de armazenamento. Se o HD interno tiver apenas 50GB de tamanho, você poderá armazenar cerca de 10.000

músicas. Adicionando um HD externo de 1TB (1.000GB), agora você poderá ter a capacidade de armazenar aproximadamente mais 200.000 músicas!

Não são apenas os DJs, usando o software de DJ, que podem ganhar com a expansão do armazenamento de músicas. Alguns CD players produzidos por fabricantes, como a Pioneer, Denon, Numark, Gemini e Reloop, permitem conectar uma unidade USB e tocar, controlar e (se aplicável) adicionar efeitos à música no HD, do mesmo modo como você tivesse colocado um CD no aparelho.

iBooth

Um iPod é, basicamente, apenas um HD externo. Contudo, o banco de dados do acervo de músicas pode torná-lo melhor do que um simples HD que tem 200.000 trilhas em uma pasta.

Você tem algumas soluções do iPod, com a mais básica usando dois iPods conectados a um mixer, mas como isso não permite mudar o andamento da música (que você precisa fazer ao combinar as batidas), não é a escolha ideal.

Os fabricantes de equipamentos de DJ têm proposto várias soluções para o DJ com iPods que variam desde uma conexão simples que usa o iPod exatamente do mesmo modo como um HD externo até conectar o iPod a um CD player, mixer ou controladora (como o Numark Mixdeck mostrado na Figura 9-7) para permitir o acesso ao acervo de músicas no iPod.

FIGURA 9-7: O Numark Mixdeck oferece uma solução digital para o DJ de iPod que trabalha como DJ digital.

CUIDADO

Existem algumas soluções do iPod por aí. Porém, se você quiser combinar as batidas, verifique se a que está vendo permite ajustar o andamento (velocidade) na qual a música toca no iPod. Sem essa função, você realmente terá problemas para combinar as batidas!

Mixagem em movimento

Os DJs não precisam mais ficar presos em uma cabine de DJ para mixar ótimas músicas. Os dispositivos portáteis do DJ e aplicativos (*apps*) nos smartphones

O FUTURO É BRILHANTE...

A inovação no mercado de controladoras de DJ move-se com rapidez — tão rapidamente que as controladoras de DJ desenvolvem-se rapidamente no mercado sem terem uma chance de padronização. Se um equipamento de DJ digital padrão nas cabines do DJ ainda pode ser visto, mas, é mais provável que o avanço no futuro seja combinar tudo junto. Porém, a desvantagem desse conceito será ao expandir ou mudar qualquer parte do equipamento. Mais cedo ou mais tarde, você desejará atualizar parte dele, mas se fizer isso, ainda terá partes originais também!

Em relação ao software, acho que as inovações conseguirão as habilidades de remixagem e o controle dos acervos de música. Organizar um acervo enorme de música pode ser difícil, portanto, um software que ajuda a gerenciar isso, ou até utiliza uma opção de assinatura de serviços de música para dar acesso a qualquer música escrita, poderá ser uma grande ajuda. Um software, como o Flow do pessoal na Mixed in Key, adota uma abordagem diferente quanto ao modo de ver a música para permitir que você remixe as faixas. Combinar isto com bancos de amostras e sensores de desempenho nas controladoras pode levar a algo maravilhosamente único e criativo.

Se você quiser ficar atualizado com o que está acontecendo no mundo do DJ digital, visite www.digitaldjtips.co.uk (conteúdo em inglês) — o cara responsável (Phil) é o editor técnico deste livro e o website é incrivelmente útil ao dar informações sobre o equipamento do DJ digital e as habilidades do DJ.

não substituirão a tradicional cabine do DJ, mas para apresentações de DJ pequenas, rápidas e divertidas, foram abertas as portas de vidro para deixar que o DJ se apresente fora da cabine.

Os aplicativos do iPhone/iPad e Android podem ajudar a escolher um restaurante, aumentar o menu, reservar um táxi para casa, então, seguir na ciclovia para ajudar a queimar as calorias no dia seguinte! Contudo, ainda melhor, se você pesquisar a App Store para seu produto, encontrará aplicativos que permitem simular a cabine do DJ.

Os aplicativos gratuitos, como o EDJing (veja Figura 9-8) e o Crossfader, estão disponíveis para o iPhone e iPad, permitindo mixar a música a partir de seu telefone/tablet — e os aplicativos pagos, como o Traktor DJ e o Djay da Algoriddim, fornecem a familiaridade de seus correspondentes maiores de software de computador em um iPhone ou iPad mais portátil.

Dividindo o som

A desvantagem de usar um smartphone ou iPad para se apresentar como DJ para um público é que ele tem apenas uma saída de áudio, à qual você normalmente conectaria os fones de ouvido. Sem uma ajudinha, é impossível ouvir

CAPÍTULO 9 **Bits e PCs: DJ Digital** 147

uma música nos fones de ouvido enquanto outra música está tocando nas caixas de som. Porém, a ajuda está à mão.

Alguns aplicativos têm uma configuração que permite usar um cabo especial para dividir a saída estéreo de seu smartphone/tablet em duas saídas mono: uma saída mono para a música que você está enviando para o amplificador e outra saída mono vai para os fones de ouvido. A desvantagem é que sua música não é mais estéreo, mas se fosse para ficar muito ansioso com o controle do som, provavelmente você não seria DJ com um iPhone em primeiro lugar!

FIGURA 9-8: O aplicativo EDJing para o iPhone.

Os aplicativos do smartphone não têm uma experiência completa de mixagem também. Os aplicativos que funcionam como contadores de batida por minuto, toca-discos virtuais simples (portanto, você pode adicionar um terceiro dispositivo e fazer algum scratch), aplicativos de produção musical e até controladoras, como o Serato DJ e o Traktor Pro, têm ajudado a transformar os smartphones em uma terceira mão que você precisa, algumas vezes, na mixagem.

DICA

Os aplicativos do smartphone são incríveis ao encontrarem uma música nova também. Se você estiver online, ouvindo a música da qual gosta e deseja conhecer os detalhes dela, aplicativos como o Shazam e o Soundhound podem ajudá--lo a informar o nome da música, artista e até remixar o que você está ouvindo. Adicionar esses resultados da busca a uma lista de outras ótimas músicas das quais você gosta significa que terá constantemente muitas músicas novas para buscar e ordenar.

Mantendo os olhos na essência

CUIDADO

Um último conselho se você estiver usando dispositivos portáteis para o DJ é assegurar que seu dispositivo esteja totalmente carregado. Se você não carregá-lo, será apenas alguém de pé no palco diante do público segurando um telefone, com uma expressão de pânico.

Você não pode nem mesmo telefonar para um amigo para pedir ajuda sem bateria...

NESTE CAPÍTULO

Descobrindo os recursos mais comuns do mixer

Vendo as opções avançadas disponíveis

Escolhendo o mixer certo para seu estilo de DJ

Mantendo seu mixer na condição perfeita

Capítulo 10

Agitando com os Mixers

Os mixers são uma raça muito exigente. Eles vêm com muitas funções e recursos, e podem manipular a música de muitos modos. Mas no final, os mixers só fazem o que você diz para eles fazerem.

Este capítulo explica como os controles vitais em um mixer funcionam e como se relacionam com seu estilo de mixagem do DJ. Entender isso define muito seu modo de comprar o mixer certo.

Familiarizando-se com os Controles do Mixer

Em sua jornada como DJ, você encontrará uma grande variedade de mixers. Alguns você já pode conhecer e outros nem mesmo viu antes. Se você compreender os recursos em um mixer e como usá-los, nunca pressionará sem querer o botão errado e cortará o som.

Bem, *nunca* pode ser uma palavra forte demais...

PAPO DE ESPECIALISTA

Entradas

O mixer comum do DJ aceita três métodos diferentes de entrada:

» Entradas **fono** para os toca-discos
» Entradas **mic** para os microfones
» Entradas de **linha** para o resto

Os mixers digitais profissionais também têm entradas S/PDIF, USB e FireWire para conectar as fontes digitais, como as controladoras digitais, CD players e placas de som do PC. Eles mantêm a música tocando com a melhor qualidade possível. Para obter informações sobre como conectar qualquer uma dessas entradas, vá para o Capítulo 13.

Entradas fono

Os discos são criados de um modo especial para colocarem todas as informações musicais no vinil. O mixer precisa traduzir o sinal que recebe do toca-discos de um modo completamente diferente em relação a um CD player ou qualquer outro dispositivo. Para permitir que o mixer saiba que tem um trabalho de tradução de vinil a fazer, use a entrada fono.

Entradas de linha

Os outros equipamentos (CD players, MP3 players, saída de áudio do computador, DVD player etc.) enviam um sinal de linha para o mixer. Quando você quiser utilizar qualquer um desses itens, usará a entrada de linha no mixer.

Em um mixer com dois canais, ambos os canais têm uma conexão com entradas de linha e fono. Isto significa que você pode conectar dois toca-discos e dois CD players a um mixer com dois canais e usar a chave de linha/fono para selecionar a entrada do CD player ou do toca-discos para qualquer canal.

Entradas mic

Assim como aceitam dispositivos de reprodução, como toca-discos e CD players, a maioria dos mixers também tem entradas XLR ou com tomadas de ¼ para conectar um microfone. Um volume separado e controle EQ (equalizador) são geralmente fornecidos para ajustar os graves, médios e agudos em sua voz, de modo que você possa parecer um grande orador para o público.

Diversos canais

Embora você possa ter dois toca-discos e dois CD players conectados a um mixer com dois canais, então, mudar de linha para fono, ter um canal para cada entrada é mais conveniente. Você também precisará de mais dois canais em seu mixer se quiser usar três CDs ou três toca-discos, pois não poderá conectar um toca-discos na entrada de linha ou conectar um CD player na entrada fono em um mixer.

Um mixer com três ou quatro entradas pode cuidar das necessidades da maioria dos DJs. Se você precisar de mais que quatro canais para usar todo o seu equipamento, talvez deva preocupar-se mais com as contas de luz do que com o lugar para conectar tudo!

Saídas

Os mixers básicos geralmente têm duas saídas, com os mixers melhores tendo pelo menos três saídas, como a seguir:

» A **saída principal** se conecta a um amplificador. A tela LED no mixer mostra a intensidade do sinal digital que você está enviando da saída principal para o amplificador. Quanto mais forte o sinal, menos você tem que aumentar o amplificador. Contudo, um sinal forte demais pode fazer o som distorcer porque o amplificador não consegue processá-lo devidamente.

» A **saída de gravação** é para enviar a música para um dispositivo de gravação, como um gravador de CD, gravador digital ou computador. Os LEDs de saída no mixer não têm nenhuma influência sobre a intensidade de um sinal enviado para o dispositivo de gravação nessa conexão. Apenas os atenuadores de canal (os atenuadores verticais) e o controle de ganho (que muda a intensidade do sinal que entra a partir dos toca-discos ou dos CD players) afetam a intensidade que um sinal envia para um dispositivo de gravação.

» A **saída de cabine (booth)** envia um sinal para uma caixa de som separada na cabine do DJ para que você possa ouvir a música também. Isto é fundamental em uma boate grande, onde as caixas de som principais ficam distantes. Se você for um DJ que combina as batidas, o atraso no som entre essas caixas e seus ouvidos pode dificultar a combinação.

Para saber mais sobre cada uma dessas saídas e como conectá-las aos destinos pretendidos, verifique o Capítulo 13.

Monitoramento UV da entrada

Seu mixer tem uma tela UV (unidade de volume) para mostrar a intensidade do sinal *saindo* do mixer. Uma melhoria importante deste recurso é a opção de verificar a intensidade do sinal *entrando* no mixer.

A tela de saída normal em um mixer tem duas linhas de luzes LED, uma mostrando a intensidade do lado esquerdo da música estéreo, outra mostrando o lado direito. Alguns mixers oferecem ao DJ a opção de mudar essa tela na linha esquerda de LEDs mostrando a intensidade de entrada do canal 1 e a linha direita exibindo a intensidade de saída do canal 2. Alguns, como a série de mixers DJM da Pioneer, têm uma linha separada de LEDs ao lado dos controles EQ de cada canal para mostrar a intensidade do sinal de entrada. Outros, como a série Xone da Allen & Heath, têm LEDs ao lado dos atenuadores de canal. Ambos os designs da Pioneer e da Allen & Heath deixam a tela de saída principal sempre mostrando a intensidade do sinal que você está enviando do mixer.

Crossfaders

O *crossfader* (veja Figura 10-1) é um controle deslizante horizontal simples que permite mudar rapidamente a música tocada no mixer, de um dispositivo de entrada para outro, sem mexer nos atenuadores de cada canal. É parecido com o controle no chuveiro que permite ajustar quanta água quente e fria sai. Você pode ter apenas a fria, apenas a quente e muitas, muitas combinações diferentes intermediárias.

FIGURA 10-1: Um crossfader em um mixer.

Depois de ter se secado completamente, vá para seu equipamento de DJ. Para explicar como um crossfader funciona, imagine que a música A esteja tocando no canal 1 em um mixer com dois canais (geralmente o toca-discos ou CD player posicionado no lado esquerdo do mixer) e a música B esteja tocando no canal 2 (no lado direito do mixer).

Com o crossfader posicionados bem à esquerda, você ouvirá apenas a música A. Quando o crossfader estiver totalmente à direita, tudo o que ouvirá será a música B.

Contudo, o crossfader é útil quando está em qualquer lugar no meio. Se o crossfader estiver no meio, a saída do mixer será as músicas A e B, e se o crossfader estiver à esquerda no meio, você ouvirá mais da música A do que da música B (e vice-versa).

PAPO DE ESPECIALISTA

O quanto mais alta é a música A em relação à música B é ditado por algo chamado de *curva do crossfader*. A curva do crossfader controla a rapidez com a qual a música fica mais alta enquanto a outra fica mais silenciosa quando você move o crossfader de um lado para outro. As figuras a seguir mostram algumas curvas comuns do crossfader que você encontrará. A Figura 10-2 mostra uma curva simples do crossfader.

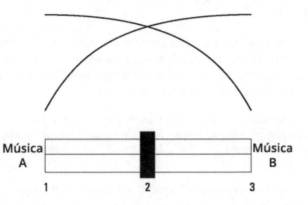

FIGURA 10-2: Uma curva simples do crossfader.

Na Figura 10-2:

» Na posição 1 marcada no crossfader, o canal 1 é total e o canal 2 está em silêncio.

» Na posição 2, as duas músicas estão tocando em cerca de 90% de seu volume mals alto.

» Na posição 3, o canal 2 está no volume mais alto e o canal 1 está em silêncio.

A curva do crossfader na Figura 10-3 ajuda a evitar que as duas músicas fiquem altas nas caixas de som simultaneamente perto do volume total:

» Na posição 1, o canal 1 é total e o canal 2 está desligado.

» Na posição A, o canal ainda é total; o canal 2 está começando a entrar (tocando em cerca de 10% de seu volume total neste estágio).

» Na posição 2, as duas músicas estão em 80% de seu volume normal.

» Na posição B, o canal 2 agora está tocando em volume total e o canal 1 está tocando em 10% do volume.

» E na posição 3, o canal 2 está tocando em volume total, com o canal 1 em silêncio.

CAPÍTULO 10 **Agitando com os Mixers** 153

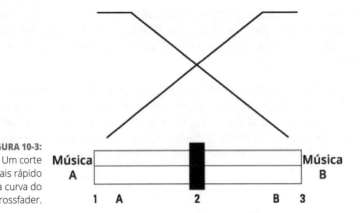

FIGURA 10-3: Um corte mais rápido na curva do crossfader.

Embora a curva seja parecida com o primeiro exemplo, a linha reta nesta "curva" introduz gradualmente uma música enquanto remove a outra, ao passo que a curva com descida rápida no primeiro exemplo mantém as músicas tocando juntas por mais tempo em um volume mais alto.

A Figura 10-4 mostra a curva do crossfader preferida por muitos DJs que fazem scratch devido à velocidade na qual é possível inserir (tornar audível) a segunda música em volume total:

» A posição 1 mostra o canal 1 tocando em volume total e o canal 2, desligado.
» Na posição A, os dois canais estão tocando em volume total e apenas foi necessária uma pequena quantidade de movimento do crossfader para isso.
» Esta situação fica constante até a posição B.
» Na posição 3, o canal 2 tem volume total e o canal 1 foi removido.

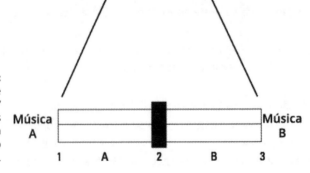

FIGURA 10-4: A curva de "scratch" mais imediata para o crossfader.

Você também pode obter uma curva em X reta, que diminui uma música enquanto introduz a outra exatamente na mesma proporção no movimento. Se a música A estiver tocando em 10%, a música B estará em 90%; se a música A estiver em 73%, a música B tocará em 27% etc. (Provavelmente, esta será a curva do crossfader do controle do chuveiro também.)

Vários mixers têm apenas um tipo de curva do crossfader, mas a maioria dos mixers de médio a alto valor tem controles que permitem mudar a curva.

Atenuadores de canais

PAPO DE ESPECIALISTA

Os *atenuadores de canais* são atenuadores para aumentar e baixar que controlam a altura do som da música que sai do mixer quando o crossfader está totalmente definido em um lado, permitindo a total potência de um canal para tocar.

Fazendo outra visita ao seu banheiro, considere os atenuadores de canais como as torneiras no chuveiro. Mesmo que o misturador de água (o crossfader) esteja definido para permitir a saída apenas de água fria, se você não girar a torneira de água fria, nada sairá. Portanto, embora o crossfader permita misturar as águas quente e fria para ter a temperatura certa no chuveiro, os atenuadores de canais controlam quanta água quente e fria está disponível para misturar em primeiro lugar.

Voltando à cabine do DJ, a capacidade de variar o volume dos dois canais, assim como mixar com o crossfader, fornece um controle muito preciso da mixagem. Se você usar os atenuadores de canais junto com o crossfader em seus extremos, terá o tipo de curva mostrado na Figura 10-5.

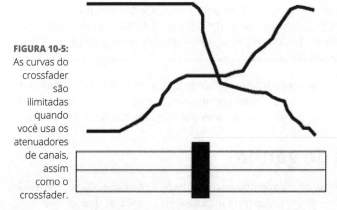

FIGURA 10-5: As curvas do crossfader são ilimitadas quando você usa os atenuadores de canais, assim como o crossfader.

O Capítulo 16 cobre como usar os atenuadores de canais para ajudar suas mixagens parecerem profissionais.

EQs e cortes

Os controles *EQ* (*equalizador*) em um mixer permitem controlar três faixas de frequência amplas: alta (agudos), média (médios) e baixa (graves). A quantidade de mudança é medida em decibéis (abreviado como dB) e embora os mixers permitam aumentar as faixas EQ em 12 dB ou mais, a quantidade que eles conseguem é realmente mais importante para o DJ.

PAPO DE ESPECIALISTA

O controle comum para ajustar os EQs é um botão giratório chamado *pot* (abreviação de *potenciômetro*), que vai até o final à esquerda (reduzindo uma frequência escolhida) e até a direita, que aumenta a frequência. Em geral, definir o controle totalmente para a esquerda envolve uma definição de *corte* que remove completamente essa faixa de frequência da música. Portanto, quando você corta o grave de uma música, tudo o que ouve são pequenos *pratos* (os sons *tchsss tchsss* feitos pelos címbalos em uma bateria) e *frequências médias* (que têm vocais e a melodia principal de uma música).

Esses EQs permitem que a música tocada pareça ótima; se o baixo estiver alto demais nas caixas de som, você poderá reduzi-lo usando o EQ do grave e se a música parecer um pouco aguda, reduzir os controles agudo e médio poderá corrigir o problema.

Com exceção do processamento do som, os EQs são fundamentais para o DJ que faz mixagens contínuas e que deseja a transição (mixagem) entre as músicas o mais suave possível. Se você tiver oportunidade de estudar de perto DJs como, Paul Oakenfold, Tiësto e Sasha, verá o quanto eles usam os EQs para ajudar em suas mixagens.

Além de um controle deslizante, alguns mixers têm uma *chave de corte*, que remova instantaneamente uma frequência selecionada. A diferença entre um potenciômetro do EQ e uma chave de corte é que um EQ ajustável permite que o DJ varie a quantidade de frequência para cortar apenas um pouco da faixa inteira, ao passo que uma chave de corte remove instantaneamente uma frequência ao pressionar o botão e retorna-a quando pressionado de novo. Não há nenhuma área intermediária!

O Capítulo 16 tem uma seção inteira dedicada ao uso dos EQs e das chaves de corte para ajudar a produzir mixagens contínuas e como usá-las com criatividade também. O Capítulo 21 tem uma seção sobre o processamento do som com EQs.

Controles de ganho

Um *controle de ganho* não é apenas outro controle de volume. Os controles de ganho não devem ser vistos como um modo de afetar o volume que *sai* do mixer; veja-os puramente como um modo de afetar a música que *entra* no mixer.

Se o LED no nível da entrada para o canal 1 estiver em 0 dB, às vezes piscando na área vermelha de +3 dB, e os LEDs do canal 2 mostrarem que o sinal de entrada está bem abaixo de 0 dB, você usará o controle de ganho para aumentar o nível de entrada do canal 2 para combinar com o canal 1. Se você mixar do canal 1 para o canal 2 sem combinar os níveis de entrada, notará uma queda no volume, mesmo com os dois atenuadores de canais colocados com total volume. Os controles de ganho (e os LEDs no nível da entrada) permitem ter o nível certo no estágio de entrada, ao invés de entrar em pânico no estágio de saída, quando é tarde demais.

CUIDADO

Se o EQ do grave estiver ajustado para cortar ou encerrar ao verificar o nível de entrada do canal, ele poderá parecer muito mais fraco do que realmente é. Neste caso, se você aumentou o ganho para combinar com a outra música que toca atualmente, quando mixar essa música e voltar as frequências do grave para a música, ela será tocada alto demais. Isso pode danificar as caixas de som e deixar as pessoas descontentes na pista de dança porque o volume pode ser excessivo. Os Capítulos 16 e 19 contêm mais informações sobre como usar os controles de ganho para ajudar a manter um volume igual na mixagem.

Monitoramento dos fones de ouvido

A seção dos fones de ouvido no mixer é simples, mas extremamente importante. O plugue do fone de ouvido em um mixer é uma tomada de ¼ (P10), portanto, se você estiver usando uma minitomada (P2) (parecida com aquela na extremidade dos fones de ouvido do iPod), precisará de um adaptador de minitomada para uma tomada de ¼. Conecte os fones de ouvido no plugue da tomada de ¼ e use o controle de volume do fone (que você não precisa colocar em volume total) junto com os controles da mixagem para ouvir os canais individuais em seu mixer (ou alguns juntos ao mesmo tempo).

Os controles de mixagem do fone de ouvido têm duas funções e permitem:

» Escolher o que toca em seus fones de ouvido
» Controlar como você ouve a música em seus fones de ouvido

Cada canal no mixer tem um botão de *seleção* ou *PFL* (escuta preferencial). Quando você pressiona o botão, pode ouvir a música desse canal em seus fones de ouvido, sem precisar tocá-la nas caixas de som principais.

O uso mais básico, também mais essencial, dos fones de ouvido é encontrar o ponto inicial da próxima música que você deseja tocar (chamado de *início*). Mas os DJs que combinam as batidas também usam os fones de ouvido para assegurar que as batidas nas duas músicas estejam tocando ao mesmo tempo. Combinar as batidas é o conceito fundamental do DJ com dance music. Vá para o Capítulo 14 para descobrir como os DJs usam os fones de ouvido para ajudar a combinar as batidas e como os seguintes modos de ouvir música nos fones de ouvido podem dar mais controle sobre o processo de combinação das batidas:

» A seleção **no fone de ouvido** permite tocar as duas músicas em estéreo nos fones de ouvido e um mini crossfader ou botão giratório dá controle sobre a altura na qual cada música toca acima da outra (exatamente como um crossfader, para fones de ouvido). A seleção no fone de ouvido é especialmente útil porque você pode usá-la para verificar como as duas músicas ficam tocando juntas e se suas batidas realmente estão tocando no ritmo, antes de deixar a pista de dança ouvir.

» A seleção **dividida** envia um canal selecionado para o fone esquerdo dos fones de ouvido e outro para o fone direito (como se você estivesse ouvindo uma música nos fones de ouvido e tivesse um ouvido na pista de dança). A seleção dividida é mais segura quando você não tem um monitor (caixa de som) na cabine do DJ e o atraso no som nas caixas da pista de dança dificulta verificar se as batidas do ritmo estão tocando ao mesmo tempo.

» **Sem enfeites:** Alguns mixers não oferecem uma seleção de fone de ouvido dividida para ajudar. Neste caso, pressionar a seleção ou PFL tocará a música em seu nível de ganho definido nos dois ouvidos. Portanto, se você pressionar o botão de seleção no canal 1 e no canal 2, os dois tocarão em seu volume máximo. Você *poderia* usar o controle de ganho para reduzir um dos canais e simular a mixagem do fone de ouvido, mas há o risco de que esqueça de ajustar o ganho de volta para onde ele deveria estar e quando for mixar a música, ela estará silenciosa.

Controles de balanço e panorâmicos

O *controle de balanço* altera de qual caixa vem o som. Quando o controle está à esquerda, a música vem apenas da caixa de som à esquerda; o inverso ocorre para o lado direito; e quando o controle está no meio, a música vem das duas caixas de som, muito parecido com o balanço em seu estéreo doméstico.

Contudo, alguns mixers têm controles de balanço (algumas vezes chamados de controles *panorâmicos*) em cada canal, ao invés de um controle que afeta a saída principal do mixer. Por que você deseja controles de balanço em cada canal? Algumas vezes (por exemplo), se você tiver um canal colocado até o final à esquerda e outro até o final à direita, e colocar o crossfader no meio, o efeito de ter uma música tocando em um ouvido e outra no outro poderá parecer realmente bom (se você escolheu as músicas certas e as duas batidas do baixo estiverem tocando no mesmo ritmo). Esse recurso funciona bem com as batidas simples, especialmente se você muda sempre as definições do balanço durante o set.

Hamster switch

Os mixers usados pelos DJs que fazem scratch geralmente têm um *hamster switch*, que inverte o controle do crossfader (mas os atenuadores de canais ficam iguais). Portanto, ao invés de ouvir o canal 1 quando o crossfader está todo à esquerda, agora você ouve o canal 2 e vice-versa. Verifique o Capítulo 17 para ter mais informações sobre o scratch — e por que o hamster switch tem um nome tão estranho.

Controles para bater e transformar

Se você tiver o crossfader completamente no canal 2 (que chamo de *isolado no canal 2*), pressionar o botão para *bater* muda a saída para o canal 1 até ser liberado. Contudo, note que alguns mixers não levam em conta onde você deixa os atenuadores de canais, apenas onde define os controles de ganho, portanto, defina esses controles de ganho devidamente, do contrário, poderá ter uma grande queda (ou elevação) no volume quando bater no outro canal!

Os *controles para transformar* foram desenvolvidos como um avanço para a técnica de usar a chave de linha/fono para inserir e retirar um canal da mixagem (ouvindo rapidamente, então, sem ouvir). Ao usar um toca-discos, mova essa chave para a linha e a música sumirá (para o CD, mova para fono). O problema é que você geralmente ouve um som de clique ou estalo quando move a chave, portanto, os controles para transformar foram desenvolvidos para fazer o mesmo, mas não irão estalar nem clicar quando você usá-los. (O botão para bater fará o mesmo que os controles para transformar se nada estiver tocando no outro canal.)

Efeitos embutidos

Embora alguns mixers ofereçam efeitos sonoros, como sirenes e cornetas, realmente não disponho desse tipo de efeito. Ao invés de usar um processador de efeitos externo, alguns mixers têm efeitos embutidos, tais como, efeitos de flanger eco, distorção, delay, transformador, filtros de corte de frequências, loop e reverberação, para cada canal ou saída principal. Esses efeitos são uma ótima maneira de adicionar um novo som à música ou durante a transição entre as músicas.

Os efeitos mais comuns encontrados nos mixers são os seguintes:

» O **delay** repete uma parte selecionada da música enquanto o resto dela ainda está tocando. Especialmente útil ao repetir frases musicais rápidas na partes mais silenciosas das trilhas ou para dobrar as batidas do ritmo para tocar três batidas onde apenas duas tocariam normalmente.

» O **eco** é parecido com o recurso de delay, exceto que a música desaparece ao repetir para criar um efeito de eco. Útil novamente nas partes mais silenciosas da música (ou no finalzinho de suas músicas de DJ).

» O **panorama automático** (auto pan) troca a música da caixa de som esquerda para a direita (e de volta).

» O **transformador** insere e retira o som inteiro na velocidade definida — um bom modo de criar um efeito picotado quando a música se intensifica ou durante um scratch. (Veja o Capítulo 17 para saber como realizar uma transformação manualmente.)

» O **misturador de batidas/giro** grava as batidas e toca-as em uma duração definida. Isto significa que você pode repetir as batidas sempre ou se definir a duração para uma quantidade curta (um quarto de batida ou menos), poderá gerar várias batidas na música, mesmo que não haja uma — um ótimo efeito (embora facilmente usado em excesso) para criar um crescendo de uma parte da música para outra! (Veja o Capítulo 16 para saber mais sobre a mixagem criativa.)

CAPÍTULO 10 **Agitando com os Mixers** 159

» Os **filtros** de grave ou de agudo manipulam as frequências do som da música para alterar sua qualidade tonal, removendo uma série de frequências. Contudo, usar os filtros não é o mesmo que usar os EQs no mixer para encerrar e substituir as frequências porque um som específico também é acrescentado.

Se você alguma vez foi à praia e segurou uma concha no ouvido, o som de ressonância do ambiente ouvido na concha é parecido com o efeito quando os filtros removem as frequências na música. É como se a concha tivesse um pequeno caranguejo DJ dentro dela...

Dependendo do mixer, você pode aplicar o efeito de filtro de uma ou duas maneiras. Uma maneira é mover para dentro e para fora, — removendo, então, recolocando as frequências em um período definido de tempo — mas alguns mixers permitem selecionar uma faixa de frequências, selecionar a força do efeito de remoção e ressonância, então, ficar nesse estado até que o filtro seja desativado ou alterado.

» O **flanger** fazem um som de esguicho, como tocar música por meio de um motor a jato, pois ele sobe e desce, enquanto mantém a faixa total da frequência (e geralmente aumenta as frequências do médio) da música. O efeito mais usado (mas realmente é legal na primeira vez que você o utiliza!).

» O **phaser** é o que aconteceria se os flangers e os filtros tivessem um bebê. Ele insere o som de esguicho do motor a jato do flanger, mas adiciona um efeito de filtro também, algumas vezes parecido como se saísse de uma nave espacial dos anos 1960!

» A **reverberação** adiciona repercussão à música, portanto, parece que você está tocando em um grande salão. Ative em força total e o som será como ouvir música dentro de banheiros em uma boate.

» O **transformador de andamento do som** muda a velocidade da música — útil para tentar combinar o andamento do som de outra música, mas os mixers variam sua capacidade de fazer isso bem.

Você encontrará outros efeitos quando sua experiência com outros mixers aumentar (e se você for um DJ digital, a paleta de efeitos disponíveis será enorme, dependendo do software usado).

Envio e retorno de efeitos

O envio e retorno dos efeitos permitem enviar apenas um canal do mixer para um processador de efeitos externo para adicionar qualquer efeito maravilhoso desejado, então, ele é retornado para o mixer em menos de um piscar de olhos para você usar no set. Ao mesmo tempo, os outros canais no mixer não são afetados. Você pode encontrar uma descrição detalhada das conexões de envio e retorno com um processador de efeitos no Capítulo 13.

Samplers embutidos

Os samplers são ótimos porque permitem obter uma pequena amostra vocal ou alguns compassos de batidas em uma música e estender ou introduzir uma mixagem tocando essas amostras. Os mixers do DJ com samplers embutidos podem gravar pequenas amostras; para algo maior, você precisará comprar um sampler separado.

Um exemplo de como você pode usar um sampler é com a música "Nighttrain" dos anos 1990 de Kadoc. Bem no início do disco, James Brown diz: "Todos a bordo do trem noturno". Gravando essa amostra vocal no sampler e tocando-a algumas vezes antes de iniciar o set, você cria uma antecipação do que está por vir. Eu costumava fazer isso com um scratch (veja o Capítulo 17 para saber como), mas o sampler tornou muito mais fácil e simples de fazer.

DICA

Os melhores samplers têm controles de loop, nos quais a amostra obtida tem um loop contínuo sempre, significando que você pode realmente estender o set. Um bom uso dessa técnica é gravar quatro compassos de batidas no sampler e fazer um loop deles para estender a saída de uma música ou adicionar batidas sobre uma interrupção para manter a energia fluindo na pista de dança.

Contadores de batida embutidos

Os *contadores de batida* dão uma tela visual de quantas batidas por minuto (bpm) estão tocando em uma música. Dois mixers de canais com contadores de batida embutidos podem ter um contador para cada canal. Diversos mixers de canais podem ter um contador para cada canal ou dois contadores que você pode atribuir (escolher usar) a qualquer canal desejado. Isso pode ser útil para os DJs que combinam as batidas. Comparando visualmente as batidas por minuto de duas músicas, você sabe o quanto aumentar ou diminuir a velocidade da próxima música para combinar as batidas por minuto de uma que toca atualmente.

Um contador de batidas que mostra as batidas por minuto em um ponto decimal (por exemplo, 132,7 bpm) é mais preciso do que um que mostra apenas números inteiros. Se uma música estiver tocando em 131,6 bpm e outra estiver em 132,4, e o contador simplesmente arredondar os números mostrando-os como 132 bpm, estará errado em 0,8 bpm, que é uma diferença enorme ao combinar as batidas.

CUIDADO

Os contadores de batida poderão ser uma ajuda real se você for iniciante, permitindo que entenda o que está acontecendo com as batidas e treine os ouvidos para medir quando uma música está rápida ou lenta demais, mas também podem ser um obstáculo real. Se você consultar um contador de batidas quando desenvolver suas habilidades de combinação de batidas, precisará de disciplina para *não* contar com ele. Do contrário, na primeira vez em que usar um mixer que não tem um contador de batidas (o que será frequente nas boates) e tiver que combinar as batidas usando apenas os ouvidos, achará muito difícil e possivelmente terá problemas com a mixagem!

Indicadores de luz da batida

Os *indicadores de luz da batida* são pequenas luzes LED que piscam no ritmo com a batida da música. Vendo as luzes nas duas músicas piscando juntas (ou não), você pode dizer se as batidas estão tocando no mesmo ritmo.

Os indicadores de luz da batida são muito bons de observar no escuro, mas pessoalmente acho que são bem inúteis quando comparados com os ouvidos.

Controles MIDI e USB

Embora o *MIDI* (interface digital para instrumentos musicais) possa conectar um mixer a um processador de efeitos, permitindo ter controle sobre como você ativa esses efeitos, a maior aplicação do controle MIDI e das conexões USB é o modo como eles ajudam a controlar os vários aspectos do software de DJ digital em um computador diretamente a partir do mixer do DJ.

Usando essas conexões, você pode inicializar amostras, controlar efeitos, reproduzir e localizar pontos iniciais da mixagem no mixer, ao invés de usar o mouse e o teclado (ou outro equipamento separado). As capacidades do MIDI e do USB em um mixer de DJ aumentam com cada novo equipamento lançado e ficam limitadas apenas pelos recursos do software.

Escolhendo o Mixer Certo

Diferentes mixers são adequados para diferentes tipos de DJs. Se você estiver querendo gastar muito dinheiro em seu mixer, verifique se está comprando um com as funções certas, dependendo de seu estilo de mixagem.

DJ de mixagem contínua

Esses DJs precisam de um mixer que ajuda a toda mixagem parecer perfeita, controlando os níveis do som e as frequências de cada música quando elas se misturam.

Se você for um DJ de mixagem contínua, os recursos importantes que precisará em um mixer são:

» EQs para controlar totalmente o som de cada música, com a capacidade de cortar ou encerrar as frequências para ajudar a ordenar a mixagem.

» Vários canais para que possa usar mais de dois CD players, MP3 players ou toca-discos ao mesmo tempo.

» Monitoramento do fone de ouvido, que precisa ser o mais completo possível, com seleção do fone de ouvido e seleção dividida, ideal, para quando não houver nenhum monitor (caixa de retorno) disponível na cabine do DJ.

> » Medição fácil de usar (e ver), que mostra a potência do nível de entrada, assim como o nível de saída do mixer.
>
> » Contadores de batidas e efeitos embutidos que, embora não sejam essenciais, são uma ótima ferramenta para o DJ contínuo.

Os melhores mixers são bem grandes, com os controles separados para não correr o risco de pressionar sem querer algo, caso os controles estejam espremidos juntos.

DJ com scratch

Os DJs que fazem scratch precisam cortar e mudar de uma faixa para outra usando um crossfader deslizante no mixer.

Embora os DJs que fazem scratch possam usar os mesmos mixers dos DJs de mixagem contínua, os *mixers de batalha* são designados especialmente para o scratch. Com apenas dois canais, eles usam bem o espaço para permitir que o DJ controle sem obstrução os atenuadores de canais e um crossfader robusto e fluido.

Embora não sejam, de forma alguma, essenciais, os controles extras, como os botões para bater e transformar junto com os hamster switches e os controles de curva do crossfader, estão tornando-se ferramentas padrão para o DJ que faz scratch. Você pode encontrar efeitos embutidos e contadores de batidas em muitos mixers de scratch, embora eu ache que fracassaria se tivesse que usar muito todos eles e o scratch ao mesmo tempo!

O design do mixer de batalha é tão importante quanto os recursos que ele oferece (veja Figura 10-6). Como os controles mais importantes em um mixer de scratch são o crossfader e os dois atenuadores de canais, esses três controles ocupam muito espaço e são mantidos sem obstruções. Para tanto, a entrada do fone de ouvido fica localizada na frente do mixer (geralmente junto com o ajuste da curva do crossfader), portanto, não fica no local onde você baterá com suas mãos um belo dia!

FIGURA 10-6: O Vestax PMC-05ProIV. Note a entrada do fone de ouvido à direita, na frente do mixer.

CAPÍTULO 10 **Agitando com os Mixers** 163

LEMBRE-SE

A parte mais importante de qualquer mixer de batalha é o crossfader e como ele funciona. Como você faz muitos movimentos rápidos com o atenuador quando faz scratch, qualquer resistência no crossfader não é algo bom, portanto, você precisa ter um crossfader o mais macio e fluido possível.

Fazer scratch é incrivelmente danoso ao crossfader, por isso é preciso que ele seja durável e substituível (ou pelo menos limpo até que você possa ter um novo crossfader). Os novos designs de crossfaders sem contatos, ótico e magnético de fabricantes, como a Rane e Stanton, estão aumentando a vida útil, durabilidade e facilidade de uso do crossfader. Mas não se preocupe, o crossfader padrão em um mixer de batalha é bom o bastante para desenvolver as habilidades básicas.

DJ com efeitos

Os DJs com efeitos não estão felizes com o som das músicas como os produtores originais pretendiam; eles desejam a opção de adicionar uma série de efeitos diferentes à música, criando um novo som exclusivo para a performance.

Os EQs e o design do mixer da boate para o DJ de mixagem contínua são perfeitos para o DJ de efeitos, embora o DJ de efeitos requeira com frequência mais do que os efeitos embutidos disponíveis no mixer da boate.

Neste caso, a função de envio e retorno no mixer pode ser especialmente importante, pois permite a você, como um DJ de efeitos, enviar canais individuais para um processador de efeitos e acrescentar qualquer efeito desejado sem afetar a saída inteira do mixer.

Contudo, o DJ de efeitos provavelmente está adotando hoje em dia mais o processamento de efeitos embutidos no software em um equipamento do DJ digital do que usando um processador de som externo. Neste caso, um mixer com capacidade MIDI ou uma conexão USB designada para o software do DJ digital é uma ótima vantagem criativa, dando um acesso instantâneo aos efeitos no software e um controle melhorado na reprodução da música.

DJ de rock/festa/casamento

Os DJs de rock e festa usam os mixers como um meio de mudar entre uma faixa de diferentes estilos de música. Muitos DJs criativos por aí, tocando esse tipo de música, requerem recursos parecidos com os usados pelo DJ contínuo e de efeitos, mas um grande número de DJs se importa mais com a música e querem apenas conseguir mudar de uma música para outra. Assim, um mixer caro e com recursos não é requerido para a maioria dos DJs de festa. Vários canais poderão ser úteis se você quiser usar mais de dois CD players, MP3 players ou toca-discos, mas normalmente um equipamento simples, que requer dois ou três canais de entrada, é mais do que suficiente.

Controlar o som usando EQs ao mixar de uma música para outra, para que fique contínua, não é um recurso tão importante para o DJ de festa em comparação com o DJ de batidas. Contudo, os EQs podem ajudar a retirar o grave ou adicionar algumas altas frequências quando você está tentando superar o som ruim em diferentes tipos de eventos. Um EQ global que afeta a saída inteira do som provavelmente é suficiente, mas você pode querer considerar a opção de mudar o som de cada música tocada; neste caso, precisará de EQs para cada canal no mixer.

Os controles EQ no microfone são importantes para ajudar a regular o som da sua voz quando você fala por cima da música, permitindo-o falar com clareza.

DICA

Não é preciso dizer que o microfone usado deve ter uma boa qualidade em primeiro lugar. Um dos microfones de trabalho pesado (em minha opinião), que você nunca errará ao comprar, é o Shure SM58; ele é ótimo, simples de conectar e quase indestrutível (entretanto, não precisa provar que eu estou errado).

Os contadores de batidas embutidos são tudo, menos redundantes, porque as listas de músicas de rock e festa têm batidas por minuto que variam muito. Desde a "Delilah" com 64 bpm de Tom Jones até a "Livin' la Vida Loca" com 178 bpm de Ricky Martin, a variação é tão grande que é praticamente impossível combinar suas batidas! Verifique o Capítulo 16 para ver um bom truque sobre como lidar com isso.

Quanto aos efeitos embutidos, com exceção de usar o efeito de reverberação em sua voz ao falar para as pessoas na pista de dança, eles não serão muito úteis para muitos DJs. Embora eu adore ouvir um efeito phaser operando em "Build Me Up, Buttercup"...

Consertando Seu Mixer

Embora seu toca-discos ou CD player seja uma parte do equipamento com as partes mecânicas mais móveis, a parte que provavelmente terá problemas primeiro — se você não o mantiver limpo e tratá-lo bem — é seu mixer.

Você precisa ver duas coisas para manter seu mixer devidamente funcionando. Limpe toda a sujeira dos controles giratórios, limpe e lubrifique os atenuadores.

Você precisa das seguintes ferramentas para limpar devidamente seu mixer:

- » Uma lata de ar comprimido
- » Lubrificante (prefiro o spray baseado em Teflon, que deixa uma película de proteção contra sujeira)
- » Uma chave de fenda

CAPÍTULO 10 **Agitando com os Mixers** 165

Siga estas etapas para limpar seu mixer:

1. **Se você puder, retire os botões dos controles giratórios no mixer.**

   Retire-os ao mesmo tempo, coloque-se ao lado do mixer e disponha-os na ordem em que saíram para que você possa recolocar cada botão de volta no controle ao qual pertence.

2. **Pulverize em torno de cada controle com ar comprimido para soprar qualquer poeira que possa estar presa neles.**

   Você pode também limpar o mixer com cuidado com um tecido sem fiapos para remover qualquer partícula de poeira teimosa depois de pulverizar.

3. **Se você tiver um mixer que permite remover os atenuadores de canais e o crossfader, use uma chave de fenda para retirá-los, um de cada vez (portanto, não misture onde devem ser recolocados).**

   A sujeira que pode ter entrado pode causar estalos e *vazamentos* (ouvir a música em silêncio quando ela deve ser silenciosa). Para limpar a poeira e sujeira, sopre ar comprimido em cada fenda no atenuador. Então, pulverize o atenuador com lubrificante e recoloque-o no mixer.

   Contudo, algumas vezes, seus atenuadores ainda fazem barulhos de estalo, são duros demais e começam a funcionar mal; neste caso, muitos mixers são projetados para permitirem que você compre atenuadores substitutos em sua loja preferida de DJ.

4. **Se seu mixer não tiver atenuadores de canais removíveis e os atenuadores de canais parecem estalar, tente pulverizar ar comprimido, então, limpar com lubrificante a ranhura no mixer onde o atenuador entra.**

   Contudo, pode ser tarde demais e você pode não conseguir reverter o dano nos atenuadores de canais sozinho, significando que terá que enviar o mixer para o conserto — ou muito provavelmente comprar um novo mixer.

Para manter a manutenção em um mínimo, mantenha seu mixer limpo e sem sujeira, mantenha-o coberto quando não estiver usando e respingue rapidamente lubrificante nos atenuadores a cada dois meses.

> **NESTE CAPÍTULO**
>
> **Sabendo o que faz um bom par de fones de ouvido**
>
> **Parando de pensar nos volumes do fone de ouvido e do amplificador**
>
> **Protegendo seus ouvidos no caso de volumes excessivos**

Capítulo 11

Conselho Ensurdecedor sobre Não Acabar com Seus Ouvidos: Fones de Ouvido

O engraçado sobre os fones de ouvido é que eles provavelmente são a parte mais importante de seu equipamento de DJ, pois você não consegue mixar corretamente sem eles, mas de modo estranho, muitos DJs os tratam como algo secundário. A única vez em que eu realmente entrei em pânico como DJ foi quando não consegui ouvir claramente com os fones baratos que estava usando. Não consegui ouvir nenhum grave, não ouvi como as batidas estavam tocando junto e foi, de fato, mixar "às cegas" (ou devo dizer "como um surdo"?).

Se você seguiu o mesmo caminho barato que eu, quando começar a demandar mais e quiser ter fones de ouvido mais adequados, considere o que você precisa e não siga apenas as tendências da moda.

E não, seus fones de ouvido do iPhone não servirão...

Escolhendo um Bom Par de Fones de Ouvido

Quando você avançar em suas habilidades de DJ, começará a ficar ciente de todas as coisas que estão impedindo-o de progredir. Os aparelhos baratos e um mixer básico são quase sempre as primeiras coisas a modernizar, mas considere como são seus fones de ouvido. Você pode ouvir a batida sólida e boa do ritmo? Ou as frequências médias (voz e instrumentos da melodia) estão abafando o resto da música a ponto de você não conseguir encontrar os pontos iniciais para suas músicas de rock? Fones de ouvido melhores irão aperfeiçoar sua mixagem e combinação de batidas muito mais rapidamente do que um novo mixer.

Os cinco fatores a seguir podem ajudar a decidir o que comprar:

» **Peso/conforto:** Como ideal, você procura fones de ouvidos que sejam leves, para que eles não machuquem as orelhas depois de ficar em sua cabeça por algumas horas. Porém, isso não quer dizer que o mais leve é melhor. Se os fones de ouvido forem leves demais, eles poderão cair quando você inclinar para frente para olhar o mixer ou eles poderão ser tão leves que não ficarão justos em suas orelhas, deixando passar muito ruído externo como consequência.

Como você pode estar usando-os por quatro horas seguidas, o fone precisa ser macio e ficar confortável nas orelhas. O arco dos fones precisa ser confortável de usar na cabeça em uma posição normal, mas ainda ser igualmente confortável quando você torcer a faixa para trás para liberar uma das orelhas para ouvir o monitor (caixa de som) na cabine do DJ.

» **Fones de ouvido fechados:** Como os mostrados na Figura 11-1, os *fones de ouvido fechados* têm vedações em torno das partes externas dos fones para que eles não permitam que muito som externo chegue aos ouvidos. Na cabine do DJ, isto permite ouvir claramente a próxima música que você deseja tocar nos fones de ouvido, apesar do barulho vindo da pista de dança.

Os melhores fones de ouvido são fechados e ficam bem e apertados nas orelhas, um pouco parecido com protetores de ouvido com caixas de som dentro!

168   PARTE 2 **Abastecendo Sua Caixa de Ferramentas de DJ**

FIGURA 11-1: Fones de ouvido fechados HDJ-1500 da Pioneer com fones articulados e cabo lateral.

» **Resposta com ampla frequência:** Na escola, provavelmente você aprendeu que sua faixa auditiva vai de 20 hertz (os sons de grave profundos) a 20.000 hertz (sons agudos realmente altos). Na verdade, sua audição fica mais próximo de 20 hertz a 16.000 hertz, embora crianças e cães possam ouvir até 20.000 hertz. Os fones de ouvido de qualidade do DJ geralmente cobrem frequências de 5 hertz a 30.000 hertz, portanto, eles cobrem as faixas do grave e subgrave até o que apenas os cães e os engenheiros do som conseguem ouvir!

» **Baixa impedância:** Se você não souber nada sobre *impedância*, tudo bem, — não precisa saber — mas é a resistência elétrica. Você só precisa saber combinar a impedância dos fones de ouvido o mais próximo possível da impedância do mixer usado. Uma combinação muito ruim pode levar à distorção, ruído indesejado e, algumas vezes, a uma queda no volume máximo que seus fones de ouvido podem tocar (tudo que você realmente não precisa ao trabalhar como DJ). Felizmente, isto não chega a tirar o sono, pois a maioria dos fabricantes de equipamentos de DJ conhece bem o problema e projeta o equipamento dentro da mesma faixa de impedância.

PAPO DE ESPECIALISTA

» **Nível de alta pressão do som:** O *nível de pressão do som* é apenas um modo de descrever a altura que seus fones de ouvido (e caixas de som em geral) podem tocar. Você deseja que seus fones de ouvido consigam tocar alto para lhe permitir lidar com as cabines de DJ barulhentas, mas lembre-se que você não precisa que seus fones de ouvido fiquem ligados alto demais (veja "Lembrando que o Volume Não Precisa Ficar Acima de 11", posteriormente neste capítulo).

Tenha um orçamento realista ao modernizar seus fones de ouvido. Se seu par atual custa apenas R$150, você não terá muitos benefícios com um par de R$500. Economize mais dinheiro e comece a gastar em torno de R$1000 em um par de fones da Beats, Reloop, Numark, Sony, Sennheiser, Technics ou Pioneer, que eu considero serem os líderes do mercado. Não se engane com o modismo. Poucas pessoas (com exceção dos colegas DJs) se preocupam que você tenha os fones de ouvido mais recentes e mais bonitos; elas se importam apenas com a música!

Essas considerações desempenham um papel maior ao decidir quais fones de ouvido você finalmente compra, mas outros recursos estão disponíveis que podem mudar sua decisão por um par ou outro.

Fios enrolados laterais

Os fios enrolados são os ondulados que você vê, algumas vezes, os guitarristas usarem (Brian May do Queen usa um fio de guitarra enrolado). Enrolando o cabo, os fabricantes conseguem oferecer muito mais comprimento ao DJ sem o perigo de um cabo reto longo pendurado, que pode dobrar no piso e fazê-lo cair. Os cabos laterais são conectados diretamente a um fone e o cabo vai de um fone a outro, passando pelo arco.

Apenas depois de passar uma noite na cabine do DJ com um par de fones de ouvido que não têm fios laterais, você percebe porque este design simples é tão importante. No final do set, depois de colocar e tirar repetidamente os fones de ouvido, colocá-los e tirá-los da mesa, deixá-los cair sob o equipamento etc., você terá esticado o fio o bastante para quase se enforcar com dois fios torcidos em torno do pescoço. Um fio lateral não tem nada para enrolar e fica fora do caminho, mantendo-o respirando feliz pelo resto da noite.

DICA

Um fio enrolado lateral como nos fones de ouvido RPDJ1210 da Technics que uso atualmente, é perfeito para fornecer um fio longo enrolado, que lhe permite mover-se na cabine do DJ e um fio lateral significa que você não acabará sufocando-se no final da noite!

PERCEBENDO QUE NINGUÉM SE IMPORTA COM OS FONES DE OUVIDO

Lembro de uma noite quando Alex P foi convidado a tocar em uma boate onde eu fazia residência e outro DJ (Dave Armstrong) e eu ficamos perambulando pelo local, entediados enquanto aguardávamos que ele terminasse (porque, lembre-se, os DJs não dançam). Nesse momento, os novos fones de ouvido MDR-V700 DJ da Sony tinham acabado de sair e eles eram a escolha da moda para o DJ exigente — inclusive nós dois.

Pensando que estávamos sendo realmente legais e divertidos, colocamos nossos fones de ouvido e perambulamos pela boate, conversando com as pessoas que passavam e ríamos um pouco. Lembro da imagem agora dos dois rapazes com fones de ouvido combinando nas cabeças no meio de uma boate, com Dave tentando bater papo com as garotas e eu encolhido. Dito isso, acho que Dave conseguiu alguns números de telefone...

Fones articulados

Algumas vezes, o arco nos fones de ouvido pode ser um pouco desconfortável quando você puxa um fone para trás, atrás da orelha, para ouvir o som ao vivo. Fones articulados significam que você pode puxar o fone para trás da orelha, mas o arco fica atravessado no meio da cabeça.

Esta configuração é vantajosa não apenas por causa do conforto, mas porque reduz o estresse no arco. Os fones de ouvido de plástico baratos (como os baratos com os quais comecei) podem quebrar quando você torce para trás por muitas vezes.

Peças substituídas pelo usuário

Os fones de ouvido HD25 e HD25SP da Sennheiser são projetados para serem completamente modulares, com cada parte substituída pelo usuário (veja Figura 11-2). Este design significa que você não precisa nunca se estressar com esses fones quebrando ou funcionando mal. Contanto que você tenha peças sobressalentes em sua bolsa de DJ, tudo que terá que fazer é substituir a parte quebrada e continuar tocando.

Estando na posição em que alguém puxou o cabo de meus fones de ouvido uma noite quando encostou neles (meu erro foi deixá-los no chão!), a oportunidade de substituir instantaneamente o cabo teria sido fantástica. Mas como eu não tinha fones de ouvido com peças substituídas pelo usuário, tive que mixar com apenas um ouvido funcionando no resto da noite.

Há cada vez mais fones com cabos removíveis, presos ao fone por conectores. Marcas como Beats, Pioneer, Sennheiser, AKG, Reloop e Numark possuem inclusive cabos sobressalentes em alguns modelos, tornando-os ótima opção de compra.

FIGURA 11-2: Os fones de ouvido HD25 da Sennheiser. Uma qualidade de som incrível e a capacidade de consertá-los facilmente torna-os uma escolha popular.

CAPÍTULO 11 Conselho Ensurdecedor sobre Não Acabar com Seus Ouvidos... 171

Cortando o fio

Alguns fones de ouvido, que o liberam de ficar ligado ao mixer por um fio, são comercializados para o uso do DJ. Contudo, devido ao atraso que até a melhor conexão Bluetooth pode introduzir, meu conselho é ver (e ouvir) uma demonstração antes de comprar. A tecnologia pode melhorar com o tempo e certamente difere entre os fabricantes, portanto, verifique se os fones de ouvido são adequados para o uso do DJ antes de gastar seu dinheiro!

Fixando nas orelhas

A Figura 11-3 mostra um exemplo de fone de ouvido com apenas um fone. A teoria é que você coloca isso entre a orelha e o ombro, e que tirá-lo é mais rápido que tirar um par de fones de ouvido normal e não o deixa preso à cabine por um fio.

Embora os fones de ouvido presos possam ser rápidos de tirar, ainda prefiro ter a opção de ouvir a música em estéreo — e prefiro não arriscar acabar com um torcicolo estendendo o pescoço para um lado. Contudo, DJs como Fatboy Slim e David Morales têm usado esse estilo de fone de ouvido com muito sucesso e suas cabeças não ficam em um lado, portanto, absolutamente nada há de errado com esse design.

FIGURA 11-3: O Redphone da Numark — projetado para permitir que você volte a seus controles rapidamente.

172 PARTE 2 **Abastecendo Sua Caixa de Ferramentas de DJ**

Lembrando que o Volume Não Precisa Ficar Acima de 11

Perdoe a citação da banda Spinal Tap (veja o filme *This is Spinal Tap* se não entende a referência "Acima de 11"!), mas a única pessoa que sabe que você está tocando com fones de ouvido em volume total é você — não é possível mostrar a ninguém porque nenhuma outra pessoa pode ouvir. Você não precisa que a música esteja alta para se divertir e certamente não deseja usar um aparelho auditivo no futuro.

CUIDADO

Como alguém que tocava bateria desde os 10 anos, que costumava a ir a apresentações de rock altas, que ia a boates pelo menos quatro vezes por semana (e dançava bem perto da caixa de som porque era onde ficavam as bebidas!) e que vem trabalhando como DJ desde 21 anos até os dias atuais, sempre estive perto de música alta. Pago o preço por isso, tendo um ruído constante em meus ouvidos (algo chamado de *zumbido*). Embora o zumbido não afete o que eu ouço, você não desejará acordar no meio da noite e ouvir um ruído nos ouvidos, pode acreditar. Faça tudo que puder para proteger seus ouvidos. Você *não* é invencível.

O zumbido é um problema que está chamando cada vez mais a atenção da mídia. Apenas há alguns anos, era raro que os DJs falassem sobre os efeitos perigosos que os ruídos altos tinham em nossos ouvidos, mas agora os DJs, como Judge Jules e Paul Oakenfold, estão muito abertos quanto aos problemas e avisam a todos para cuidarem de seus ouvidos.

Além da música alta causando danos irreversíveis aos ouvidos, se a música nos fones de ouvido for alta demais, você acabará mixando com muito mais dificuldade. Combinar as batidas e encontrar os pontos iniciais (veja Capítulo 14) fica mais fácil quando você encontra o nível perfeito no qual ouvir os fones de ouvido, enquanto o amplificador ainda está berrando a 130 decibéis.

LEMBRE-SE

Ao *combinar as batidas*, você precisa ouvir duas músicas ao mesmo tempo para calcular se as batidas estão tocando no mesmo ritmo. A técnica mais comum (monitorar com um ouvido) envolve ouvir uma música em uma orelha com os fones de ouvido e a outra música na outra orelha a partir das caixas de som ou monitor na cabine do DJ. Tocar uma música de modo que ela toque mais alto que a outra dificulta concentrar-se no ritmo das duas músicas.

Para obter mais informações sobre a técnica de monitoramento com um ouvido e orientação sobre como verificar se você definiu corretamente o nível (volume) do amplificador e dos fones de ouvido, vá para o Capítulo 14.

Usando Protetores de Ouvido

Os protetores de ouvido podem fazer muita diferença em sua futura audição e na qualidade de sua mixagem. Encorajo-o a usar protetores de ouvido ao praticar no quarto para que fique acostumado a usá-los quando trabalhar como DJ em uma boate. Uso apenas um protetor durante uma mixagem, protegendo o ouvido que escuta a música a partir do monitor, ao passo que o outro tem a proteção do fone de ouvido que está cobrindo-o.

Mesmo que eu não tenha um protetor de ouvido na orelha que monitora o fone de ouvido, esse ouvido aproveita a proteção dada à outra orelha. Como o protetor reduz a altura da música que entra no ouvido que está aberto para o monitor, você pode reduzir o volume no qual os fones de ouvido estão tocando. Se você não reduzir o volume dos fones de ouvido, será difícil concentrar-se na música do monitor, dificultando combinar as batidas.

CUIDADO

O nível de decibéis em uma boate pode ficar acima de 100. (Os *decibéis*, abreviado como *dB*, são um modo de medir a altura do som.) Como DJ que trabalha quatro ou cinco vezes por semana (se tiver sorte), você fica exposto a esse nível com mais frequência do que qualquer frequentador. Portanto, embora eu recomende usar um protetor de ouvido na orelha que está aberta para o monitor quando você está mixando, sugiro que você coloque o outro protetor quando tirar os fones de ouvido para proteger a outra orelha.

Os níveis de ruído e som acústico dentro de uma discoteca podem tornar ouvir as partes específicas de uma música bem difícil, não importando o quanto é bom o monitor na cabine do DJ. Talvez, você queira ouvir uma mudança sutil na melodia ou queira ouvir os pratos quando eles mudam, ou simplesmente queira que as batidas da percussão se destaquem do resto da música. Algumas vezes, você poderá ter dificuldade para selecionar essas partes com a combinação de som da pista de dança e do monitor, e poderá considerar (de modo errado) aumentar o monitor na cabine do DJ para tentar ouvir melhor a música.

LEMBRE-SE

Você pode ter dificuldade para selecionar e concentrar-se nas partes da música necessárias porque as ondas sonoras da pista de dança e de seu monitor na cabine se misturam. Usar um protetor de ouvido significa que as ondas sonoras têm que percorrer a espuma ou a borracha antes de entrarem em seu canal auditivo, de modo que a música pareça muito mais clara. Usar um protetor de ouvido é como passar uma escova em um cabelo enrolado: será muito mais fácil separar o cabelo se ele foi escovado (ou filtrado, no caso do protetor) e selecionar apenas as partes nas quais gostaria de se concentrar. (Apenas verifique se a pessoa cujo cabelo você está escovando esteja feliz com isso!)

Os protetores de ouvido de espuma básicos de farmácia custam cerca de R$20 por dois pares e não são projetados especificamente para ouvir música. Eles são mais para deixá-lo dormir quando a pessoa que dorme ao lado dá uma impressão de ser um serrote. Os protetores de ouvido de espuma fazem um bom trabalho ao cortar os altos níveis do volume, mas não são bons ao manter a qualidade da música (eles não permitem muito bem que os agudos passem, portanto, usá-los é como corrigir o problema da pessoa com cabelo enrolado cortando todo ele!).

Se os fones de ouvido de espuma baratos não deixam você ouvir o que precisa na música, você terá as duas opções a seguir: comprar fones de ouvido mais caros padrão ou comprar alguns feitos profissionalmente para você:

» **Padrão:** Você pode encontrar ótimos designs para os protetores de ouvido que tentam manter a qualidade do som que entra em suas orelhas, como os Elacin ER20s (que eu uso) ou os Hocks Noise Brakers. Esses protetores de ouvido usam as leis da Física para devolver o som que entra no protetor, tendo o efeito de não permitir nada acima de 80 decibéis em seus ouvidos, sem sacrificar a qualidade do que você está ouvindo. Esses protetores de ouvido padrão reutilizáveis custam cerca de R$200, portanto, são um aumento no preço em relação aos protetores de espuma básicos descartáveis, mas eles fazem bem o trabalho e protegem seus ouvidos enquanto ainda facilitam a mixagem.

» **Personalizado:** Os protetores de ouvido personalizados de empresas como a Etymotic Research e Advanced Communication Solutions (ACS), são caros (cerca de R$2.000 pelos ACS ER15s), mas têm a capacidade superior de manter a qualidade do som enquanto reduz o nível de volume (veja Figura 11-4). A empresa usa uma impressão do orifício de sua orelha para fazer o protetor encaixar com firmeza em suas orelhas, em suas orelhas apenas.

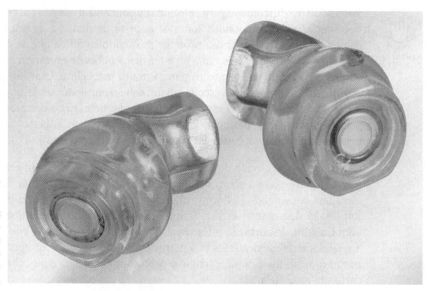

FIGURA 11-4: Os protetores de ouvido ER15 personalizados da ACS.

Para obter mais informações sobre os protetores de ouvido, visite www.earplustore.com (conteúdo em inglês) e para saber mais sobre os zumbidos e como cuidar de seus ouvidos, verifique www.actiononhearingloss.org.uk (conteúdo em inglês).

NESTE CAPÍTULO

Escolhendo a amplificação certa para sua carteira e ambiente

Lidando com a conexão de tudo

Mantendo o som baixo para salvar seus ouvidos e a sanidade dos vizinhos

Capítulo 12

Deixando Seus Vizinhos Saberem que Você É DJ: Amplificadores

C ada estágio da cadeia de equipamentos do DJ é vital. Sem o amplificador e caixas de som, você será a única pessoa que ouve o quanto é bom como DJ. Neste capítulo, cubro vários métodos de amplificação, a melhor maneira de conectar e colocar suas caixas de som, e como tocar em um volume que não o fará ser expulso da vizinhança.

Escolhendo uma Amplificação Adequada

Você precisa escolher um método de amplificação que seja adequado ao tamanho do cômodo no qual está tocando e também ao tamanho de sua carteira — que são dois fatores importantes. A palavra-chave é *adequado*. Se você estiver apenas em seu quarto praticando em um volume moderado, não terá muita necessidade de um amplificador de R$20.000 com 1.000 watts e um conjunto de caixas de som, portanto, economize seu dinheiro!

As diferentes maneiras de amplificar o sinal a partir do mixer, para que possa ouvi-lo nas caixas de som são via:

» **Seu estéreo doméstico:** Para o DJ do quarto que tem um bom estéreo com uma entrada sobressalente na qual conectar o mixer.

» **Caixas de som ativas (as caixas de som têm um amplificador embutido):** Se você não tiver um estéreo doméstico, ou um que não tem uma entrada sobressalente, as caixas de som ativas serão perfeitas como uma solução multifuncional.

» **Um amplificador separado e caixas de som passivas:** Essa combinação é a melhor escolha se você tiver um cômodo grande, salão ou boate que precisa preencher com música.

Decidindo sobre seu estéreo doméstico

Seu estéreo doméstico (ou hi-fi) provavelmente é a rota mais fácil e barata de seguir quando você está tocando no quarto para praticar, pois certamente já possui um. Contanto que você tenha um canal de entrada sobressalente em seu hi-fi e possa posicionar as caixas de som próximas o bastante de seu equipamento de DJ para ter um bom som vindo delas, seu estéreo doméstico será uma boa opção. Embora um hi-fi possa não ser tão alto quanto um amplificador separado, se você estiver tocando em um quarto com tamanho médio, deverá ter uma altura mais do que o suficiente.

LEMBRE-SE

Não despreze a ideia de usar seu hi-fi. Ele pode ter uma ótima qualidade de som, produzir volumes muito altos e pode ter um gravador embutido para gravar seus sets.

Se você tiver a chance de comprar um novo hi-fi com o qual praticar, pesquise um que tenha um equalizador gráfico manual, ao invés de contar com as configurações sem sentido para "sala", "sala grande", "estádio" e "quarto" para aproximar os diferentes sons que a música faria nessas áreas. Um EQ (equalizador) manual permite ajustar o som segundo seu desejo controlando uma faixa de diferentes frequências de som individualmente. Se você pretende usar o hi-fi para gravar seu set, um total controle do som será muito importante. (Veja o Capítulo 19 para ter uma orientação sobre como gravar ótimos sets.) Mesmo que isto signifique mais R$200, você não se arrependerá de sua escolha. Os hi-fis com EQs predefinidos são ótimos para uma audição doméstica fácil em casa; mas se você for DJ — estará longe de ser domesticado.

O hi-fi também precisa de uma entrada sobressalente na parte de trás, na qual conecte o seu mixer. Se você tiver apenas entradas de CD e fono na parte traseira, terá que usar a entrada do CD. (As entradas fono são apenas para a conexão direta de um toca-discos.) Se você já tiver um CD player conectado no hi-fi, precisará desconectá-lo e conectar seu mixer sempre que quiser usar como DJ, o que pode ser cansativo. Ao contrário, se comprar um novo hi-fi, experimente escolher um com uma entrada AUX (auxiliar) separada para conectar seu mixer.

CUIDADO

O comprimento do cabo entre a unidade hi-fi e as caixas de som também pode afetar sua escolha de compra. Por exemplo, tenho um hi-fi Sony com um cabo da caixa de som com menos de 1 metro entre o aparelho e cada uma das caixas de som. Não pretendo usá-lo com meus aparelhos de DJ, mas o comprimento do cabo fornecido é inútil para o uso como DJ, pois não consigo colocar as caixas de som nos lados dos aparelhos sem precisar colocar o aparelho sobre o mixer!

Comprando caixas de som ativas

Se você não tiver um amplificador nem quiser ligar uma entrada em seu hi-fi ao mixer, caixas de som ativas (também conhecidas como monitores amplificados) serão uma boa alternativa. As *caixas de som ativas* são como as caixas de som normais, exceto que não usam um amplificador separado; as caixas têm um amplificador embutido para que você possa conectar a saída do mixer diretamente nelas.

LEMBRE-SE

Considere a potência necessária se usar esse tipo de amplificação. Você pode precisar conectar cada caixa de som à sua própria fonte de energia ou fornecer energia às duas caixas a partir de uma unidade. Verifique se o lugar onde pretende colocar as caixas de som tem um ponto de energia próximo.

DICA

Se for possível, para manter a qualidade do áudio, não cruze o cabo de energia sobre nenhum cabo de áudio porque isso poderá causar interferência elétrica. Provavelmente, você não terá problemas se cruzar os cabos, mas se tiver o hábito de colocar os cabos devidamente entre duas partes do equipamento agora, saberá manter o cabo da caixa de som longe dos fios de energia se estiver conectando muitas caixas de som e amplificadores para uma festa ou boate. Os volumes de som nesses eventos podem mostrar interferência elétrica.

As caixas de som ativas são muito populares na cabine do DJ como monitores da cabine. O controle do volume para esse monitor geralmente fica em algum lugar acessível na lateral ou na parte de trás da bancada, que é perfeito porque você pode aumentar ou abaixar sempre que precisar (especialmente se o mixer não tiver um controle de volume da cabine separado). Os monitores ativos na cabine do DJ também não estão ligados a um amplificador inteiro visando uma caixa de som, o que faz muito sentido financeiramente. Veja "Trabalhando com Monitores", posteriormente neste capítulo, para saber mais sobre os monitores da cabine.

Para o uso no quarto, as caixas de som ativas podem variar em qualidade (e preço) desde os monitores básicos do computador (geralmente não tendo o melhor som) e os monitores baratos, como os da M-Audio e Numark, que custam cerca de R$1.000 o par e têm um som aceitável até as caixas de som ativas com ótimo som, como as fabricadas pela KRK, Genelec, Cerwin-Vega, JBL, Electro-Voice e RCF, que podem custar entre R$5.000 e R$40.000 o par.

Optando por peças individuais

Um amplificador potente com caixas de som separadas enormes pode ser um excesso no quarto, Quinhentos watts de música algumas vezes pode ser mais do que você precisa em um grande salão, portanto, se você comprar um amplificador de alta qualidade e caixas de som, e aumentar o volume ao máximo, não fique surpreso se seus vizinhos baterem à sua porta!

PAPO DE ESPECIALISTA

O amplificador e a caixa de som têm uma classificação de potência, que é medida em watts (abreviada como *W*). Quanto maior o número de watts, mais alto você pode tocar a música. Geralmente falando, a classificação na parte de trás de seu amp (abreviação de amplificador) informa a saída máxima sustentada que o amplificador pode produzir. Contudo, nas caixas de som, você pode ver duas classificações: as classificações média e de pico. A *classificação média* (também conhecida como *RMS*) refere-se à saída máxima sustentada com a qual suas caixas de som podem lidar. A *classificação de pico* se refere a quanta potência pode ser lidada no momento sem o risco de danos.

Sem ser técnico, pense em uma cama elástica. O quanto baixa a membrana da cama elástica fica do chão quando você está de pé parado seria a classificação média: está bem nesse nível e nada realmente está errado com ela. Quando você começa a pular na cama elástica, quando desce, a membrana fica mais próxima do chão por um momento. A proximidade que a membrana pode chegar do chão antes de sofrer danos é a classificação de pico de sua cama elástica.

O valor de pico é sempre mais alto que o valor médio e é por isso que os fabricantes gostam de imprimir o pico nas especificações — faz a caixa de som parecer mais potente.

DICA

Ao combinar um amplificador para usar com suas caixas de som, é mais seguro verificar se a potência do amplificador é menor que a classificação média das caixas de som. Não importa a qual altura chega o amp, ele não deve conseguir estourar a caixa de som. Se você *quiser* escolher um amp que seja mais potente que a saída média da caixa de som, não compre um que seja mais potente que a classificação de pico da caixa de som. Mesmo que você prometa para si mesmo que nunca aumentará o amp até 10, não poderá dizer o mesmo de seus amigos ou seu gato que adora drum and bass.

Permitindo uma margem de potência para risco

Escolher a classificação de potência dos amplificadores e caixas de som, especialmente ao considerar muita potência para uma apresentação no salão ou em uma boate, requer uma pequena antecipação e precisa de uma margem de risco.

Se você estiver querendo comprar um equipamento que dará 200 watts de potência, a melhor opção será comprar um amplificador e caixas de som de 200 watts com uma classificação média de 200 watts; não é para comprar dois amplificadores de 100 watts para fazer um total de 200 watts de som.

O modo preferido de estabelecer essa quantidade de potência é comprar três amplificadores e três conjuntos de caixas de som, e operá-los em dois terços de seu nível de saída. Operar dois amplificadores em volume total por tempo demais é correr o risco de um ou os dois quebrarem — mas três amplificadores em dois terços de sua potência serão operados sem problemas por um longo período de tempo. E mesmo que um deles estoure, você ainda perderá apenas um terço da potência, ao invés de toda ou metade dela nos outros dois exemplos.

A Tabela 12-1 é um guia geral para o tamanho do cômodo, ocupação e classificação de potência que você pode precisar para diferentes situações. Esse guia não é uma regra absoluta e você pode querer mais do que o sugerido para ter um pouco de "altura livre" de potência, no caso de querer algo mais alto.

TABELA 12-1 **Potência do Amplificador Necessária para Diferentes Tamanhos de Cômodo**

Cômodo e Ocupação (permite 5–10 watts por pessoa)	Potência Necessária
Quarto vazio (esvaziado) (você, sua cama, suas mesas e o gato)	20–40 watts
Quarto cheio (repleto) (alguns amigos em visita)	40–60 watts
Cômodo grande ou pequeno salão pouco cheio (fundo do bar)	80–150 watts
Salão grande, meio cheio (salão de clube local etc.)	150–300 watts
Salão grande, muitas pessoas (puxa, eles vieram!)	500–800 watts

Você pode ter notado que muitas pessoas em um cômodo afetam a quantidade de potência necessária. As pessoas são muito gananciosas. Não só assaltam sua geladeira para pegarem cerveja e comida, como também seus corpos absorvem as ondas sonoras, roubando parte do volume no cômodo. Quanto mais pessoas chegam, mais alto você tem que tocar a música para ser ouvido no mesmo volume! O bom é que mesmo que você tenha que aumentar um pouco o som, pois as ondas sonoras perdidas são absorvidas pelo público, isso pode melhorar o som na pista de dança.

CAPÍTULO 12 **Deixando Seus Vizinhos Saberem que Você É DJ: Amplificadores** 181

Assim como contar com as pessoas na pista de dança, quando você estiver escolhendo a quantidade de amplificação para um evento, olhe à sua volta; a decoração e o piso são tão importantes quanto o tamanho e a capacidade do cômodo. Um cômodo com piso de madeira e paredes de madeira ou espelhos devolve as ondas sonoras no cômodo, fazendo a música parecer muito mais alta. Um cômodo com piso de carpete com cortinas grandes e grossas faz exatamente o oposto, absorvendo grande parte das ondas sonoras — portanto, você pode precisar de um pouco mais de potência. E se estiver trabalhando como DJ ao ar livre, precisará de *muito* mais potência porque todas as ondas sonoras são dispersadas no ar, ao invés de retornarem em um cômodo.

Além de toda a potência mencionada acima, adicione um alto-falante. Você não pode ter um bom som na pista sem ele. Grande parte das frequências perdidas na mobília ou corpos no cômodo são as frequências do baixo; mantenha-o saudável com um subwoofer para graves profundos.

Trabalhando com Monitores

Seu monitor da cabine é sua ligação com o que está realmente acontecendo na pista de dança e pode fazer a diferença entre sua noite ser boa ou ser você sabe o quê. Sem ouvir o áudio exato que está vindo do mixer no momento exato que vem dele, você terá problemas para combinar as batidas. No quarto, o som da "pista de dança" e a música ouvida no "monitor" são iguais (em geral porque *são* a mesma coisa), mas em uma boate, os dois sons são um pouco diferentes.

O monitor da cabine é fácil de ter como certo. Você não sente falta dele até que não o tenha mais. Ele não só permite que você meça como a música é tocada na pista de dança, como também ajuda na precisão de sua combinação de batidas.

Trabalhando com a velocidade do som

As caixas de som na pista de dança provavelmente estão apenas 10 a 20 metros distantes da cabine do DJ e certamente estão alto o bastante para você ouvi-las. Mas o volume não tem muita relação com o tempo que o som leva para ir do mixer para as caixas de som, então, até seus ouvidos. A velocidade do som é de 330m por segundo. Se as caixas de som estiverem a 20m, o som levará 1/16 de segundo para chegar até você. Na música, essa fração de segundo é um tempo extraordinariamente longo e embora pareça um atraso minúsculo, ele será suficiente para tirar sua combinação de batidas do ritmo e fazer você parecer um completo amador.

É onde entra o monitor de cabine do DJ. O monitor geralmente é um par de caixas de som em cada lado do DJ, mas, em alguns casos, é apenas uma única caixa de som posicionada à esquerda ou à direita do DJ. Um monitor bem perto de seus ouvidos corta do atraso do áudio de 1/16 de segundo para 1/256 de segundo (se estiver a um metro de distância), que é mais do que aceitável.

Posicionando seu monitor

A menos que você more em uma mansão, é pouco provável que tenha que lidar com qualquer atraso no quarto de suas caixas de som até onde tem seus aparelhos colocados. Se você praticar em um cômodo muito grande, que causa um atraso parecido com o trabalho em uma boate, se aproximar a caixa de som de você não for uma opção, então, poderá conectar um monitor de cabine separado (talvez uma caixa de som ativa) para tocar bem perto de seu equipamento de DJ ou poderá adicionar outro par de caixas de som ao seu equipamento existente e colocá-las perto de sua cabine de DJ caseira.

O monitor precisa estar perto o bastante para neutralizar qualquer atraso da pista de dança, mas também superar qualquer música da pista de dança que você ainda possa ouvir na cabine do DJ. Manter a caixa de som perto e de frente para você fornece uma melhor clareza. Longe demais e você pode achar mais difícil escolher uma batida do bumbo sólida ou pratos e caixa usados como referência ao combinar as batidas (veja Capítulo 14).

LEMBRE-SE

A posição perfeita para um monitor na cabine do DJ é 1 a 2m a partir do mixer, um pouco diante de você, na altura da cabeça e com a caixa de som ligada no ponto diretamente em você. Supondo que sua caixa de som tenha um *alto-falante de graves* (uma grande caixa de som) na parte de baixo e a *corneta* (que toca as frequências altas) no topo, esta posição será perfeita para ter a melhor qualidade de som de seu monitor.

Se o monitor estiver alto demais, o alto-falante de graves dominará o som, abafando grande parte das altas frequências da música. Se o monitor estiver baixo demais, em direção à sua cintura, o grave será perdido, deixando um som estridente e impreciso dominado pela corneta de alta frequência que está na atura da cabeça. Deitar o monitor para o lado para que a corneta e o alto-falante de graves fiquem na mesma altura ajuda a impedir qualquer eventualidade.

DICA

Para a configuração de seu quarto, você pode não ter muito espaço ou muito controle sobre onde pode colocar as caixas de som. As duas coisas a manter iguais na cabine de DJ da boate são que as caixas de som fiquem à sua frente e apontando para seus ouvidos, e que você não tente colocar as caixas de som no mesmo móvel onde estão seus equipamentos. Se a vibrações da caixa de som fizerem o toca-discos vibrar, você irá gerar uma realimentação. Se você estiver usando CDs, poderá fazer o CD player pular com as vibrações do grave.

Os DJs digitais que usam controladores com o software do computador devem ficar um pouco melhores do que o DJ de vinil ou CD quanto à vibração da caixa de som. Mas você não desejará que as vibrações causem problemas na leitura do HD.

Poluição Sonora: Mantendo os Ouvidos nos Níveis do Volume

Muitos motivos vêm à mente para você não tocar sua música alta o tempo inteiro, mas os danos auditivos (que eu cubro no Capítulo 11), as relações com os vizinhos e a qualidade de suas mixagens são os principais.

Protegendo seus ouvidos

Manter o volume de seu monitor no nível funcional mais baixo protege seus ouvidos e reduz qualquer risco de distorção dos fones de ouvido ou do monitor.

PAPO DE ESPECIALISTA

Uma das maneiras mais populares de *mixar* a próxima música (deixá-la pronta para mixar) e combinar as batidas do ritmo de dois discos é usar uma técnica chamada *monitoramento com um ouvido*. Essa técnica é quando você tem um ouvido aberto para a música no monitor tocando o som *ao vivo* do amplificador e um dos fones no outro ouvido, escutando a música que você deseja tocar em seguida. (Para obter mais informações sobre isso, verifique o Capítulo 14.)

Para ajudar na precisão da combinação das batidas ao monitorar com um ouvido, você tem apenas que tocar o monitor alto o bastante para abafar a música na pista de dança. O truque é combinar o volume que toca em seu fone de ouvido com o volume do monitor na cabine do DJ. Devido à proximidade do fone com sua orelha, isto é o *volume percebido*, ao invés de tentar combinar o nível de decibéis real que sai do monitor na cabine do DJ, pois fazer isso o deixaria surdo.

Manter tudo em um nível mais sensível possível não só ajuda a retardar a perda auditiva, como também impede que seus ouvidos fiquem cansados durante a noite, quando eles ficam destruídos com o som. Quanto mais alta a música, mais rapidamente seu cérebro começará a ficar cansado e você começará a perder as sutilezas na música que o ajudam a mixar — como ouvir as batidas fora do ritmo antes de qualquer outra pessoa!

Cuidado com a vizinhança

Manter a música em um nível sensível para ajudar a mixar e proteger sua audição é importante, mas você também tem seu senso de responsabilidade social para pensar. Não apenas as pessoas em seu apartamento, casa ou prédio podem começar a ficar um pouco irritadas quando você toca batidas pesadas no volume máximo por horas em certo momento, mas as pessoas nos prédios vizinhos poderão logo ficar cheias do barulho ensurdecedor que vem de sua casa.

FICANDO ESPANTADO AO REDUZIR O GRAVE

Quando eu morava com minha mãe, eu tinha um equipamento enorme no meu quarto com seis caixas de som de 100 watts espalhadas no cômodo, ficando no piso da casa (não é de surpreender, com todo aquele barulho!). Eu costumava passar horas tocando minhas músicas, elaborando novas mixagens, divertindo-me e melhorando minhas habilidades. Nem sempre eu tocava a música realmente alto e dificilmente tocava em volume total, mas eu tinha um enorme alto-falante que fazia uma bendita pancada sempre que o grave martelava.

De modo compreensível, meu vizinho de porta ficou cheio de sentir as vibrações das batidas através do piso em sua casa — 9m de distância! Como uma garagem para dois carros ligava as casas, as vibrações viajavam pela fundação de minha casa até a casa dele. Toda essa perturbação levou-o a bater na janela de meu quarto por 10 minutos, ficando muito frustrado esperando que eu me virasse e o visse. Quando eu finalmente me virei e vi um rosto (pouco feliz) olhando pela janela, ele me assustou! Pensei que fosse um fantasma na janela. Diminuí o grave após aquele susto.

Entendendo que você só precisa de uma caixa de som

Quando você estiver trabalhando como DJ em casa, realmente só precisará de uma caixa de som e que é usada para o "ouvido ao vivo" ao utilizar o monitoramento com um ouvido para combinar as batidas (seu equivalente do monitor da cabine do DJ).

Quando um vizinho mostrou o quanto era chato o grave de meu alto-falante, coloquei interruptores em todas as minhas caixas de som para que pudesse deixar apenas a caixa de som do monitor operando. Isto significou que eu podia tocar a música tão alto quanto antes; como apenas uma caixa de som estava tocando, o volume que as outras pessoas podiam ouvir era muito mais baixo, embora o volume percebido por mim a partir do monitor ficasse o mesmo. Desligar o alto-falante desnecessário ajudou muito também!

DICA

Se você tiver apenas duas caixas de som, poderá não precisar adicionar interruptores para isolar uma caixa. Se seu amplificador (ou hi-fi) tiver um controle de balanço, simplesmente deixe a música para que ela saia apenas da caixa de som preferida. (Contudo, se você usar um hi-fi para gravar seus sets, isso poderá resultar em gravar apenas a reprodução de uma caixa de som também.)

Se você estiver pensando em adicionar interruptores para isolar suas caixas de som, pesquise para saber qual a melhor chave usar. Devo admitir que eu costumava usar interruptores de luz no início, mas eles não são projetados para os sinais de áudio e podem adicionar muita resistência ao sinal que sai do amplificador e vai para a caixa de som, mesmo quando o sinal está passando apenas pelo circuito. Essa resistência pode causar apenas uma queda na qualidade do som ou do volume, mas no pior caso, pode quebrar seu amplificador. Algo tão simples quanto o Hama LSP-204 (mostrado na Figura 12-1) pode melhorar muito o trabalho para até 100 watts de som.

FIGURA 12-1
O Hama LSP-204 é uma ótima maneira de controlar quatro caixas de som diferentes.

NESTE CAPÍTULO

Configurando e conectando seus toca-discos devidamente para o uso de DJ

Conectando tudo ao mixer e o mixer a tudo

Solução de problemas para você não estar ouvindo o que deveria ouvir

Capítulo 13

Plugando, Ligando: Configuração e Conexões

Você gastou um monte de dinheiro em seus novos toca-discos, CD players e um mixer, ou um equipamento de DJ digital, comprou um amplificador alto o bastante para ensurdecer a fila de trás em um estádio e tudo está ligado e pronto — exceto que você não consegue ouvir nada.

Você simplesmente precisa conhecer a cadeia de entradas e saídas para verificar se conectou todo o equipamento no lugar certo.

Este capítulo supõe que você esteja conectando os toca-discos, CD players ou MP3 players diretamente ao mixer; os equipamentos de DJ digitais adicionam complicações extras, portanto, leia o Capítulo 9 para obter informações específicas sobre o DJ digital depois de ler este capítulo.

CAPÍTULO 13 **Plugando, Ligando: Configuração e Conexões** 187

Familiarizando-se com os Conectores

PAPO DE ESPECIALISTA

Antes de conectar seu equipamento, familiarizar-se com as conexões usadas é uma boa ideia. Os três tipos mais comuns de conexão que você encontra são RCA (também chamada de fono). XLR (também conhecida como Canon) e tomadas de ¼ (também conhecida como P10, banana ou TRS). Para a música tocar em estéreo, geralmente você encontra dois de cada um deles para conectar seu equipamento. Um cabo e um conector transportam o que você ouve na caixa de som esquerda; o outro transporta o que você ouve na caixa de som direita. Os plugues com tomadas de ¼ também estão disponíveis como um conector estéreo simples (como visto no plugue dos fones de ouvido do DJ).

Alguns toca-discos, CD players e mixers usam conexões digitais para manter a qualidade do áudio no máximo. Para usá-los, seu mixer deve ter uma entrada digital também. O USB, FireWire e S/PDIF (Sony/Philips Digital Interface Format) combinam os dois lados do sinal estéreo e enviam-no por um cabo. Então, o mixer separa o som estéreo e toca-o com uma qualidade limpa como cristal.

Conexões RCA/fono

As conexões RCA também são conhecidas como conexões fono, mas continuarei a chamá-las de RCA para evitar qualquer confusão com a terminologia fono/linha para as entradas na parte traseira do mixer.

Essas conexões RCA são as conexões mais comuns usadas como entradas e saídas de seu mixer do DJ. As conexões vêm em pares, uma para cada lado do sinal estéreo e cada uma delas tem uma cor diferente. O cabo de sinal esquerdo geralmente é branco, embora possa ser amarelo ou preto, mas o lado direito do sinal de áudio é sempre vermelho. Os dois "Rs" facilitam lembrar qual cabo conectar: simplesmente lembre-se que **R**ed = **R**ight (Vermelho = Direito, em português).

As conexões digitais S/PDIF mencionadas acima geralmente usam o mesmo estilo RCA de conexão. Normalmente têm a cor amarela (apenas para aumentar a confusão!).

XLRs

Usados para as conexões do amplificador e microfones, os XLRs ou Canon são a conexão preferida para o equipamento de áudio profissional porque são capazes de reduzir a interferência ao usar cabos longos e porque ficam travados, portanto, não saem sem querer, caso um cliente tropece neles.

As conexões XLR (veja Figura 13-1) têm dois tipos diferentes:

» Os XLRs **não balanceados** são a conexão "pro-sumidor" (profissional e consumidor) mais comuns. Um XLR não balanceado simplesmente envia o sinal de áudio pelo cabo e qualquer interferência elétrica ou de rádio indesejada capturada pelo cabo é transportada junto com a música para as caixas de som ou dispositivo de gravação.

» Os XLRs **balanceados** são usados no equipamento de áudio profissional e são fabricados de modo que cancelam a interferência do som indesejada.

FIGURA 13-1
Dois conectores XLR; um para a esquerda e outro para a direita.

As entradas do microfone (mic) XLR e saídas principais nos mixers do DJ geralmente trabalham com cabos e conectores balanceados e não balanceados. Contudo, ao comprar um novo microfone, amplificador ou mixer, se você não estiver certo sobre as conexões do equipamento usadas, será melhor verificar as especificações.

NEM SEMPRE É UMA FALHA DO FREQUENTADOR

Culpar os clientes por um acidente na boate onde você toca é muito fácil, mas como DJ, você mesmo tem que ter cuidado para não fazer coisas que possam interromper as conexões. Lembro de uma noite ao tocar em um bar onde eu tinha a tampa da caixa do disco bem equilibrada na cabine do DJ. Bati nela com minha mão e ela caiu, batendo nos cabos que saíam do mixer, puxou o cabo de saída principal e deixou o lugar em silêncio por cerca de três minutos enquanto eu tentava resolver o que tinha feito. Felizmente eu trabalhava lá como barman, do contrário eles teriam me expulsado pelas orelhas por ter sido tão descuidado! Logo depois, o bar começou a usar conectores XLR que travam na conexão.

Tomada de ¼

Uma tomada de ¼ (também conhecida como tomada P10, banana ou TRS) é o que você encontra no plugue de seus fones de ouvido do DJ. É muito maior em relação à que você pode ter na extremidade de seus fones de ouvido iPod (que é uma tomada de 3,5mm ou P2).

As tomadas de ¼ também vêm balanceadas e não, como os XLRs. Os conectores balanceados são mono, portanto, você precisa de dois, mas um conector não balanceado pode transportar um sinal estéreo, assim, precisa apenas de um cabo e um plugue (como encontrado em seus fones de ouvido). Se você precisar saber se o plugue em suas mãos é mono ou estéreo, veja as faixas pretas na ponta; uma faixa significa que é mono, duas faixas significam que é um plugue estéreo — como mostrado na Figura 13-2.

FIGURA 13-2 Esquerda: Um conector com plugue de ¼ mono (TRS). Direita: Um conector com plugue de ¼ estéreo.

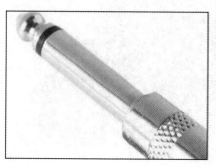

Plugando no Mixer

A primeira vez que você olhar a parte traseira de um mixer, todas as entradas e saídas diferentes podem parecer bem assustadoras, mas depois de ter conectado algumas partes do equipamento, descobrirá como é simples.

Para obter mais informações sobre os mixers e qualquer função que menciono nesta seção, consulte o Capítulo 10. O Capítulo 9 tem informações sobre como conectar um computador ao mixer.

Conectando os toca-discos a um mixer

Os toca-discos são especiais em sua conexão porque são os únicos itens do equipamento do DJ que conectam a entrada fono no mixer e têm uma conexão de fio *terra* fino (também chamado de terra) que você precisa conectar para evitar um zunido elétrico e estática nos toca-discos.

Conectar é simples:

1. **Pegue os dois cabos RCA que saem da parte traseira do toca-discos e conecte-os na entrada fono no mixer.**

    O RCA vermelho é o lado direito do sinal de música e o branco ou preto é o lado esquerdo (veja a seção anterior "Conexões RCA/fono").

    Se seu toca-discos usa cabos que saem, conecte os cabos RCA às cores corretas nas saídas do toca-discos, assim como nas entradas do mixer.

2. **Depois de ter conectado os cabos, coloque a chave linha/fono no mixer do canal que você acabou de conectar em "fono".**

3. **Conecte o fio terra.** Geralmente é um cabo fino com uma parte de fio exposto na extremidade ou um gancho de metal em U fino.

    Seu mixer de DJ terá algo parecido com um parafuso borboleta na parte traseira ao qual conectar o fio terra. Aperte os fios terra dos dois toca-discos entre uma arruela no parafuso e o corpo do mixer (como mostrado na Figura 13-3).

    Verifique se você tem uma conexão firme nos dois toca-discos nesse ponto terra. Você saberá se não aterrou devidamente os toca-discos porque ouvirá uma estática ou um zunido alto realmente desagradável saindo nas caixas de som.

Conectando os CD players a um mixer

Os CD players geralmente usam duas saídas RCA para conectar as entradas RCA de linha analógicas do mixer. Contudo, se seus CD players tiverem saídas digitais e seu mixer tiver uma entrada digital (normalmente são uma conexão RCA), use um cabo RCA simples para conectar o CD player ao mixer e manter a música digital.

FIGURA 13-3
Dois fios terra aparafusados na parte traseira do mixer.

DICA

Ao conectar os CD players ao mixer através de saídas e entradas analógicas (um par de cabos RCA vermelho e branco), não conecte um deles na conexão digital sem querer. Se você ouvir apenas um lado da música e tiver uma entrada ou saída digital, este erro poderá ser o motivo.

Conectando iPods e MP3 players pessoais a um mixer

A menos que você esteja usando um mixer especificamente com uma área para mixar com iPods, precisará usar um cabo que converte a saída do iPod (ou qualquer outro player de música digital pessoal) em dois plugues RCA. Você pode obter um cabo baseado no conector do iPod que se divide em dois plugues RCA (é como muitas pessoas operam seus iPods em um hi-fi doméstico), mas, sem isso, e para a maioria dos outros MP3 players, você precisará de um cabo que divida a saída do fone de ouvido em dois plugues RCA.

Você pode comprar esses cabos na maioria das lojas de peças eletrônicas ou simplesmente digitar "tomada estéreo de 3,5mm (P2) para RCA" em qualquer mecanismo de busca ou no eBay (www.ebay.co.uk — conteúdo em inglês) e encontrará um por cerca de R$40. Apenas verifique se a tomada na extremidade do cabo escolhida seja estéreo (terá duas faixas pretas na ponta) e se é uma tomada de 3,5mm; do contrário, não encaixará na saída do fone de ouvido do MP3 player.

Como nos CD players, simplesmente conecte os RCAs desse cabo na entrada de linha na parte traseira do mixer, verificando se o canal usado para essa entrada no mixer está virado para "linha".

LEMBRE-SE

Se você tiver que usar a saída do fone de ouvido, lembre-se de que ela não é para ser utilizada assim. Portanto, se você não tiver uma saída de linha em seu dispositivo, para manter o volume da música MP3 parecido com o da música de seus CDs e toca-discos, poderá ter que definir seu MP3 player para um volume alto ou aumentar o ganho no mixer para ser maior do que para um CD ou disco — isto pode introduzir um ruído indesejado ou distorção na música.

Escolhendo as entradas do mixer

Se você usa dois toca-discos, CD players ou MP3 players, e tiver um mixer com dois canais, a conexão será simples. Conecte o CD player/MP3 ou toca-discos à esquerda do Canal 1 e à direita do Canal 2.

Se você tiver mais de dois canais em seu mixer, verifique se qualquer um deles está designado para certo dispositivo de entrada. Os mixers 600, 800 e 900 Nexus da Pioneer, por exemplo, diferem em quais dispositivos podem ser conectados e usados em seu seletor de função em cada canal.

Se seu mixer não tiver nenhum requisito de conexão específico, você poderá conectar qualquer um dos dois canais no mixer. Ainda é uma boa ideia conectar a área esquerda a um número de canal menor e a área direita ao número maior.

Se você usa dois CD players e dois toca-discos, e tem um mixer com quatro canais, poderá querer conectar do mesmo modo como os aparelhos estão organizados à sua frente. Suponha que você organize seu equipamento nesta ordem:

Toca-discos 1 – CD 1 – Mixer – CD 2 – Toca-discos 2

Uma configuração simples é conectar o toca-discos 1 ao canal 1, CD 1 ao canal 2, CD 2 ao canal 3 e toca-discos 2 ao canal 4. Isso poderá causar menos confusão sobre qual canal controla qual item do equipamento. Apenas verifique se você coloca a chave linha/fono em "linha" para os CDs e "fono" para os toca-discos.

Se você tiver apenas um mixer com dois canais, ainda poderá usar dois toca--discos e dois CD players. Conecte o toca-discos 1 na entrada fono no canal 1 e o CD 1 na entrada de linha no canal 1. Então, conecte o toca-discos 2 no fono no canal 2 e o CD 2 na linha no Canal 2. Agora, você só precisa mudar a chave do canal de "fono" para "linha" (ou vice-versa) para usar a parte certa do equipamento. Porém, lembre-se que você não conseguirá mixar do toca-discos 1 para o CD 1 ou mixar do toca-discos 2 para o CD 2 porque mesmo que sejam máquinas diferentes, eles tocam no mesmo canal no mixer.

Plugando seus fones de ouvido

Plugar seus fones de ouvido é tão simples quanto encontrar o orifício marcado com "fones de ouvido" em seu mixer e conectar os fones, mas quero mencionar aqui para chamar a atenção para o uso dos adaptadores de 3,5mm. Esses adaptadores permitem converter os fones de ouvido com uma pequena tomada de 3,5mm em um tamanho grande de 6,35mm (¼ ou P10) que seu mixer precisa.

Alguns mixers têm a entrada do fone de ouvido no topo, outros têm no lado mais próximo de você ou ambos. Encontre a entrada e conecte. Simples.

SUA ENTRADA DE FONE DE OUVIDO NÃO É UM DESCANSO DO FONE

Não adquira o hábito de pendurar seus fones de ouvido no plugue do fone quando não estiver usando-os. Em uma boate na qual trabalhei, o mixer ficava em um ângulo e também tinha muito pouco espaço na cabine do DJ. Portanto, quando eu não estava usando meus fones, pendurava-os no plugue do fone, que parecia lógico para mim. Isso aconteceu até eu olhar mais para cima e atingir a tomada de energia com o arco dos fones de ouvido, mergulhando a boate em silêncio e eu quase estourei uma caixa de som quando liguei o mixer sem abaixar o volume... oops. Com exceção disso, o peso de pendurar os fones de ouvido na conexão pode causar danos no mixer e nos fones de ouvido, podendo levar a problemas no som (os fones de ouvido podem desligar e ficar silenciosos).

Conectando unidades de efeito a um mixer

Você pode conectar unidades de efeito separadas a um mixer de dois modos:

CUIDADO

» **Entre o mixer e o amplificador:** A conexão direta é o modo mais básico e fácil de conectar sua unidade de efeitos. Pegue a saída principal de seu mixer (dois RCAs) e conecte na entrada de linha na unidade de efeitos. Então, pegue a saída da unidade de efeitos (ainda dois RCAs) e conecte na entrada do amplificador.

A desvantagem desse método de conexão é que o sinal de áudio inteiro será afetado pela unidade de efeitos; você não conseguirá tocar um canal a partir do mixer (sem efeitos) enquanto o outro recebe a carga total de efeitos malucos aplicados.

» **Com conexões de envio e retorno:** Você pode enviar a música de um canal individual no mixer para uma unidade de efeitos usando a opção de envio e retorno. Com isso, poderá aplicar um efeito apenas em um canal, deixando os outros canais tocarem sem ser afetados nas caixas de som.

Você pode enviar o sinal do mixer para o processador de efeitos (e retornar) de dois modos diferentes:

- Se o processador de efeitos puder aceitar várias entradas, você poderá usar um mixer com um envio e retorno separados para cada um dos canais. Os controles no processador de efeitos (e algumas vezes no mixer) permitem escolher em qual canal no mixer aplicar o efeito. Com os controles corretos, você pode "aplicar" o efeito em vários canais enquanto "retira" o efeito de outros. Esse método é de longe a abordagem mais versátil ao usar um processador de efeitos, mas tende a requerer uma grande mesa de mixagem, ao invés de um mixer de DJ compacto.

- Alguns mixers específicos do DJ com vários canais podem ter apenas um par de conexões de envio e retorno, mas têm um controle no mixer que atribui quais canais são enviados. O Pioneer DJM-600 que eu uso permite enviar qualquer um dos quatro canais ou a saída principal inteira para uma unidade de efeitos, portanto, embora não tão versátil quanto a opção de incluir ou excluir quaisquer canais, isto ainda pode fornecer um áudio limpo a partir de um canal enquanto "aplica" o efeito em outro, o que é muito bom para mim.

As conexões para enviar e retornar variam, mas no DJM600, é um par de plugues mono de ¼ para cada direção. Um par conecta do envio no mixer à entrada da unidade de efeitos, então, outro par conecta da unidade de efeitos ao retorno no mixer. Você poderá descobrir que algumas unidades usam RCAs ou plugues estéreo de ¼ para essa finalidade, portanto, veja com atenção seu mixer e a unidade de efeitos para saber de quais cabos precisará.

Conectando as saídas do mixer

Depois de ter todas as entradas conectadas ao mixer, você precisará ver como conectar seu mixer a um amplificador para ouvir a música e, talvez, também conectar a um dispositivo de gravação (fita, CD, gravador digital, PC etc.) para que possa capturar os momentos de grandiosidade que conseguirá no set.

Seu mixer tem duas saídas (ou algumas vezes três):

LEMBRE-SE

» A **saída principal** é a conexão usada ao conectar a um amplificador. Usando um cabo RCA estéreo (os mixers profissionais também podem usar uma segunda saída principal que utiliza conexões XLR, ao invés de conexões RCA), conecte uma extremidade à saída principal no mixer e outra a uma entrada no amplificador. Em casa, você pode usar o mesmo amplificador para trabalhar como DJ, como faz com sua TV, PlayStation ou saída do computador. Se este for o caso, você poderá querer adicionar etiquetas adesivas para mudar os rótulos normais "entrada 1, entrada 2" que estarão no amplificador, para ajudar a lembrar qual permite ouvir o quê.

A saída principal é afetada pelo *controle de nível principal (volume master)* no mixer, portanto, se você diminuir, o volume da música para o amplificador será reduzido.

» A **saída da gravação** é reservada para enviar para os dispositivos de gravação. Os motivos para você usar essa saída, ao invés da saída principal, são porque:

- A saída principal provavelmente irá para um amplificador de qualquer modo.
- A saída da gravação evita o controle de nível principal, portanto, se você diminuir o volume da saída principal (talvez para atender a uma chamada), o nível da música enviada para o dispositivo de gravação não mudará.

Como a saída principal, conecte as saídas de gravação às entradas do gravador usando um cabo RCA estéreo, continuando a conectar a saída RCA vermelha à entrada RCA vermelha e a saída branca à entrada branca. (Para obter informações sobre como definir os níveis da gravação em seu dispositivo de gravação, veja o Capítulo 19.)

» A **saída da cabine** é onde você alimenta o mixer em um amplificador separado e a caixa de som na cabine do DJ, conhecido como *monitor da cabine*. O Capítulo 14 tem informações importantes sobre como definir o volume do monitor da cabine e os fones de ouvido para permitir mixar corretamente.

A conexão é igual à saída de gravação e à saída principal: conecte uma extremidade do cabo RCA estéreo à saída da cabine no mixer e a outra extremidade à entrada do monitor da cabine.

Conectando um mixer ao seu hi-fi doméstico

Conectar seu estéreo doméstico (hi-fi) é parecido com conectar um amplificador. Você faz a conexão usando um cabo RCA estéreo da saída principal no mixer com o hi-fi — mas precisa prestar atenção na entrada escolhida para usar no hi-fi. Na parte traseira de um hi-fi, provavelmente você verá algumas dessas entradas: linha, CD, TV, DVD, aux e, se tiver um hi-fi antigo (ou realmente bom), uma entrada fono também.

Se um CD ou MP3 player já estiver conectado ao hi-fi, uma TV estiver conectada à entrada de TV e a entrada do DVD estiver em uso também, você ficará com o aux (auxiliar) ou o fono (que é para os toca-discos apenas). Portanto, você deve usar a entrada aux para conectar seu mixer. Mesmo que a música possa estar vindo dos toca-discos, quando ela for tocada e enviada de um mixer, o sinal será transformado em um sinal de linha. Naturalmente, se você não tiver um CD player ou TV conectada ao hi-fi, poderá usar as entradas da TV e do CD também. Apenas fique longe da entrada fono, a menos que esteja conectando os toca-discos diretamente ao hi-fi.

Conectando um mixer a caixas de som ativas

Algumas vezes, as caixas de som ativas têm apenas uma entrada (como a saída do fone de ouvido em seu mixer), portanto, verifique se você precisa comprar um cabo RCA-tomada (RCA para a saída de seu mixer) para cada uma das caixas de som (esquerda e direita). Você pode encontrar mais informações sobre como usar os amplificadores, caixas de som potentes e hi-fis domésticos para tocar sua música no Capítulo 12.

Conectando um mixer ao PC/Mac

Se você está usando o computador como um amplificador ou pretende gravar o set para editá-lo ou fazer upload na internet, a conexão entre seu computador e o mixer será parecida a todo outro equipamento que você irá conectar. Veja a entrada de linha em sua placa de som. Algumas usam uma entrada de tomada de 3,5mm — neste caso, você precisará de um cabo RCA-P2 para conectar a placa de som. Outras usam entradas RCA, portanto, você pode utilizar um cabo RCA-RCA. Em qualquer caso, use a saída da gravação a partir do mixer que estiver usando apenas o computador para gravar e use a saída principal se estiver usando o computador como um amplificador (isto libera a saída da gravação para um dispositivo de gravação).

Se sua placa de som vier com instruções e software para configurar o computador para conseguir aceitar uma entrada de linha, consulte o manual com cuidado. Se for uma placa de som controlada pelo Windows, você poderá ativar a entrada de linha através do controle de volume ou da janela dos dispositivos de gravação — encontrada clicando duas vezes no ícone da caixa de som na barra de tarefas ou nas propriedades do hardware/som no painel de controle. Os usuários Mac podem acessar os controles de entrada de áudio na seção de som das preferências do sistema.

Você pode querer desativar qualquer outra entrada de gravação (cancelar a seleção no controle de gravação) ou silenciar outros dispositivos de reprodução na janela de controle do volume (escolhendo "silenciar" ou "desativar sons") para assegurar que os sons do Windows ou outros programas não sejam combinados sem querer com o som de seu mixer. Nada será pior do que estar na metade de um ótimo set apenas para ter a raposa Swiper dizendo "Puxa vida!" na música quando você recebe um e-mail. Pense nisso, pode ser muito legal...

Solucionando Problemas de Configuração e Conexões

Algumas vezes, você tem certeza que tudo está conectado no local certo, ligou tudo e tudo está funcionando, mas não consegue ouvir nada. Para fechar a Parte II deste livro e as informações do equipamento inteiras, a seguinte lista de solução de problemas poderá ajudar a responder qualquer um de seus problemas de conexão e configuração dos toca-discos.

Tudo está conectado e ligado, um disco (ou CD) está tocando, mas não consigo ouvir nada nas caixas de som

Faça a si mesmo as seguintes perguntas:

» Os LEDs no mixer estão piscando para mostrar que o mixer está recebendo música? Se não, atualmente não há nenhum sinal.

» Você usou as entradas corretas no mixer para seus MP3/CD players ou toca-discos e definiu corretamente as chaves de linha/fono (linha para o CD e MP3; fono para os toca-discos)?

- » Se você está tocando atualmente um canal de música, assegurou que o crossfader esteja nesse lado e o volume do canal esteja alto em pelo menos 75%? E se o crossfader tem uma função de atribuição para controlar qualquer canal, ele está ligado para controlar o canal correto?
- » Se os LEDs do mixer estão piscando, você assegurou que tenha conectado a saída principal do mixer a uma entrada de linha no amplificador?
- » Se o amplificador tem a capacidade para várias entradas, você assegurou que tenha definido a chave de entrada ou o botão para a entrada correta?
- » O nível principal e o nível de entrada no amplificador estão colocados em um ponto onde você deve ouvir a música?
- » As caixas de som estão conectadas?
- » Você tentou conectar outra coisa ao amplificador para verificar se não é um problema com o amplificador ou o canal de entrada usado?

Posso ouvir música no amplificador agora, mas não consigo ouvir nada nos fones de ouvido

Experimente o seguinte:

- » Primeiro, verifique se seus fones de ouvido estão conectados, ativados e ligados para monitorarem o canal correto.
- » Experimente ligar todas as chaves de mixagem do fone de ouvido. Se você puder ouvir música agora, estava pressionando o botão de mixagem errado ou conectou seu equipamento a um canal que não pretendia usar.
- » Conecte seus fones de ouvido a outra parte do equipamento com uma entrada de fone (como o amplificador) para assegurar que esse problema não seja um mau funcionamento de seus fones de ouvido.

Um dos toca-discos está distorcendo e o som agudo é impreciso

A primeira coisa a fazer é ver suas agulhas. Elas estão cheias de sujeira? (Remova a sujeira em torno delas com cuidado.) Elas estão muito velhas (Substitua-as.) Elas estão inseridas devidamente na cápsula? (Verifique e reinsira-as.)

Se você acha que é um mau funcionamento, experimente trocar a cápsula de um toca-discos com outro ou tente trocar a agulha de uma cápsula com outra. No caso de ter um problema de conexão, ao invés de um problema com a agulha ou com a cápsula, experimente trocar as conexões do toca-discos com o mixer.

Por que minhas agulhas continuam pulando no início da faixa?

Se você tem problemas com suas agulhas pulando, experimente estas possíveis soluções:

» Consulte as diretrizes do fabricante sobre onde colocar o contrapeso do braço. Se o contrapeso puder ser colocado dentro de uma faixa de números (entre 3 e 5 gramas, por exemplo), defina-o para o menor número primeiro e aumente gradualmente o peso até a agulha parar de pular.

» Verifique as especificações fornecidas com a agulha e o cartucho para a altura do braço e verifique se o braço está completamente paralelo ao disco. Se você precisar ajustar o peso ou a altura acima da quantidade recomendada, sua técnica ou agulhas podem estar com problemas:

- Verifique se você está tocando o disco para a frente e para trás na direção em curva dele. Se você empurrar e puxar na horizontal, ao invés de fazer em curva, esta ação poderá fazer a agulha pular.
- Agulhas velhas e desgastadas têm mais tendência a pular.

Ouço um zumbido realmente estranho vindo de meus toca-discos

Você pode não ter conectado o fio terra. Verifique se ele está preso com firmeza ao conector terra na parte traseira do mixer.

Por que tudo fica distorcido quando toco um CD?

Verifique se você inseriu sem querer as saídas de seus CD players nas entradas fono do mixer. Se inseriu, conecte a entrada de linha.

Por que tudo fica muito quieto ao usar meus toca-discos, mesmo quando tudo está ligado no máximo?

Verifique se você conectou seus toca-discos na entrada fono. Se os colocou na entrada de linha, tudo ficará muito silencioso.

Tudo parece bem no mixer, mas fica distorcido no amplificador

Responda às seguintes perguntas:

» Você colocou alto demais o nível de entrada no amplificador? Diminua um pouco; veja se isso ajuda.

» Que potência tem o nível que você está enviando do mixer? Veja onde os LEDs estão piscando na faixa vermelha do mixer; tente não tocar a música acima de +5 decibéis na escala porque pode causar distorção.

» Você conectou as entradas fono do amplificador por engano? Mude as conexões para conectar uma das entradas de linha.

A música está tocando no mixer, mas não consigo ter nenhuma música no PC

Experimente o seguinte:

» Verifique se as caixas de som em seu computador estão ligadas e se todos os controles de volume (inclusive do computador) estão aumentados.

» Verifique as conexões e assegure que tenha conectado a saída do mixer à entrada de linha da placa de som. Você pode encontrar uma entrada mic bem ao lado da entrada de linha, portanto, veja com atenção se não conectou o lugar errado quando estava mexendo atrás do PC.

» Verifique os medidores no software de gravação. Eles estarão subindo e descendo se estiverem recebendo um sinal.

» Verifique o controle de gravação (que você pode acessar através do ícone do controle de volume na barra de tarefas). Veja com atenção se você selecionou a entrada de linha e se o nível de entrada está definido para pelo menos 75%.

» Leia rapidamente o manual que veio com o software e a placa de som para saber se precisa fazer algo especial.

Consigo gravar o que está entrando, mas nada é retornado no PC

Verifique se você conectou a saída de linha da placa de som e não conectou o microfone nem a linha sem querer. Verifique o controle de volume encontrado na barra de tarefas também. Veja se você não marcou o sinal para mudo, achando que era a seleção do controle de gravação (sempre faço isso).

Por que meu dispositivo de gravação parece não gravar nada quando conectado diretamente a um mixer?

Responda a estas três perguntas:

» Você usou sem querer a saída da cabine para enviar para o dispositivo de gravação, mas desligou o volume da saída da cabine? Se fez isso, mude os cabos para a saída de gravação, que é preferível a aumentar a saída da cabine.

» O controle do nível de entrada no dispositivo de gravação está ativado para aceitar a entrada de linha e aumentado em um nível adequado?

» Seu dispositivo de gravação precisa estar no modo de gravação para registrar alguma entrada? Isto não é comum nos gravadores domésticos; contudo, em muito equipamento profissional, se um CD/DAT/MiniDisc estiver na máquina, você mesmo precisará pressionar o botão de gravação para colocar o dispositivo no modo de gravação. (A máquina apenas começa a gravar quando você pressiona a gravação e a reprodução junto.) Isso informa ao aparelho eletrônico para aceitar um sinal, ao invés de apenas tocar um sinal.

Mixagem

NESTA PARTE . . .

Explore as maravilhas da combinação de batidas e aprenda tudo que é necessário para saber sobre esta habilidade básica.

Escolha as músicas que deseja tocar, a ordem de tocá-las, como e quando mixá-las.

Descubra como o scratch pode adicionar outra camada de criatividade à sua mixagem.

NESTE CAPÍTULO

Descobrindo a essência do DJ de boate

Calculando o ritmo de suas músicas — batidas por minuto

Encontrando a primeira batida de uma música com confiança

Iniciando suas músicas para que as batidas toquem no ritmo

Usando o controle de andamento do som para combinar os ritmos

Lidando com as técnicas de mixagem dos fones de ouvido

Capítulo 14

Entendendo o Básico da Mixagem

Os DJs tocam música. Eles tocam a música que as pessoas querem dançar e tocam a música que mantém as pessoas na pista de dança. Esta é a parte mais importante de trabalhar como DJ, não importa o gênero tocado.

Acrescentando a isto a habilidade de escolher a música certa, os DJs de house, trance e dance music eletrônica utilizam uma técnica chamada *combinação de batidas* para fazer as batidas do ritmo de dois discos diferentes tocarem juntas. Assim, quando o DJ mixa um disco em outro, as pessoas na pista de dança não têm que ajustar seu ritmo de dança e a música flui a noite inteira.

Neste capítulo, você descobrirá todas as ferramentas e habilidades necessárias para combinar as batidas manualmente, portanto, poderá fazer isto nos toca--discos e CD players, e não precisará pressionar o botão de sincronização no software do DJ (veja o Capítulo 9 para saber mais sobre isto).

O segredo da combinação de batidas bem-sucedida é simples: boa concentração e muita prática — não é preciso nenhum truque especial (bem, há um — descrito no final deste capítulo). A boa notícia é que depois de você ter investido seu tempo e concentração para dominar a combinação de batidas, a habilidade gruda como cola.

Sabendo o que É Combinação de Batidas

Combinar as batidas é um conceito muito simples, mas é uma habilidade básica importante. Embora certos tipos de música não sirvam para combinar as batidas, — por exemplo, rock, que tende a usar apenas a combinação de batidas de vez em quando como um truque especial — se você quiser tocar em uma boate onde o DJ deve combinar a batidas dos discos para mixá-los, será melhor desenvolver a habilidade!

A combinação de batidas é fundamental para o DJ de trance e house não apenas para ajudar nas transições suaves e contínuas de uma música para outra, mas também para o efeito físico nas pessoas na pista de dança.

PAPO DE ESPECIALISTA

Ao combinar as batidas, os DJs avançam no conjunto de músicas, tocando diferentes músicas e estilos diferentes, a música toca gradualmente mais rápido até atingir o que chamo de ponto ideal. Esse *ponto ideal* ocorre quando a batida do ritmo da música combina-se com a velocidade das batidas do coração das pessoas dançando. Essa velocidade pode ser algo entre 130 e 145 batidas por minuto (bpm) para a maioria das músicas, mas pode depender mais do gênero de música.

Quando as velocidades das batidas pesadas do ritmo e as batidas fortes do coração se aproximam cada vez mais, a combinação dos ritmos que pulsam começa a fazer coisas estranhas nos corpos e emoções das pessoas na pista de dança. Com o tempo, esse momento eufórico é comumente demonstrado por um momento de *mãos no ar* na pista de dança. Isto me faz suar um pouco, mas é apenas comigo...

O importante é que mesmo que você considere este fenômeno como um tipo de controle vodu da mente, precisa entender que deve tocar em um ritmo no qual as pessoas estejam divertindo-se e sintam-se confortáveis dançando na pista.

Outros gêneros de música podem afetar as pessoas na pista de dança também — mas, geralmente, apenas música por música. A música de rock certa na velocidade correta pode realmente explodir o teto — mas, isto não é o mesmo que as batidas com pulsação pesada de uma série de ótimas músicas trance colocando as pessoas na pista em um estado trance de euforia.

Descobrindo como Fazer a Combinação de Batidas

Sua escolha de formato não importa — CD, vinil, software ou qualquer outra coisa; a mecânica da combinação de batidas é igual. Assim que você aprende a técnica em qualquer um desses formatos, ela é igual — apenas os controles são diferentes.

Neste capítulo, descrevo como realizar a combinação de batidas com referência ao DJ de vinil e CD. Verifique o Capítulo 6 se você precisar de mais informações sobre como usar os controles nos toca-discos e o Capítulo 8 se precisar de mais detalhes sobre como usar os CD players.

Os DJs digitais que usam controladoras podem achar os layouts na tela e os controles muito parecidos com os do CD player; os DJs digitais que usam um sistema vinil digital acharão que as técnicas descritas usando toca-discos tradicionais são o que eles precisam seguir. Verifique o Capítulo 9 para saber mais sobre os equipamentos do DJ digitais, para que possa assegurar que saberá o que fazer em seu equipamento.

Escolhendo habilidades, em vez de sensações

Como DJ digital, a opção de usar os controles de sincronização para permitir que o software cuide da habilidade de combinar as batidas, em vez de você mesmo fazer, pode ser muito tentador. Uma escola de pensamento, com a qual eu concordo, diz que deixar a tecnologia cuidar da parte difícil significa que você pode concentrar-se na música que está tocando. Mas acredite, a combinação de batidas é apenas complicada no início. Quando você ficar bom, conseguirá combinar a batida de duas músicas em 20 segundos ou menos. Mesmo que você ainda queira usar a função de sincronização do software, reserve um tempo para aprender a combinar as batidas manualmente, para que saiba o que fazer se o software não acertar!

Preparando seu equipamento

Algumas definições básicas e requisitos podem ajudá-lo a dominar os fundamentos da mixagem o suficiente (volte do Capítulo 10 se não estiver certo sobre alguns controles do mixer):

>> Verifique se seu equipamento de DJ está ligado e conectado a um amplificador. (Veja os Capítulos 12 e 13 para saber mais sobre a conexão.) Não se preocupe com os fones de ouvido agora; irá usá-los mais tarde.

CAPÍTULO 14 **Entendendo o Básico da Mixagem** 207

» Use duas cópias da mesma música (de preferência algo que tenha uma batida constante e simples desde o início).

O motivo de usar duas cópias da mesma música é que quando os dois controles de andamento do som estiverem em zero, eles tocarão exatamente na mesma velocidade. Este fato significa que você não precisa preocupar-se com uma música tocando mais rapidamente que a outra ainda, e torna entender como iniciar suas músicas e mantê-las no ritmo muito mais fácil.

» Defina seu mixer de modo que você possa ouvir as duas músicas ao mesmo tempo e no mesmo volume. (Em geral, este requisito significa mover o crossfader para o meio e colocar os dois controles de canais verticais no máximo, com os controles de ganho e do equalizador (EQ) definidos igualmente nos dois canais.)

A razão para ajustar o mixer para ouvir as duas músicas ao mesmo tempo é para que você tenha que se preocupar apenas em trabalhar com as músicas — não perderá tempo e concentração tentando ajustar os controles no mixer.

Este método pode parecer confuso à primeira vista e seu cão poderá sair do ambiente em protesto, mas não se preocupe — você conseguirá a devida mixagem em breve e o cão precisava esticar as pernas de qualquer modo.

PAPO DE ESPECIALISTA

Usando duas cópias da mesma música, você pode experimentar o fenômeno conhecido como *phasing*. Quando dois sons idênticos tocam um sobre o outro, suas ondas sonoras combinam-se e cancelam-se, parecendo que sua música está tocando através de um motor a jato. Isso pode parecer uma distração no início, mas quando você começar a ouvir esse som de phasing, ficará comprovado que está aproximando as batidas do ritmo para tocarem juntas — isto realmente é uma ótima ajuda ao aprender a combinar as batidas! Quando você for usar duas músicas diferentes, não precisará preocupar-se mais com o phasing (embora possa querer usar esse efeito natural, ao invés de usar um efeito phaser ou flanger em um mixer). Verifique o Capítulo 10 para obter informações sobre os efeitos nos mixers.

Localizando a primeira batida do ritmo

Toda jornada começa com um passo e toda combinação de batidas começa com uma batida. Para iniciar, encontre uma música com uma batida sólida e clara

"FOR AN ANGEL" — PARA UM NOVO DJ

Por anos, eu usei o mesmo disco ao ajudar as pessoas a desenvolverem suas habilidades de DJ: "For an Angel" de Paul Van Dyk. É uma música antiga agora e minhas duas cópias estavam ficando muito gastas (especialmente no início do disco) antes de eu ficar digital. O motivo para eu gostar de usar esta trilha é que ela tem ritmo realmente claro e sólido em toda ela, e ele começa bem no início.

logo no início. (Em um mundo perfeito, todos os discos começariam com uma batida constante, tornando mais fácil a combinação de batidas.)

Se você escolheu uma música com a batida no início ou escolheu uma com a primeira batida dentro de 45 segundos, os pontos a seguir poderão ajudá-lo a localizar a primeira batida para que a agulha fique no *início do ponto* (pronta para tocar) ou o CD/software fique esperando bem no instante em que a primeira batida irá tocar:

» **Ouvindo a batida:**

DJs de vinil: A primeira opção é simplesmente começar a música no início e esperar até você ouvir a primeira batida. Quando você ouvir a primeira, coloque o dedo no disco, pare-o e toque-o lentamente para trás com a mão. Quando você toca o disco para trás, ouve a parte do disco que acabou de ouvir tocando ao inverso. (Não se preocupe muito ao revelar uma mensagem diabólica fazendo isso; a dance music não tende a ter uma.) Se você usar uma música que começa com uma batida no início, a última coisa que ouvirá ao tocar para trás será essa batida. No instante em que a batida ficar silenciosa será onde você deseja deixar a agulha.

DJs de CD: Pause o CD quando ouvir a primeira batida, então, toque a música para trás (seu CD player terá certo modo de fazer isso; verifique o Capítulo 8 para saber mais) até chegar ao início da batida do baixo. Depois, guarde esse ponto como o ponto início — geralmente pressionando o botão de início, mas veja o que pressionar em seu CD player para fazer isto.

» **Voltando até a batida:**

DJs de vinil: Se você for impaciente ou tiver pressa, poderá girar o disco realmente com rapidez com o dedo até ouvir o barulho *brrrrrrrrrrrp* das batidas tocando realmente rápido, então, tocar o disco para trás até encontrar a primeira batida.

DJs de CD: Se você tiver um CD player com um prato grande que simula o som de um toca-discos, poderá fazer o mesmo que os DJs de vinil. Se tiver apenas botões que pulam a música, pressione e segure o botão de busca até ouvir as batidas do ritmo começando a tocar muito rapidamente, depois, toque a música para trás até encontrar a primeira batida.

» **Procurando a batida:**

DJs de vinil: Olhe de perto o disco e poderá ver muitos anéis de diferentes tonalidades de cinza e preto (a luz de destino em seu aparelho mostra essa sombra). As partes mais escuras do disco são onde ele não tem muita informação cortada na ranhura e, provavelmente, não conterá uma batida. Veja o início do disco onde os anéis mudam de escuros para claros — a área sombreada mais clara contém mais informações do som e provavelmente é onde a batida inicia. Coloque a agulha onde os anéis escuros e claros se juntam. Se você puder ouvir a batida, gire o disco para trás até que as

DECIFRANDO OS PADRÕES DA PERCUSSÃO

Embora a maioria das músicas house/dance siga uma batida pesada do ritmo, nem toda dance music tem esse ritmo simples e básico. Os padrões da percussão são tão variados quanto a música que eles acompanham, variando desde uma batida do bumbo/caixa simples até os padrões complicados do dubstep, drum and bass e jungle. Geralmente, você pode distinguir os diferentes gêneros de música tanto pelo padrão da percussão quanto pela música. O padrão da percussão sozinho é suficiente para reconhecer o breakbeat, R&B ou 2-step garage.

Se você estiver interessado em descobrir mais sobre os padrões de bateria e percussão, recomendo sinceramente o livro *Bateria Para Leigos* (Alta Books) de Jeff Strong.

---

batidas parem ou se ainda ouvir a introdução, toque o disco para frente até encontrar a primeira batida.

DJs de CD: Se você tiver uma *tela de ondas* em seus CD players ou software — que tem uma série de picos e vales mostrando as partes mais barulhentas e silenciosas da música — consulte sua tela de ondas para encontrar onde os picos grandes começam; provavelmente será onde começam as batidas.

DJs digitais: A maioria dos programas de DJ tem uma forma de onda na tela que permite ver a música. Os picos grandes na Figura 14-1 abaixo são as batidas. Carregue sua música e procure o primeiro pico grande — provavelmente será a primeira batida do ritmo.

» **Deixando a máquina fazer por você:**

DJs de CD: Alguns CD players descobrirão o primeiro som na música e definirão o ponto automaticamente. Contudo, nem sempre esta é a primeira batida, portanto verifique onde a batida está indicada.

DJs digitais: O software de DJ pode fazer algo parecido, mas ao invés do primeiro som, ele vê a forma de onda da música, sabe onde está a primeira batida do ritmo por causa do tamanho do pico e define o ponto lá.

Iniciando suas músicas no tempo certo

Quando você tiver encontrado a primeira batida na música, escolha um aparelho, verifique se o andamento do som está definido para zero e fique pronto para começar. (Sou canhoto, portanto, pareço sempre iniciar à esquerda.)

Para os DJs de vinil (e os DJs digitais que usam um sistema vinil digital):

1. **Coloque o dedo na polegada externa do vinil.**

Observe que eu não disse *pressione* — apenas coloque o dedo; você precisa apenas de um pouco de pressão.

2. **Pressione o botão para iniciar.**

Devido ao milagre dos pratos deslizantes, o toca-discos gira sob o disco enquanto você ainda o segura (se não, fique com vergonha por ter comprado um equipamento barato).

Agora, a parte fácil.

3. **Tire o dedo do disco.**

Gloriosas batidas do ritmo agora deverão sair de suas caixas de som.

DJs de CD (e DJs digitais usando controladoras): Não há necessidade de realizar as três etapas — simplesmente pressione play!

4. **Com a música tocando, ouça-a.** Não *ouça* apenas — reserve um momento para realmente ouvir o que está acontecendo (isto é chamado de *ouvir com um ouvido ativo*). Concentre-se realmente em ouvir o bumbo.

Você deve selecionar o bumbo que tem dois sons diferentes. Um deles é apenas um bumbo e o outro normalmente é o bumbo combinado com outro som — geralmente uma *batida* ou a percussão rápida chamada *caixa*). Ouça e observe a diferença na ênfase entre a primeira batida do bumbo (representada por **B** em minha notação básica de batidas do DJ a seguir) e a segunda batida do bumbo (representada por **BC** para mostrar que é o **B** combinado com outro som):

B   BC   B   BC   B   BC   B   BC

5. **Quando você se sentir confortável com os sons da batida, vá para o outro aparelho e verifique se o andamento do som está ajustado para zero. (DJs de vinil: volte para as etapas 1 e 2 dessa nova unidade.)**

A primeira batida localizada em sua música e pronta para iniciar é normalmente a batida do bumbo apenas. Você tentará iniciar essa primeira batida no mesmo ritmo da batida simples do bumbo que toca a partir da música saindo atualmente nas caixas de som.

Ouça novamente. Verifique se você sabe em qual som de batida deseja iniciar. Neste primeiro estágio, você poderá achar que contar as batidas na cabeça é útil: "1 – 2, 1 – 2, 1 – 2" ou "bumbo – caixa, bumbo – caixa, bumbo – caixa".

O disco está equilibrado, pronto para seguir; o prato deslizante ainda está girando abaixo; agora, você tem certeza que conhece o som da batida na qual deseja iniciar.

CAPÍTULO 14 **Entendendo o Básico da Mixagem**   211

6. **Solte o disco (*DJs de CD/com controladoras digitais*: pressione play).**

Há chances de que uma das três coisas aconteçam:

> » **Você acertará na primeira vez — as duas batidas tocam no mesmo ritmo.** Muito bem! Repita mais algumas vezes para assegurar que você realmente pegou o jeito.
>
> » **Em sua afobação, soltou/pressionou o início cedo demais e as duas batidas do bumbo parecem um cavalo galopando quando tocam junto.** Não se preocupe; é fácil de acontecer. Tire a agulha (*DJs de CD/digitais*: volte ao ponto inicial de mixagem, verifique o Capítulo 8 se não souber como), volte à Etapa 1 e tente novamente.
>
> » **Você foi cuidadoso demais, esperou demais, iniciou a música tarde demais e as batidas parecem trens batendo.** Novamente, muito fácil de acontecer. Volte à primeira etapa e tente de novo.

A boa notícia é que um pequeno erro de sincronização pode não ser apenas sua culpa. Antes de ficar frustrado demais em não iniciar suas músicas no tempo certo, verifique alguns fatores externos:

DICA

> » **Dê um pequeno empurrão.** Ao usar o vinil, você poderá achar que esperar demais ocorre na maioria dos casos, o que é comum. A boa notícia é que o atraso pode não ter nenhuma relação com quando você solta o disco, mas com o motor no toca-discos.
>
> Quando você tenta iniciar as batidas no ritmo, mesmo que o prato faça seu trabalho e o tapete ainda gire sob o disco, se você apenas levantar o dedo do disco para que ele começa a tocar, o motor ainda poderá levar uma fração de segundo para colocar o toca-discos em total velocidade (conhecido como *retardo*).
>
> Quanto mais potente é o motor do toca-discos, menos retardo e mais rápido aumenta a velocidade, porém, mesmo a melhor das unidades pode introduzir um pequeno atraso. (Todos os DJs de CD e com controladoras têm permissão de dar um sorriso de orgulho neste ponto.)
>
> Para solucionar o retardo do motor, simplesmente não solte o disco — dê um pequeno empurrão também. O quanto de empurrão você dá no disco é apenas o quanto de habilidade que tem para iniciá-lo no ritmo certo, mas, como tudo, em relação à combinação de batidas, você terá essa habilidade com prática.
>
> » **Verifique se você realmente conseguiu a batida!** A outra causa comum de não iniciar a batida no tempo certo é não ter a agulha ou o ponto inicial bem no início da primeira batida.
>
> Para os DJs de CD e com controladoras digitais, é uma questão de ouvir ou procurar com cuidado os sons das batidas ao tentar encontrar o início da

primeira batida do bumbo. Para os DJs de vinil e DJs de CD que têm pratos em seus CD players com a simulação de vinil, para se acostumar a encontrar exatamente onde está a batida, toque por um segundo ou dois a música para trás e para frente, como se estivesse fazendo scratch lentamente. A batida fará um ruído de *bum – wump – bum – wump* quando você balançar para frente e para trás.

DICA

Para melhorar o tempo quando você finalmente solta o disco, realize este movimento de balanço (scratch) ao mesmo tempo em que a outra música toca suas batidas do bumbo. Faça o scratch para frente quando a outra música apenas tocar uma batida do bumbo e, para trás, quando a outra música tocar o bumbo e a batida da caixa. Então, quando você quiser iniciar a música, solte!

Com todo o barulho à sua volta na cabine do DJ, você poderá ter dificuldade para ouvir a primeira batida do bumbo se ele não for uma pancada sólida. Balançando um disco para frente e para trás na agulha, você dá mais informações ao seu cérebro para ajudá-lo a separar o som do bumbo do resto do barulho.

Experimente essa técnica de balanço algumas vezes quando praticar o início do disco no tempo certo. Você ficará surpreso com a rapidez com a qual se acostumará a trabalhar o vinil (um modo sofisticado de dizer "usar e tocar o disco").

LEMBRE-SE

Seus pais podem ter dito para você nunca tocar nos discos e tratá-los com cuidado, que é o certo para os LPs de Beethoven, mas não para trabalhar como DJ. Tirando e colocando a agulha no disco, encontrando a primeira batida e começando a tocar no tempo certo são habilidades que têm relação com você sentindo-se confortável com suas ferramentas de DJ. Apenas mantenha as mãos limpas e mostre certo cuidado (não solte a agulha de uma grande altura ou corte-a diretamente no disco) e suas músicas existirão por um longo tempo.

Ajustando os erros

Quando você cometer um erro de sincronização ao iniciar as batidas, começar de novo será perfeito quando estiver desenvolvendo suas habilidades, mas não é como os DJs experientes lidam com esses erros.

Tente iniciar a batida novamente — mas de agora em diante, se você cometer um erro de sincronização, use os métodos a seguir para colocar as batidas do bumbo de volta no ritmo (ou seja, faça com que toquem ao mesmo tempo). Experimente todos os métodos a seguir e encontre aquele com o qual se sente mais confortável. O mais importante, você precisa encontrar um método de ajuste de erros mais adequado, dando-lhe resultados consistentes e positivos.

» **Começando cedo demais:** Se você iniciar a nova música cedo demais, suas batidas do baixo tocarão antes das batidas do bumbo na música com a qual está tentando combinar as batidas. Portanto, precisará diminuir temporariamente a velocidade da nova música para colocá-la no ritmo.

Os DJs de CD e DJs com controladoras digitais devem ter uma forma de controle com deslocamento do andamento do som que faz exatamente isso. Se você tiver um, pressione e segure o botão de deslocamento da frequência do som até que as batidas toquem no tempo certo, então, solte o botão para voltar à velocidade correta. Os CD players e controladoras com pratos podem ter modos um pouco diferentes de fazer isso. Por exemplo, nos CDJs da Pioneer, você gira um anel externo no prato para fazer a música tocar mais rápido ou lentamente em pequenos saltos de velocidade. Leia o manual!

Os DJs que usam vinil (inclusive os sistemas vinil digitais) podem colocar o dedo no anel ondulado que roda na lateral do prato giratório para adicionar uma pequena fricção. Isto mostra a velocidade com a qual o toca-discos gira e como consequência, diminui a velocidade o bastante para que as batidas toquem ao mesmo tempo. Quando as batidas tocarem no ritmo, tire o dedo das ondulações para voltar o disco à velocidade normal. A quantidade de pressão a adicionar às ondulações requer um pouco de prática e se você sentir cócegas, tente não sorrir — não parece profissional!

» **Começando tarde demais:** Os DJs de vinil que iniciam a música tarde demais, portanto, as batidas na nova música tocam depois daquelas com as quais você está tentando combinar, podem experimentar alguns métodos para aumentar a velocidade do disco:

- Segure com firmeza o eixo central do toca-discos, que passa pelo disco, com os dedos polegar e médio, e gire para fazer o toca-discos rodar mais rápido que o normal.
- Coloque o dedo levemente no rótulo na posição de 6 horas e empurre para dar ao disco uma ajudinha para tocar um pouco mais rápido. Este é meu método preferido.

Os DJs de CD e com controladora podem usar seus controles de andamento do som para aumentar temporariamente a velocidade da música.

CUIDADO

Uma técnica que alguns DJs usam para corrigir os erros do início nos CD players ou toca-discos é utilizar o controle de andamento do som. Aumentar ou cortar a velocidade movendo rapidamente o controle de andamento do som em uma grande quantidade funciona bem nesse estágio inicial de aprendizagem

NERVOS E DESCUIDO NÃO SE MISTURAM

Lembro da minha primeira noite tocando diante de pessoas reais ao vivo (ai!). Eu estava tão nervoso que quando tentei aumentar a velocidade do disco empurrando o rótulo, minha mão escorregou e eu arranhei a agulha no disco (é por isso que agora inicio na posição de 8 horas, distante da agulha!).

Felizmente, uma pessoa tende a fazer esse tipo de coisa apenas uma vez... é incrível como ficar constrangido ajuda a aprender rapidamente com um erro assim!

214 PARTE 3 **Mixagem**

para combinar as batidas porque você só precisa voltar o controle para zero para fazer as músicas tocarem na mesma velocidade de novo. Mas quando você começar a usar o controle de andamento do som para fazer suas músicas tocarem mais rápido ou mais lento para combinar a velocidade na qual as outras músicas estão tocando (veja "Usando o Controle de Andamento do Som", posteriormente neste capítulo), será muito mais difícil voltar o controle exatamente para onde o colocou originalmente.

LEMBRE-SE

Não importa o método usado, tente ser gentil ao fazer esses ajustes de sincronização. Se você pressionar demais na lateral do toca-discos, ele irá ranger até parar! Ou se empurrar o rótulo com pressa demais, poderá bater com a agulha fora da ranhura ou mover-se na música em 20 segundos. Alguns CD players e controladoras deslocam a frequência do som quanto mais com força você pressiona os botões ou gira os pratos, portanto, calcule a força que precisa colocar.

Sabendo qual disco ajustar

Quando você precisar alterar a velocidade de uma música para fazer as batidas voltarem no tempo, quase sempre ajustará a música que não está saindo nas caixas de som ainda — que você normalmente ouve em seus fones de ouvido. Se for aumentar ou diminuir a *velocidade* da música que as pessoas podem ouvir nas caixas de som, elas poderão começar a gritar, "Fora DJ!" (uma frase que coloca medo no coração de qualquer DJ). Se as duas músicas estiverem saindo pelas caixas de som quando você está mixando uma música na outra, ajuste a mais silenciosa das duas.

CUIDADO

Em alguns casos (em geral com uma música com nota constante tocando), aumentar ou diminuir a velocidade da música mais silenciosa parece terrível por causa do picote do andamento do som na nota que toca, mas a prática lhe dará experiência para saber qual música mudar.

Usando o Controle de Andamento do Som

Depois de se sentir confortável iniciando suas músicas no tempo certo (veja a seção anterior "Iniciando suas músicas no tempo certo"), a próxima etapa ao combinar as batidas será seguir o mesmo processo usando as mesmas músicas, mas desta vez, uma delas começa tocando em uma velocidade diferente da outra, portanto, você poderá acostumar-se a trabalhar com o controle de andamento do som.

Neste estágio de lidar com a combinação de batidas, a vantagem de usar as mesmas músicas como no primeiro exercício é que se você realmente não souber o que fazer, poderá comparar os controles de andamento do som das duas unidades para ajudar a combinar as velocidades. Com bastante prática, não precisará mais fazer isso. Não se preocupe: Você irá para outras músicas logo.

Entendendo a bpm

Para usar o controle de andamento do som corretamente, é útil saber como ele afeta a velocidade da música e como calcular essas mudanças na velocidade.

PAPO DE ESPECIALISTA

Batidas por minuto (bpm) são um modo de descrever a rapidez (conhecida como *andamento*) que suas músicas tocam. O nome já diz: bpm é o número de batidas que ocorrem em um minuto.

Como uma generalização *muito ampla*, a house music é gravada com uma bpm entre 110 e 130, a trance music varia muito entre 130 e 145 e a hardhouse/happy hardcore podem ultrapassar isso. Outros gêneros de música, como rock, pop, jazz etc., têm faixas maiores de bpm. Mesmo vendo apenas um artista como Aerosmith, "Crazy" é uma balada com 54 bpm, ao passo que "Young Lust" arrasa com 189 bpm!

Calculando a bpm

Quando você tenta combinar as batinas de duas músicas diferentes, conhecer a bpm de cada uma antes de iniciar ajuda a adivinhar, com fundamentação, o quanto precisa ajustar o controle de andamento do som.

Você pode adotar duas abordagens principais para calcular a bpm:

» **Usar um contador de batidas.** Um contador de batidas é uma ferramenta de retorno útil do DJ que calcula e mostra automaticamente a bpm da música para você. Os contadores de batidas independentes podem custar entre R$300 e R$700 ou se você tiver um smartphone, poderá encontrar aplicativos baratos (e até gratuitos) de contadores de batida. Se estiver pensando nos contadores bpm e não escolheu seu mixer ainda, fará muito sentido, nas finanças, ver um mixer com contadores de bpm embutidos. Ao invés de comprar um mixer básico e um contador bpm independente caro, use o dinheiro combinado para ter um mixer realmente bom com contadores de bpm embutidos.

» **Usar contadores nos CD players ou software.** Outro recurso extra no software do DJ e em alguns CD players é que eles mostrarão a bpm em uma tela. Em geral, quando você ajustar o controle do andamento do som para ajustar a velocidade na qual a música toca, a tela da bpm mudará para mostrar o novo ritmo.

» **Calcular por si mesmo a bpm.** A abordagem gratuita. Não leva muito tempo e é fácil. Defina a música para o andamento zero e tenha um cronômetro pronto. Pressione em iniciar e conte quantas batidas do baixo você ouve

> ## NÃO PERCA SUA VIDA CONTANDO
>
> Eu costumava passar um minuto inteiro calculando a bpm porque queria assegurar que era *realmente* preciso. Como consequência, descobri que quando eu tinha contado 120 discos, tinha usado uma hora extra de minha vida por nenhum motivo real! Preferiria ter passado essa hora mixando.

por 30 segundos. Se você contou uma batida quando iniciou o cronômetro, subtraia uma e dobre o valor — isso calcula as batidas por minuto da faixa.

Por exemplo, se você contou 67 batidas em 30 segundos e contou uma batida quando iniciou, a bpm será 66 x 2 = 132. Se você contou 60,5 batidas em 30 segundos e começou a contar a partir da primeira batida após ter iniciado o cronômetro, a bpm será 60,5 batidas x 2 = 121 bpm.

Você pode contar as batidas por um minuto inteiro, claro, mas provavelmente achará que a diferença entre a contagem de 30 e 60 segundos não é perceptível o bastante para garantir uma contagem mais longa.

Se você adquirir o hábito de calcular a bpm de suas músicas quando ouvi-las, sempre fará ótimos cálculos.

DICA

Depois de ter trabalhado como DJ por alguns meses e ter desenvolvido sua habilidade, achará que não tem que se preocupar mais em conhecer os valores exatos da bpm. Muito rapidamente, você não só desenvolverá a habilidade de dizer instantaneamente se uma música é mais rápida ou lenta do que a que está tocando, mas achará que desenvolveu uma memória incrível do ritmo geral de seus discos antes de tocá-los, e não precisará consultar os cálculos. Outro motivo para praticar e passar um tempo com suas músicas ser fundamental!

Combinando a definição do andamento do som

Alguns toca-discos têm números gravados na lateral do controle deslizante de andamento do som. Esses números não mostram, de fato, quanta bpm você pode adicionar ou subtrair. Os números mostram o aumento/diminuição da porcentagem da rotação do toca-discos e, portanto, a mudança de porcentagem para a bpm original da música. Nos toca-discos 1210mkII da Technics, o controle da frequência do som é zero quando está no meio, +8 quando está mais próximo de você e -8 quando está longe, no ponto mais distante (supondo que você não tenha colocado os toca-discos de lado para fazer scratch — veja Capítulo 17).

Os CD players e software de DJ algumas vezes dão a opção de quanto variar o ajuste de andamento do som. Ao pressionar um botão nos CDJ players da

Pioneer, você pode escolher entre uma faixa de andamento do som de +/- 6%, +/- 10% (o mais usual), +/- 16% ou até +/-100%. Como resultado, esses controles de andamento geralmente não são numerados. Ao contrário, eles têm linhas que dividem o controle em segmentos. Com um pouco de matemática, você pode calcular o valor estimado de definição do andamento do som. Por exemplo, se um lado do controle de andamento estiver dividido em cinco segmentos e você o definiu para +/- 100%, cada segmento cobrirá 20%.

LEMBRE-SE

Se você tocar uma música de 130 bpm e definir o controle de andamento do som para +4, não estará adicionando 4 bpm, estará adicionando 4% à bpm original. Quatro por cento de 130 é 5,2, significando que a música de 130 bpm agora toca com 135,2 bpm.

Eis um exemplo de como calcular onde definir o controle de andamento do som na faixa que você deseja tocar em seguida para que ela se combine com a faixa ao vivo saindo atualmente das caixas de som para o público:

» **A faixa ao vivo é uma música de 130 bpm, com seu andamento do som definido para +2%.** Isto significa que a música está tocando em torno de 132,5 bpm (2% de 130 bpm é 2,6, que eu arredondo para 2,5 bpm).

» **A próxima faixa tem 138 bpm.** Portanto, você precisa diminuir a velocidade da música em cerca de 5,5 bpm para aproximá-la em bpm da faixa ao vivo. Como é melhor lidar com estimativas brutas, com o primeiro ajuste no controle de andamento do som (veja "Tirando os olhos do controle de andamento do som"), isto significa abaixar o controle de andamento em cerca de -4% para diminuir bastante a velocidade, antes de fazer algum ajuste preciso.

Todas as mãos (de volta) nos players

Chega de teoria. Vá para seus aparelhos e tente o seguinte método, ainda usando duas cópias da mesma música:

1. **Deslize o controle de andamento do som em sua trilha ao vivo em cerca de +3%.**

2. **Deixe a definição de andamento do som na trilha mixada em zero e inicie sua primeira batida junto com uma batida da faixa ao vivo.**

    Você notará que as batidas começam a se separar e sair do ritmo muito rapidamente.

3. **Mude o andamento do som na música mais lenta para +3%.**

    Felizmente, você pode colar agora. Como você pode ver que a trilha ao vivo está definida para +3%, sabe que precisa definir o andamento do som na próxima faixa idêntica para a marca de +3% para que as batidas toquem na mesma velocidade.

4. **Inicie novamente as batidas no ritmo, mas desta vez não pare a próxima faixa caso as batidas comecem a se separar.**

    Trate-a do mesmo modo como um erro inicial. Você sabe (agora) que precisa definir o controle de andamento do som para +3%, portanto, faça isso e use sua técnica de correção de erros escolhida (veja "Ajustando os erros" anteriormente neste capítulo) para fazer as batidas tocarem no mesmo ritmo de novo.

Você pode ter sorte e definir o andamento do som precisamente na primeira vez, mas com muita frequência, você achará que as batidas começam a se separar após 10 segundos ou mais, pois mesmo que tenha movido o controle de andamento do som para a marca de +3%, o controle poderá não ser totalmente preciso ou você sairá um pouquinho de 3%.

LEMBRE-SE

Naturalmente, até o momento tudo foi apenas prática. As etapas foram designadas para ajudá-lo a ouvir o som das batidas que estão saindo do ritmo entre si. Quando você usar duas músicas diferentes com bpm diferente, não terá a opção de colar vendo o controle de andamento do som no outro aparelho para saber se precisa aumentar ou diminuir a velocidade da nova música. Portanto, as coisas ficam um pouco mais complicadas. Você precisa conseguir dizer ser a próxima faixa está correndo rápido ou lento demais para fazer as batidas tocarem no ritmo novamente usando os ouvidos, ao invés dos olhos. Você calcula isso ouvindo o som que os baixos fazem junto.

Tocando lento demais ou rápido demais

Se você puder ouvir que um disco está saindo do ritmo antes de qualquer outra pessoa e se puder reagir e corrigir antes que alguém ouça, será tão bom ao combinar as batidas quanto qualquer DJ de primeira linha. Mesmo os DJs digitais que usam a função de sincronização precisam ter essa habilidade para que possam pegar e corrigir qualquer erro de sincronização do software. Contudo, saber se uma música está tocando rápido ou lento demais é *de longe a parte mais difícil ao trabalhar como DJ*. Como calcular isso é a pergunta que me fazem com mais frequência e o mais difícil para muitos DJs novos descobrirem. A boa notícia: como outras habilidades ao trabalhar como DJ, assim que você pega o jeito, nunca mais o perde.

O motivo para alguns DJs novos terem dificuldade para fazer esse julgamento é que eles não passaram um tempo treinamento seus ouvidos para ouvirem as dicas do áudio que dão a resposta. Este é o perigo de usar a função de sincronização no software do DJ. Se você apenas usa a função de sincronização, deixa passar a oportunidade de aprender a habilidade vital de ouvir as dicas do áudio. Mesmo que você ache que não precisará, passe um tempo praticando o seguinte método. Ouça e concentre-se no som reproduzido quando uma música está tocando rápido ou lento demais.

Neste estágio, você ainda está tocando duas músicas idênticas nas caixas de som ao mesmo tempo, portanto, precisará ajustar seu mixer para ajudá-lo a julgar se a próxima faixa está tocando lento ou rápido demais. Reduza um dos atenuadores de canal para cerca de três quartos do volume do outro canal. Agora que uma batida é mais silenciosa que a outra, você poderá calcular qual batida está tocando primeiro — a alta (na pré-escuta) ou a baixa (ao vivo).

O motivo para eu sugerir esse ajuste é porque é parecida com como eu ajusto meus fones de ouvido ao combinar as batidas. Tenho a próxima faixa (aquela que estou para mixar) tocando alto e supondo que o mixer tem um controle de mixagem dos canais no fone de ouvido, toco a música ao vivo (aquela que sai atualmente nas caixas de som) em um volume mais baixo ao mesmo tempo. Veja "Introduzindo Seus Fones de Ouvido" posteriormente neste capítulo se quiser saber por que é meu ajuste preferido.

Investigando a diferença

Descobri que o melhor modo de descrever o que ouvir é usando palavras onomatopeicas (palavras que você pode associar aos sons). *L'Bum* e *B'lum*. (Seja paciente comigo aqui... eu não fiquei maluco.)

Simplificando, quando o crossfader está no meio, a música mixada mais alta está batendo em total volume: *Bum Bum Bum Bum...* A música ao vivo está mais silenciosa que a trilha mixada; ao invés de tocar como um *Bum* alto, ela tem um som *lum* mais suave: *lum lum lum lum*. (Para ser honesto, tenha paciência, fará sentido quando você colocar isso em prática, prometo.)

Isto significa que os dois sons ouvidos que permitem saber se é para aumentar ou diminuir a velocidade são:

» **B'lum:** Quando a música "Bum" mais alta (a música mixada) toca rápido demais, você ouve sua batida primeiro — e o som ouvido é *B'lum, B'lum, B'lum, B'lum*.

» **l'Bum:** Quando a música mixada é lenta demais e toca depois da trilha ao vivo, ela toca como *l'Bum, l'Bum, l'Bum, l'Bum*.

Ser capaz de ouvir os sons das duas batidas com todo o resto da música tocando requer um pouco de concentração, mas passe um tempo praticando e perceberá que não sou tão maluco quanto pareço. É um pouco mais fácil ao usar duas músicas diferentes porque as batidas parecerão diferentes, mas apesar disso, *B'lum* e *l'Bum* são seus amigos ao combinar as batidas.

Volte algumas páginas até a etapa anterior de tocar a trilha ao vivo em +3%. Então, iniciando em 0%, ajuste o andamento do som para que as velocidades sejam parecidas. Ouça com cuidado o som que os bumbos estão fazendo quando as batidas estão quase combinadas. Ouça especialmente o *l'Bum* ou o *B'lum*, e tente calcular se sua trilha "Bum" mixada está indo lento ou rápido demais.

Se você errar e diminuir a velocidade de uma faixa que já estava tocando lento demais, tudo bem! Apenas lembre do som ouvido que o fez pensar que estava tocando rápido demais e associe novamente com tocar lento demais!

DICA

Esta técnica requer prática e concentração, e você pode querer adotar uma abordagem de experimentação por um tempo. Volte para o andamento do som 0 nas duas músicas, diminua a velocidade de uma delas e ouça o som que os baixos fazem — então, aumente a velocidade de uma, ouça *esse* som e preste atenção na diferença.

Tirando os olhos do controle de andamento do som

Quando você se acostumar a ouvir os dois sons diferentes que as batidas fazem quando estão tocando rápido ou lento demais, a próxima etapa será combinar as batidas ajustando o controle de andamento do som sem ver onde o controle do outro aparelho está definido, usando apenas os ouvidos como seu guia.

Usando músicas idênticas, aumente o controle de andamento do som na música ao vivo, mas desta vez com algo cobrindo o leitor, portanto, você sabe que foi aumentado, mas não cola vendo onde está o controle. Um pouco infantil, eu sei, mas de agora em diante seus dias de DJ colando acabaram.

Para combinar o controle de andamento do som na música mixada com essa nova definição, considero quatro faixas diferentes de ajuste:

» Ajustes grandes e gerais para chegar um pouco perto
» Ajustes médios (cerca de 1–2% no controle de andamento do som) para chegar mais perto
» Pequenos ajustes (cerca de ¼ de 1%) para finalizar
» Ajustes minúsculos (milímetros) para ajustar com precisão durante a mixagem

Por exemplo:

» Se a música começar a tocar lento demais imediatamente, aumente o controle de andamento do som em cerca de 4% e aplique seu método preferido de correção do erro para colocar as batidas tocando ao mesmo tempo (veja "Ajustando os erros" anteriormente neste capítulo).
» Se você ouvir um *B'lum* quando parar a correção do erro (significando que aumentou muito a velocidade, mas as batidas não estão separando-se tão rápido quanto estavam na última etapa), reduza um pouco o andamento, em cerca de 1%.

CAPÍTULO 14 **Entendendo o Básico da Mixagem** 221

» Se as batidas agora levaram cerca de 10 segundos para tocarem visivelmente lento demais e você começar a ouvir os sons *l'Bum* desta vez, aumente o andamento do som em cerca de ¼ de 1%.

» Se você estiver quase no ponto, mas depois de 20 segundos começar a ouvir *B'lum* de novo (a música está tocando rápido demais), corrija o erro e diminua o andamento do som em uma quantidade muito pequena. Empurrar um pouco para mover apenas um milímetro algumas vezes é tudo o que é preciso.

PRATICANDO FELIZ

Sempre pense sobre o fato de que você está passando um tempo praticando porque deseja ser DJ — e quer ser um DJ porque, assim como muitas outras coisas, trabalhar como DJ é realmente muito divertido.

Se você começar a ficar um pouco frustrado quando tentar desenvolver qualquer habilidade para combinar as batidas, pare. Afaste-se por cinco minutos dos aparelhos. Pegue um copo de água (qualquer coisa mais forte pode esquentar as coisas!) e volte para seu equipamento com um pensamento em mente: divirta-se. Não se preocupe com qualquer aprendizado/habilidade desagradável. Não ultrapasse seus limites, não tente ser algo que você não é, não se preocupe! Na verdade, por que não ligar a função de sincronização em seus aparelhos por um tempo? Finja que você está fazendo isso, volte à rotina, livre-se de qualquer negatividade — ame suas músicas e ame ser DJ por um tempo!

Introduzindo Seus Fones de Ouvido

Ao desenvolver pela primeira vez suas habilidade para combinar as batidas (veja as seções anteriores), tocar duas músicas nas caixas de som ao mesmo tempo ficará muito mais fácil de ouvir de modo claro e instantâneo se você tiver lidado com as batidas tocando no ritmo. Infelizmente, você não tem essa opção ao mixar para um público ou ao gravar um CD demo porque, como já sabe, tocar as duas músicas nas caixas de som ao mesmo tempo parece terrível. Portanto, acho que é hora de começar a calcular se as batidas estão *em sincronia* (tocando ao mesmo tempo) em seus fones de ouvido de agora em diante. Seus vizinhos e cão agradecerão por isso.

Mudando para o controle do fone de ouvido

Para começar a fazer o melhor uso dos fones de ouvido, você precisa configurar seu mixer de modo que apenas você ouça a faixa ao vivo tocando nas caixas de som do amplificador e apenas você comece a ouvir a próxima faixa tocando nas caixas de som quando move o crossfader em direção ao canal dela.

Defina seu mixer assim:

> » Crossfader até o final no lado da faixa ao vivo
> » Os controles de ganho, EQ e atenuadores de canal nos dois canais ajustados de modo idêntico (para que os dois discos toquem no mesmo volume, com a mesma quantidade de frequências baixa/média/alta tocando)
> » Botões de mixagem do fone de ouvido ajustados para ouvir a próxima faixa nos fones de ouvido

Se você não estiver certo sobre como qualquer uma desses ajustes afeta o som em seu mixer ou para obter explicações detalhadas das diferentes opções de mixagem, consulte o Capítulo 10.

Iniciando a mixagem nos fones de ouvido

Fazer os ajustes do andamento do som nos fones de ouvido enquanto ouve outra faixa nas caixas de som não é fácil de fazer no início. *Mixar* em seus fones de ouvido (encontrado onde deseja iniciar em uma faixa e também ajustando o controle de andamento do som durante o processo de combinação das batidas) é outra habilidade-chave de combinação das batidas que, uma vez conseguida, fica para sempre. Inicialmente, pode parecer um pouco com bater na cabeça e esfregar a barriga ou fazer malabarismo com quatro motosserras enquanto canta — embora não seja tão perigoso.

Mixar com o monitoramento com um ouvido

O modo mais popular de mixar nos fones de ouvido é com o *monitoramento com um ouvido*. Simplificando, você cobre apenas uma orelha com os fones de ouvido que tocam a faixa, deixando a outra sem nada para ouvir a faixa ao vivo que sai nas caixas de som. Assim, você pode ouvir as duas faixas e compará-las em sua cabeça.

Mixar com a mixagem do fone de ouvido

Um controle de *mixagem do fone de ouvido* pode ajudar a ouvir os sons *B'lum*, *l'Bum* (veja a seção anterior "Tocando lento demais ou rápido demais") nos fones de ouvido. Isto ajuda ao monitorar com um ouvido ou você pode colocar os fones de ouvido nas duas orelhas para ouvir mais facilmente se as batidas estão tocando no ritmo.

PAPO DE ESPECIALISTA

Ao monitorar com um ouvido com a faixa tocando em bom volume em seus fones de ouvido, a mixagem do fone de ouvido permite tocar a faixa ao vivo de modo silencioso acima (o que chamo de *ultrapassar*) para que você possa ouvir as mixagens do baixo *B'lum* ou *l'Bum* em seus fones de ouvido. Se você ouvir *B'lum*, a faixa estará tocando rápido demais; se ouvir *l'Bum*, sua faixa está tocando lento demais. Veja a seção anterior "Tocando lento demais ou rápido demais" se precisar rever essa técnica.

Quando você chegar à metade da mixagem e a faixa agora for a música mais alta nas caixas de som, poderá querer trocar os controles de mixagem do fone de ouvido para que a faixa agora se torne a faixa ao vivo (e seja a mais silenciosa) e a música que *era* a faixa ao vivo agora se torne a faixa nos fones. Isto agora significa que quando você ouvir *B'lum*, a música que está mixando (que agora é a próxima faixa) estará tocando rápido demais e quando ouvir *l'Bum*, estará tocando lento demais.

Com exceção de ajudar a localizar os indicadores *l'Bum* e *B'lum*, a outra vantagem de uma mixagem do fone de ouvido é que você pode fazer uma mixagem experimental com os dois ouvidos de seus fones antes de deixar que outra pessoa ouça a mixagem. Alguns discos simplesmente não ficam bem com outros e ouvir uma mixagem primeiro em seus fones de ouvido poderá ser uma ótima rede de segurança, evitando uma escolha ruim das músicas a mixar.

Se você for verificar as batidas e talvez até realizar a mixagem com os dois ouvidos dentro dos fones, retire-os periodicamente, apenas para que possa ouvir a música tocando na pista de dança. Você pode achar que está fazendo a melhor mixagem no mundo, quando, na verdade, as pessoas na pista podem ouvir apenas distorção e barulho.

A mixagem do fone de ouvido não é uma opção fundamental no mixer, mas qualquer coisinha ajuda — especialmente ao começar seu desenvolvimento para combinar as batidas!

Mixando com a divisão de canais

Outra opção de monitoramento do fone de ouvido é a *divisão de canais*, onde um ouvido dos fones de ouvido toca a música a ser mixada e o outro toca a música ao vivo.

Esta técnica é quase idêntica ao monitoramento com um ouvido, onde um ouvido está nos fones e o outro está aberto para a música ao vivo, exceto que a música ao vivo fica muito mais clara nos fones do que nas caixas de som na pista de dança.

Não há um método certo ou errado para mixar em seus fones de ouvido. A seção de mixagem do fone de ouvido em seu mixer doméstico pode ter um efeito enorme em seu estilo de mixagem, assim como o ambiente ou a boate na qual irá tocar. Sugiro que você pratique como combinar as batidas primeiro com o monitoramento com um ouvido porque é a técnica mais comum, mas escolha o método preferido e assegure que esteja contente com ele.

LEMBRE-SE

Saber como usar todos os três tipos de mixagem do fone de ouvido torna-o um DJ maduro. Se você puder mixar apenas usando o monitoramento com um ouvido, na primeira vez em que tocar em uma boate que não tem um monitor na cabine do DJ e tiver um atraso causado pela distância entre as caixas de som principais e a cabine do DJ, será uma luta. Se você passar por essa situação, mas o mixer tiver um controle de seleção de canais, que resolve o problema do atraso, saber como mixar usando esse controle poderá salvar você de um potencial constrangimento!

Centralizando a cabeça com uma imagem estéreo

Ouvir duas músicas ao mesmo tempo e comparar suas batidas para dizer se estão tocando no mesmo ritmo requer muita concentração. Seu cérebro normalmente não passa por situações nas quais precisa ouvir e reagir a duas coisas ao mesmo tempo, portanto, no início, ele tenta encerrar uma delas; portanto, ouvir duas músicas ao mesmo tempo pode requerer prática. O truque para fazer corretamente é como você define o volume em seus fones de ouvido.

Quando você colocar seus fones de ouvido nas duas orelhas para ouvir a música, deve notar que a música parece estar tocando no centro de sua cabeça. Esta sensação é conhecida como *imagem estéreo* e é a mágica vodu do som estéreo.

Se você monitorar as faixas ao vivo e a ser mixada usando o monitoramento com um ouvido, o volume perfeito no qual ajustar seus fones de ouvido é quando você criou uma *imagem estéreo* parecida em sua cabeça entre as caixas de som ao vivo e o fone de ouvido, como mostrado na Figura 14-1.

FIGURA 14-1
A alegria do estéreo: balancear os volumes do fone de ouvido e das caixas de som dá uma imagem estéreo perfeita, como se as duas partes dos fones de ouvido estivessem em sua cabeça.

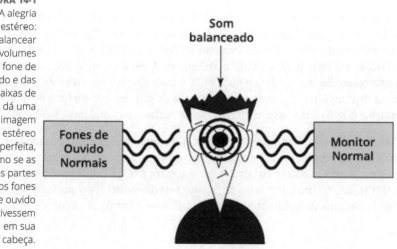

CAPÍTULO 14 **Entendendo o Básico da Mixagem** 225

Os DJs que usam a seleção de canais podem utilizar o controle de ganho para combinar o volume da faixa em um ouvido dos fones com o da faixa ao vivo no outro ouvido. Veja o Capítulo 10 se quiser mais informações sobre os controles de ganho.

Se o fone de ouvido for mais alto que o alto-falante, ou o contrário, o som dele será mais dominante, enviando o balanço da imagem estéreo; então, seu cérebro achará muito mais difícil concentrar-se nas batidas nesses dois discos. A Figura 14-2 dá uma ideia deste desequilíbrio.

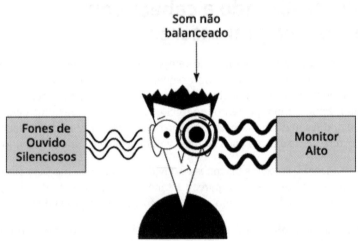

FIGURA 14-2
Quando o alto-falante está mais alto, a música acaba fora do centro. Se o fone de ouvido estiver alto demais, a imagem estéreo estará fora do centro na outra direção.

Você pode adotar essa técnica ao inverso, sendo, por isso, que aumenta o volume da TV quando está sendo incomodado em casa — quando a TV está mais alta, é mais difícil ouvir a pessoa chateando você!

Ao ouvir as duas cópias do mesmo disco, você realmente tem a chance de descobrir o que estou dizendo em relação à imagem estéreo. Coloque os dois discos no andamento zero, comece tocando os dois ao mesmo tempo (você é ótimo nisso agora, acredito) e ajuste o volume do fone de ouvido para mais alto e mais baixo. Feche só olhos e ouça *onde* o som aparece em sua cabeça. Quando tiver um equilíbrio de volume entre a caixa de som ao vivo e o fone de ouvido, a música criará uma imagem estéreo quase perfeita no meio de sua cabeça.

Geralmente, você não precisará mixar a mesma música em si e quando tocar músicas diferentes, elas não criarão o mesmo som estéreo perfeito em sua cabeça. Porém, a batida do bumbo é o segredo e é naquilo que você precisa concentrar-se. Mesmo que o resto da música seja diferente, tudo que você precisará para criar uma imagem estéreo em sua cabeça é a batida do bumbo.

A PRÁTICA LEVA À PERFEIÇÃO

A prática faz uma diferença enorme ao desenvolver suas habilidades para combinar as batidas. Se você praticar duas horas por noite, deverá ser 75% tão bom quanto qualquer pessoa que combina as batidas no final de uma semana — são os últimos 25%, aperfeiçoando, que levam tempo para desenvolver.

Como um prazo geral, quando você se sentir mais confortável com sua música e ferramenta de DJ escolhida, seja um DJ de CD, vinil, seja digital, no final de um mês praticando a combinação de batidas, você será capaz de combinar as batidas rapidamente sem ter que apressar ou adivinhar para iniciar a mixagem antes do outro disco terminar.

Pode levar alguns meses para ter uma combinação de batidas perfeita e estar confiante de que 99% das vezes você terá as batidas combinadas com precisão e que elas ficarão juntas durante a mixagem. Apenas se lembre que durante todo o tempo passado praticando, terá que ouvir a música que *você* adora e a música que *você* deseja ouvir.

DICA

Se você tiver dificuldade para se concentrar nas batidas do bumbo ou se a música que está tocando não tiver uma batida do bumbo *Bum Bum Bum Bum* sólida, ouça o bumbo e a batida da caixa combinada (veja "Iniciando suas músicas no tempo certo" anteriormente neste capítulo). A caixa adiciona um som mais agudo e claro que algumas pessoas acham mais fácil de selecionar no resto da música.

Praticando com seus fones de ouvido

Para se acostumar a usar os fones de ouvido para monitorar suas músicas, vá para seu equipamento de DJ e, se ainda não ajustou, ajuste o mixer para que possa ouvir a faixa ao vivo nas caixas de som e a próxima faixa nos fones de ouvido.

Então, volte ao início deste capítulo e lide com o básico dos ajustes para iniciar as batidas e combinar o andamento do som — desde o básico de como localizar a batida até iniciar a nova música no ritmo certo, calculando quando precisará aumentar ou diminuir a velocidade de uma música para combinar as definições do andamento e ouvir os indicadores *l'Bum, B'lum* — o tempo inteiro ouvindo a próxima faixa em seus fones de ouvido e a faixa ao vivo nas caixas de som.

Quando estiver confiante com a mixagem nos fones de ouvido e puder dizer com certeza se as batidas estão no ritmo assim, poderá começar a criar mixagens longas sem as batidas das músicas separando-se e terá mais tempo para passar criando mixagens impressionantes e profissionais.

Usando novas músicas

Finalmente.

A confiança adquirida combinando as batidas das duas músicas em seus fones de ouvido significa que você pode passar a combinar as batidas de duas músicas diferentes.

Você ainda pode querer usar uma das músicas com a qual vem praticando, mas coloque uma nova no outro aparelho. A boa notícia é que você já desenvolveu as habilidades e o ouvido para conseguir combinar as batidas da nova música com as batidas da antiga. As únicas coisas que você tem que pensar são os sons das batidas na nova música e se sua bpm significa que você precisa aumentar ou diminuir a velocidade para combinar as batidas das duas músicas.

Se você reservar um tempo para combinar as batidas certas, tudo bem. Tentar concentrar-se em duas músicas completamente diferentes é um pouco mais difícil, mas se dê um tempo para praticar e focar no que está fazendo, e tudo ficará no lugar muito rapidamente.

Combinação Rápida de Batidas

No início deste capítulo, escrevi que havia um truque para tornar a combinação das batidas muito mais fácil. O truque é acabar com a adivinhação sobre se sua nova música precisa aumentar ou diminuir a velocidade para combinar com as batidas da música ao vivo tocando nas caixas de som. Você ainda precisa saber o que ouvir para fazer pequenos ajustes, mas essa técnica permitirá ter as batidas das duas músicas tocando bem no mesmo ritmo dentro de 10 a 20 segundos.

Você pode usar esse método logo no início de seu desenvolvimento ao aprender como combinar as batidas das duas músicas que tocam nas caixas de som ao mesmo tempo ou em uma situação de DJ mais tradicional, monitorando nos fones de ouvido. O resultado é igualmente eficiente. Veja como:

1. Com a música ao vivo tocando nas caixas de som, coloque o controle de andamento da próxima música no máximo.

Isto acaba com qualquer adivinhação ao decidir se você precisa aumentar ou diminuir a velocidade da música para que as batidas combinem. Como você inicia a nova música muito rapidamente, saberá que tem apenas que diminuir a velocidade dela.

2. Com a próxima faixa tocando muito mais rapidamente do que a faixa ao vivo, utilize seu método escolhido de correção de erros para diminuir a velocidade da música mixada. Você terá que pressionar bastante para diminuir muito a velocidade da faixa para que as batidas

228   PARTE 3 **Mixagem**

toquem no mesmo ritmo (ou o mais próximo que puder). Ao mesmo tempo em que diminuir a velocidade manualmente da música com a mão ou o deslocamento de andamento do som, reduza o controle de andamento do som.

Quando você reduzir o controle de andamento do som, descobrirá que não terá que pressionar muito na lateral do toca-discos, ou pressionar com força o botão de deslocamento de andamento do som nos CD players ou software/controladoras de DJ, nem por um tempo para manter a música tocando lento o bastante, para manter as batidas combinadas.

3. **Quanto mais próximo você chegar do ajuste correto de andamento do som, mais leve precisará ser sua correção do erro.**

4. **Quando você achar que não precisa mais de corrigir o erro, pare — e pare de ajustar o controle de andamento do som.**

As batidas devem estar quase combinadas.

5. **Faça pequenas correções de erro e ajustes no controle de andamento do som para manter as batidas tocando em sincronia. (Ouça os sons *B'lum* e *l'Bum* para ajudar nisso.)**

Usando este método, você deverá conseguir ir da Etapa 1 a 4 em 10 segundos. A Etapa 5 pode ainda levar um pouco de tempo, mas este é um modo incrivelmente eficiente de combinar a batida de duas músicas.

Algumas pessoas usam esse método para toda mixagem que fazem e não há nada de errado nisso. Contudo, na hora certa, quando você ficar mais experiente com a combinação das batidas e puder lembrar facilmente mais sobre a velocidade de suas músicas, não precisará da abordagem "Ave-Maria" para sua combinação de batidas.

CAPÍTULO 14 **Entendendo o Básico da Mixagem** 229

230 PARTE 3 **Mixagem**

NESTE CAPÍTULO
Compreendendo como as músicas são construídas
Introduzindo as batidas, compassos e frases — e certa ovelha
Calculando onde você está na música
Contando com sua memória e instintos
Experimentando suas habilidades em uma estrutura de amostra

Capítulo 15

Escolhendo a Batida: Estrutura da Música

S er um bom DJ significa desenvolver uma personalidade dividida. Uma metade toca as músicas que a pista de dança irá adorar e a outra cria a mixagem perfeita entre as músicas na ordem perfeita.

Ser capaz de combinar as batidas não o torna automaticamente um DJ maravilhoso, especialmente se estiver mixando músicas de rock, indie ou festa, que não servem para combinar as batidas. Como você ajusta os EQs (equalizadores) e o nível do som geral muda a dinâmica de uma mixagem (veja o Capítulo 16 para obter mais informações), porém, o fator mais importante é escolher quais partes de suas músicas mixar sobre a outra e saber quando suas músicas progridem das introduções até os versos, coros e, finalmente, sua última parte. Afinal, se você combina as batidas ou não, precisa saber quando suas músicas irão terminar!

DICA

Os DJs digitais que usam a função de sincronização ainda precisam conhecer a estrutura de suas músicas. A função de sincronização pode fazer as batidas tocarem ao mesmo tempo e pode até selecionar a mesma batida em um compasso para combinar — mas não escolherá o local perfeito ou mais criativo para iniciar a mixagem.

Seu conhecimento da estrutura das batidas contribui neste estágio. Iniciando no compasso simples, que se desenvolve em uma frase, que evolui para um verso — as músicas são mapeadas de um modo extraordinariamente comum.

Quando você abrir o código de como uma música é construída, finalmente não precisará pensar sobre isso. Seus instintos assumirão o controle para ajudá-lo a criar sem esforço transições suaves em sua coleção de músicas, que lhe renderão elogios por suas habilidades.

Por que os DJs Precisam de Estrutura

A mais simples das mixagens envolve tocar a introdução (intro) de uma nova música acima da última parte (*saída*) da música a partir da qual você deseja mixar. Para iniciar essa mixagem no tempo certo, o DJ precisa saber quando a saída começará. Analisando como as batidas e os compassos são montados para compor as introduções, versos, coros e saídas (que descrevo em detalhes na seção "Estudando a Estrutura da Música" posteriormente neste capítulo), você não perderá nenhuma batida.

O conhecimento da estrutura da batida é fundamental para todos os tipos de DJs. Se seu estilo é criar transições contínuas de um minuto entre as músicas ou fazer aparecer uma música quando a outra termina, um entendimento de como uma música é montada permite mixar sem nenhum risco de lacunas nas batidas, interrupções na diversão e energia da noite ou, pior, silêncio.

Multiplicando as batidas, compassos e frases

Exatamente como um construtor levanta uma parede com centenas de tijolos em camada, uns sobre os outros, então acrescenta essa parede a outras paredes para fazer uma casa, um compositor agrupa as batidas em uma música e acrescenta-as a outros grupos, então, reúne esses grupos para fazer estruturas maiores, tudo fazendo parte de um todo maior — a música.

Mas antes de começar a ver como as paredes compõem uma casa (ou como os versos e coros compõem uma música), você precisa saber como construir uma parede — ou criar um verso — com batidas e compassos. A boa notícia é que se você puder contar até quatro, poderá lidar facilmente com a estrutura das batidas, pois os blocos de construção de quase todas as músicas encontradas são agrupados em quatro:

- » Quatro batidas para um compasso
- » Quatro compassos para uma frase
- » Quatro frases para um verso (normalmente)

Digo "normalmente" porque embora geralmente composto por quatro frases, o comprimento de um verso pode mudar dependendo da decisão do compositor.

PAPO DE ESPECIALISTA

Alguns guias na estrutura das batidas dizem que quatro compassos compõem uma frase e outros dizem que oito compassos compõem uma frase. Ambos os números são válidos, mas eu encontro meu caminho na música mais precisamente ao dividi-la em "partes" com quatro compassos. As frases com quatro compassos também podem ajudar ao tentar criar mixagens contínuas: esperar até o final dos oito compassos para iniciar uma mixagem algumas vezes pode resultar em quatro compassos de batidas básicas antes da melodia na próxima música iniciar. Portanto, se você não se importar, ficarei com uma frase tendo quatro compassos de comprimento.

Como faço a frase assim? Quantos berros para uma ovelha?

Um compasso engloba quatro batidas na maioria das músicas house, trance e electronic dance (EDM) — e também na maioria das músicas de rock, pop, country e festa. O modo mais fácil de explicar como essas quatro batidas compõem um compasso e quatro compassos se tornam uma frase é com a letra da música.

Infelizmente, eu teria que pagar muito dinheiro se quisesse usar a letra de uma música famosa e recente aqui, portanto, usarei os versos infantis "A ovelha negra" para mostrar como o número quatro mágico multiplica as batidas nos compassos e frases.

A primeira linha nesse verso infantil é "Bé, bé, ovelha negra", que tem um bé — desculpe, compasso — de comprimento. Cada uma dessas palavras é cantada em uma batida diferente do compasso e a primeira palavra tem mais ênfase do que as três seguintes.

Batida 1 – *Bé*

Batida 2 – *bé*

Batida 3 – *ovelha*

Batida 4 – *negra*

Prosseguindo no verso infantil, este primeiro compasso é o primeiro de quatro que compõem a primeira *frase*. Observe como essas quatro linhas/compassos compõem a primeira parte de uma história: uma pergunta é feita, então, respondida em um total de quatro linhas/compassos.

Batida 1 – *Bé, bé, ovelha negra,*

Batida 2 – *Tens alguma lã?*

Batida 3 – *Sim senhor, sim senhor,*

Batida 4 – *Três sacos de lã.*

Depois da primeira frase, a próxima (quatro compassos) desenvolve a história, dando mais informações: para *quem* são os três sacos de lã.

Um para meu mestre,

Para a senhora também,

E um para o menino

Que vive bem além.

As próximas duas frases repetem o padrão: a primeira frase faz a pergunta; a segunda frase fornece mais detalhes.

Bé, bé, ovelha negra,

Tens alguma lã?

Sim senhor, sim senhor,

Três sacos de lã. (Final da frase 3; o verso tem 12 compassos até aqui.)

Um para o suéter,

Um para as meias

E outro para os buracos no

Vestido das meninas. (Final da frase 4; duração total de 16 compassos.)

É fácil ver por que alguém agruparia as duas primeiras e as duas frases seguintes como duas partes diferentes do verso, para tratar como duas frases com oito compassos. Mas note que esses oito compassos estão divididos **muito** claramente em dois conjuntos de quatro compassos: as duas metades iniciam com a frase idêntica "Bé, bé, ovelha negra, tens alguma lã? Sim senhor, sim senhor, três sacos de lã", mas a próxima frase é diferente.

LEMBRE-SE

Você pode encontrar o mesmo princípio em muitas músicas: a segunda metade de um verso com 16 compassos pode parecer muito semelhante à primeira metade, mas no final, a quarta frase, os sons e a energia dos vocais ou dos instrumentos aumentam para permitir que você saiba que está aproximando-se do final do verso inteiro, ao invés do final da primeira metade.

A ovelha pode dançar

Vá até seu equipamento de DJ e toque uma de suas músicas — tente escolher uma com um ritmo muito simples seguido de um padrão de percussão com batida no início.

DICA

Meu website em www.recess.co.uk (conteúdo em inglês) tem exemplos. A batida é muito simples e óbvia.

Quando você ouvir as batidas começando a tocar, comece a contar (ou falar) imediatamente o verso infantil "Bé, bé, ovelha negra" no ritmo das batidas. No exemplo baixado, quando você chegar ao fim do verso, notará que a melodia principal começa a tocar. Se não começar, você não começou a contar na primeira batida do compasso ou não estava cantando no ritmo das batidas.

Se estiver usando sua própria música para isso, ouça a música quando terminar a rima. Nove em dez vezes, se você tiver o ritmo certo, quando terminar, a melodia entrará ou algo muito visível mudará na música.

Quando você achar que conseguiu, pare de cantar antes que alguém ouça!

Contando com onde você está

Já pode ter ocorrido para você que alguns DJs podem ser vistos balbuciando as palavras "Bé, bé, ovelha negra" na cabine do DJ. Ao invés de contar com a letra para navegar a estrutura das batidas da música, os DJs que são novos nesse conceito contam as batidas quando elas estão tocando de um modo muito especial.

Volte ao início da música tocada na última seção e quando a música tocar, conte com as batidas, como mostrado na Figura 15-1.

	COMPASSO	1	2	3	4
FIGURA 15-1 Conte com as batidas.	BATIDA	1 2 3 4	1 2 3 4	1 2 3 4	1 2 3 4
	DIGA	**UM** dois três quatro	**DOIS** dois três quatro	**TRÊS** dois três quatro	**QUATRO** dois três quatro

Conte o número do compasso como a primeira batida do compasso. O motivo para dizer o número do compasso primeiro é simplesmente para que você saiba em qual compasso está.

LEMBRE-SE

A primeira batida do compasso tem mais ênfase, portanto, quando você estiver contando as batidas, coloque mais energia ao dizer o primeiro número: "UM, dois, três, quatro — DOIS, dois, três, quatro" etc.

Ouvindo o prato como um símbolo

Os bons DJs tentam evitar contar literalmente as batidas quando elas tocam assim que possível. É muito simples navegar uma faixa apenas ouvindo o que acontece no final das frases com quatro compassos.

Voltando ao exemplo de verso infantil "Bé, bé, ovelha negra", você sabe que se ouvir "Bé, bé, ovelha negra", estará na frase 1 ou 3. E a próxima linha ("Um para meu mestre" ou "Um para o suéter") informa se você está na frase 2 ou 4.

Contudo, nem todas as músicas têm letras para seguir, permitindo que você saiba onde está. Mesmo que a música sem letra algumas vezes tenha uma mudança da melodia nas frases diferentes, você poderá precisar de um pouco de orientação para ajudar a localizar sua posição. Se você apenas soltou a agulha ou iniciou a música em um ponto aleatório com a intenção de iniciar a mixagem, precisará saber como calcular onde está em um padrão com quatro frases (16 compassos).

PAPO DE ESPECIALISTA

Felizmente para os DJs, os produtores musicais são pessoas muito boas e deixam *marcadores do fim da frase* (comumente chamados de *prato de ataque*) no final das frases.

As quatro frases dadas no exemplo "Bé, bé, ovelha negra" têm três tipos principais e diferentes de término:

» O final da primeira e terceira frases (provavelmente idêntico)
» O final da segunda frase (o ponto médio)
» O final da quarta frase (o ponto final e mais potente)

O final da primeira e terceira frases pode ter um pequeno prato de ataque na quarta batida do compasso ou na primeira batida do próximo compasso. Ou pode não ter nada que seja tão útil quanto um prato de ataque; se nada existir no final do compasso, então, você saberá que está no final da frase 1 ou 3.

O final da segunda frase, o ponto médio, tem um pouco mais porque essa primeira metade existe como uma parte separada da história. Esse final pode ter uma pequena mudança nas percussões, como uma minissucessão de batidas ou a perda das batidas, e termina com um prato de ataque na quarta batida ou na primeira batida do compasso a seguir (nono).

Até agora, isto significa que se você não ouvir nada no final de uma frase, saberá que está no final da frase 1 ou 3. Se ouvir um pequeno desenvolvimento, saberá que está no final da frase 2.

Então, quando ouvir um desenvolvimento muito maior e crescente, estará no final da frase 4 e a música está para seguir em uma nova seção.

LEMBRE-SE

O final da quarta frase é importante. Esse marcador de fim da frase permite saber que a música está para seguir em uma nova seção — de um verso para um coro, de um coro para uma interrupção ou de uma interrupção para um verso etc. É parecido com o marcador do meio, porém mais pronunciado e potente. A sucessão de batidas é maior, os vocais têm mais profundidade e a energia e potência da música são muito mais altas, desenvolvendo-se para seguir para a próxima seção.

Tudo muda

Os marcadores no final de cada frase são comuns em alguns gêneros, mas não é suposto que eles sempre existirão! Lembre-se, as regras existem para serem quebradas. Do mesmo modo como algumas músicas prolongam os versos e os coros de 16 para 32 compassos (e mais), retirar o óbvio desses marcadores de fim da frase pode ser o que, algumas vezes, faz uma música parecer diferente e especial. Este é particularmente o caso com a música deep house.

Se alguns marcadores de fim de frase não existirem em uma música sem letra, ouça como a música muda quando avança. O principal gancho pode começar de novo, a melodia pode ter uma mudança-chave, outro instrumento pode ser introduzido, outro som de percussão ou som sintetizado pode ser adicionado ou você pode ter uma mudança geral na potência da música com o acréscimo de filtros ou compressores — uma sensação da música, ao invés de algo que você pode realmente ouvir e definir. Todas essas mudanças ocorrem quando uma nova frase com quatro compassos inicia.

Ouvindo ativamente suas músicas

Para ser um ouvinte ativo, você realmente precisa *ouvir* o que está tocando. Ao invés de apenas sentar e aproveitar a música, concentre-se nos sons que está ouvindo: sucessão de batidas, pratos de ataque, amostras vocais (um "Oh yeah" no final de um compasso é um bom indicador!), mudanças nas melodias ou linha do baixo, som sibilante estranho, filtro ou outros barulhos eletrônicos, qualquer um desses sons (ou ausência deles) pode ser o marcador que o compositor deixou para que você saiba onde está na música.

Quando você tiver aberto a fórmula das batidas/compassos/frases de como uma música é construída, quando puder identificar os diferentes marcadores do final de frase e quando tiver desenvolvido instintos para conseguir dizer quando a música irá mudar, achará que você não precisa mais de contar as batidas e os compassos quando eles tocarem.

CUIDADO

Faz sentido quando está aprendendo, mas você deve tentar evitar contar literalmente as batidas o mais rapidamente possível. Desenvolver uma confiança na contagem de batidas para mixar bem pode reprimir sua criatividade e pode acabar em desastre. Não só você correrá o risco de parecer o Rain Man quando conta as batidas e os compassos quando eles se desenvolvem, mas também se algo acontecer tirando sua concentração e você não souber onde está na música, o potencial da mixagem se transformar em um pesadelo será muito grande.

Passe um tempo ouvindo suas músicas para que desenvolva a memória e habilidade para conseguir ouvir uma trilha no meio e saber onde está — sem contar as batidas como um robô, mas ouvindo os marcadores do fim de frase.

Estudando a Estrutura da Música

As pessoas na pista de dança realmente não estão interessadas em como as músicas são feitas. Contudo, elas antecipam e respondem a diferentes partes da música — exatamente como você precisa também. Como DJ, você precisa saber quando a música está tocando um verso, um coro ou uma pausa — mesmo que a música não tenha letra — para criar uma mixagem sem erros e profissional.

As introduções, versos, coros, interrupções e saídas são os diferentes grupos de compassos e frases que se reúnem para criar uma música inteira:

» **Introdução (ou intro)**: A parte bem no começo antes da música principal entrar. Geralmente com 16 ou 32 compassos, pode ser tão longa ou tão curta quanto uma parte da sequência, mas em geral consiste em um múltiplo de duas frases (oito compassos), normalmente uma mudança ou acréscimo de instrumento ou som a cada frase (quatro compassos). No final da introdução, há geralmente um marcador de fim de frase forte (desenvolvimento, sucessão de batidas ou som do prato de ataque) que permite saber que a introdução irá terminar.

A introdução mais amistosa para os DJs que combinam batidas dura pelo menos 16 compassos e é composta de apenas as batidas do bumbo para os primeiros oito. O segundo conjunto de oito compassos pode iniciar para introduzir a música, como a linha do baixo para a música. O Capítulo 14 informa por que isto é tão útil para os DJs que combinam as batidas e também descreve como lidar com os diferentes tipos de introdução.

» **Verso:** Nas músicas com letra, cada verso geralmente tem uma letra diferente. Se a música não tiver letra, o verso será mais difícil de perceber e embora possa conter o principal *gancho* musical (a parte fácil de lembrar da música que você cantarola no chuveiro), não será potente e enérgico demais. Na maioria dos casos, o verso dura 16 compassos (quatro frases) e é dividido em dois conjuntos de oito compassos, nos quais a melodia se repete, mas se desenvolve até o final do 16º compasso.

» **Coro:** A parte na música que normalmente tem a mesma letra sempre que você ouve. O coro geralmente é baseado no ganho melódico e é mais enérgico, fácil de lembrar e a parte potente da música. É mais curto e mais potente que o verso, algumas vezes com apenas oito compassos (duas frases) de duração e levanta a energia da trilha (e da pista de dança). Você pode achar que a música inclui um prato de marcação na metade para bater entre as duas frases e que tem um desenvolvimento a partir da segunda frase.

Até a música sem letra pode ter um verso e um coro. Você descobre que o ganho principal que percorre a música é bem suave em uma parte, então, potente, enérgico e óbvio em outra. A seção suave é o verso da música e a seção mais potente e completa é o coro.

238   PARTE 3 **Mixagem**

Essa dinâmica do verso/coro nem sempre é o caso. A house music geralmente resiste a essa tendência de mudanças óbvias, usando mudanças sutis a cada duas ou quatro frases para manter a música progredindo.

» **Pausa:** A parte na qual você pode ter um pouco de descanso. É uma transição/ponte do final do coro para o início da próxima parte.

Para criar uma bela ponte a partir do coro e voltar no próximo verso, as pausas tendem a ser menos potentes. As percussões saem e as melodias do baixo e uma versão reduzida do gancho musical tocam. O último compasso de uma pausa tem um desenvolvimento, como o final de um coro ou verso, e você pode ouvir um indicador na última batida do compasso ou na primeira batida do próximo compasso, permitindo que você saiba que mudou para uma nova parte.

Se a faixa incluir uma pausa muito cedo, provavelmente será muito curta, durando quatro ou oito compassos; isto é conhecido como *mini-pausa*.

A pausa principal ocorre perto da metade de uma música e provavelmente continua duas vezes a duração de qualquer mini-pausa já ouvida. Em geral, tem 16 compassos e segue o mesmo design do som da mini-pausa, porém é mais longa para entrar e sair, provavelmente tem menos sons e instrumentos para começar e inclui um crescendo (um desenvolvimento, como uma sucessão de batidas ficando mais alta e rápida) nos dois últimos compassos ou última frase inteira.

Nas músicas indie, rock e de festa, uma pausa no meio da música é comumente chamada de *8 do meio*. Pode seguir o mesmo princípio descrito no parágrafo anterior, caindo a energia apenas para voltar na música. Mas geralmente o 8 do meio é um giro na música, durando oito compassos (daí o nome), ainda com percussões e voltando para a música principal e familiar novamente quando termina. O efeito é o mesmo, dando uma pausa no som principal da música, mas o método pode ser diferente se comparado com a trance/house music.

» **Saída:** A última parte da música. Há chances de que o último elemento maior antes da saída seja um coro. Esse coro se repete até o final.

O melhor tipo de saída é realmente um inverso da introdução. A introdução inicia com apenas batidas, apresenta a linha do baixo, então, inicia a música. Se, depois do último coro, a música se separar nas batidas do bumbo, na melodia do baixo e em uma versão cortada da melodia principal por oito compassos, então, os oito compassos seguintes forem as percussões e talvez a melodia do baixo, você terá 16 compassos em mãos que tornam a mixagem com a próxima música fácil (vá para o Capítulo 16 para saber mais).

LEMBRE-SE

Contudo, as saídas podem durar muito tempo, levando minutos! A cada oito compassos, a música pode tirar outro elemento, até que tudo que você tem seja o prato e a caixa. Ao invés gastar o vinil (ou os bytes), essa saída será extremamente útil se você gostar de criar mixagens longas e sobrepostas. O truque é saber o quanto da música reduzida uma mixagem manterá. O Capítulo 16 é seu guia para isto.

Repetindo a fórmula

Os blocos principais da música são ligados pela repetição e mais repetição, mas com mudanças sutis na música:

» O segundo verso e coro tendem a ser muito parecidos com o primeiro verso e coro. Se a música tiver letra, os versos diferentes terão conjuntos diferentes de letra, mas provavelmente o coro não mudará.

» Embora a estrutura, melodia e padrões permaneçam iguais, a música pode introduzir novos sons e efeitos ao verso/coro original para criar uma nova profundidade para a música. (Mudar um pouco o som dá ao ouvinte uma sensação de progressão na música.)

» Como a interrupção ou o 8 do meio leva a energia da música para seu ponto mais baixo, muitos compositores gostam de seguir isso com um coro — a parte mais enérgica da música. Novamente, a música pode introduzir mais instrumentos e sons para dar ao coro uma sensação um pouco mais nova.

» Dependendo da duração da música, a pausa principal pode ser seguida por mais versos, coros e mini-pausas.

Aceitando que toda música é diferente

Você logo ficará entediado de ouvir as músicas que foram planejadas com a mesma estrutura, mesmo que a música seja diferente. Na produção musical, alterar o comprimento de uma introdução, adicionar versos, coros, pausas ou mini-pausas, mudando seu comprimento e estendendo as saídas faz parte do que torna uma música única, embora ainda siga a estrutura básica de quatro batidas em um compasso, quatro compassos para uma frase.

O cérebro é um órgão incrível. Quando você ouve uma faixa com um ouvido ativo, depois de três ou quatro passagens, seu cérebro lembra a estrutura básica da música, então, conta com os inicializadores (como os marcadores do fim de frase, vocais ou até as diferentes tonalidades dos anéis no disco) que ajudam a lembrar a estrutura dessa faixa junto a milhares de outras faixas em sua coleção.

DICA

O truque para fazer seu cérebro funcionar é ouvir muito sua música. Você não pode esperar saber a estrutura de uma música imediatamente; você precisa ouvi-la algumas vezes. Praticar suas habilidades de mixagem dá uma oportunidade de conhecer suas músicas e recomendo copiar suas trilhas para um iPod/Mp3-Player/CD para que possa ouvir sua música a qualquer momento.

Sempre ouça com um ouvido ativo a estrutura, melodia, gancho e letra. Seu cérebro armazena todas essas informações no subconsciente, pegando essas memórias e seu conhecimento de como uma música é construída com compassos e frases, assegurando que você nunca fique confuso durante uma mixagem.

Desenvolvendo seus instintos básicos

Sua memória e instintos para a música desenvolvem-se do mesmo modo ao dirigir um carro. Ao dirigir, você não tem que pensar em "Acelere... tire um pouco o pé... dirija... acerte... freio... embreagem... verifique o espelho... mude para a terceira... embreagem... mude para a segunda... acelere..." etc., você apenas faz. Você desenvolve seus instintos como motorista com prática e experiência. É exatamente como ser DJ.

Você sabe que a primeira batida do compasso é enfatizada. Sabe que a melodia ou a linha de uma letra provavelmente irá iniciar na primeira batida de um compasso. Ao ouvir a música, sabe o tipo de marcadores de fim da frase que certa música usa no final de uma frase, no final da metade de uma frase e quando está para mudar para outro elemento, como um verso ou coro.

Aguce os ouvidos para esses diferentes marcadores de fim da frase que informam se você está no meio do verso ou entrará em uma nova parte da música. Então, não terá que contar com a lembrança da letra nem contar as batidas.

Ouvindo uma Estrutura de Amostra

Depois de saber como as batidas se tornam compassos e os compassos se multiplicam como coelhos (ou ovelhas neste caso!) tornando-se versos e coros, a melhor coisa é ver a estrutura de uma música inteira para começar a decifrar cada parte com um pouco mais de detalhes.

Meu website em www.recess.co.uk (conteúdo em inglês) contém exemplos de áudio. Ouça com um ouvido ativo para que possa escutar o que acontece no final de cada frase e quando a música muda do verso para o coro, para a interrupção etc. A estrutura muito simples da música a seguir deverá ajudá-lo a entender como as músicas se desenvolvem nas diferentes seções:

» **Introdução:** 16 compassos
» **Verso 1:** 16 compassos (4 frases)

- » **Coro 1:** 8 compassos (2 frases)
- » **Mini-pausa:** 8 compassos
- » **Verso 2:** 16 compassos (4 frases)
- » **Coro 2:** 8 compassos (2 frases)
- » **Pausa:** 16 compassos
- » **Coro 3:** 8 compassos (2 frases)
- » **Verso 3:** 16 compassos (4 frases)
- » **Coro 4:** 8 compassos (2 frases)
- » **Coro 5:** 8 compassos (2 frases)
- » **Saída:** 16 compassos

Porém, como eu disse, esta é uma estrutura muito simples para uma música e é muito parecida com muitas músicas de festa e rock. Mas se você estiver querendo mixar qualquer gênero de dance music eletrônica (EDM), lembre-se que a estrutura incluirá seções que são muito mais longas do que as acima e poderá não ser tão claro entre os versos e os coros:

- » **Introdução:** 48 compassos (progredindo em potência em suas 12 frases)
- » **Verso 1:** 32 compassos (8 frases)
- » **Coro 1:** 8 compassos (2 frases)
- » **Mini-pausa:** 8 compassos
- » **Verso 2:** 32 compassos
- » **Coro 2:** 8 compassos
- » **Pausa:** 32 compassos
- » **Coro 3:** 8 compassos
- » **Verso 3:** 32 compassos
- » **Coro 5:** 8 compassos
- » **Saída:** 48 compassos (diminuindo em potência em suas 12 frases)

E lembre-se: o modo de desenvolver a habilidade para escolher intuitivamente a estrutura das batidas é ter experiência passando um tempo ouvindo. Não conte os compassos!

> **NESTE CAPÍTULO**
>
> Selecionando os melhores pontos de colocação em suas músicas
>
> Usando os controles do mixer em seu potencial máximo
>
> Atingindo os extremos da combinação de batidas
>
> Dicas de mixagem para diferentes gêneros

Capítulo 16
Mixando como os Profissionais

Neste capítulo, você descobrirá como usar os controles no mixer para tornar a transição de uma música para outra tão suave e habilidosa quanto possível e desenvolver suas habilidades de combinação de batidas (também consulte o Capítulo 14), para que possa mixar as músicas na melhor posição. As técnicas de mixagem neste capítulo requerem tempo, experimentação e prática para acertar, antes de você poder usá-las com criatividade. Compreenda os conceitos básicos, mas não fique preso a eles. Descobrir os momentos de quebrar as regras é algo bom.

DICA

Gravar suas sessões práticas ao experimentar as seguintes técnicas pode ser útil. No calor do momento, você poderá achar que algo não funcionou, mas quanto ouvir de novo, achará que realmente ficou ótimo! Experimente qualquer coisa e se parecer bom, então, as outras pessoas poderão gostar também.

Como todas as técnicas neste livro, não importa o formato usado, seja CDs, toca-discos, equipamentos de DJ digitais, seja até um iPhone. Não é o que você usa, é como usa. Os controles nessas diferentes partes do equipamento podem ser diferentes, mas a estrutura das batidas e a necessidade de uma colocação perfeita da mixagem permanecem iguais. Verifique meu website (www.recess.co.uk — conteúdo em inglês) para ver exemplos das técnicas mencionadas no capítulo.

CAPÍTULO 16 **Mixando como os Profissionais** 243

Colocação Perfeita

De Van Halen a Van Morrison, de Silicone Soul a Soul to Soul, a maioria das músicas tocadas segue os blocos de construção básicos descritos no Capítulo 15: quatro batidas para um compasso, quatro compassos para uma frase e duas frases diversas para uma seção (uma seção é uma introdução inteira, verso, coro etc. e geralmente dura 8 ou 16 compassos). Uma música pode ter mais coros que outra ou uma introdução maior, pausas enormes ou saídas estendidas, mas o conhecimento da estrutura torna a criação da mixagem perfeita mais fácil para você.

A mixagem perfeita começa com a colocação perfeita. A colocação é simplesmente a escolha de quais partes das músicas você mixa sobre a outra. A colocação perfeita ocorre quando as duas músicas iniciam ou terminam uma seção ao mesmo tempo — não apenas as batidas das duas músicas combinam, mas as mudanças estruturais combinam também. Se a música que você deseja mixar (música A) for mudar de um coro para a saída, um exemplo de colocação perfeita será iniciar a nova música (música B) para que sua mudança da introdução para o verso ocorra na batida exata, na qual a música A muda do coro para a saída.

Uma consideração da colocação como esta não é apenas para os DJs que combinam as batidas. Os DJs de rock e festa precisam considerar quando iniciar e terminar as músicas também. Saber quando uma música irá para a saída, que desaparece, significa que você pode preparar-se para iniciar a introdução da próxima música nessa transição.

Introduções acima das saídas

Se a música A tiver uma saída com 16 compassos e a música B tiver uma introdução com 16 compassos, simplesmente sobrepor a introdução e a saída será uma opção, mas, geralmente, as introduções e as saídas não têm melodia e são apenas bumbos e pratos simples (o som do prato *tchsss*). Porém, 16 compassos podem parecer maçante, pouco profissional e chato.

A Figura 16-1 mostra um exemplo de uma transição sonora melhor, na qual a música A tem dois coros com oito compassos antes de sua saída. Tocando a introdução com 16 compassos e batidas apenas da música B sobre esses dois coros (marcados como coro 1 e coro 2), você cria uma sobreposição. Então, a saída da música A toca sobre o verso da música B.

Em todas as figuras neste capítulo, os números em itálico significam que a música está em um volume mais baixo e os números mudam de tamanho quando a música aumenta ou diminui (fica gradualmente mais alta ou mais baixa). Os números em negrito significam tocar em volume normal. Esta é uma maneira estranha de tentar uma comunicação, mas espero que seja bem fácil de seguir.

FIGURA 16-1
A introdução com 16 compassos da música B tocando acima dos dois últimos coros da música A.

MÚSICA A:	Coro 1	Coro 1	Saída com 16 compassos	
Compassos	**1 2 3 4 5 6 7 8**	**1 2 3 4 5 6 7 8**	*1 2 3 4 5 6 7 8*	*1 2 3 4 5 6 7 8*
MÚSICA B:	Introdução com 16 compassos		Verso	
Compassos	₁₂*3 4 5 6 7 8*	*1 2 3 4 5 6 7 8*	1 2 3 4 5 6 7 8	1 2 3 4 5 6 7 8

Se a música A tiver vocais nos dois coros e o verso na música B tiver vocais também, se você mixar entre elas, como acima, para que o vocal na música A termine e os vocais da música B iniciem instantaneamente, poderá parecer um pouco rápido demais. Neste caso, crie uma pequena pausa ou uma antecipação do que está por vir. Para introduzir essa pausa, inicie a música B no final do coro 1, quando o coro 2 começa. Este último ponto inicial cria uma pausa de oito compassos enquanto a saída da música A é mixada com a introdução da música B, então, o verso da música B começa (veja Figura 16-2).

FIGURA 16-2
A saída da música A é mixada com a introdução da música B.

MÚSICA A:	Coro 1	Coro 1	Saída com 16 compassos	
Compassos	**1 2 3 4 5 6 7 8**	**1 2 3 4 5 6 7 8**	*1 2 3 4 5 6 7 8*	*1 2 3 4 5 6 7 8*
MÚSICA B:		Introdução com 16 compassos		Verso
Compassos		₁₂*3 4 5 6 7 8*	**1 2 3 4 5 6 7 8**	**1 2 3 4 5 6 7 8** **1 2 3 4 5 6 7 8**

Como ideal, a saída da música A ou a introdução da música B é mais do que apenas as batidas simples do bumbo. Uma melodia do baixo ou um barulho em segundo plano sutil é suficiente para manter o interesse na mixagem por oito compassos. Uma pausa de quatro compassos será melhor se você ouvir apenas as batidas do bumbo. Como em todas as técnicas, experimente para conseguir os melhores resultados.

Saída melódica

Nem todas as músicas têm batidas pesadas do início ao fim. Algumas têm saídas melancólicas, sem batidas e melódicas que ficam ótimas acima de uma introdução com uma batida forte.

Na Figura 16-2, a introdução está aumentando lentamente para entrar na mixagem. Contudo, se você quiser manter uma batida constante mixando 16 compassos de introdução com batidas acima dos 16 compassos da saída melódica sem batidas, terá que iniciar a música B para que ela toque instantaneamente em volume máximo.

Se a música B tiver um bom desenvolvimento a partir da introdução e no verso, você poderá manter a saída da música A tocando perto do volume máximo até o

CAPÍTULO 16 **Mixando como os Profissionais** 245

final, então, diminua na última batida antes do verso da música B iniciar (verifique a Figura 16-3).

FIGURA 16-3
A introdução com 16 compassos da música B tocando acima dos dois últimos coros da música A.

MÚSICA A:	Coro 2	Saída melódica com 16 compassos	(Agora a música A terminou)
Compassos	1 2 3 4 5 6 7 8	1 2 3 4 5 6 7 8 | 1 2 3 4 5 6 7 8	
MÚSICA B:		Introdução do baixo com 16 compassos	Verso
Compassos		1 2 3 4 5 6 7 8 | 1 2 3 4 5 6 7 8	1 2 3 4 5 6 7 8 1 2 3 4 5 6 7 8

CUIDADO

Mixar as introduções das batidas acima das saídas melódicas sem batidas significa que você não pode cometer um erro inicial — você tem que começar a batida precisamente no ritmo. Essa técnica é muito mais fácil para os DJs de CD e digitais, que não têm que se preocupar com os tempos de inicialização do motor como os DJs de vinil. Eles apenas precisam pressionar um botão no ritmo com a batida para acertarem.

Se você usa toca-discos, passe muito tempo praticando a inicialização dos discos para que os ouça instantaneamente, para desenvolver a confiança de iniciar as batidas no ritmo, sempre, sem precisar de nenhuma correção de erro. (Se você precisar voltar ao básico para iniciar as músicas, verifique o Capítulo 14.) Aguardar uma ou duas batidas para verificar se você está no ritmo, então, mover rapidamente o crossfader até o meio (ou pior, aumentando as batidas) parecerá terrível, pouco profissional e geralmente acaba com a mixagem (e com sua reputação).

Se você não estiver confiante do início instantâneo ou não quiser mixar os 16 compassos completos da introdução acima da saída, inicie as batidas da música no começo do coro 2 (oito compassos antes da saída da música A começar) para assegurar que sua sincronização seja impecável. Então, mova o crossfader até o meio após os oito compassos, quando a música A atingir a saída (veja Figura 16-4).

FIGURA 16-4
Usando o crossfader para reduzir a saída da música A acima do verso da música B.

MÚSICA A:	Coro 2	Saída com 16 compassos	
Compassos	1 2 3 4 5 6 7 8 | 1 2 3 4 5 6 7 8	1 2 3 4 5 6 7 8	(muito silencioso, quase totalmente mudo)
MÚSICA B:	Introdução do baixo com 16 compassos		Verso
Compassos	| 1 2 3 4 5 6 7 8 | 1 2 3 4 5 6 7 8	1 2 3 4 5 6 7 8	

O covarde que precisa de uma rede de segurança pode mixar lentamente as batidas da introdução da música B acima das batidas do coro 2 da música A usando os EQs (equalizadores) para suavizar a transição — geralmente feita retirando algumas frequências graves no início da mixagem, então, no final do coro 2, voltando as frequências enquanto remove o bumbo da música de saída da música A (veja "Balanceando com EQs" posteriormente no capítulo). Isto é preferível a aumentar as batidas com força total acima de uma saída sem batidas.

Introdução melódica

O inverso das saídas melódicas é um pouco mais difícil. Mixar uma introdução sem batidas significa que não há nenhuma percussão para manter o ritmo ao combinar as batidas e quando as batidas na música B finalmente começam, você corre o risco de que toquem em um ritmo completamente diferente das batidas da música A.

Se a introdução tiver uma melodia ou um ritmo muito suave, concentre-se nisso. Bater com o pé nesse ritmo poderá ajudar a manter a concentração. Pratique essa mixagem o máximo que puder porque quando o fizer ao vivo, todo o ruído e distração na cabine do DJ poderão significar que você acabará com um desastre de mixagem! As grades da batida no software de DJ digital são uma ótima maneira de resolver isso. Veja o Capítulo 9 para saber mais sobre o DJ digital.

Mixando com Pausas

Você não precisa tocar uma música do início ao fim. Mixar duas pausas, uma sobre a outra, ou uma introdução acima de uma pausa pode parecer ótimo e permite encurtar uma música realmente longa. (O Capítulo 15 descreve as pausas e as mini-pausas.) Eis algumas combinações a experimentar:

» **Pausa acima de pausa:** Não importa se suas pausas têm 8 ou 16 compassos, se as duas tiverem o mesmo comprimento, inicie a pausa da música B quando a pausa da música A iniciar, então reduza gradualmente e diminua o EQ da música A para que tudo que reste seja a pausa da música B, que irá desenvolver-se nas batidas novamente (veja Figura 16-5).

» **Mini-pausas:** Como as pausas normalmente estão pelo menos na metade de uma música, você pode não querer iniciar a música B nesse ponto porque ela cortará grande parte da música. Se você tiver sorte, poderá haver uma mini-pausa de oito compassos na primeira metade da música B, provavelmente após o primeiro coro ou pode ser logo após a introdução, usada como um modo de enfatizar o início da música principal; neste caso, experimente minha sugestão na Figura 16-6.

» **Adicionando ritmo:** Se você iniciar a música B oito compassos antes para que mixe a partir da metade da pausa da música A, adicione uma sensação de urgência e ritmo à mixagem (veja Figura 16-7).

CAPÍTULO 16 **Mixando como os Profissionais** 247

FIGURA 16-5
Duas pausas se mixam uma sobre a outra para introduzir com habilidade a nova música.

MÚSICA A:	Pausa		
Compassos	1 2 3 4 5 6 7 8	1 2 3 4	
MÚSICA B:	Pausa		Verso/Coro
Compassos	1 2 3 4 5 6 7 8	1 2 3 4 5 6 7 8	1 2 3 4 5 6 7 8	1 2 3 4 5 6 7 8

FIGURA 16-6
Uma mini-pausa introduz uma nova música no início, ao invés da metade.

MÚSICA A:	Pausa		
Compassos	1 2 3 4 5 6 7 8	1 2 3 4 5 6 7 8	
MÚSICA B:	Mini-pausa		Verso/Coro
Compassos	1 2 3 4 5 6 7 8	1 2 3 4 5 6 7 8	1 2 3 4 5 6 7 8

FIGURA 16-7
Não permitindo que a música A termine sua pausa antes de se mixar totalmente na música B, você consegue uma ótima sensação de urgência.

MÚSICA A:	Pausa com 16 compassos	(os últimos oito compassos são silenciosos)	
Compassos	1 2 3 4 5 6 7 8		
MÚSICA B:	Mini-pausa	Verso/Coro	
Compassos	1 2 3 4 5 6 7 8	1 2 3 4 5 6 7 8	1 2 3 4 5 6 7 8

» **Introdução com batidas acima da pausa:** Este método, mostrado na Figura 16-8, é idêntico a iniciar uma introdução com batidas acima de uma saída melódica (veja Figura 16-3). Você precisa de confiança para iniciar a música B com o crossfader aberto para conseguir colocar as batidas na pausa. Contudo, como é uma pausa natural na música A, ao invés de uma saída, você pode aumentar as batidas da música B usando os EQs para cortar o bumbo, antes de iniciar a redução (veja "Controlando o Som da Mixagem" posteriormente neste capítulo). Os pratos da música B continuam no ritmo e você pode introduzir rapidamente o baixo na metade da pausa. Se esse método funciona bem e o quanto fica bom depende das músicas usadas.

Se você ainda não tiver confiança para iniciar as batidas com um crossfader aberto, inicie a música B no mesmo lugar, aguarde até o final do oitavo compasso, então, mova rapidamente o crossfader para o meio.

FIGURA 16-8
As batidas da música B iniciam instantaneamente quando a música A entra com sua pausa.

MÚSICA A:	Pausa	
Compassos	1 2 3 4 5 6 7 8	1 2 3 4 5 6 7 8
MÚSICA B:	Introdução com 16 compassos	Verso/Coro
Compassos	1 2 3 4 5 6 7 8 1 2 3 4 5 6 7 8	1 2 3 4 5 6 7 8 1 2 3 4 5 6 7 8

» **Mixagem de festival:** Onde as técnicas anteriores envolveram uma mistura sutil de duas músicas, a mixagem de festival é uma mixagem rápida na queda.

PAPO DE ESPECIALISTA

A *queda* é o momento quando uma pausa faz transições para a energia total da música. Se uma pausa dura 16 compassos e os últimos quatro compassos forem uma sucessão de batidas e um enorme desenvolvimento de energia, a queda será tecnicamente a primeira batida após o desenvolvimento com quatro compassos, mas provavelmente será mais bem compreendida como o momento em que a música muda da última batida da pausa para a primeira batida de energia total da música. Você pode encontrar exemplos disso em meu website em www.recess.co.uk (conteúdo em inglês).

A mixagem de festival não é uma técnica particularmente nova, mas se tornou mais divulgada e notada quando os DJs tocaram em festivais de música. Pesquise as músicas de DJ ao vivo de Swedish House Mafia, Martin Garrix, Calvin Harris ou David Guetta, e ouvirá uma técnica incrivelmente poderosa para fazer a multidão pular literalmente com a energia da mixagem. Ao invés de usar o desenvolvimento e a queda da mesma música, eles desenvolvem a partir de uma pausa em uma música, então, mixam rapidamente na música seguinte, na queda.

A mixagem funciona realmente bem quando o desenvolvimento é frenético, rápido e alto, e a primeira batida da próxima música é simples, mínima, porém o mais importante, tocando batidas do bumbo muito sólidas e robustas.

DICA

Esta técnica depende em parte de quando a pausa está em uma música, funcionando melhor quando está perto do final. Mas, mesmo que não haja uma pausa no final de uma música e apenas uma saída apagada, os pontos quentes nos CD players e no software de DJ facilitarão fazer uma remixagem ao vivo da música para voltar para a pausa, ao invés de tocar a saída.

A descrição abaixo na Figura 16-9 percorre os últimos oito compassos de uma pausa com dezesseis compassos com esta técnica.

A:	Compasso 9	Compasso 10	Compasso 11	Compasso 12	Compasso 13	Compasso 14	Compasso 15	Compasso 16	
	************DESENVOLVIMENTO DA PAUSA************								**SILÊNCIO**
	1 2 3 4	**1 2 3 4**	**1 2 3 4**	**1 2 3 4**	**1 2 3 4**	**1 2 3 4**	**1 2 3 4**	**1 2 3 4**	
B:									Compasso 1
	**********************SILÊNCIO**********************								**ENERGIA!**
									1 2 3 4

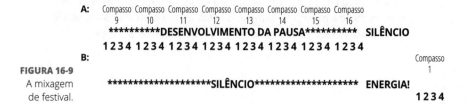

FIGURA 16-9 A mixagem de festival.

Essa mixagem é incrivelmente simples de fazer — como é possível ver! É uma mixagem muito rápida — algumas vezes, tão rápida que você pode mover o crossfader. As únicas coisas que você tem que lembrar são assegurar que as batidas sejam combinadas para que a transição de uma música para outra fique no ritmo e que os níveis do áudio e dos EQs sejam ajustados de modo que haja uma transição suave no volume também.

Adicionar efeitos aos últimos compassos da música A como a transição para a queda é realmente eficiente. Reduzir o grave, usar efeitos flanger ou phaser, e usar filtros para estender as frequências da música — tudo antes de introduzir a potência total da próxima música — pode fazer com que 50.000 pessoas saltem um uníssono com a música. Trabalho em um festival de música chamado T in the Park, na Escócia, e vejo essa técnica funcionar com o público sempre.

» **Deslizando a queda:** Brincar com as expectativas musicais de um público *não* entrando na queda com a técnica acima pode tornar a mixagem de festival ainda melhor. Ao invés de, como acima, terminar o desenvolvimento da música A e mixar na primeira batida de uma nova seção na música B, você mixa os últimos quatro compassos da pausa da música B, *então*, pressiona o botão de incêndio!

Isto funcionará melhor se você mixar na mini-pausa da música B. Isto não tende a ter um desenvolvimento tão poderoso. Portanto, o que acontece é que a música A tem um clímax frenético — que você mixa nos quatro compassos da música com menor potência a partir da música B — que atinge a total potência da música.

A Figura 16-10 mostra os últimos quatro compassos da pausa da música A, que se mixa nos últimos quatro compassos da mini-pausa com oito compassos da música B — que entra na potência principal da música.

A:	Compasso 13	Compasso 14	Compasso 15	Compasso 16					
	****DESENVOLVIMENTO DA PAUSA****								
	1 2 3 4	**1 2 3 4**	**1 2 3 4**	**1 2 3 4**					
B:					Compasso 5	Compasso 6	Compasso 7	Compasso 8	Compasso 1
	SILÊNCIO				********Mini-pausa********				**ENERGIA!**
					1 2 3 4	**1 2 3 4**	**1 2 3 4**	**1 2 3 4**	**1 2 3 4**

FIGURA 16-10 Deslizando a queda.

Experimente com quantos compassos você desliza a queda. Algumas vezes, quatro compassos são longos demais e um compasso é mais eficiente.

» **Queda dupla:** Embora seu uso tenha ganho destaque no breakbeat, todos os gêneros podem aproveitar essa técnica. Combine as batidas e inicie uma mixagem de modo que as duas músicas saiam de suas pausas ao mesmo tempo e após isso, você mantém as duas músicas audíveis, saindo nas caixas de som. Portanto, se você estiver fazendo uma mixagem com oito compassos em uma mixagem com 16 compassos, inicie a mixagem com oito compassos na metade da mais longa.

A seleção da música é fundamental para criar uma boa quebra dupla. Não a execute com duas músicas quaisquer — as músicas precisam ter um ritmo complementar e tom, e você precisa prestar uma atenção especial no volume e no controle EQ nas duas músicas para evitar um som confuso.

Experimente as músicas e as quedas usadas na queda dupla. Bem feita, essa remixagem ao vivo tocando duas músicas, uma sobre a outra, fica realmente poderosa.

Estes exemplos são os princípios de colocação mais simples e básicos a considerar ao mixar as músicas. Você pode mixar suas músicas de milhares de modos diferentes dependendo de onde inicia a música B e onde, na música A, inicia a mixagem. Mude onde você inicia a música B para trás ou para frente em 8, 16 ou mesmo em apenas 4 compassos e experimente o quanto cedo ou tarde mixar a partir da música A.

Ouça suas músicas com um ouvido ativo para todas as dicas de áudio e marcadores (consulte o Capítulo 15), o que permite a você planejar os melhores lugares para iniciar e parar mixagem das músicas. Duas músicas podem ter a mixagem perfeita — você só precisa encontrá-la!

Controlando o Som da Mixagem

Depois de ter dominado a mecânica da combinação de batidas e conhecer os melhores locais para iniciar e parar a mixagem de suas músicas, seu verdadeiro talento artístico vem de controlar o som da mixagem. O crossfader, os atenuadores de canal e os controles EQ em seu mixer são o sal e o limão de sua tequila, a luz de velas de seu jantar e o chocolate em seu chili: eles acrescentam um tempero e sutileza extras à sua mixagem. (Não estou brincando; acrescente um pouco de chocolate ao seu chili — é incrível.)

Deslizando o crossfader na reprodução

A rapidez com a qual você move o crossfader de uma música para outra pode alterar drasticamente a poder de uma mixagem. Mover suavemente de uma música para outra por 16 compassos poderá ser muito sutil se você estiver combinando as batidas ou extremamente confuso se mixar as músicas de rock erradas. Cortar para frente e para trás de uma música para outra adiciona uma sensação de urgência, que pode ser realmente poderosa no momento certo. Esses métodos funcionam com as músicas certas e podem ser a principal maneira de mixar muitas músicas pop, rock, indie e de festa. Mas, como um DJ que combina as batidas, se tudo o que você faz é mover o atenuador rapidamente para cada mixagem, será visto como um DJ que não consegue manter as batidas combinadas por muito tempo e precisa parar a mixagem rapidamente.

Toda mixagem tem duas metades. Não importa a rapidez com a qual você move o crossfader, você não está apenas introduzindo uma nova música, mas ainda precisa tirar a antiga. Aplique o mesmo cuidado e atenção ao mover o crossfader para parar totalmente a mixagem de uma trilha como faz ao mixar a nova trilha.

Um movimento do crossfader que dura quatro batidas ou menos é difícil de errar — apenas sincronize o movimento de um lado com o outro para durar quatro batidas (você estará no ponto do meio da segunda batida). Os movimentos que duram mais que quatro batidas, ao combinar as batidas, precisam de um pouco de padrão e controle.

O modo de abordar as mixagens mais longas é mover o crossfader para que as alterações ocorram no som *tchssss* do prato entre as batidas do bumbo. Esse método ajuda a ocultar o aumento no volume da nova trilha e torna a retirada da antiga música menos notada.

Os pratos de ataque e os desenvolvimentos são ótimos locais para ocultar os movimentos maiores do crossfader. Quando algo assim, de qualquer música, adicionar impacto, mova o crossfader em uma distância maior que o movimento anterior. Contudo, fique atento com uma mixagem que inicia parecendo confusa. Se você estiver movendo o crossfader rápido demais, mova-o um pouco para trás e deixe a música tocar por um compasso sem qualquer aumento (contanto que você tenha tempo nas músicas para fazer isso).

Você também pode usar crescendos e retiradas temporárias das batidas do bumbo para disfarçar os movimentos do crossfader. O *crescendo* é um modo elegante de dizer desenvolvimento. Um crescendo com quatro batidas termina muito rapidamente, portanto, você poderá querer ter as duas músicas mixadas por algumas frases antecipadamente com o crossfader ainda favorecendo a música A (a música de saída). Então, durante as quatro batidas do crescendo, mova o crossfader para que a nova música seja dominante, com a antiga tocando em segundo plano. Cabe a você decidir quando terminar a mixagem, mas provavelmente esta será uma mixagem rápida.

O oposto é igualmente apropriado. Ao invés de um desenvolvimento, as quatro últimas batidas de uma frase na música A podem não ter nenhuma batida do bumbo (mas o resto da música ainda está alto). Ao invés de mixar a música B levemente em segundo plano, mantenha-a em silêncio, então, quando a última batida do desenvolvimento oposto da música A tocar (no final da frase), mova rapidamente o crossfader para a nova música. Mover o crossfader até o final na nova batida pode ser uma mixagem incrivelmente potente ou você pode movê-lo para que ele favoreça a nova música (cerca de três quartos do percurso) e encerrar o baixo na música A para mantê-la tocando sutilmente em segundo plano (veja a seção "Balanceando com EQs" para obter informações sobre o controle EQ).

Soltando os atenuadores de canal

Os atenuadores de canal são companheiros solitários. Muitos DJs os colocam no máximo e os deixam assim sempre. Mas esses atenuadores verticais têm um papel secreto e oculto que muitos DJs não utilizam.

O papel principal do atenuador de canal é trabalhar em conjunto com o controle de ganho para ajustar a altura da música a partir de um canal que sai do mixer. (Se você não estiver certo sobre como fazer esse ajuste, verifique o Capítulo 10.) Com os níveis de entrada combinados para os dois canais usando controles de ganho, você precisa decidir onde colocar os atenuadores de canal quando quiser que as músicas toquem no volume máximo.

Os DJs configuram de modo muito comum seu mixer para que o atenuador de canal fique em seu ponto mais alto (algumas vezes marcado com 10) para um volume de reprodução otimizado. Para os DJs que combinam batidas, que tentam manter o volume da mixagem constante do início ao fim, este não é o melhor ajuste. Para os DJs de scratch, esse ajuste é correto e muito importante para que eles possam simplesmente aumentar o atenuador para ficar no volume máximo.

Alguns DJs aconselham ajustar os atenuadores de canal para o máximo para que você não bata neles sem querer e aumente o volume por acaso. Digo para ser muito cuidadoso para não bater nos atenuadores de canal para não ejetar os CDs ou tirar os discos enquanto eles estão tocando. Você pode fazer isso uma vez — mas aprenderá rapidamente a ter mais cuidado.

DICA

A melhor maneira de configurar seu mixer é para que seus atenuadores de canal fiquem a três quartos do máximo (em cerca de 7, se seu atenuador estiver marcado de 0 a 10). Usar essa técnica significa que quando você mixar a próxima música, se a música for um pouco silenciosa demais, mesmo que os níveis pareçam corretos, você poderá aumentar rapidamente o atenuador de canal para compensar a falta de volume.

Revelando o grande segredo da curva

As curvas do crossfader afetam o quanto uma música fica mais alta e a outra fica mais silenciosa quando você move o crossfader de um lado para outro. (Você pode encontrar exemplos de curvas do crossfader no Capítulo 10.) Contudo, algumas vezes a curva não é sutil o bastante para uma mixagem suave e contínua, e pode fazer com que as duas músicas toquem alto uma acima da outra, parecendo confuso e pouco profissional. Portanto, você precisa encontrar um modo de ter mais controle sobre a saída de cada música durante a mixagem. Os atenuadores de canal o liberam dos limites rígidos da curva do crossfader.

Para ter uma mixagem simples dando um controle preciso sobre o volume de cada música, experimente o seguinte:

1. **Defina o atenuador de canal na nova música (música B) para um quarto de seu ponto mais alto.**

2. **Quando você estiver pronto para começar a mixar a nova música, mova o crossfader para o meio, seguindo as técnicas descritas na seção "Deslizando o crossfader na reprodução", anteriormente no capítulo.**

3. **Comece a aumentar o atenuador de canal da música B, continuando no ritmo dos pratos. (O crossfader ainda está no meio.)**

4. **Mantenha os olhos nas medições de saída e um ouvido no som da mixagem, e quando a música B ficar mais alta, abaixe lentamente o atenuador de canal da música que sai (música A) até que a música B seja dominante e a música A esteja tocando em um volume melhor para esse momento na mixagem (provavelmente parecido com onde o atenuador de canal da música B estava quando você iniciou).**

5. **Quando você quiser parar totalmente a mixagem da música A, mova o crossfader até o final no lado da música B.**

Como muda as posições dos atenuadores de canal e o tempo que leva para fazer isso, é com você. Você pode simplesmente aumentar um atenuador enquanto abaixa o outro, ou aguardar que o atenuador de canal da música B fique na metade para cima antes de começar a abaixar o atenuador da música A. Faça os ajustes dependendo de seu próprio estilo pessoal, níveis de saída e o que parece melhor com as duas músicas usadas.

Se você preferir, poderá deixar o crossfader no meio (ou fazer o que faço e desativá-lo se tiver essa função) para evitar a função dele. Essa opção dá um controle definitivo sobre os volumes individuais de suas músicas durante a mixagem. A única diferença com o método anterior é que você inicia com o atenuador de canal em 0 para a música que entra (música B) e termina com o atenuador em 0 para a música que sai (música A).

Balanceando com EQs

Como os atenuadores de canal, os EQs têm várias funções. A primeira é o controle do som — afetando como a música fica em uma gravação ou na pista de dança. Você também pode usar os EQs para adicionar alguma variação e tempero a uma música (verifique a seção "Cortando" posteriormente neste capítulo). Mas a função mais útil dos EQs está em suavizar o som das transições da mixagem.

Um bom controle EQ não faz nenhuma escolha ruim das músicas a mixar, mas um ótimo controle EQ pode transformar uma mixagem passável em uma incrível.

Suavizando uma transição com o EQ do bumbo

O EQ do bumbo é o mais usado para criar um som igual na mixagem. Quando as duas músicas tocam com seu bumbo no total, mesmo que uma música seja mais silenciosa que a outra, as batidas do bumbo serão muito potentes e as melodias do baixo combinam-se parecendo confusas.

DICA

A técnica mais simples, porém mais eficiente, é cortar o grave (reduzi-lo, ou quase, até seu ponto mais baixo) na música de entrada quando você começa a mixar e quando quiser tornar essa música a dominante, aumente o EQ do grave ao mesmo tempo em que diminui o EQ do grave na música, a partir da qual está mixando. Esta manobra significa que a quantidade de grave ouvida nas caixas de som fica igual, mas vem de diferentes músicas.

Com as músicas certas, reservar seu tempo para fazer essa troca pode criar uma mixagem sutil e imperceptível. Ou trocar os EQs em uma batida pode causar o momento "mãos para cima", introduzindo a linha do baixo de uma música que você sabe que o público irá adorar, enfatizando uma mudança no tom (veja Capítulo 18), mudando a energia da mixagem ou inserindo uma mudança no gênero.

Suavizando com os médios e agudos

Apesar do fato de que os agudos não são tão altos e óbvios quanto os graves, eles são igualmente importantes ao controlar o som da mixagem. Dois conjuntos de pratos altos, um sobre o outro, podem ficar tão ruins quanto dois conjuntos de batidas do bumbo e melodias do baixo. A técnica de suavizar é exatamente igual ao EQ do grave, exceto que você não precisa cortar muito o EQ agudo. Por exemplo, em meu mixer Pioneer, acho que a posição de 12 horas é geralmente o melhor lugar para deixar o EQ agudo para a reprodução normal. Quando desejo cortar o EQ agudo para ajudar o som da mixagem, só preciso mover o botão para a posição de 10 horas (ao invés da posição de 7 horas para o EQ grave).

CAPÍTULO 16 **Mixando como os Profissionais** 255

Como o EQ médio cobre uma faixa maior de frequências, o quanto você o utiliza com essa técnica depende das músicas tocando. Você poderá não precisar trocar os EQs médios se não notar um choque dos sons ou poderá achar que, ao invés de cortar o EQ médio, deseja aumentá-lo. Algumas vezes, quando a música de saída está tocando mais silenciosamente, aumento o EQ médio para tocar as frequências mais alto que o normal. Se você tiver uma melodia ou som repetindo-se no segundo plano da música, essa ênfase poderá aumentar e fortalecer a mixagem, ainda mais se você adicionar efeitos à música (veja Capítulo 10).

CUIDADO

Sempre mantenha os olhos nas medições e um ouvido no som da mixagem enquanto está trocando qualquer EQ. Lute para manter um som igual quando as duas músicas tocam uma sobre a outra. Se uma música for alta demais ou as duas músicas tiverem uma frequência muito grave ou aguda, você poderá criar uma cacofonia de ruído.

Usando Truques e Efeitos de Mixagem

Os truques e os efeitos são ótimos para usar de vez em quando porque adicionam surpresa e um pouco de entusiasmo à sua mixagem. Porém, evite usar em excesso os truques, pois o ouvinte pode achar que você só os utiliza porque não consegue mixar devidamente entre duas músicas. Use os efeitos como transições para aumentar a energia, mudar o gênero musical ou o tom, ou mesmo apenas ajudar a mudar o ritmo.

Com cada uma das técnicas a seguir, experimente quanto tempo você leva para mover o crossfader e onde o posiciona quando inicia o truque. Inicie definindo o crossfader para que não possa ouvir a próxima música até o início do movimento, então, descubra como ficam os sons se você tiver o crossfader no meio quando começa a mover. Considere o controle de volume também, porque alguns desses truques realmente não funcionam bem com o atenuador de canais no máximo — você pode ensurdecer a pista de dança ou estourar a caixa de som!

Giros para trás e paradas totais

PAPO DE ESPECIALISTA

Para experimentar uma técnica chamada *giro para trás*, combine as batidas e inicie uma mixagem entre duas músicas com uma colocação perfeita (veja "Colocação Perfeita" no início deste capítulo), para que a música a partir da qual você deseja mixar (música A) termine uma seção (provavelmente um coro ou saída potente) quando a música B (a nova música) começa a primeira frase de uma seção. Bem na última batida antes dessa mudança, coloque o dedo na música A e gire o disco para trás, rapidamente. Quando a música girar para trás, feche o crossfader para a música B dentro de uma batida, como mostrado na Figura 16-11 (GT significa giro para trás).

FIGURA 16-11
O giro para trás é realizado na quarta batida do quarto compasso, então, mixa-se instantaneamente na música B.

	Compasso 1	Compasso 2	Compasso 3	Compasso 4	Compasso 1
MÚSICA A:	1 2 3 4	1 2 3 4	1 2 3 4	1 2 3 GT	SILÊNCIO
MÚSICA B:	*1 2 3 4*	*1 2 3 4*	*1 2 3 4*	*1 2 3 4*	*1 2 3 4*

O giro para trás não é exclusivo dos toca-discos, mas você precisa de um CD player com um modo vinil para fazer corretamente o som. Os CD players sem esse modo apenas vibram e picotam se você tenta pular para trás. Um CD player com o modo vinil ativado deve tocar como um disco sendo girado para trás. A maioria dos softwares de DJ tem automaticamente uma simulação do som de vinil — mas verifique se você precisa clicar primeiro em uma definição em algum lugar.

Para realizar uma *parada total*, ao invés de girar o disco para trás no exemplo da Figura 16-11, pressione o botão para iniciar/parar na música A (aquela a partir da qual você está mixando). Esta ação faz a música parar de tocar em uma batida (a menos que seus aparelhos tenham uma função para mudar a velocidade da freada e você a definiu para durar mais). Como no giro para trás, mova o crossfader para a música B quando a primeira batida da nova seção tocar (portanto, o movimento dura apenas uma batida).

Parecido com o giro para trás, o CD player que você está usando afeta como a parada total funciona. Um CD player com o modo vinil funcionará perfeitamente se você definiu o freio corretamente, mas um sem o modo vinil apenas para instantaneamente quando você pressiona stop. DJs digitais, verifiquem o manual do software ou o manual da controladora e descubram como sua parada total funciona.

Sem energia

PAPO DE ESPECIALISTA

Sem energia é quando você desliga a energia do toca-discos (a chave normalmente fica localizada à esquerda inferior com a luz estroboscópica vermelha abaixo). Quando você desliga o toca-discos, ele fica mais lento gradualmente até parar.

Se você tiver um CD player com o modo vinil ou um software que permite ajustar a velocidade do freio, ajuste a velocidade para sua quantidade máxima e isso fará a mesma coisa. Se você não tiver o modo vinil, não tente desligar a energia... tudo desligará simplesmente.

DICA

Sem energia será um truque divertido na cabine do DJ se você tiver luzes boas e alguém que sabe usar. Peça a seu parceiro de bagunça para apagar as luzes lentamente ao mesmo tempo enquanto você fica sem energia. Há chances de que todos pensarão em um "corte de energia"! Depois de alguns segundos, bata na próxima música no ponto mais potente, em volume máximo, quando a iluminação flui na pista de dança com o máximo de luz possível. É um efeito, um truque barato, mas pode pegar a pista de surpresa e — espera-se — realmente animar as coisas. É muito clichê, mas no momento certo funciona.

A cappella

Se você tiver uma faixa instrumental que acha que ficará melhor com alguma outra coisa acima dela, procure uma *cappella* — uma faixa vocal separada sem nenhum instrumento.

O problema ao usar vocais é que você precisa que o vocal esteja no mesmo tom do instrumental que deseja tocar, do contrário, parecerá fora do tom. A menos que você tenha um CD player ou software de DJ digital com um controle para mudar o tom da música (atualmente, a maioria dos softwares e muitos CD players têm essa função), discursos e outras palavras podem ser usadas. Tenho uma cópia do discurso inaugural de JFK que adoro mixar acima das faixas instrumentais longas. A frase "Não pergunte o que seu país pode fazer por você..." é uma introdução incrível nas partes mais potentes de uma música ou ponto de mixagem para uma nova música.

CUIDADO

Não fique muito envolvido em sua nova criação a ponto de esquecer de mixar a próxima faixa. Sua combinação de lição para "aprender italiano" acima de um ótimo instrumental pode estar indo muito bem, mas se você sair do ritmo para combinar as batidas e mixar a próxima música, perdeu seu tempo.

Com um terceiro dispositivo de entrada, como um CD player extra ou toca-discos, um MP3 player ou, se você estiver usando um software de DJ digital, quatro aparelhos, você poderá tocar a cappella acima da música instrumental, combinar as batidas da próxima música e começar a mixar com a cappella tocando o tempo inteiro. Ou poderá usar o software de áudio para mixar previamente a criação no computador, então, gravar em CD ou exportar um MP3 para tocar mais tarde.

Cortando

PAPO DE ESPECIALISTA

Cortar as batidas de uma música tem suas raízes no beatjuggling (veja Capítulo 17). A ideia é combinar as batidas de duas músicas e mover o crossfader entre elas para cortar temporariamente as batidas de uma música acima da outra. Nas mãos certas, esse método pode ser incrivelmente rápido e complicado. A Figura 16-12 mostra um padrão básico (os números sublinhados são as batidas que você pode ouvir).

FIGURA 16-12
As várias batidas da música B são cortadas na música A para adicionar potência e uma nova sensação à música.

	Compasso 1	Compasso 2	Compasso 3	Compasso 4	Compasso 1
MÚSICA A:	**123**4	**123**4	**123**4	**123**4	1234
MÚSICA B:	1234	12**34**	123**4**	**123**4	**1234**

Você não precisa mover o crossfader até o final ao cortar as batidas; pode ir até três quartos para que ainda possa ouvir a música original. Acho que colocar o dedo no ponto de três quartos ajuda porque você pode simplesmente bater no crossfader com o dedo — ele para o crossfader que fica mais distante que três quartos, não importando a rapidez ou força com a qual você corta a outra música.

DICA

Uma variação ao cortar as batidas é cortar as frequências da música. Tirando a energia do grave no último compasso de uma frase antes dela mudar para um novo elemento pode ser extremamente eficiente e fazer isso quando o público está muito entusiasmado e cheio de energia pode explodir o teto da boate — que não será um feito se você estiver no subsolo.

Remixando com vários players

Cortar envolve mixar uma ou duas batidas, mas expandir esse conceito cortando em seções maiores da música permite remixar inteiramente suas músicas. Se você usa quatro toca-discos, tem dois CD players com pontos quentes, ou tem um equipamento de DJ digital com vários sensores de amostra e aparelhos de reprodução, remixar as músicas ao vivo indo para as diferentes partes da música, tocando amostras (samples) de outra música e até trocando para mixagens diferentes da mesma música poderá tornar sua mixagem única.

As opções criativas da remixagem são infinitas. Quando você adicionar as técnicas aprendidas com efeitos, fizer scratch (veja Capítulo 17), cortar, então, usar amostras e pontos quentes para acrescentar novos sons à musica original, precisará ter certeza de que lembrará de mixar a próxima música!

Efeito de transição

Você não usa apenas os efeitos no corpo principal de uma música para torná-la diferente; também pode usá-los para ajudar na transição de uma música para a próxima. Um exemplo disso é se você está fazendo uma mixagem longa entre duas músicas, mas tem problemas para mudar o balanço da potência para a nova música e deseja que essa mudança ocorra quando o primeiro verso da nova música inicia. Neste caso, adicionar um efeito flanger, de filtro, reverberação, beatmasher ou transformação ao último compasso da música antes da mudança ocorrer poderá adicionar um novo som à mixagem, ajudando na transferência de energia entre as músicas:

» Defina os efeitos flanger ou de filtro que entram e saem nos dois últimos compassos de duração. Quando você usa isto apenas no último compasso da música, ao invés do efeito descer e subir de novo, ele apenas descerá — tirando a energia da música que sai e ajudando a terminar a mixagem com a nova música tocando mais alto.

» Defina a reverberação para o máximo para encerrar efetivamente a energia da música que sai. A música que entra precisa ser bem alta na mixagem para isto funcionar e você precisa inserir o efeito (aumentar gradualmente a potência) para que não pareça muito repentino. O som metálico fornecido à música que sai é um efeito bonito e peculiar.

» Um efeito de transformação rápido nas últimas duas batidas do último compasso antes da mudança, dividindo o som em oito sons picotados, pode ajudar na transição.

» Parecido com o resultado conseguido com uma transformação, os efeitos beatmasher criam sucessões de batidas do nada. Combinando os sons das batidas, você pode mudar as quatro últimas batidas simples de um compasso em uma sucessão de batidas rápida para ir para a próxima música.

Com todos os efeitos, experimente:

» Por quanto tempo você usa o efeito
» O quanto o efeito é forte ou por quanto tempo o efeito irá durar
» Se você entra e sai do efeito
» A altura de cada música na mixagem
» Se você adiciona o efeito às duas músicas ou apenas a uma delas
» Se mantém a música que sai na mixagem depois desse balanço de mudanças de energia

As ideias nesta seção não são, absolutamente, todos os efeitos ou técnicas disponíveis. Experimente todos os efeitos; onde, quando, como e o que usar cabe a você apenas. Se parecer ótimo, faça!

Mixando Diferentes Estilos de Música

Alguns gêneros de música não contam com regras como a combinação das batidas e a colocação perfeita; para ir de uma música para outra, a música que o DJ escolhe tocar é muito mais importante do que a mixagem em si. Fazer a transição de uma música para outra sem combinar as batidas requer uma habilidade especial e você achará que ainda precisa dessas técnicas de transição como um DJ que combina batidas — para mudar os gêneros, pegar o comando de outra pessoa ou mudar a sensação da mixagem.

Isto não quer dizer que você não pode experimentar combinar as batidas do rock ou algumas músicas de festa. Algumas músicas funcionam bem juntas, mas o problema está no fato de que o rock, por exemplo, realmente não é designado para ser mixado como a dance music eletrônica. As caixas de ritmo, ritmos parecidos e até a estrutura das batidas da dance music servem para combinar as batidas, mas os bateristas ao vivo, ritmos muito diferentes e inícios repentinos significam que alguns outros gêneros são muito mais complicados e você aborda melhor suas transições de modos diferentes.

Mixagem para casamento/festa/rock/pop

De muitas maneiras, a transição entre as músicas é muito mais difícil para o DJ de casamento/festa/rock/pop. Um DJ que combina batidas tem a rede de segurança de simplesmente combinar as batidas, então, desaparecer entre as músicas, sem nenhum enfraquecimento, início repentino, mudança no ritmo nem mudança drástica de gênero. O DJ de casamento/festa precisa trabalhar com todos esses problemas.

A parte mais importante da mixagem é onde a nova música inicia. Músicas como "Brown Eyed Girl" de Van Morrison (uma favorita nos casamentos), que tem um início poderoso, reconhecível e instantâneo, são ótimas para trabalhar.

Você ainda precisa pensar na estrutura das batidas ao escolher quando iniciar uma música como "Brown Eyed Girl". Iniciá-la de modo aleatório não fica bom.

Quando a música A (aquela a partir da qual você está mixando) enfraquece ou quando *você* começa a enfraquecê-la, aguarde até o final de um compasso (espera-se que seja no final de uma frase) e inicie "Brown Eyed Girl" no volume máximo (ou quase no máximo) quando a música A tocar a batida de um novo compasso, mas enfraqueça completamente a música A antes de fazer isso.

Se você quiser mixar uma música house com batidas do baixo pesadas em uma trilha a partir da qual não consegue combinar as batidas (ainda "Brown Eyed Girl", por exemplo), a técnica será igual. Contudo, como as trilhas house tendem a ter introduções longas com batidas apenas, você poderá querer iniciá-las depois, quando a música principal entrar.

Examinando mais profundamente a técnica, você tem que calcular o quanto precisa enfraquecer uma música antes de iniciar a seguinte e quando iniciar a próxima música. Algumas músicas parecem boas quando você as inicia no começo do compasso da música que sai; outras ficam melhores na terceira ou quarta batida do compasso. A prática e a experiência em ouvir e tocar suas músicas permitem desenvolver a habilidade e um instinto de como mixar suas músicas melhor.

Naturalmente, nem todos os discos têm um ponto poderoso na música a partir do qual você gostaria de iniciar. Por exemplo, talvez você queira tocar uma trilha lenta para que as pessoas possam trocar carinhos e dançar mais perto (e você possa correr para o banheiro ou bar). A mixagem da última faixa é como a mixagem em "Brown Eyed Girl", mas ao invés de um início imediato com volume no máximo na nova trilha, poderá ficar melhor se você pegar um compasso inteiro (quatro batidas) para ir do silêncio ao volume máximo, e criar um aumento suave e crescente de "Wonderful Tonight", por exemplo.

Uma opção é falar durante a mixagem. Você pode usar histórias do bufê, promoções de bebidas, meninas e amigos bonitos do rock ou fazer comentários sobre a dança inadequada da mãe da noiva para cobrir uma mixagem.

O truque é controlar o volume da música quando você fala no microfone: mantenha a música baixa o bastante para que possa ser ouvido, mas alta o suficiente para que não pareça que você está fazendo um monólogo. Ouça como os DJs de rádio falam no início das músicas que eles tocam. Eles sabem quando a música muda da introdução para a parte principal e sincronizam seu papo para coincidir; conheça suas músicas para que possa fazer o mesmo. Faça um crossfade simples entre as duas músicas, falando acima da mixagem para encobrir a transição e pare de falar quando a música principal iniciar.

Mixagem R&B

O R&B não tende a ter introduções longas e exuberantes como as músicas house e trance, mas as músicas geralmente têm um compasso de abertura muito bom que você pode usar para mixar acima da última música, muito parecido com a mixagem do DJ de festa. E mais, as músicas R&B geralmente encerram as batidas do bumbo do último compasso de uma frase, tornando esse ponto perfeito para mixar a nova música, porque as batidas do baixo pesadas e complicadas podem brigar entre si.

O R&B terá extensão para combinar as batidas se você tiver músicas com padrões de batida parecidos, mas o R&B funciona melhor quando a mixagem com combinação de batidas é a mais curta possível. Usando a nova música, um scratch curtinho (veja Capítulo 17) no ritmo das batidas na música que sai, então, iniciar a nova música tocando a partir de um ponto poderoso é uma excelente maneira de mixar quando você não consegue combinar as batidas.

Drum n' bass e breakbeat

O drum n' bass e breakbeat são gêneros que tendem a seguir uma estrutura de quatro batidas em um compasso que a house/trance segue, portanto, normalmente você é capaz de seguir os princípios básicos de colocação mencionados na seção anterior "Colocação Perfeita". Contudo, as batidas nos compassos são muito mais complicadas, assim, se você estiver lutando para combinar as batidas do breakbeat ou do drum n' bass, primeiro veja o Capítulo 14 para obter mais informações sobre como combinar as batidas, então, ao invés de focar nos sons do bumbo, foque nos sons mais claros da caixa.

Músicas com combinação de batidas e ritmos muito diferentes

Se você trabalha como DJ com música de rock, indie, festa/casamento e até com drum n' bass ou jungle, mixar as músicas com ritmos diferentes é um modo peculiar de mixar entre as músicas, podendo ser eficaz em vários pontos na noite (contanto que você não exagere).

Ao trabalhar como DJ em boates de house/trance, você deseja manter o ritmo alto para deixar a energia fluindo quando as pessoas estão dançando para que uma mudança enorme nas batidas por minuto não caia com os clientes. Contudo, se uma música realmente diminui de velocidade durante sua saída, combinar as batidas será uma boa maneira de voltar para um ritmo mais rápido de novo, ou pode ser um modo criativo de mudar os gêneros da música. Isto é uma mixagem única por noite para muitas músicas house/trance, ao invés de uma técnica que você adiciona durante a noite inteira.

Combinar as batidas de músicas com ritmos muito diferentes funciona em todos os gêneros, — dance, rock, R&B e muito mais — mas fica melhor com as músicas que têm uma saída e uma introdução fortes, mas não muito complicadas.

Combinar as batidas de tais músicas geralmente requer um equipamento especial para fazer bem feito:

>> Um aparelho com controle do ritmo principal (Master Tempo) ativado para manter o andamento do som da música igual, não importando a rapidez com que toca

>> Uma grande faixa de andamentos da música (você precisa de uma faixa em cerca de +/- 20% pelo menos)

>> Um contador de batidas, que, neste caso, *realmente* ajuda a acertar

Se você tiver um rock que está tocando rápido em uma boa saída potente em 125 bpm e deseja mixar em uma música com 100 bpm, espere dois compassos para reduzir o controle do andamento do som para que agora toque com 100 bpm.

CAPÍTULO 16 **Mixando como os Profissionais** 263

Quando você estiver no final dos compassos, inicie a nova música e diminua a música que sai. (Consulte todas as seções anteriores neste capítulo para ter uma orientação sobre o controle EQ.)

Quanto tempo você passa diminuindo a velocidade da música é com você — é muito provável que seja ditado pelas músicas que você está tentando mixar.

Pense nos tempos quando quiser fazer isso de outro modo também, para adicionar entusiasmo e energia à sua mixagem. Com as duas músicas certas, poderá funcionar bem de qualquer modo. Experimente o que acontece se você desligar o ritmo principal para permitir que o andamento do som mude, assim como a velocidade.

NESTE CAPÍTULO

Assegurando que seu equipamento consiga fazer o scratch

Marcando devidamente os discos

Scratch com vinil, CDs e computadores

Dando uma mãozinha com o scratch básico

Capítulo 17

Scratch Lírico

O scratch é uma habilidade especializada que requer muita prática e paciência para dominar. Quando você tiver investido tempo para desenvolver a habilidade, metade das pessoas que você conhece ficará de queixo caído, espantadas com que está fazendo, enquanto a outra metade abrirá a boca totalmente — e bocejará.

Se você passa a desenvolver críticas, emoções ou impaciência é com você, mas se puder dominar o scratch curto, scratch para frente e o corte, mesmo que se considere apenas um DJ que mixa fazendo a combinação de batidas, estará acrescentando outra arma ao seu arsenal de conhecimento do DJ.

As habilidades do scratch ajudam a desenvolver uma técnica suave e rápida ao usar seu equipamento — especialmente o vinil. Quando você tiver entendido o básico, desenvolverá uma sensação em relação a quanta pressão precisa aplicar (muito pouca) para segurar um disco enquanto o prato está girando, conseguirá rodar o disco para frente e para trás sem a agulha se soltar e desenvolverá mãos sólidas e estáveis ao segurar o disco parado, pronto para iniciar.

Os DJs de CD e DJs digitais que usam controladoras podem ter muita atividade quando carregam as amostras e permitem que os botões giratórios voem! Mas seja você digital, seja analógico, o scratch tem relação com usar suas habilidades para criar algo que pareça ótimo.

Como a maioria das técnicas neste capítulo é melhor mostrada do que descrita, meu website em www.recess.co.uk (conteúdo em inglês) tem clips e links para dar suporte às informações do capítulo.

CAPÍTULO 17 **Scratch Lírico** 265

Montando o Equipamento do Modo Certo

Qualquer pessoa acostumada com um equipamento mal configurado ou inadequado para o scratch terá cicatrizes emocionais como prova de que não é possível ter uma configuração errada.

CDs

Se você estiver usando CDs para fazer scratch, não precisará preparar muito, com exceção, talvez, da resistência do prato (veja Capítulo 8) e colocar o CD player no modo vinil para criar os sons corretos do scratch.

Software

Os DJs digitais precisam configurar o software do modo como desejam usá-lo. O som de simulação do vinil é fundamental, mas se você estiver usando um *sistema vinil digital* (um sistema que usa toca-discos ou CD players com vinil ou CDs codificados com o tempo para controlar a música; veja Capítulo 9), poderá querer definir o modo de reprodução para ser relativo, ao invés de absoluto.

O *modo absoluto* é a experiência mais próxima que um DJ digital terá do DJ de vinil ou CD. Coloque a agulha no início do vinil ou pule a faixa de controle do CD para o início e a música no software voltará ao início. Mova a agulha um pouco e a música começará a tocar a partir da última parte na faixa. Portanto, se você moveu a agulha no vinil com controle codificado do tempo ou pulou o CD em um minuto, a música começará a tocar dentro de um minuto. Porém, isto significa que quando você faz scratch, se a agulha pular da ranhura e for para outra parte do disco, a música pulará também.

O *modo relativo* usa as informações de controle codificado com o tempo apenas para permitir que o software saiba a rapidez com a qual você está tocando a música e em qual direção. Portanto, se você iniciar uma música tocando desde o início do vinil com controle, levantar a agulha e recolocá-la na metade do disco, a música continuará a tocar a partir de onde estava quando você levantou a agulha.

Portanto, definir a reprodução para ser relativa significa que se a agulha pular enquanto você estiver fazendo o scratch, o som da seção na qual você está fazendo o scratch não pulará.

Veja o layout na tela do software também. A quantas unidades virtuais você deseja ter acesso? Você precisa do mixer do software? Efeitos? Loops? Pontos quentes? Você pode clicar na tela de modo frenético tentando carregar a próxima amostra, portanto, verifique se não há nada desorganizando a tela. Você também pode querer criar uma biblioteca contendo apenas as amostras que usará em uma performance, para que não pesquise milhares de amostras tentando encontrar aquele barulho "uá" perfeito que você sabe que existe em algum lugar!

Toca-discos

Para os DJs de scratch com toca-discos que usam o vinil codificado com o tempo ou discos tradicionais, menciono alguns requisitos básicos, porém vitais, que seus toca-discos precisam para serem adequados para trabalhar como DJ no Capítulo 6. Os toca-discos fabricados para a mixagem compartilham muitas das mesmas qualidades com os usados para o scratch; motores potentes e com acionamento direto são essenciais e um braço ajustável, proteções de plástico e design robusto também são fundamentais.

Porém, como você prepara as agulhas, a orientação do toca-discos e como pluga seu mixer são tão importantes quanto a marca e o modelo do toca-discos usado.

Um grande fator para os DJs de scratch é o posicionamento das unidades. Ao invés de colocá-las como o fabricante indicou (braço e atenuador de andamento do som no lado direito), os DJs de scratch giram o toca-discos inteiro para a esquerda em 90º para que o braço e o controle de andamento do som fiquem mais distantes deles.

DICA

A configuração tradicional apenas dá ao DJ cerca de 100º de circunferência do disco com o qual trabalhar (mostrado na Figura 17-1, acima), portanto, o DJ pode apenas voltar o disco em certa distância sem tirar a agulha da ranhura. Girar o toca-discos em 90º dá ao DJ muito mais vinil com o qual trabalhar (mostrado na Figura 17-1, abaixo), facilitando muito mais o scratch.

Pesando as agulhas

Não importa o que você usa, como preparar a agulha e o contrapeso pode afetar drasticamente a estabilidade da agulha. Você não deseja que a agulha pule da ranhura quando está realizando um scratch difícil no vinil tradicional! Verifique o Capítulo 7 para obter informações sobre o que torna uma agulha boa para o uso do scratch; a agulha Shure M44-7 e a cápsula (mostrados na Figura 17-2) são comprovados como a agulha mais popular para o scratch por anos.

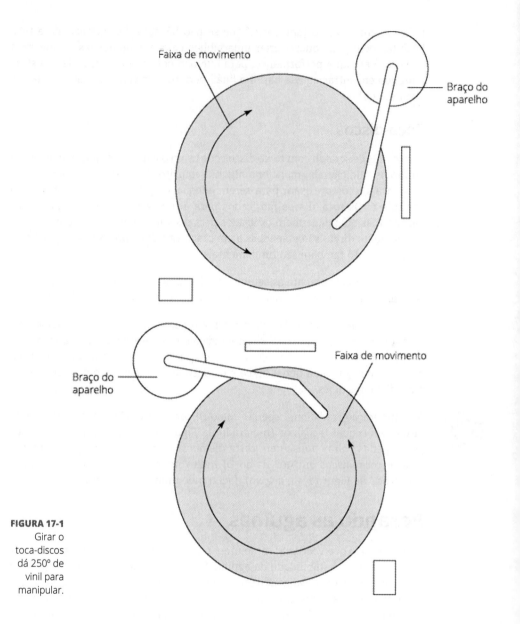

FIGURA 17-1 Girar o toca-discos dá 250º de vinil para manipular.

268 PARTE 3 **Mixagem**

FIGURA 17-2
A agulha e a cápsula Shure M44-7.

Os dois modos de controlar a estabilidade de sua agulha são com a força para baixo que atua na agulha e o ângulo no qual ela trabalha na ranhura. Simplesmente coloque a agulha de modo que ela tenha um ângulo na ranhura de 10º e ela grudará na ranhura como cola. Contudo, a desvantagem é que a agulha desgasta a ranhura como uma faca quente na manteiga.

DICA

Se você estiver ajustando a força para baixo na agulha para controlar a estabilidade, não adicione automaticamente o contrapeso mais pesado disponível. Tente obter primeiro a orientação do fabricante da agulha, então, acrescente o peso gradualmente. Embora você possa apenas terminar com alguns miligramas no máximo, esses miligramas podem adicionar meses de vida útil de sua agulha e discos.

Se o pior acontecer e a agulha ainda sair quando você estiver tentando fazer o scratch, mesmo com o contrapeso definido no máximo, você poderá tentar algumas opções mais drásticas:

» Coloque o contrapeso na parte de trás para que o anel preto (com números) aponte para longe do braço. Como o outro lado do contrapeso não é afunilado, ele tem mais volume, adicionando mais peso.

» Aumente a altura do braço para que o ângulo mais agudo faça a agulha apontar para baixo na ranhura, criando mais força para baixo. Porém, não coloque o braço alto demais ou à frente da cápsula poderá raspar no disco.

» A última opção e mais destrutiva é criar uma força para baixo extra adicionando um peso, como uma moeda e alguma massa reutilizável, presa na proteção de plástico. Fazer isso pode ajudar a manter a agulha na ranhura, mas você irá desgastar seus discos e agulhas mais rapidamente do que sua carteira pode comprar!

Fixando o orifício no meio

É fácil culpar uma agulha que pula ao ter pouco contrapeso, mas algumas vezes o orifício no meio do disco é tão grande que o eixo central salta das bordas do orifício e tira a agulha da ranhura. O modo mais fácil de corrigir esse problema é passar um pequeno pedaço de fita pelo orifício, grudando metades iguais em cada lado do rótulo. Quando você tiver grudado pedaços suficientes de fita em diferentes posições no orifício, o diâmetro será reduzido, resolvendo o problema.

Algumas vezes, o orifício é pequeno demais e o disco não cabe devidamente no eixo central (não entra ou fica apertado demais, fazendo o toca-discos diminuir de velocidade quando você tenta segurar o disco parado). Uma correção simples é pegar um pequeno pedaço de lixa, enrolar em um cilindro colocar no orifício no disco, então, segurando a lixa, girar o disco nela. Faça isso algumas vezes e o orifício abrirá um pouco.

Se você girar o disco por tempo demais, poderá tornar o orifício muito grande e terá que colocar fitas adesivas. Ou se estiver realmente sem sorte e tiver a mão um pouco pesada, poderá causar pequenas rachaduras no disco.

Desgastando seus discos

Entre a força para baixo aumentada na ranhura e a repetição da agulha passando para frente e para trás na mesma parte do disco ao fazer o scratch, inevitavelmente o disco sofrerá desgaste.

Contudo, como a fidelidade do áudio não é essencial com o scratch, o desgaste do disco se tornará apenas um problema se o disco ficar danificado e começar a pular ou se a amostra começar a parecer imprecisa demais. Mantenha suas agulhas e discos limpos para reduzir a possibilidade da sujeira entrar nos orifícios no disco ou tornar a agulha menos estável e não adicione mais contrapeso do que precisa à agulha, e sua coleção de vinis irá durar um longo tempo.

A preservação de seus discos é outro bom motivo para usar o modo relativo nas preparações do vinil digital. Assim, você não é forçado a usar o início do disco como o início da amostra, portanto, poderá espalhar o desgaste no disco, aumentando muito sua vida útil.

Deslizando as plataformas deslizantes

Como um DJ de scratch com vinil, suas plataformas deslizantes devem ser escorregadias o bastante para que não resistam nem se arrastem quando você fizer o scratch, embora ainda com aderência o bastante para que não escorreguem durante um scratch ou quando você solta o disco para tocar. (Verifique o Capítulo 7 para ver tudo o que você precisa saber sobre as plataformas deslizantes.)

Tocando nos mixers

O Capítulo 10 cobre as funções vitais necessárias em um mixer de scratch, mas você mesmo pode fazer mais melhorias. Em primeiro lugar, veja seu crossfader. Verifique se você o mantém lubrificado para que ele se mova suavemente, sem uma resistência indesejada.

Em segundo lugar, segure os atenuadores e os crossfaders. As partes nas quais você toca para mover os atenuadores têm uma tendência de se soltar se você for um pouco bruto. Puxe o botão giratório e coloque um pedaço de papel sobre a saliência de metal que sai, tornando-a mais grossa, então, coloque o botão de volta. O botão agora está preso e é mais difícil de tirar, resolvendo qualquer problema de botão soltando-se!

Tornando o mixer um hamster

Muitos DJs de scratch acham muito mais confortável fazer o scratch se eles invertem a função normal do crossfader. Isto significa que ao invés de mover o crossfader para a esquerda para ouvir o canal 1 e a direita para ouvir o canal 2, você move para direita para ouvir o canal 1 e para a esquerda para ouvir do canal 2.

Você pode fazer isso com uma chave (chamada de hamster switch) em certos mixers ou conectando os toca-discos do modo errado; você conecta a unidade esquerda, que normalmente seria conectada ao canal 1, no canal 2 e a unidade direita é conectada ao canal 1, ao invés do canal 2.

Isto é útil de um ponto de vista da mecânica do corpo. Você poderá fazer alguns movimentos de scratch com mais rapidez se "mover" o crossfader com o polegar (que é colocado a um quarto no compartimento do crossfader) e o final da ranhura do crossfader para cortar e voltar com a música muito rapidamente. Isto pode ser bem desconfortável para muitos DJs com uma configuração padrão do mixer, pois eles têm que girar os pulsos, portanto, o hamster switch define o mixer para fazer esses movimentos muito mais facilmente e com mais conforto de realizar.

CAPÍTULO 17 **Scratch Lírico** 271

No caso de você estar imaginando, isto não é chamado de hamster switch porque um hamster mastigou os cabos para inverter o controle (que passou pela minha cabeça). É denominado segundo os Bullet Proof Scratch Hamsters, que costumavam conectar os aparelhos ao mixer do modo errado para inverter o canal normal e a configuração do crossfader.

Preparando-se para a Grande Ação

PAPO DE ESPECIALISTA

Você não poderá fazer o scratch se não tiver nada para tanto. Você precisa encontrar uma seção da música (chamada de *amostra*) que usará ao fazer o scratch. Para a maioria dos scratches, essa amostra não é muito longa — alguns segundos no máximo. Não há regras sobre o que usar como amostra, mas as amostras vocais, percussões, bipes e batidas de metal podem ficar ótimos nas mãos certas.

Embora os DJs de vinil possam usar singles de 7" e LPs de 12" para o scratch, eles têm ranhuras que são um pouco compactas demais para o devido scratch, facilitando que a agulha pule da ranhura, sendo mais difícil de marcar o início de uma amostra e muito mais difícil de encontrar uma amostra na correria. Isto significa que os DJs usam mais comumente os singles de 12", mas se você encontrar uma amostra em um LP ou com 7", puder marcar corretamente o disco e ter uma boa técnica para fazer o scratch, não deixe que ninguém diga que você está errado.

Você não precisa escolher uma dance music também. As músicas clássicas, discos com discursos, rock, folk e country — todos com potencial para terem uma amostra que fica ótima como scratch. Eu tinha um disco do tipo "aprenda espanhol sozinho" que usei algumas vezes por causa dos sons vocais estranhos.

DICA

Porém, os discos fundamentais para fazer o scratch são especificamente designados para battle breaks com amostras de scratch amistosas. Embora esses discos possam ter apenas 10 amostras curtas em um lado inteiro, cada amostra se repete no mesmo ponto na circunferência do vinil. Esse design significa que se a agulha pular da ranhura indo para a ranhura seguinte, você ainda estará no mesmo ponto exato na amostra e ninguém saberá a diferença (muito parecido com usar o modo relativo em uma configuração de vinil digital).

Marcando as amostras

Os DJs de scratch precisam localizar a amostra em uma música rapidamente e ser capazes de voltar para ela com precisão sempre de novo. Os DJs de scratch com CD e digitais podem usar os pontos quentes para retornar instantaneamente para o início de uma amostra (veja Capítulo 8), mas é um pouco mais complicado para os DJs de vinil tradicionais. Porém, uma combinação de marcadores no vinil localizando a ranhura exata onde a amostra inicia e as marcas no rótulo podem facilitar voltar ao início da amostra.

Chegando ao ponto

A primeira coisa que você precisa fazer é localizar o ponto específico em uma ranhura específica em um disco que contém a amostra na qual fará o scratch e marcar para que possa voltar rapidamente.

DICA

Uma das maneiras mais populares de marcar o início da amostra é usar um pequeno adesivo no vinil. Uso adesivos numerados que eram utilizados nas fitas de vídeo porque eles são pequenos e os números ajudam a lembrar qual amostra usar em seguida (verifique a Figura 17-3). Todo DJ tem um tipo diferente de adesivo que gosta de usar, portanto, encontre um do qual goste e... cole-o.

FIGURA 17-3
Um disco com vários adesivos numerados marcando as amostras.

Marque a ranhura à esquerda da amostra para que o adesivo não atrapalhe quando você realizar o scratch. Eis como:

1. **Encontre a amostra no disco e pressione stop no toca-discos, com a agulha bem no início da amostra.**

2. **Coloque o adesivo muito levemente (para que não grude), diretamente na frente da agulha. Então, gire lentamente o disco com a mão para que ele toque na direção para frente.**

   Girar o disco tira o adesivo do caminho, na ranhura à esquerda da amostra (se ele ficar à direita, tente de novo, mas quando colocar o adesivo na frente da agulha, desloque-o um pouco para a esquerda).

CAPÍTULO 17 **Scratch Lírico** 273

3. **Verifique se você está no lugar certo balançando com gentiliza o disco para frente e para trás, e se acertou, pressione o adesivo para que grude na ranhura perto do início da amostra.**

A desvantagem de marcar o disco assim é que se você quiser tocar a faixa inteira, haverá um grande adesivo no caminho!

Se você acha que desejará tocar o disco completo, tente usar um lápis litográfico (um lápis de cera branco) para desenhar levemente uma linha (ou uma seta; qualquer coisa desejada) diretamente no vinil. Não pressione com força ou a cera do lápis entrará nas ranhuras e será um problema, assim como o adesivo. As marcas feitas com canetas ultravioletas são boas alternativas (você precisa lembrar de ter uma luz UV para que possa vê-las), assim como as canetas prata (mas ainda precisa ter cuidado para a tinta não preencher a ranhura). Finalmente, as marcas de caneta desgastam-se, mas, contanto que você pegue o desgaste a tempo e reaplique o marcador, não precisará preocupar-se.

Seguindo um alinhamento

Marcar o início de uma amostra é uma ótima maneira de encontrá-la inicialmente, mas retornar a uma pequena marca de caneta é difícil quando você está no meio de um movimento de scratch maluco. Para ajudar a encontrar o início da amostra rapidamente, desenhe uma linha grossa e grande no rótulo do disco (veja Figura 17-4).

FIGURA 17-4
Desenhando uma linha no rótulo do disco.

Pense no disco como um mostrador de relógio. A ideia é desenhar uma linha no rótulo para que quando ela estiver apontando para uma determinada direção (12 horas e 9 horas são melhores), você saberá que está no início da amostra. Veja como:

1. **Encontre o início da amostra e pare o disco.**

2. **Sem mover o disco (mãos firmes) use uma caixa de CD (ou qualquer coisa pequena e reta) para desenhar uma linha do eixo central até a borda externa do disco, apontando para qualquer número do relógio desejado. (Sugiro 12 horas; de verdade.)**

3. **Tire o disco da unidade e torne a linha mais forte usando um marcador grosso.**

Ao invés de desenhar uma linha, você pode adicionar um adesivo longo e reto ao disco. Se a amostra estiver bem distante no disco, adicione o adesivo à borda externa apontando para o disco. Ou adicione o adesivo à parte interna do disco para que ele saia acima das ranhuras em branco na parte suave e silenciosa ao lado do rótulo.

Fazendo scratch no CD, MP3 e Computador

Os CD players e controladoras de software com bolachas podem permitir que os DJs de scratch se apresentem igualmente bem (algumas vezes melhor) do que conseguem com os toca-discos. (Veja os Capítulos 8 e 9 para obter uma descrição detalhada sobre os botões giratórios e as bolachas nos CD players e controladores.)

Do ponto de vista de um DJ purista, o scratch usando um sistema vinil digital é o mais próximo que um DJ digital pode chegar das antigas tradições analógicas. Onde um DJ que combina as batidas, combinando as batidas do bumbo de duas músicas para progredir na mixagem, é capaz de evitar a mecânica de fazer isso usando os controles de sincronização e mixagem automáticos, um DJ de scratch não tem a mesma opção. As controladoras e os mixers podem conseguir afetar a música de algum modo, mas ainda cabe ao DJ mover o vinil ou a bolacha de controle, e o crossfader para criar os movimentos e os sons do scratch.

Junto com a simulação precisa do som de um scratch de disco, o software de DJ e alguns CD players têm outros atributos que os permitem competir com o vinil. Os bancos de memória para armazenar diversos *pontos quentes* (pontos iniciais — neste caso, das amostras), efeitos embutidos, loops, sensores de desempenho, reprodução reversa instantânea e mais, tornam os controles do software e os CD players incrivelmente versáteis para fazer o scratch em comparação com o vinil mais tradicional.

Esses efeitos e controles podem ter acabado com parte da arte e habilidade de fazer scratch que você associa ao vinil, mas eles desenvolveram o processo criativo de fazer o scratch com um nível orientado à tecnologia completamente novo. Mesmo que o básico fundamental do scratch seja o mesmo em um toca-discos de vinil, controladora ou CD player, as habilidades são um pouco diferentes para cada formato (você pode ser mais duro nos CD players e controladoras em primeiro lugar porque não precisa se preocupar com uma agulha pulando da ranhura), tornando uma comparação direta e concorrência entre os dois cada vez menos relevante.

Marcando os bits e os bytes

Como você não consegue ver uma marca no CD em si (e faria o CD pular de qualquer modo), os indicadores no botão giratório ou uma tela separada em alguns CD players mostram o início da amostra.

Os DJs de vinil digitais que definem o controle para relativo, apenas têm que carregar uma amostra e ela já estará no início. As exibições da forma de onda e os gráficos na tela permitem que os DJs digitais saibam onde estão na amostra, portanto, eles podem ver facilmente quando voltaram ao início da amostra (assim como ouvir!).

Dominando a Técnica

A técnica é tudo ao fazer o scratch do vinil. Se você puder desenvolver uma ação suave, fluida e ainda ultrarrápida, muito provavelmente manterá a agulha grudada na ranhura. Com os CD players e controladoras, você ainda precisa de um movimento fluido para criar um ótimo scratch, mas não precisa preocupar-se em tirar a agulha da ranhura.

DICA

Pratique com as duas mãos. Se você passar um tempo desenvolvendo a destreza e coordenação necessárias para fazer o scratch com qualquer mão em seus aparelhos e mover o crossfader de modo independente, acabará tornando-se um excelente DJ de scratch. Se você estiver tentando usar as duas mãos bem, comece comendo com garfo e faca nas mãos trocadas. Isto estimulará seu cérebro a se acostumar a usar mais a outra mão — e finalmente filtrará suas habilidades de scratch.

Praticando com o vinil

Sempre se lembre de que o vinil é realmente sensível e até com uma pressão extra de contrapeso, novas agulhas, um tamanho de orifício adequado e plataformas deslizantes, se você tiver uma mão de elefante, fará a agulha voar!

Você precisa desenvolver a técnica de mão correta. As coisas a lembrar são que, embora você esteja lidando com muitas mudanças rápidas de direção, tente ser suave; não sacuda o disco para frente e para trás. Quando feitos em sucessão, os movimentos muito brutos e fortes farão a agulha saltar da ranhura.

Quando você fizer o scratch no disco, tente movê-lo para frente e para trás seguindo a curva dele. Se você tentar empurrar o disco para frente e para trás em uma linha reta, estará adicionando muito empurrão para o lado e pressão, que, quando combinados, podem ser suficientes para fazer a agulha saltar da ranhura.

Mudando os sons da amostra

Quando você iniciar o scratch, precisará desenvolver o conhecimento do que muda o som da amostra na qual está fazendo o scratch. Os seis aspectos principais a considerar ao fazer a amostra parecer diferente no scratch são:

» **Local:** Você pode ter encontrado uma bela amostra em um disco, mas ainda tem total controle sobre qual parte da amostra toca. Só porque a amostra tem alguém dizendo *scratch*, não significa que você tem que tocar a palavra inteira. Você pode escolher fazer o scratch com apenas a parte *sc* da palavra ou, talvez, fazer scratch na parte *tch* pareça único e combine o que você deseja fazer perfeitamente.

Mudar onde na amostra você faz o scratch apenas em alguns milímetros (ou um décimo de segundo) pode fazer a diferença entre um bom som e um ótimo som.

» **Direção:** Praticamente todas as amostras parecem incrivelmente diferentes quando você as toca para trás, ao invés de para frente, e se você não estiver muito certo sobre o som de seu scratch, poderá achar que o scratch na outra direção melhora muito o som.

» **Velocidade:** A velocidade na qual qualquer amostra se move pode afetar seu scratch de um som grave, estrondoso e gutural para um som berrante, agudo e vivo. Portanto, não caia na armadilha de fazer o scratch na mesma velocidade o tempo inteiro. Mude o scratch do meio de um movimento rápido para frente, para um movimento lento para trás, misturando a velocidade durante um movimento (veja a seção "Rasgo", posteriormente neste capítulo) e aguce o ouvido para como a velocidade na qual você faz o scratch pode alterar a potência e o som resultantes.

» **33/45:** Para os DJs de scratch de vinil; tocar o disco em 33 ou 45 rpm ao soltar o vinil fará dois sons diferentes. Se você estiver fazendo o scratch de algo como uma nota de trombeta, mover entre 33 e 45 poderá ajudar a tocar a música com uma nota! (Pesquise na internet "Kid Koala — Drunk Trumpet" para ver um exemplo surpreendente.) Mudar o controle do andamento do som nos toca-discos, CDs ou no software pode ter um efeito parecido também.

CAPÍTULO 17 **Scratch Lírico** 277

> **Audibilidade:** A altura que você ouve a amostra tocando, ou se você pode ouvi-la, é muito importante. Embora o crossfader seja o principal controle para você poder ouvir a amostra, não se esqueça do atenuador de canal.
>
> Você pode fazer o scratch usando o atenuador de canais, ao invés do crossfader, e pode usar o atenuador para definir a altura que ouve o scratch, adicionando uma dimensão extra ao scratch. Reduzir gradualmente o scratch com apenas o crossfader é difícil, mas se você usa o atenuador de canais sozinho ou em conjunto com o crossfader, o atenuador poderá dar um nível extra de controle do áudio.
>
> **EQ:** Usar o EQ (equalizador) para ajustar a quantidade de grave, médio ou agudo pode mudar um scratch com som agudo para um com som confuso e pesado — no meio de um scratch, se você quiser.
>
> A menos que você tenha quatro mãos, o scratch usando o crossfader, atenuador de canais e controle EQ ao mesmo tempo é difícil, mas com prática e paciência, você ficará surpreso com a rapidez com a qual poderá mover-se entre os controles.

Os processadores de efeitos também dão uma mão. Efeitos como filtros, flanger, distorção, eco, reverberação e delay podem mudar o som da amostra na qual você está fazendo o scratch. Como tudo no trabalho do DJ, a experimentação é o segredo. Considere a técnica do scratch que você está realizando e se um efeito ajudará, atrapalhará ou será redundante. Experimente e pese se o efeito tornou o scratch melhor ou pior.

Começando do Zero e Novamente

Todas as técnicas de scratch a seguir funcionam com qualquer formato, seja fazendo scratch no vinil, CD, seja no software. Experimente os seguintes scratches primeiro, sem tocar nada na outra unidade. Então, quando estiver satisfeito, escolha uma música com uma batida lenta para tocar na outra unidade e faça o scratch no ritmo com essa batida. Você não precisa usar uma música com batidas apenas, mas fazer o scratch em melodias e vocais pode parecer confuso e complicado no início.

DICA

Veja meu website em www.recess.co.uk (conteúdo em inglês) para ouvir arquivos de áudio e ver videoclipes de um scratch em particular se não estiver certo sobre como deve ficar. Ou pesquise na internet para obter tutoriais de vídeo, como os do DJ QBert.

Para todos os scratches, dou orientação sobre em qual direção você deve fazer o scratch e qual ação do crossfader pode precisar, mas quando você se acostumar com cada scratch, ajuste a rapidez com a qual o faz, de qual parte da amostra faz o scratch e quanto dele você toca.

Fazendo scratch sem o crossfader

Os três scratches que analiso nesta seção ajudam a desenvolver o controle da mão para trabalhar devidamente com o vinil (prato do CD ou botão giratório da controladora). E mais, eles são os blocos de construção para todos os scratches que seguem na seção "Introduzindo a febre do crossfader". Mesmo que sejam movimentos simples, dominá-los é muito importante. Você não precisa usar o crossfader para esses três scratches, portanto, deixe-o na posição do meio, com o atenuador dos canais no máximo.

Scratch curto

O *scratch curto* é o primeiro scratch a tentar e é de longe o mais simples e fácil. Pode também ser como você quebrou a agulha no toca-discos de seu pai quando tinha nove anos de idade...

O scratch curto é apenas um movimento para frente seguido de um movimento para trás. Ambas as direções são audíveis no scratch (sendo, por isso, que você não precisa tocar no crossfader no scratch). Se a amostra usada fosse alguém cantando "ei!", então, o som seria:

Ei (para frente) — ié (para trás) — ei... ié... ei... ié...

Quando você ficar satisfeito e quiser iniciar o scratch na batida de uma música tocando em sua outra unidade, faça o movimento para frente na primeira batida do compasso e o movimento para trás na segunda batida:

Batida	1	2	3	4	1	2	3	4
Scratch:	ei	ié	ei	ié	ei	ié	ei	ié

Quando você se sentir confortável combinando as batidas 1, 2, 3, 4 do compasso com "ei, ié, ei, ié" (dois scratches curtos completos), aumente a velocidade do scratch para que vá para frente e para trás em cada batida (fazendo quatro scratches curtos completos):

Batida:	1 2	3 4	1 2	3 4
Scratch:	ei–ié	ei–ié	ei–ié	ei–ié
	ei–ié	ei–ié	ei–ié	ei–ié

Scribble scratch

O *scribble scratch* é parecido com o scratch curto, exceto que a quantidade em que o disco se move para frente e para trás é minúscula (apenas o "e" de ei, se tanto!) e você tem muito mais scratches na batida, o que dirá em um compasso!

CAPÍTULO 17 **Scratch Lírico** 279

Tensionando o pulso e o antebraço ao pressionar para baixo no disco com um dedo, os músculos fazem seu dedo vibrar, fazendo o disco se mover para frente e para trás realmente rápido. Se você acha que pode gerar bastante velocidade sem precisar tensionar os músculos, apenas mova o disco para frente e para trás o mais rápido que puder.

LEMBRE-SE

Não importa qual é sua técnica, você deseja tornar a quantidade de vinil que passa sob a agulha a menor possível (menos de 1 centímetro é melhor).

Rasgo

O *rasgo* é parecido com o scratch curto, exceto que ao invés de dois sons, o scratch divide-se em três. Você deixa o crossfader aberto (você pode ouvir o som) na duração do scratch, mas introduz uma mudança na velocidade para trás que cria a terceira parte do scratch.

O curso (movimento) para frente é igual ao do scratch curto, mas a primeira metade do curso para trás é rápida e a segunda metade do curso tem a metade do ritmo.

Pratique mudando a velocidade de apenas o curso para trás primeiro para ajudar a se acostumar com a mudança no ritmo. Quando ficar satisfeito, tente adicionar, no curso para frente, o curso para trás com duas partes que você acabou de dominar.

Introduzindo a febre do crossfader

Os scratches descritos nesta seção envolvem usar o crossfader. Antes de prosseguir, descubra onde fica o ponto de corte no crossfader. O *ponto de corte* é onde você tem que mover crossfader para ouvir o devido canal. Dependendo da curva do crossfader, esse ponto pode ser apenas alguns milímetros de movimento ou você pode precisar colocar o crossfader no meio antes de ouvir o scratch no volume máximo. (O Capítulo 10 tem mais informações sobre as curvas do crossfader e os pontos de corte.)

Scratch para frente

O *scratch para frente* fornece o início perfeito para praticar o uso do crossfader. Usando exatamente o mesmo movimento do scratch curto, inicie com o crossfader depois do ponto de corte para que possa ouvir o movimento para frente, então, antes de mover o disco para trás, feche o crossfader para que não possa ouvir o curso para trás.

Quando estiver satisfeito com o corte do curso para trás do scratch curto, inicie o scratch na batida. Com o exemplo "ei!", você combina a batida 1, 2, 3, 4 do compasso com *ei, ei, ei, ei*:

Batida	1	2	3	4	1	2	3	4
Scratch:	ei	ei	ei	ei	ei	ei	ei	ei

Se for rápido demais para você no início, dê mais tempo a si mesmo diminuindo a velocidade do scratch para que ouça apenas "Ei" nas batidas ímpares:

Batida	1	2	3	4	1	2	3	4
Scratch:	ei		ei		ei		ei	

Scratch para trás

Como você pode ter adivinhado, o *scratch para trás* é parecido com o scratch para frente, exceto que desta vez você ouve apenas o curso para trás do scratch curto. Portanto, você ouve "ié, ié, ié, ié" quando faz o scratch nas quatro batidas do compasso:

Batida	1	2	3	4	1	2	3	4
Scratch:	ié	ié	ié	ié	ié	ié	ié	ié

Você pode achar mais fácil, no princípio, usar o scratch para trás no contratempo, que é onde seria naturalmente se você estivesse realizando um scratch curto:

Batida	1	2	3	4	1	2	3	4
Scratch:		ié	ié	ié	ié	ié	ié	ié

Corte

Corte é quando você toca a amostra na velocidade normal e na direção normal, mas apenas toca parte dela. Eu costumava adorar fazer esse scratch com a amostra "All Aboard" de James Brown no início do "Nighttrain" de Kadoc. Pode parecer algo como "All (pausa) All All A All-Aboard":

Batidas:	1	2	3	4	1	2	3	4
Scratch:	All	(pausa)	All	All	A	All Aboard	(pausa)	(pausa)

Depois de ter feito scratch com isso por um tempo acima de outra música, eu apenas deixava a amostra tocar, a música iniciava e a mixagem era feita, mostrando que o scratch e a mixagem não são mutuamente exclusivos; eles podem trabalhar junto.

Para fazer esse scratch, posicione a amostra para que ela fique logo atrás da agulha. Em um ponto em particular na outra música (no início de um compasso em meu Kadoc de exemplo), movo o crossfader e deixo o disco girar. Quando você quiser que a amostra pare, feche o crossfader, retorne o disco para o início da amostra e deixe-o girar de novo.

O truque é assegurar que você volte a amostra para o lugar correto no ritmo. Este é o momento perfeito para marcar uma linha no rótulo do disco para que, quando a linha estiver posicionada em 12 horas, você saberá que está no início da amostra (veja a seção anterior "Marcando as amostras").

Mudança

A *mudança* é muito parecida com o corte, exceto que ao invés de tocar a amostra no ritmo normal, *você* controla a rapidez com a qual ela toca. Fazendo isso, você pode criar algumas melodias estranhas para acompanhar o scratch feito.

E, claro, a *mudança ao inverso* (e *corte ao inverso*) é quando o atenuador está aberto para o curso para trás, ao invés do curso para frente.

Gorjeio

Gorjeio é onde a coordenação das mãos começa a ficar essencial. Inicie a amostra com o crossfader aberto, mas assim que você ouvir a amostra tocar, feche suavemente (embora com rapidez) o crossfader. Para o curso para trás, faça o oposto: quando você mover o disco para trás, abra o crossfader. É mais fácil tocar a amostra na velocidade normal no início, mas muito provavelmente você achará os resultados melhores quando fizer o scratch da amostra rapidamente para frente e para trás.

Com a amostra certa, velocidade do scratch e movimento do crossfader, essa técnica cria um assobio como de um pássaro ou barulho de gorjeio.

Transformador

O *transformador* é outro scratch simples que ajuda a sincronizar os movimentos do crossfader e também desenvolve a coordenação entre as mãos.

Para se acostumar com o transformador, toque a amostra para frente para que ela dure um compasso (provavelmente alguns segundos, significando tocar muito lentamente), então, para trás em um compasso. Você poderá tocar por mais ou menos tempo se quiser, mas manter o movimento em um compasso dá os limites com os quais trabalhar agora, podendo expandir quando ficar bom com o transformador.

Quando você tocar a amostra, abra o crossfader na metade de uma batida, então feche na outra metade. Faça isto para cada batida no compasso. Quatro batidas no compasso significam que você abre e fecha quatro vezes — portanto, a amostra se dividirá em quatro ao tocar para frente no primeiro compasso, e quatro ao tocar para trás no próximo compasso. Quando estiver satisfeito, dobre a velocidade na qual você entra e sai da música. Então, se achar que pode mover o crossfader rápido o bastante, dobre a velocidade de novo para que abra e feche o crossfader 16 vezes em um compasso.

282   PARTE 3 **Mixagem**

> ### SEU POLEGAR NÃO É APENAS PARA PEDIR CARONA
>
> Abrir e fechar o crossfader fica mais difícil quanto mais rápido você tenta movê-lo. Quando você se sentir limitado, use o polegar como uma mola para voltar o crossfader para a posição fechada.
>
> Se você tiver uma pequena distância para percorrer até o ponto de corte no crossfader, pouse seu polegar nesse ponto, mas em um ângulo para que ele se incline em direção à posição fechada. Usando seu dedo médio (ou dedo anular), toque no crossfader para que ele bata em seu polegar e volte para a posição fechada, que é muito mais rápido. Isto será mais fácil de fazer se seu mixer estiver configurado no estilo hamster (veja a seção "Tornando o mixer um hamster").

Explosões

O *scratch de explosão* pega a amostra e divide-a em duas fechando e reabrindo rapidamente o crossfader. O scratch começa com o crossfader aberto, que fecha até a metade a amostra, então, abre novamente. Se a amostra na qual você estiver fazendo o scratch for apenas alguém dizendo *scratch*, então, a explosão significará ouvir *scr tch*.

PAPO DE ESPECIALISTA

Quando você fecha rapidamente o crossfader, ele faz um som de clique. No exemplo *scr tch* anterior, cortar a amostra em duas requer um movimento — um clique — e é chamado de *explosão para frente com um clique*.

Scratch caranguejo

Para se acostumar com a ação do crossfader para o *scratch caranguejo*, estale seus dedos. Agora, ao invés de apenas seu dedo médio bater no polegar, bata todos os quatro dedos no polegar, iniciando com o dedo mínimo. Esta é a ação do caranguejo: apenas coloque um botão do crossfader entre seus dedos e o polegar.

Coloque o polegar como uma mola no crossfader do mesmo modo como o utiliza para o scratch do transformador. Quando seus dedos baterem com o crossfader em seu polegar, corte a amostra em quatro — realmente muito rápido.

Este é outro scratch que poderá ser mais fácil de fazer se você configurar o mixer em um estilo hamster porque você pode bater com o atenuador na lateral do compartimento do atenuador e seu polegar.

Scratch de giro

O *scratch de giro* é o precursor do scratch caranguejo. Ao invés de usar todos os quatro dedos para realizar o scratch caranguejo, você utiliza apenas dois para girar o crossfader, produzindo um ritmo um pouco mais constante para o scratch do que o caranguejo.

Combinando os scratches

Quando você estiver familiarizado com os fundamentos, comece a combiná-los para criar sequências de diferentes scratches acima da batida. Comece simplesmente, trocando de um scratch para outro, como mudar de um scratch curto para um scratch para frente ou de um scratch para frente para um scratch invertido.

Eis mais algumas ideias:

» **Transformando com transformadores:** Adicionar transformações a qualquer scratch é uma ótima maneira de mudar o som de alguns movimentos básicos. Adicione um transformador a um scratch para frente para que você transforme o movimento para frente, mas ainda não ouça nenhum curso para trás. Ou adicione uma transformação a um rasgo para realmente testar sua coordenação!

» **Adicionado explosão:** Adicione uma explosão ou um caranguejo a meu exemplo de scratch com corte "All Aboard", o que acrescenta um efeito de picote em parte dele.

» **Adicione um redutor de velocidade:** Ao fazer o scratch do disco para trás, toque levemente no final com a outra mão, adicionando um "soluço" ao som. Vá além realizando o *hidroavião*, onde ao invés de tocar no disco com a outra mão, você pousa levemente o dedo no vinil. O leve toque deve significar que a fricção causada ao tocar no disco saltará/vibrará levemente o dedo ao mover o disco para trás, adicionando um picote surdo ao scratch, mas sem entrar e sair.

» **Tente *escapes* para criar sua própria música:** É onde você segura a agulha e toca rapidamente no disco com a agulha em diferentes partes da música. Sempre que você toca no disco, ouve uma nota musical. Junte todas para criar uma música (como, de modo bizarro, a "Marcha fúnebre de Guerra nas Estrelas", que assisti no YouTube...) E lembre-se que mudar a velocidade na qual a amostra toca (com o controle de andamento do som, botão de 33/45 ou velocidade na qual você move o vinil/controle) mudará a nota também.

Os fundamentos que menciono aqui são apenas os blocos de construção no caminho de um vasto conjunto de diferentes scratches. Muitas combinações existem para como mover o disco, como mover o crossfader e a velocidade com a qual fazer tudo isso. Verifique meu website em `www.recess.co.uk` e `www.youtube.com` (conteúdos em inglês) para obter mais algumas ideias sobre como misturar os fundamentos.

Divertindo-se com as Batidas

Beatjuggling é uma ótima habilidade e uma que, quando dominada, você recebe muito respeito de seus colegas. Comece usando duas músicas (elas não têm que ser idênticas, mas ajuda no início) com apenas uma batida do bumbo para criar uma nova batida usando uma combinação de todos os fundamentos do scratch. Quando você for aplicar o beatjuggling nas músicas com elementos musicais também, poderá fazer algo realmente especial.

A precisão ao retornar a música para o início da amostra é muito importante e um teste real de suas habilidades. Embora o guia a seguir explique a mecânica de como fazer isso com dois discos, você poderá achar muito mais fácil fazer no CD ou com os controles do software que têm pontos quentes gravados em uma memória que você pode acessar instantaneamente ao pressionar um botão.

LEMBRE-SE

Marcar devidamente seus discos é incrivelmente importante aqui, pois você não terá tempo de ouvir nos fones de ouvido como está mixando a música para iniciar novamente. Você precisa contar com localizar a linha do marcador definida em 12 horas e ter fé de que estará no início da amostra. Finalmente, desenvolverá a sensação de fazer isto sem contar muito com os marcadores ou exibições na tela, mas eles são fundamentais no início.

Muito parecido com fazer malabarismos com bolas, comece simplesmente:

1. **Com dois discos idênticos com o andamento do som em 0, mixe-os para que eles toquem no mesmo ponto exato. Então, inicie apenas um deles tocando enquanto segura a outra música pronta para tocar quando quiser.**

2. **Toque um compasso da batida do bumbo no primeiro disco e no final do compasso, inicie o outro disco tocando, movendo o crossfader ao mesmo tempo para que, agora, ouça suas batidas por um compasso.**

3. **Enquanto o segundo compasso está tocando, volte o primeiro disco para o início do primeiro compasso novamente. Quando o segundo disco tiver terminado seu compasso de batidas, incie o primeiro de novo, movendo o crossfader acima para que possa ouvi-lo agora. Continue fazendo isso até que manter sem esforço uma batida fluindo.**

Este método significa que você toca o mesmo compasso de batidas sempre de novo; isto pode parecer fácil, mas, acredite, não é! Você pode ficar facilmente atrapalhado, ter a sincronização errada no início do compasso e fazer malfeito algo que parece muito simples. Ou pode ser natural e conseguir de primeira! Se você estiver achando complicado no início, ao invés de repetir um compasso, experimente quatro compassos para ter mais tempo para voltar a outra música ao início. Então, quando conseguir, experimente três, depois dois, então, um.

Comece fácil, então, deixe que fique cada vez mais difícil. Pratique bastante e você irá arrebentar.

Se você estiver tentando isto no CD ou software de DJ, ao invés de voltar a amostra para o começo sempre, apenas pressione o botão de mixagem para voltar para o início da amostra e pressione play novamente no início do compasso. Seus CD players ou software irão variar no modo como voltam para o ponto inicial da mixagem e o que você pressiona para iniciar a música de novo, mas contanto que possa voltar no tempo para reiniciar a música e reiniciá-la no ritmo certo, é isso que contará. Se você estiver usando um sistema vinil digital, lembre-se de definir o modo para relativo se for redefinir de volta para o ponto inicial da mixagem — do contrário, ainda precisará voltar o disco para o início da amostra.

Quando estiver satisfeito com a repetição do compasso inteiro, divida em duas partes o tempo que um disco toca antes de mudar (agora, duas batidas ao invés de quatro). Então, quando estiver realmente confiante, toque a primeira batida do primeiro disco e a segunda batida do segundo disco, e continue voltando as batidas para que ouça apenas as duas primeiras batidas do compasso tocarem sempre novamente.

Deslocamento

Quando você puder trocar entre as batidas de modo confortável, desejará criar batidas do bumbo mais complicadas. Deslocar um dos discos é uma maneira ótima e simples de começar. Comece iniciando uma das músicas e metade de uma batida depois, portanto, ao invés de um *Bumbo Caixa Bumbo Caixa* simples para quatro batidas do compasso, você ouve *Bumbo*Bumbo *Caixa*Caixa *Bumbo*Bumbo *Caixa*Caixa na mesma quantidade exata de tempo. O primeiro bumbo é da primeira música e o segundo é da segunda música.

Deixar o crossfader no meio cria essa sucessão de batidas, mas fechar o crossfader para algumas batidas começa a cortar muito mais.

Batida	1	2	3	4	1	2	3	4
Sons:	B1B2	T1	B1	T1 T2	B2	T1 T2	B1B2	T1

(B é o bumbo, T é a caixa, 1 ou 2 significa a unidade 1 ou 2.)

As funções dos pontos quentes nos CD players ou software, e os sensores de desempenho nos controladores podem tornar moleza fazer o beatjuggling — tudo o que você precisa é de bom senso de ritmo e será fácil. Salve a batida do bumbo de uma música no ponto quente A em uma unidade e a batida da caixa da outra música no ponto quente A na outra unidade. Deixando o crossfader no meio, apenas pressione no ritmo para criar sua própria batida de bumbos nova. E com três pontos quentes em cada unidade, você pode salvar uma seleção de batidas do bumbo com uma criatividade incrível. Você nem precisará de duas unidades! Apenas armazene a batida do bumbo no ponto quente A e a batida da caixa no ponto quente B no mesmo CD player e crie sua própria batida de bumbos em um CD player. Para saber mais sobre os pontos quentes, veja o Capítulo 8.

Os *sensores de desempenho* permitem atribuir amostras aos sensores nas controladoras de DJ, portanto, pressionar o sensor inicializará o começo de uma amostra. Com vários sensores e diversas amostras, você poderá criar batidas de bumbo complicadas se tiver um senso criativo de ritmo — jogue algumas amostras musicais também e terá a opção de criar uma música inteiramente nova!

DICA

É fundamental ter um ótimo senso de ritmo se você estiver criando uma batida de bumbos completa a partir de batidas simples. Se você não estiver certo sobre como criar as batidas do bumbo, comece verificando o livro *Bateria Para Leigos* de Jeff Strong (Alta Books).

Esses métodos são apenas a ponta do iceberg para cortar e criar batidas do bumbo. Aumentar a velocidade na qual você corta entre as trilhas, mudar o quanto você desloca as batidas e usar as batidas de duas músicas diferentes pode reunir uma batida realmente complicada. E isso sem nem considerar adicionar címbalos, pratos e sucessões de batidas!

Prática, dedicação e paciência

Prática, dedicação e paciência devem compor seu mantra pessoal para fazer o malabarismo das batidas (e o scratch em geral). O conhecimento do disco/amostra e uma destreza manual são extremamente importantes, mas você precisa ser fluente e firme com as batidas. Precisa manter os movimentos do scratch fluidos e acompanhar o ritmo do scratch, e se fizer malabarismos com as batidas, a batida feita precisa fluir como se um baterista estivesse tocando — assim, você terá o respeito por suas habilidades.

Sempre é bom pegar inspiração com outras pessoas e definir para si mesmo um objetivo. Pesquise no YouTube sobre Kid Koala fazendo scratch com "Moon river" e visite o website DMC World Championships (`www.dmcdjchamps.com` — conteúdo em inglês) — quando puder fazer malabarismos e scratch assim, estará entre os melhores.

4

Sendo Notado e Tocando ao Vivo

NESTA PARTE . . .

Crie seu próprio estilo de DJ ouvindo outros DJs, então, acrescentando suas próprias ideias.

Crie o conjunto de demos perfeito que mostrará suas habilidades e aumentará suas chances de conseguir o trabalho.

Dê ao público uma ótima noite de música com uma mixagem harmônica e a escolha certa das músicas.

> **NESTE CAPÍTULO**
>
> **Conduzindo o ritmo**
>
> **Selecionando o tom certo para a mixagem harmônica**
>
> **Desenvolvendo um estilo próprio**

Capítulo 18
Criando um Conjunto Imbatível

Depois de dar uma olhada nos diferentes modos de mixar suas músicas (consulte os Capítulos 14, 16 e 17), você precisa começar a examinar as músicas que está usando na mixagem.

Assim como ver com mais atenção por que uma música pode ser bem mixada com uma, mas não com outra, este capítulo fala sobre como desenvolver seu próprio estilo ao trabalhar como DJ, ao invés de simplesmente repetir aqueles que vieram antes de você. Ninguém está dizendo que seguir os mesmos fundamentos de outros DJs é errado, mas se você puder pensar sobre o que está tentando fazer com a ordem das músicas em sua mixagem, será um DJ muito melhor do que aquele que foca apenas em mixar a música A com a música B só porque elas ficam bem juntas.

LEMBRE-SE

Você não estará colando se ouvir os outros DJs. Quando não estiver ouvindo novas músicas ou seus próprios sets, coloque o set de outra pessoa. Ouvir como outra pessoa faz algo na mixagem geralmente pode inspirá-lo a tentar algo novo e levar a ideia a outro nível.

Escolhendo as Músicas para Mixar

As músicas selecionadas e a ordem na qual você as toca são tão importantes quanto o método usado para ir de uma música para outra. A melhor mixagem técnica no mundo poderá ficar terrível se as músicas não tocarem bem juntas, e haverá tédio se você mantiver o mesmo som, gênero e nível de energia (ritmo e potência da música) a noite inteira.

Para ter uma ideia de quais tipos de músicas mixar bem entre si, você precisa considerar as diferenças básicas (exceto a melodia, vocais, instrumentos usados etc.) que tornam as músicas de um gênero parecido diferentes umas das outras. Essas diferenças básicas são o ritmo condutor, o tom no qual as músicas são gravadas e o ritmo no qual uma música foi gravada originalmente.

Combinação de batidas — a próxima geração

Combinar as batidas potentes do bumbo de suas músicas é uma coisa e depois de pegar o jeito, tocar as batidas do bumbo de duas trilhas junto será simples e parecerá bom com a atenção correta no controle EQ (equalizador) (veja Capítulo 16). Contudo, a batida do bumbo é apenas uma batida. O *ritmo condutor* básico é um ritmo que você precisa considerar e ouvir nas músicas, e não é muito evidente na dance music. Toda música é composta de combinações de ritmos condutores básicos.

PAPO DE ESPECIALISTA

Uma música é composta de um *acompanhamento musical* (percussões, linha do baixo e qualquer som eletrônico rítmico) e da melodia principal e/ou vocais. O acompanhamento musical é a força motriz da música e dentro dele está um ritmo próprio que é separado, mas funciona em harmonia, das batidas potentes do bumbo. Um ótimo exemplo disso é o ritmo condutor *dugaduga dugaduga dugaduga dugaduga* na música "I Feel Love" de Donna Summer.

Se o que vem a seguir parecer um pouco infantil, é porque é infantil. Lembro da escola, portanto, obrigado Sr. Galbraith por fazer este conceito ficar!

Ao combinar as batidas do bumbo, você só precisa considerar o *tump tump tump tump* sólido das batidas tocando umas acima das outras. Agora, você precisa ouvir um dos quatro fundamentos do ritmo condutor também: *ta*, *ta-ti*, *ta-ti-ta* e *ta-fi-ti-ti*. A música mais popular tem quatro batidas para um compasso e cada um dos sons do ritmo condutor ocorre na batida, portanto, você tem quatro de cada em um compasso.

Ta é apenas um som em cada batida do compasso (fica como o *bé* da música infantil "Bé, Bé, Ovelha Negra"):

Batida	1	2	3	4	1	2	3	4
Ritmo	Ta	Ta	Ta	Ta	Ta	Ta	Ta	Ta
Palavra	Bé	Bé	Bé	Bé	Bé	Bé	Bé	Bé

Ta-ti são dois sons com comprimento igual em cada batida (fica como *Tens* na linha *"Tens alguma lã?"* de "Bé, Bé, Ovelha Negra"):

Batida	1	2	3	4	1	2	3	4
Ritmo	Ta-ti	Ta-ti	Ta-ti	Ta-ti	Ta-ti	Ta-ti	Ta-ti	Ta-ti
Palavra	Tens	Tens	Tens	Tens	Tens	Tens	Tens	Tens

Algumas vezes você não ouve a parte *ta* do ritmo, apenas a segunda, a parte (*tens*), conhecida como *contratempo*. Esse contratempo simples é o ritmo favorito para os produtores que desejam um som poderoso e despojado em uma música.

Ta-ti ta é como dizer *limonada* em cada batida. É muito parecido com *ta-ti*, exceto que, ao invés de dois sons iguais, você tem dois sons rápidos (que ocupam o mesmo tempo de *ta* no ritmo *ta-ti*) seguidos de um som que dura até a metade *ti* de *ta-ti*. Dividindo o ritmo *ta-ti ta* em dois, as metades são *ta-ti* e *ta* (*Limo* e *nada*). Você diz *limo* muito rapidamente e isto tem a mesma duração de *nada*:

Batida	1	2	3	4	1	2	3	4
Ritmo	Ta-ti ta	Ta-ti ta	Ta-ti ta	Ta-ti ta	Ta-ti ta	Ta-ti ta	Ta-ti ta	Ta-ti ta
Palavra	Limo- -nada	Limo- -nada	Limo- -nada	Limo- -nada	Limo- -nada	Limo- -nada	Limo- -nada	Limo- -nada

Ta-fi-ti-ti é como dizer *Mississipi* em cada batida do compasso; quatro sons iguais para cada batida dão um ritmo poderoso e hipnótico à música. Esse som é o ritmo *dugaduga* mencionado anteriormente para "I Feel Love". Ele adiciona muita energia a uma melodia do baixo e se você adicionar um filtro ou efeito flanger ao ritmo (veja Capítulo 10), deixará a pista de dança em transe.

Batida	1	2	3	4	1	2	3	4
Ritmo	Ta-fi- -ti-ti	Ta-fi- -ti-ti	Ta-fi- -ti-ti	Ta-fi- -ti-ti	Ta-fi- -ti-ti	Ta-fi- -ti-ti	Ta-fi- -ti-ti	Ta-fi- -ti-ti
Palavra	Missis- -sipi	Missis- -sipi	Missis- -sipi	Missis- -sipi	Missis- -sipi	Missis- -sipi	Missis- -sipi	Missis- -sipi

Os produtores combinam esses fundamentos do ritmo condutor entre si para fazer combinações ilimitadas de ritmos quando escrevem músicas. Por exemplo, eles podem usar três *ta-ti tas* seguidos de *ta-fi-ti-ti* para compor um compasso ou até complicar mais e criar compassos com ritmos condutores *ta*, *ta-ti*, *ta*, *ta-ti-ta*.

Ao considerar quais músicas usar na mixagem, ouça como esses ritmos condutores tocam uns acima dos outros. Uma boa saída é que se um ritmo condutor complicado e várias camadas continuar uma base *ta-fi-ti-ti* em sua composição, você poderá tratar a música como se ela fosse inteiramente um ritmo condutor *ta-fi-ti-ti*.

Verifique meu website em www.recess.co.uk (conteúdo em inglês), onde você poderá encontrar vários clipes de áudio demonstrando os diferentes ritmos condutores nas músicas.

Mixando com cuidado

Mixar entre ritmos condutores parecidos pode ser um pouco complicado. Nas mãos certas, *ta-fi-ti-ti* (*Mississipi*) se mixa lindamente com outro *ta-fi-ti-ti* e esse ritmo condutor constante é o que geralmente adiciona uma sensação de poder e energia à mixagem. Mas se você não combinar precisamente as batidas, os quatro sons cairão entre elas, resultando em oito sons muito confusos. O mesmo ocorre com *ta-ti ta*: você precisa de boas habilidades de combinação de batidas para mixar esses dois ritmos condutores (ou mixar *ta-ti ta* em *ta-fi-ti-ti*).

Mixar os ritmos *ta* ou *ta-ti* mais simples entre si (inclusive a parte do contratempo de *ta-ti*, na qual você ouve apenas o segundo som *ti*) ou com qualquer outro ritmo mais complicado (*ta-ti ta* e *ta-fi-ti-ti*) é uma solução para este desafio de mixagem. Contudo, esse método irá reprimir sua criatividade (e geralmente a energia da mixagem). Se você precisar ir de um ritmo condutor complicado para um simples, então, voltar para um complicado para progredir na mixagem, quebrará o fluxo das músicas. É por isso que passar um tempo aprimorando suas habilidades para combinar as batidas é importante para que você fique satisfeito ao mixar ritmos condutores complicados.

Tenha cuidado com o modo de sincronização no software de DJ digital: se você não for 100% preciso, poderá criar uma mixagem confusa. Verifique se você sabe como corrigir isto rapidamente! (veja Capítulo 14.)

Embora as partes *ta* e *ta-ti* sejam mais simples e fáceis para combinar as batidas, elas tendem a ser as linhas do bumbo fortes e como são muitos fontes, nem sempre são bem mixadas. Se o ritmo de uma música for *ta* e o outro for o *te* de contratempo (você não ouvirá a parte *ta* de *ta-ti*), a menos que a nota *ta* de uma música e o *te* de contratempo da outra sejam muito parecidos, a mixagem poderá parecer estranha e fora do tom. (Consulte "Entrando na música com uma mixagem harmônica" posteriormente neste capítulo para ter algumas dicas.)

Mudando o equipamento

Mixar de um ritmo condutor para outro é extremamente importante para a potência das músicas. Ir de um ritmo *ta* para *ta-ti ta* pode fazer a mixagem parecer mais rápida e intensa, mesmo que as batidas por minuto (bpm) ainda sejam iguais. Mudar de *ta-fi-ti-ti* para a versão de contratempo de *ta-ti* (apenas a parte *ti*) é um modo incrivelmente eficiente de tornar o som da mixagem misterioso, simplificando e concentrando o som de um ritmo frenético em um ritmo simples e básico. Quando combinado com uma mudança no tom (veja "Mudando o tom" posteriormente neste capítulo), o efeito poderá explodir!

Os mesmos princípios do ritmo condutor se aplicam ao padrão dos pratos (o som *tchsss*). Embora a maioria das músicas tenda a usar um som de prato aberto tocado entre cada batida do bumbo (o mesmo como no *te* de contratempo), tenha cuidado quando os padrões ficarem mais complicados. Se você tentar mixar dois padrões de prato *ta-fi-ti-ti* e tiver a combinação de batidas errada, ficará terrível.

Entrando na música com uma mixagem harmônica

Sua combinação de batidas pode ser perfeita (veja Capítulo 14), seu controle de volume pode ser correto (veja Capítulo 16) e você pode ter escolhido duas músicas com ritmos condutores complementares, mas algumas vezes as duas músicas parecem fora do tom entre si. A *mixagem harmônica* entra neste ponto e é a etapa final para criar mixagens contínuas de verdade. A mixagem harmônica não é uma etapa essencial da escada da mixagem e pode ser algo que os DJs de festa e rock nunca irão considerar, mas como um DJ de dance music eletrônica, se você quiser criar mixagens longas, fluidas e contínuas, a mixagem harmônica certamente irá desempenhar uma parte muito importante.

Toda música com melodia tem um tom musical, os instrumentos e vocais tocam e cantam suas notas com base nesse tom musical (é por isso que você pode ter ouvido as pessoas dizerem "cantarei isto em Dó menor", por exemplo). Esse tipo de tom (key, em inglês) pode não abrir nenhuma porta real, mas abre abismos de criatividade para você. DJs como Sasha, Oakenfold, John Digweed e muitos outros têm toda a mixagem harmônica dominada para criar mixagens suaves e controladas que acrescentam um nível extra de profundidade e habilidade aos seus estilos.

A maioria dos DJs primeiro aborda a mixagem harmônica por acaso, então, tenta melhorar com tentativas e erros. A experimentação é extremamente importante. Seguir as regras às cegas dadas nesta seção, para qual tom é mixado em qual tom, é uma má ideia. Saber como o tom afeta o quão as músicas são bem mixadas é importante, porém, o mais importante é desenvolver um ouvido para o que parece bom quando as músicas são mixadas, ao invés de consultar uma regra.

Contudo, você precisa de algum lugar para começar e também para voltar se não estiver certo sobre o que fazer em seguida, sendo onde entra o princípio das notações do tom. Você tem uma escolha de dois sistemas para ajudar a compreender. Prepare-se. A terminologia em torno das notações dos tons pode parecer outro idioma, mas não se preocupe — não é preciso ficar assustado.

Notação tradicional dos tons

No mundo ocidental, a música tem 24 tons diferentes: 12 maiores e 12 menores. Isto é conhecido como sistema de *notação tradicional dos tons.* Se um tom é maior ou menor depende das notas usadas para criá-lo. Cada tom é mixado perfeitamente com quatro tons e mixado em um nível aceitável com dois outros tons, como mostrado na Tabela 18-1. Não se preocupe se a Tabela 18-1 não fizer sentido; há uma explicação do que ela significa no final!

TABELA 18-1   **Combinações dos Tons Harmônicos da Música**

Tom da Música Tocando	Tônica	Quarta Perfeita (Subdominante)	Quinta Perfeita (Dominante)	Menor Relativo
C maior	C maior	F maior	G maior	A menor
Db maior	Db maior	Gb maior	Ab maior	Bb menor
D maior	D maior	G maior	A maior	B menor
Eb maior	Eb maior	Ab maior	Bb maior	C menor
E maior	E maior	A maior	B maior	Db menor
F maior	F maior	Bb maior	C maior	D menor
Gb maior	Gb maior	B maior	Db maior	Eb menor
G maior	G maior	C maior	D maior	E menor
Ab maior	Ab maior	Db maior	Eb maior	F menor
A maior	A maior	D maior	E maior	Gb menor
Bb maior	Bb maior	Eb maior	F major	G menor
B maior	B maior	E maior	Gb maior	Ab menor
C menor	C menor	F menor	G menor	Eb maior
Db menor	Db menor	Gb menor	Ab menor	E maior
D menor	D menor	G menor	A menor	F maior

(continua)

296   PARTE 4 **Sendo Notado e Tocando ao Vivo**

Tom da Música Tocando	Tônica	Quarta Perfeita (Subdominante)	Quinta Perfeita (Dominante)	Menor Relativo
Eb menor	Eb menor	Ab menor	Bb menor	Gb maior
E menor	E menor	A menor	B menor	G maior
F menor	F menor	Bb menor	C menor	Ab maior
Gb menor	Gb menor	B menor	Db menor	A maior
G menor	G menor	C menor	D menor	Bb maior
Ab menor	Ab menor	Db menor	Eb menor	B maior
A menor	A menor	D menor	E menor	C maior
Bb menor	Bb menor	Eb menor	F menor	Db maior
B menor	B menor	E menor	Gb menor	D maior

Tudo bem, não entre em pânico; calcular quais tons combinam melhor entre si é realmente muito simples. Na Tabela 18-1, veja o C maior, então veja os tons escritos ao lado. C maior obviamente é mixado com uma música com o mesmo tom (conhecido como *tônica*), mas também é mixado lindamente com os três tons ao lado: F maior, G maior e A menor. Contudo, como o C maior funciona realmente com o A menor, você também pode incorporar os tons com os quais o A menor trabalha bem. Essas combinações de tons do A menor são aceitáveis, não perfeitas. Você tem que julgar sozinho se combinam bem para o que está tentando fazer (sendo por isso que é importante usar os ouvidos para avaliar o som de uma mixagem, ao invés de apenas consultar um gráfico).

Entretanto, esse gráfico é um pouco maluco e não é fácil de ler. A parte menor/maior será um pouco confusa se você não tiver nenhuma experiência musical e calcular o que fica bem mixado com o quê pode levar um tempo. Felizmente, Mark Davis em `www.harmonic-mixing.com` (conteúdo em inglês) desenvolveu um sistema chamado Camelot Sound Easymix System, que acaba com a confusão de calcular qual tom é mixado com o quê.

Camelot Sound Easymix System

DICA

O *Camelot Sound Easymix System* é uma abordagem alternativa que endereça o layout confuso e nomes dos rótulos do sistema de notação tradicional dos tons (veja Tabela 18-1). Com o sistema Camelot, cada tom tem um *código do tom*: um número de 1 a 12 e uma letra (A para menor e B para maior). Então, todos os tons são organizados como no mostrador de um relógio, como mostrado na Figura 18-1.

Os tons que se mixam harmonicamente são idênticos àqueles na notação tradicional, mas ao invés de ver uma tabela confusa, você só precisa ver o código do tom da música que está tocando, então, olhar à esquerda e à direita, e diretamente acima ou abaixo, dependendo do tom ao qual está referindo-se estar no anel interno ou externo do diagrama.

Portanto, se sua música tiver 12B (E maior), você poderá mixá-la com uma música com o mesmo tom, com 11B, 1B da mesma família maior, mas também poderá mixá-la perfeitamente com 12A do anel menor e obterá um belo resultado mixando as músicas 11A e 1A.

O sistema funcionará perfeitamente se você calcular os tons da música e tocar com o andamento do som em zero, nunca mudando sua velocidade. Mas ao combinar as batidas, você precisa alterar a velocidade de suas músicas para fazer as batidas tocarem no mesmo ritmo. Nos CD players normais e toca-discos, o andamento do som da música muda quando você altera a velocidade e o tom original começa a mudar para a nova música. Portanto, ao usar o Camelot Sound Easymix System, para cada 6% de mudança de andamento do som, você precisará mudar o código do tom em sete números de acordo com seu sistema.

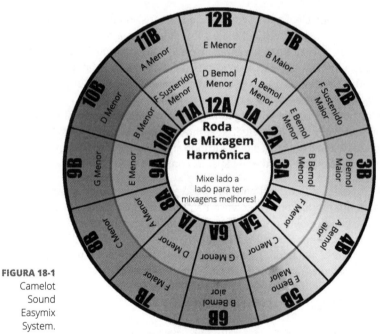

FIGURA 18-1
Camelot Sound Easymix System.

(Copyright 2001, Camelot Sound/DJ Pulse, usado com permissão)

Por exemplo, se você tiver uma música 3B e aumentar o andamento do som para 6%, ela não será mais uma música 3B, mas uma música 10B. Ou se você diminuir o andamento em 6%, ela se tornará uma música 8B. Mova-se no círculo em sete segmentos para ver por si mesmo. Uma mudança do andamento do som de 6% significa que a música 3B não é mais adequada para 4B, 2B, 3A, 4A e 2A. Para uma boa mixagem harmônica, você precisa escolher músicas que, quando ajustar o andamento do som para poder combinar suas batidas, toquem com um código 11B, 9B, 10A, 11A ou 9A.

Se você estiver trabalhando como DJ com toca-discos, o sucesso desse ajuste do código em 6% poderá depender inteiramente da precisão de seus toca-discos. Use os pontos de calibração na lateral do toca-discos para ver se ele realmente está operando em 6%. (Consulte o Capítulo 6.)

Alguns CD players, toca-discos e a maioria dos softwares de DJ o liberam totalmente das algemas de combinar os tons. Em geral, você encontra controles do ritmo principal (master tempo) que mantêm o tom da música igual, não importando o quanto muda a velocidade na qual ela toca, mas algumas vezes um controle separado permite alterar a frequência do tom sem mudar a velocidade. Isso poderá ajudar muito ao tentar combinar os tons das músicas. Contudo, nem todos os aparelhos e cabines de DJ têm isto, portanto, não conte com ele se achar que nem sempre usará seu próprio kit.

A mixagem harmônica é um conceito vasto que você pode dobrar, torcer, quebrar ou ignorar à vontade, e os conceitos extremos poderiam requerer 10 livros. Se você quiser aprofundar-se na teoria da mixagem harmônica, visite o website do DJ Prince, que é dedicado à mixagem harmônica. Visite www.djprince.no (conteúdo em inglês) quando estiver de bom humor e diga olá para mim — ou veja um livro incrivelmente detalhado chamado *Beyond Beatmatching* de Yakov Vorobyev e Eric Coomes.

O software que permite ajustar os tons de suas músicas pode ser útil, mas pode acabar em resultados infelizes. O primeiro perigo é que você pode ajustar tudo, de modo que sua música inteira toque no mesmo tom! O segundo é que você pode deixar passar "acidentes felizes", onde uma mixagem que não deveria funcionar no papel, realmente funciona muito bem porque as partes das músicas mixadas não são muito musicais ou porque, de fato, o encontro dos tons e dos instrumentos parece incrível!

Ajustando a música

Os sistemas de notação tradicional e Camelot podem parecer úteis e logo você achará que eles são muito simples e fáceis de entender, mas falta uma coisa: como você determina os tons das músicas?

Os três modos diferentes de calcular o tom de uma música são:

> » **Rever bancos de dados online:** Os fóruns de DJs e websites na internet oferecem bancos de dados enormes de tons. As pessoas que criaram o Camelot Sound Easymix System têm um banco de dados por assinatura em www.harmonic-mixing.com (conteúdo em inglês) e fóruns como www.

tranceaddict.com/forums (conteúdo em inglês) têm uma quantidade enorme de postagens dedicadas aos tons das músicas, antigas e novas.

» **Usar os ouvidos:** Descobrir o tom de ouvido é de longe o trabalho mais difícil, requer paciência, bom ouvido para música e um pouco de conhecimento da teoria musical. Eis um modo de fazer isso:

1. Toque a música no andamento em 0 no toca-discos/CD player.
2. Use um piano/teclado ou um tom gerado por computador para percorrer as 12 notas da escala, como mostrado na Figura 18-2.

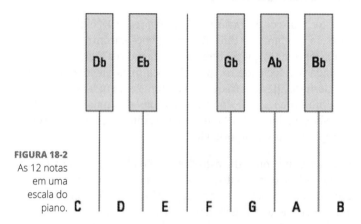

FIGURA 18-2
As 12 notas em uma escala do piano.

3. A nota que soa melhor e funde-se na música é o *tom principal* (C em C maior etc.)

Descobrir se o tom é menor ou maior tem outro nível de complicação e se você quiser entrar em detalhes, precisará começar a ver livros de teoria musical. Verifique livros como *Guitarra Para Leigos*, 2ª Edição, de Mark Phillips e Jon Chappell, e *Piano Para Leigos* de Blake Neely (ambos publicados pela Alta Books), porque eles explicam a teoria de um modo fácil de entender.

DICA

Sou baterista de coração e tenho zero conhecimento de teoria musical, portanto, o modo como fui ensinado a avaliar o tom menor/maior de ouvido é que se a música parecer impressionante, ousada e sólida, provavelmente será um tom maior. Se a música despertar emoção e tocar seu coração, provavelmente (embora sem garantias) estará em um tom menor.

Se você não quiser entrar muito na teoria musical, poderá concluir o tom principal e ficar satisfeito com esse conhecimento, então, simplesmente usar a experimentação para encontrar as melhores música para mixar. Isto não é muito melhor do que a experimentação *sem* conhecimento da teoria, mas é um passo mais próximo da mixagem harmônica — e algumas vezes um passo é tudo o que é necessário.

Embora seja um trabalho difícil e requeira muito conhecimento musical, calcular o tom (ou apenas o tom principal) sozinho é útil porque quando você ouve músicas e descobre o tom, desenvolve uma apreciação por aquilo que ouve e, como consequência, desenvolve um ouvido para julgar quais músicas combinam-se sem precisar consultar uma lista de músicas adequadas ou uma notação como o Camelot Easymix Sound System.

» **Software:** Os programas de computador estão disponíveis para calcular o tom por você. Um desses programas, *Mixed in Key*, analisa cada um de seus arquivos de música e calcula em qual tom ela foi gravada de acordo com o sistema Camelot (veja a seção anterior "Camelot Easymix Sound System"). O programa é muito preciso, extremamente eficiente e está disponível em `www.mixedinkey.com` (conteúdo em inglês).

» **Aplicativos:** Há um aplicativo para isso... Se é um aplicativo que toca notas musicais para ajudá-lo a calcular o tom usando seus ouvidos ou um aplicativo que ouve uma música pelo microfone do seu telefone e calcula o tom, seu smartphone será poderoso o bastante para fazer o trabalho difícil por você. Pesquise nas lojas de aplicativos do iTunes e Android o termo "mixagem harmônica".

Quando você tiver calculado em qual tom sua música está, faça uma pequena anotação na capa do disco, perto do nome da faixa na caixa do CD ou na biblioteca digital. Se você for um DJ digital, um software como o *Mixed in Key* poderá gravar o resultado dos tons em tags ID3 em um arquivo MP3. Isto significa que quando você importar o arquivo para seu software de DJ, se sua biblioteca tiver uma coluna "tom", você poderá ver em qual tom está a trilha, então, usar os controles do software para ajudar a combinar os tons.

Sabendo o quanto ajustar o andamento do som

Seus aparelhos podem oferecer uma faixa de andamento de 8% ou pode permitir que você aumente ou diminua a velocidade em 100%, a menos que você tenha um motivo especial para aumentar ou diminuir, se você ultrapassar o andamento de 5%, então, a maioria das músicas poderá começar a parecer estranha aos ouvidos das pessoas na pista de dança. Se você tiver um controle do ritmo principal (master tempo) em seus aparelhos, poderá tocar a música tão rápido ou lento quanto quiser e o tom da música não mudará, apenas a velocidade, mas não sugiro passar da marca de 10%, a menos que esteja tentando ser criativo.

O cérebro pode considerar uma diferença de tom do som em torno de 5% em relação à original e ainda considerar a música normal. Mas quando você passa muito desse número guia, corre o risco do ouvinte pensar que algo não está certo.

A distância na qual você coloca o andamento do som de uma música (sem o controle de ritmo principal) depende inteiramente da música em si e do gênero de música tocado. Ao tocar músicas de rock, é raro que eu aumente ou diminua a velocidade em mais de 3% — mas aumento o andamento da música house instrumental para 12% e ninguém nota. (Contudo, nunca passo de 5% com as trilhas mais vocais.)

Você pode transformar alguns gêneros em algo novo acionando o andamento do som. Um DJ que conheço costumava tocar um disco house de 33 rpm em 45 rpm porque ele se transformava em uma ótima música com percussão e baixo (contudo, não acho que a trilha tivesse nenhum vocal).

Como tudo mais ao trabalhar como DJ, não há uma regra rígida, mas se você achar que está desviando-se muito acima de 5%, será importante perguntar a si mesmo se a música ainda parece boa. O motivo de você precisar aumentar (ou diminuir) tanto o andamento do som pode ser porque está cruzando os gêneros — tentando mixar uma faixa house suave com uma trilha faixa, por exemplo. Embora a estrutura, tom, ritmo condutor e andamento da música possam parecer bons, do ponto de vista do gênero, você precisa decidir se essas músicas realmente tocam bem uma após a outra. Como o valentão e a criança legal na escola, só porque duas músicas ficam bem juntas como as peças de um quebra-cabeças de muitas maneiras, não significa que devam ficar juntas. Elas podem ser de quebra-cabeças diferentes!

Desenvolvendo um Estilo

As músicas que você seleciona para tocar e como você as mixa definem seu estilo de DJ. Seu estilo pode e deve ser flexível dependendo da boate na qual você está tocando e qual tipo de música espera-se de você.

DICA

Se, como eu, você começou a ser DJ porque foi inspirado por outro DJ ou um gênero inteiro de música, provavelmente tem um estilo básico antes mesmo de pensar sobre um. Contudo, tente não ser simplesmente um macaco de imitação de seu DJ favorito. Ouça quantos DJs puder para ter inspiração, então, junto tudo o que obteve em um grande pote, mexa e adicione suas próprias ideias criativas que se desenvolveram ouvindo esses DJs e, espera-se, você terá aquele jeitinho em seu estilo que o torna diferente dos outros DJs.

Seu estilo também pode mudar daquilo que você toca no quarto e distribui em CD para o que toca em uma boate. Você pode ser um viciado em trance no quarto, mas a boate na qual trabalha requer uma dance music comercial, portanto, você tem que diminuir o tom da música tocada. Este fato não põe de lado você como um DJ dance comercial; é o oposto. Na verdade, você é um DJ completo: pode tocar a melhor trance nas maiores boates no mundo ou tocar músicas comerciais e ajustar sua lista para um público com comportamento predominante.

Contudo, o gênero de música que você toca não define como monta as coisas. Entre mudanças de tom, mudanças de ritmo, mudanças de energia e gênero, você pode montar seu próprio estilo único, mas também um que ainda vise as pessoas para quem está tocando — o público diante de você.

> ## SE VOCÊ ESTIVER EM 100%, PARA ONDE IRÁ?
>
> Sempre lembro de um cara chamado Martin Woods, meu antigo treinador de squash. Uma das coisas que aprendi com ele foi que se você bater em tudo com tanta força quanto possível sempre, nunca terá um modo de mudar o jogo diminuindo a velocidade, o que me tornava previsível e chato. Portanto, Martin me aconselhava a bater na bola em cerca de 90% da força na maioria das rebatidas, para que eu pudesse injetar um ritmo e energia quando soubesse que era hora de adicionar pressão ou diminuir a velocidade e mudar o jogo para manter meu oponente tentando adivinhar. E isso se traduz perfeitamente na energia e no ritmo ao trabalhar como DJ.

Diminuindo a energia

Se é rock ou dance music, se tudo o que você faz é tocar música em um ritmo total, energia total, volume máximo o tempo inteiro, a única coisa que você pode fazer é diminuir ou reduzir a energia. Mas se você estiver quase com energia total, esperando para dar mais quando for o momento certo, será um DJ no controle do público ou do ouvinte.

Ao tocar ao vivo, tente levar o público a níveis diferentes de emoções. Leve o público de aplausos e sorrisos a olhos fechados mais intensos e mãos no ar, então, de volta a aplausos e saltos na pista de dança. Se você puder reunir uma experiência musical ao invés de escolher 20 músicas só porque elas ficam bem mixadas, será mais criativo e capaz de trabalhar o público e, espera-se, será visto como um ótimo DJ.

Se você for DJ em festas ou noites de rock, a energia e o ritmo geralmente poderão ocupar uma posição menos importante para o quanto uma música é conhecida. Considere as grandes músicas que você toca em festas — as elétricas que colocam a maioria das pessoas na pista de dança. Se você tocar uma após outra por duas horas, todos ficarão exaustos! Neste caso, é bom pensar em usar faixas mais lentas para dar às pessoas uma pausa (e a outras a chance de se apaixonar).

Seria bom considerar os gêneros também como um DJ de festa/rock. Tocar Van Halen a noite inteira em uma boate de rock pode manter algumas pessoas felizes (eu, em especial!) — mas você corre o risco de alienar os fãs da coisa mais pesada. E uma coleção de músicas contínuas de soul music pode parecer legal para você em uma festa, mas algumas vezes as pessoas só querem dançar Kylie!

LEMBRE-SE

Você deseja estar com 100% de energia em sua coleção de músicas, mas não fique estagnado nesse nível e se torne rotineiro. Pelo menos espere ondular o poder de suas músicas do início ao fim, se não o ritmo. Com a dance music, mudar o ritmo condutor (veja a seção "Combinação de batidas — a próxima geração" anteriormente no capítulo) é uma ótima maneira de mudar a energia. As mudanças no gênero ao tocar música pop/rock têm o mesmo efeito.

> **RECEBENDO UM CUMPRIMENTO DUVIDOSO**
>
> Uma vez eu falhei em conseguir a posição do DJ principal de sábado à noite em uma boate porque o proprietário disse: "Você tentou levar o público a um lugar especial. Só queremos um DJ que toque músicas aleatórias e deixe o público decidir se está contente". Na época, fiquei chateado por perder a posição, mas lembrando, foi uma porcaria de cumprimento. Significava que a boate estava notando tudo que eu estava me esforçando para fazer, mesmo que o proprietário não tivesse ideia de como agir.

Mudando o tom

A mixagem harmônica (veja "Entrando na música com uma mixagem harmônica" anteriormente neste capítulo) não é o único modo de deixar você mixar a próxima música continuamente: você pode usar as mudanças do tom para subir a energia da noite ou levar a música a um nível mais intenso e dramático.

DICA

Se você estiver tentando ficar um pouco mais triste e sério com o set, abaixe o tom usando uma melodia do baixo simples e de contratempo ou um ritmo condutor *ta-fi-ti-ti* com som forte (veja a seção anterior "Combinação de batidas — a próxima geração" para ter uma explicação) poderá realmente levar o set a um lugar profundo e intenso, que é como dizer ao público: "Venha comigo... vou levar você a algum lugar nos próximos 20 minutos".

Quando você quiser surgir no ar de um lugar profundo, acho que subir o tom, para que as notas sejam um pouco mais altas na frequência do som, fará o set parecer mais claro, alegre e cheio de energia renovada. Se você passou muito tempo na música tocando músicas trance ou hard house complicadas e sombrias, um ritmo condutor de contratempo simples que muda a mixagem para um tom acima poderá ser como um expresso forte de manhã: dá ao set e ao público uma explosão de energia e leva a uma nova parte da mixagem.

Aumentando o ritmo

Para os DJs de dance, se a primeira música usada em um set for colocada para tocar em 130 bpm e você combinar as batidas de todas as músicas após precisamente, a coleção de músicas inteira tocará em 130 bpm e aborrecerá a todos na pista de dança.

A progressão normal de uma coleção de músicas é ter uma tendência ascendente nas batidas por minuto do início ao fim, com algumas músicas criando uma redução de velocidade diminuindo o ritmo em 1 ou 2 bpm por um curto período de tempo — então, movimentar tudo de novo, o que pode funcionar muito bem. Diminuir um pouco a velocidade das músicas por cinco minutos pode adicionar energia, ao invés de acabar com a música.

DICA

Se você tiver um contador de bpm em seu mixer ou smartphone (veja Capítulo 10), toque um CD do set de um de seus DJs favoritos. Observe o contador subir gradualmente com a música e procure os redutores de velocidade do ritmo.

O modo mais fácil de aumentar o ritmo é aumentar gradualmente o atenuador de andamento do som em uma série de músicas. Se você tiver paciência (e duração da música para tanto), no final de cada dois compassos, mova o atenuador de andamento do som em uma pequena quantidade (cerca de 2 ou 3 milímetros). Estendendo muitas músicas, você poderá chegar ao número perfeito de batidas por minuto com as quais deseja tocar sem ninguém perceber.

Tenha cuidado ao mover o controle de andamento do som porque se você o fizer rapidamente, as pessoas na pista ouvirão a música ficar mais aguda (lembre-se, não é apenas um controle de velocidade — ele também muda o tom da música). Se você tiver um equipamento com o ritmo principal ativado, que mantém o tom igual, não importando a velocidade definida para tocar, poderá ser um pouco mais rápido com essa mudança de ritmo (cerca de 15 segundos por bpm).

Saltos

Se você não tiver paciência para supervisionar a música e mover o controle de andamento do som em pequenas quantidades, poderá usar interrupções e outras mudanças na música para aumentar, ou *saltar*, o andamento do som em cerca de 0,5%. Use a primeira batida do compasso na nova frase para aumentar o controle de andamento. O quanto você pode aumentar o andamento e se pode estender esse movimento por alguns compassos, ao invés da faixa inteira, depende da música tocada.

Se você estiver planejando saltar o andamento do som instantaneamente quando a música chegar na pausa, faça isto entre a última batida da frase e a primeira batida da pausa. É melhor fazer isso com músicas que não têm uma melodia forte na pausa, requerendo prática e experimentação para acertar.

Mudanças de gênero

Trocar de house para R&B ou de trance para breakbeat (e no final voltar novamente) pode ser um modo extremamente eficiente e imperceptível de aumentar a velocidade do set porque a mudança na estrutura das batidas pode ocultar as mudanças do ritmo.

Evitando a estagnação

Quando você pensar bastante sobre a música tocada e a ordem e estilo com os quais toca, começará a se apaixonar por algumas mixagens. Caí nessa armadilha algumas vezes, repetindo as mesmas séries de mixagens semanas após semanas ou noite após noite. (Isto é muito comum nas apresentações de aquecimento, quando você pode supor, de modo errado, que as pessoas não se importam sobre o que ou como você mixa.)

USANDO SEU CÉREBRO

Um bom exemplo disso é uma mixagem do final dos anos 1990 de Paul Oakenfold usando uma música breakbeat chamada "Symmetry C" de Brainchild. Ele a usava como um modo de subir a energia, se não o ritmo, de sua mixagem.

Fiquei imaginando como "Symmetry C" funcionaria bem como uma ferramenta de mudança do ritmo. Uma noite, aumentei as batidas por minuto para 133 bpm com o método gradual; nesse ponto, a pista ficou envolvida e feliz porque eu estava tocando muitas músicas conhecidas e adoradas. Mas eu queria acelerar a mixagem.

Ao invés de tocar uma música mais rápida e pesada do mesmo gênero, que consequentemente levaria ao tédio, usei "Symmetry C" como uma ponte. Como ela tinha uma introdução crescente e sem batidas, nem precisei combinar as batidas; apenas reduzi na saída da última música. Não toquei por muito tempo, mas significou que fui capaz de saltar de 133 para cerca de 138 bpm em uma etapa. No curso das duas ou três músicas seguintes, todos estavam doidos sem saber o motivo!

As desvantagens de repetir as mixagens são:

» Uma mixagem que funciona em uma boate com um grupo de pessoas não funciona automaticamente na noite seguinte com um grupo diferente.

» Os frequentadores da boate reconhecem a mixagem e você parece pouco criativo.

» Você apenas aplica os movimentos; a diversão e o entusiasmo acabaram.

Por causa da quantidade de tempo passado praticando, você deve ter um sexto sentido sobre as opções disponíveis ao mixar as músicas. Para seu desenvolvimento, as pessoas na pista de dança e as músicas em sua caixa que nunca veem a luz do dia, nem se apegam às mesmas transições.

Respeitando o público

Desenvolver seu próprio estilo é muito importante, mas você ainda precisa respeitar o público para o qual está tocando, especialmente ao tentar conseguir o trabalho. É uma daquelas situações sem saída que você não consegue evitar: como você ganha experiência necessária para conseguir o trabalho se não consegue um trabalho sem experiência?

Se você for um DJ famoso, seu estilo poderá ser qualquer coisa que quiser. Quase como as novas roupas do imperador, algumas pessoas irão adorar o que você está fazendo, não importa o que você faz ou o que você toca.

Mas quando você estiver tentando construir sua reputação ou apenas começando, precisará ter cuidado ao levar o público além de seu nível de conforto. Se o público espera ouvir a maioria das músicas tocando normalmente e você estiver ocupado fazendo scratch, soltando amostras e fazendo loops nas seções de algumas seleções muito estranhas de músicas, poderá perdê-lo e poderá ser sua primeira e última noite! Pode ser *seu* estilo, mas não é o estilo "da casa".

Faça a leitura do público e insira suas habilidades pouco a pouco com o tempo, e quem sabe, quando ele se acostumar, seu estilo poderá tornar-se o estilo da casa!

LEMBRE-SE

Porém, algumas vezes você só tem que voltar atrás e dar ao público a experiência fácil que ele deseja. Pode parecer um comércio, mas pergunte a si mesmo se você prefere ser um artista ruim ou um DJ pago. Os DJs pagos têm tempo e dinheiro para continuar a desenvolver seu próprio estilo fora da boate, de modo que quando eles estão no lugar certo, eles impressionam a todos!

Demonstrando seu estilo

Quando você fizer um set demo para mostrar suas habilidades, seu estilo é inteiramente com você. (Vá para o Capítulo 19 para descobrir mais sobre fazer um demo.) Seu demo é um reflexo de quem você é e o que deseja fazer como DJ. Mostre o quanto você é bom no scratch, se é isso o que faz, use seus seis aparelhos além do potencial deles e adicione camadas de efeitos e loops para criar o set mais inspirador que alguém já ouviu!

DICA

Tenha uma estratégia quando mostrar essa degustação como seu estilo de DJ. Se você estiver enviando para boates e o retorno obtido for que está muito trance psicodélico, envie outro para eles que você tenha suavizado um pouco. Mas continue entregando a seus amigos os demos que são mixados do modo como *você* deseja mixar. Adapte-se para conseguir trabalho, então, comece a inserir com conta-gotas seu próprio estilo em suas demos se tiver oportunidade, mas nunca desista do que realmente o inspira e o faz querer ser DJ em seu próprio tempo. Se você se comprometer demais em uma direção, poderá não voltar nunca!

308   PARTE 4 **Sendo Notado e Tocando ao Vivo**

> ### NESTE CAPÍTULO
>
> **Montando uma lista de músicas para ter orgulho**
>
> **Assegurando que o set tenha um motivo**
>
> **Definindo níveis e EQs para um som perfeito**
>
> **Ficando focado e sendo perfeccionista**
>
> **Gravando no computador e em CDs**
>
> **Sendo notado**

Capítulo 19

Criando uma Ótima Demo

Você passou muito tempo desenvolvendo suas habilidades como DJ. Agora, tem que deixar que as pessoas saibam como você é bom fazendo uma demo de seu melhor set.

Sua demo reflete você de todos os modos. Você não terá o benefício de chegar perto do proprietário da boate para explicar que, aos 15 minutos e 20 segundos de seu set, o gato saltou nos aparelhos, fazendo a agulha pular e tirou sua concentração, e é por isso que o set ficou horrível.

A apresentação é importante também. Você não pode enviar um CD com aparência (e som) ruim e esperar que o proprietário da boate ache que você é profissional. Você deve fazer com que a degustação seja seu melhor trabalho. Sua demo marca você como um DJ bom ou ruim, portanto, faça com que pareça ótimo.

Embora este capítulo seja sobre a criação do melhor set que você consegue para fazer uma ótima demo, também vale a pena pensar nessas dicas ao planejar e tocar músicas ao vivo.

Preparando-se para Gravar uma Demo

Os aspectos mais importantes de sua demo são que o som seja bem gravado, a música esteja bem mixada e não pareça que você apenas jogou 20 músicas sem nenhuma consideração real. Sua demo deve mostrar que você tem uma visão de como entreter e progredir um set do início ao fim.

Provavelmente, você fará sua primeira demo no quarto, mas na hora certa, poderá sentir-se confortável o bastante com suas habilidades como DJ para gravar músicas ao vivo e entregar isso às pessoas.

Programando sua coleção de músicas

Quais músicas você coloca em uma demo e como progredir do início ao fim é com você e seu estilo de DJ. Alguns DJs gostam de fazer suas demos simularem os CDs pré-mixados que eles têm: iniciam com uma amostra de um filme ou alguns efeitos sonoros do ambiente, mixam na primeira música, que também tem uma introdução silenciosa, então, desenvolvem o set nos próximos 90 minutos. Outros preferem colocar na primeira música uma batida pesada, iniciar e seguir a partir daí; não há necessidade de uma introdução suave para esses DJs!

Os DJs progressivos e de trance muito provavelmente são aqueles que usam uma introdução gradual em um set, porque ela define o clima para o que vem em seguida. Os DJs de house gostam do ritmo e da musicalidade do que eles tocam, portanto, iniciar com a batida do bumbo e a melodia do baixo ou um vocal forte com as batidas vindo 16 compassos depois (veja Capítulo 15) é um modo realmente poderoso de começar para esse estilo de DJ.

CUIDADO

A qualidade e o estilo de sua demo são um reflexo de você como DJ. Se você simplesmente recriar uma lista de músicas de Zane Lowe do início ao fim, como será quando ficar pela primeira vez na cabine do DJ e tiver que criar algo do zero? A boate logo entenderá que você não consegue mixar sem o plágio após a quinta semana seguida tocando as mesmas músicas!

A última coisa a pensar antes de percorrer sua biblioteca de músicas é mostrar qual tipo de música você pode tocar. Se você pretende enviar uma demo para uma boate de rock, acrescentar algum trance épico ao set não será muito relevante. E se você quiser enviar um set para uma boate de house music ou comercial com uma visão de ser DJ do início ao fim, provavelmente desejará criar sua coleção de músicas para que comece com uma house music relaxada, aumente o ritmo e a energia, e termine com músicas que você sabe que farão o público enlouquecer na pista de dança.

Escolhendo e organizando as músicas

Nos meses (ou semanas se você for natural) passados lidando com o trabalho de DJ, você deve ter desenvolvido algumas mixagens de uma música para outra que lhe dão arrepios quando as toca. (Não há nenhuma vergonha em ter orgulho do que você faz. Se você fizer uma mixagem que o faz sorrir, há uma boa chance de que outra pessoa sorrirá também!) Se você tiver seis ou sete mixagens individuais entre duas músicas, isso lhe dará de 12 a 14 músicas com as quais trabalhar para sua demo. Supondo que cada trilha dure cerca de quatro minutos, você terá menos de uma hora de música para tocar.

Dependendo da música em sua caixa de DJ, não há dúvidas de que algumas dessas faixas diferem um pouco em estilo e outras não serão mixadas em nenhuma delas. Contudo, você ainda tem uma biblioteca repleta de músicas que adora tocar, portanto, considere algumas delas como as músicas de cola que mantêm seu set junto.

DICA

Das 14 músicas que você sabe que deseja usar em sua demo, poderá criar um mapa do set colocando-as em ordem. Se, por exemplo, sua lista de reprodução atual contiver duas faixas house suaves, duas faixas dance com gráficos leves, quatro faixas house com vocais, duas faixas house americanas que levantam e quatro faixas trance, você poderá tocá-las na seguinte ordem:

1. House suave
2. House com vocais
3. House americana que levanta
4. Músicas de boate com gráficos (populares, de tendência)
5. Trance

A ordem dá ao set uma progressão de energia do início ao fim. Essa lista de reprodução é muito simples e básica na estrutura, e certamente não é correta para muitos estilos de música, DJs e boates nos quais você pode aplicar, mas a ideia de progredir em um set, ao invés de jogar as músicas no set porque acha que elas ficam bem mixadas juntas, é fundamental para mostrar suas habilidades gerais de DJ, ao invés de apenas suas habilidades de mixagem e combinação de batidas.

O Capítulo 18 tem mais informações sobre como criar uma lista de músicas sinuosa, portanto, antes de fazer sua primeira demo, experimente desenvolver uma compreensão sólida da progressão do set. Então, poderá começar a experimentar a ordem na qual você toca as músicas, variando a quantidade de energia no set, como uma montanha-russa subindo e descendo.

Fechando as lacunas

Veja sua biblioteca de músicas e encontre as músicas de cola que o ajudarão a progredir de um nível de energia ou gênero para o seguinte. Algumas vezes, você encontra uma música de cola que fica perfeitamente mixada, é o gênero perfeito e aumenta bem a energia o bastante para ser uma ótima transição para a faixa seguinte. Outras vezes, as duas músicas que você está tentando conectar não funcionam porque elas têm uma separação tão grande no ritmo e estilo que você seria imprudente ao continuar forçando a mixagem (o que chamo de alavanca em uma música).

Não inclua músicas ruins só porque elas fecham bem as lacunas entre duas músicas. Qualquer música usada em um set deve existir porque você realmente gosta de tocá-la e realmente deseja incluí-la no set. Se é uma amostra vocal, videoclipe ou apenas outra música da caixa, você precisa estar feliz por essa música refletir você como DJ — porque você a escolheu e a colocou no set.

CUIDADO

Tenha cuidado se você pretende mixar técnicas como giros do disco, paradas completas ou até enfraquecimentos (consulte o Capítulo 16) para resolver qualquer problema das músicas não sendo mixadas junto. Você pode usá-las com uma incrível eficiência e pode adicionar um nível de entusiasmo (e energia) ao set, mas se for feito de modo ruim ou na hora errada (ou por muitas vezes), poderá parecer que você as utilizou porque não conseguiu mixar de uma música para outra. Suas habilidades como DJ estão na apresentação em sua demo, portanto, essas técnicas realmente podem trabalhar contra você.

Essas músicas de ponte, quando adicionadas àquelas que você selecionou originalmente, acabam durando, espera-se, não mais que os 80 minutos que você pode colocar em um CD (supondo que é o que está planejando enviar). Se o set durar mais de 80 minutos, veja novamente sua lista de reprodução e elimine as músicas mais fracas.

Praticando sua coleção de músicas

Depois de ter escolhido todas as músicas e ter decidido a ordem na qual você acha que são tocadas melhor, chegou o momento de praticar sua coleção em estágios antes de tentar realizar tudo de uma só vez.

DICA

Grave suas sessões práticas para que possa ouvi-las. É engraçado ver como as mixagens parecem boas quando você as toca, mas quando as ouve, elas ficam realmente apressadas e amadoras. Como alternativa, elas podem ainda parecer melhores do que você pensava.

Sinta-se à vontade para experimentar neste estágio como você mixa suas músicas. Se você achar que uma mixagem entre duas músicas em particular pode ficar um pouco melhor, confie em seus instintos e veja maneiras de melhorar o que está tentando fazer atualmente.

Faça a si mesmo as seguintes perguntas sobre sua mixagem:

» Se você mudar a transição da mixagem entre as músicas em 4, 8 ou 16 compassos, isto fará diferença?

» Se você iniciar uma nova música 16 compassos depois, tudo ficará certo?

» Você está usando os controles EQ (equalizador) e atenuadores com bastante sutileza para criar a mixagem contínua que está procurando?

» Por último: você tem certeza que suas músicas estão na melhor ordem?

Enderece cada possibilidade e crie uma mixagem que seja a melhor que você pode fazer.

A prática leva à perfeição

Se você leva muito tempo para montar e tocar a mixagem completa, isso não é um problema. Quando você começou a montar a mixagem, foi pouco provável que tenha conseguido tocá-la perfeitamente diante de um público. Portanto, uma mixagem perfeita provavelmente não estava em sua habilidade naquele ponto.

Praticar suas músicas tem vários benefícios maiores:

» Quando você pratica sua coleção para ter perfeição, coloca seu melhor trabalho para as pessoas ouvirem.

» Tocar a coleção sempre de novo e analisar como torná-la melhor é o melhor modo de desenvolver as habilidades necessárias para apontar uma mixagem ruim e saber como melhorá-la ou corrigi-la. Essa habilidade é reaproveitada em todas as suas futuras mixagens.

» Sempre que você pratica a coleção, qualquer habilidade de combinação de batidas e conhecimento da estrutura das batidas com repetição aumentam incrivelmente.

» Criar uma coleção com a qual você está entusiasmado, que tem uma finalidade diferente da prática geral e usa as músicas que você adora ouvir, acaba com qualquer fator de tédio e suas habilidades são desenvolvidas sem perceber!

Pratique sua coleção até você se sentir completamente confortável tocando-a. Chegar ao estágio onde você conhece os pontos da mixagem e iniciar os pontos da mixagem como a palma da mão é importante, assim como estar contente com todas as definições EQ e anomalias estranhas do volume que podem ocorrer (veja a seção posterior "Cuidando do Processamento do Som").

Como DJ, você não pode permitir-se ficar entediado com a música que está tocando. Você precisa treinar-se para ficar contente ao ouvir a mesma música sempre. Afinal, quando você começar a trabalhar como DJ, estará tocando a mesma música noite após noite por curtos períodos de tempo. Seja profissional e não se permita cair na armadilha do tédio.

CAPÍTULO 19 **Criando uma Ótima Demo** 313

> ## TENHA INSPIRAÇÃO ONDE PUDER ENCONTRÁ-LA
>
> Aprender a não ficar entediado ouvindo a mesma música pode ser complicado, mas você ficará surpreso com a frequência com a qual fica contente com a repetição em outros aspectos de sua vida. Os corredores e ciclistas fazem as mesmas rotas sempre, os jogadores de computador jogam os mesmos jogos sempre, as pessoas compram DVDs e Blue-rays para que possam assistir ao mesmo filme sempre que quiserem. Até os bebês adoram a repetição — é de nossa natureza. Meu trabalho editando programas de TV significa que tenho que assistir ao mesmo programa, ou a mesma parte de um programa, centenas de vezes durante uma edição — mas me treinei a ficar distanciado da parte de mim que poderia ficar entediada com isso porque é meu trabalho. Ser DJ é um trabalho também. Só que é muito mais divertido que a maioria dos outros trabalhos!

Preparando-se para gravar

Antes de você começar a gravar sua demo, precisa preparar seu equipamento para garantir a melhor qualidade de som possível. Dois fatores podem afetar a qualidade de seu som:

» Você precisa de um gravador de boa qualidade que sabe que funcionará, podendo gravar seu set fielmente sem parar nem cortar pela metade.

» Você precisa estar familiarizado com seu mixer e saber como controlar a saída de som dele.

Evitando gravações com baixa qualidade

CUIDADO

A única coisa menos atraente que uma demo com uma mixagem desastrosa e uma escolha ruim de música é estar mal gravado. Sempre se lembre que não importa para quem você envia sua demo, — seja seu melhor amigo, mãe, seja para Paul Oakenfold — esse set demonstra suas habilidades como DJ. Se for mal gravado, instantaneamente você perderá pontos e será rotulado como um mau profissional!

Escolhendo um formato de gravação para os demos

Atualmente, o modo mais comum de distribuir um set demo é gravá-lo em um computador e transmitir na internet. Porém, é uma boa ideia criar cópias físicas de seu set também. E embora você possa postar USBs contendo a mixagem, isso é caro e perde a conveniência rápida do proprietário da boate colocar o CD ou a fita no estéreo do carro ou hi-fi.

NÃO ENTREGUE SETS DEMOS QUE VOCÊ SABE QUE SÃO RUINS

Quando comecei a trabalhar como DJ pela primeira vez, tinha um estéreo que baixava temporariamente as altas frequências da música ao gravar. Eu estava muito entusiasmado por trabalhar como DJ e realmente queria assegurar que todos os meus amigos tivessem fitas do meu trabalho. Todos pegaram, por educação, essas fitas comigo, mas um dia, fui à casa de um amigo e vi meu set "Recession" perto do estéreo com uma fita sobre o protetor contra gravação. Quando perguntei o motivo, ele disse que embora tivesse gostado do set, depois de ouvir uma vez, ele ficou cheio com os problemas de som e achou que preferia ter uma gravação de Pete Tong no rádio. Isso magoou, mas me ensinou uma lição valiosa.

Embora um CD toque em um volume baixo em um estéreo se for gravado abaixo do normal, você não deverá ter nenhum problema com a qualidade do som com as gravações de baixo nível. Contudo, defina os níveis de gravação no CD (ou computador) para que seja alto demais e terá um terrível recorte digital, com a música cortando e saltando — um ruído detestável a ser evitado a todos os custos.

Corrigindo os níveis da gravação

Para garantir que as mixagens gravadas atinjam o equilíbrio entre volume suficiente sem correr o risco de ter uma distorção do som no CD, seu gravador precisa ter algum tipo de indicador do nível de gravação.

Esse indicador geralmente é muito parecido com o medidor UV (unidade de volume) da saída em seu mixer: um conjunto de duas linhas de LEDs com cores diferentes (verde, amarelo, então, vermelho), dependendo da força do sinal. O medidor deve ser preparado de modo que qualquer música tocada acima de certo nível (algumas vezes quando atinge +3 dB), fará os LEDs vermelhos começarem a piscar.

Se seu gravador puder aceitar até +8 dB como uma potência de entrada antes de ocorrer uma distorção e você definir o nível de gravação para um máximo normal de +3 dB, se a música tiver picos de 2 dB por causa de uma parte alta inesperada, você ainda estará dentro dos limites de gravação de seu equipamento (porque o sinal tem apenas +5 dB, que ainda são 3 dB abaixo dos limites de gravação). Se você definir o nível de gravação para que ele quase sempre atinja a marca de +8 dB para a reprodução normal de seus discos, quando ocorrer um pico musical de 2 dB, o nível agora será de +10 dB e você irá distorcer a gravação.

CAPÍTULO 19 **Criando uma Ótima Demo** 315

Limitadores

Você pode usar um *limitador* para restringir qualquer pico no nível, ajudando a impedir a distorção. Se você tiver um limitador em seu gravador doméstico, provavelmente ele terá um ataque muito severo, portanto, se a música tiver um pico, o limitador imediatamente reduzirá o nível geral da música em 5 ou 6 dB. Essa queda poderá ser notada na gravação e parecerá que você reduziu sem querer o nível da saída no mixer.

Alguns limitadores profissionais são realmente bons e você pode usá-los como uma ótima rede de segurança para os picos inesperados no sinal da música. Mas ainda recomendo que você se concentre em definir os níveis da gravação corretamente em primeiro lugar para que não perca qualidade e clareza, caso o limitador entre em ação.

Combinando os níveis

A melhor maneira de controlar os níveis de áudio sendo gravados é assegurar que quando a música estiver tocando em seu ponto mais alto, você definirá o medidor dos níveis de saída do mixer e o medidor dos níveis de entrada do gravador para mostrarem a mesma coisa. Assim, poderá ver os LEDs de saída no mixer mostrando +3 dB e ficará satisfeito se o gravador estiver gravando a música em +3 dB também.

Alinhando seu equipamento

PAPO DE ESPECIALISTA

Ajustar seu equipamento para que tudo que você vê mostre o mesmo valor é conhecido como *alinhar* seu equipamento. Você faz esse alinhamento tocando um tom de referência através do mixer. Um tom de referência comum é uma onda senoidal constante tocando em 1 kilohertz.

Um tom constante é preferível porque você pode assegurar que está medindo o nível de sinal preciso. Quando você toca a música como um alinhamento, os LEDs ficam instáveis e piscam para mostrar as mudanças diferentes no nível do sinal. Um tom constante é apenas isso — constante. O nível (e os LEDs) mudam apenas se você move os atenuadores no mixer ou o controle de entrada no gravador.

O processo de alinhar o equipamento usando o tom é como a seguir:

1. Se você não tiver seu próprio tom de referência, ouça um em meu website em www.recess.co.uk (conteúdo em inglês).

2. Se você precisar pressionar uma chave ou botão para ver o nível de entrada entrando no mixer, faça isso agora (veja o Capítulo 10 para obter informações sobre os controles do nível de entrada).

3. **Ajuste o ganho no mixer (usando os controles de ganho) para que os LEDs do nível de entrada do mixer mostrem +3 dB.**

    Este ajuste pode significar aumentar ou diminuir o controle de ganho. Se você estiver tocando o tom de referência nos fones de ouvido de um MP3 player, o sinal poderá ser mais fraco que o normal; se for, aumente o volume no MP3 player, assim como o controle de ganho para assegurar que o nível de entrada esteja em +3 dB.

4. **Defina o atenuador desse canal para a posição máxima que você o definiria ao tocar uma música normalmente.**

    Para os DJs de scratch, isso é normalmente até o final no topo. Para os DJs que mixam batidas, DJs de festa e rock, sempre recomendo definir seu ponto máximo para três quartos do máximo (a seção "Mantendo um volume igual", posteriormente neste capítulo, explica o motivo).

5. **Se você precisar trocar os LEDs da tela para mostrar o nível de saída principal, faça isto agora.**

6. **Use o atenuador de controle do nível principal para fazer os LEDs da saída do mixer mostrarem +3 dB.**

    Depois de ter feito o ajuste, qualquer mudança feita no controle de ganho no canal de entrada será espelhada no leitor do mixer. Se você reduzir o ganho no tom de referência para apenas 0 dB, notará que os LEDs de saída do nível principal também cairão para 0 dB.

    (Se você tentou definir o ganho para 0 dB, volte o ganho, e então, o nível principal para +3 dB antes de prosseguir.)

DICA

Como ideal, você deve conectar o mixer ao gravador usando a saída de gravação (geralmente identificada com Rec Out) no mixer, se tiver uma. Quando usar essa conexão, o nível principal não ajustará a altura que a música toca na fita — mas ainda é importante definir o nível principal para refletir o nível de saída do mixer. Veja o Capítulo 13 para saber mais sobre as conexões.

7. **Defina o nível de gravação no gravador.**

    Definir este nível é simplesmente uma questão de aumentar (ou diminuir) o controle de entrada no gravador para que os LEDs mostrem +3 dB no gravador.

Você usa o nível +3 dB apenas para alinhar seu equipamento e fazer as telas do LED mostrarem a mesma coisa. Se quiser uma saída de +6 dB para o dispositivo de gravação, aumente o controle de ganho na entrada do canal para +6 dB e verá que a tela de saída do nível principal e a tela no equipamento de gravação mostrarão agora +6 dB.

CUIDADO

Infelizmente, este guia preciso sobre como alinhar seu equipamento funcionará apenas devidamente se seu equipamento de gravação tiver um controle do nível de gravação. Se você enviar a música para um hi-fi do tipo doméstico com um nível de gravação predefinido, poderá ter que passar muito tempo tentando encontrar o nível de saída adequado em seu mixer fazendo experimentações para criar gravações com boa qualidade.

Cuidando do Processamento do Som

Quando você chegar a cuidar do som de sua mixagem, terá duas considerações maiores: manter um volume igual entre as músicas e os EQs.

Mantendo um volume igual

Manter um volume suave em seu set é quase tão importante quanto manter as batidas do bumbo no ritmo para os DJs que combinam batidas ou uma passagem suave entre as músicas para os DJs de festa/rock. As partes mais silenciosas da música podem ser ainda mais silenciosas, mas o objetivo é manter o volume geral da mixagem (quando as músicas estão no máximo) igual. Se você alinhar o equipamento (veja a seção anterior) corretamente, o controle do volume será um processo simples. Você precisa usar os controles de ganho e os medidores do nível de entrada em seu mixer para combinar os níveis de entrada de suas músicas.

Se você não tiver medidores do nível de entrada em seu mixer, descobrirá que manter o volume das músicas igual durante uma mixagem é muito mais difícil. O que você pode fazer é colocar os ouvidos nos fones e trocar rapidamente ouvindo cada música através deles. Se você ouvir uma queda no volume de uma música para outra, use os controles de ganho para aumentar ou diminuir o nível da música que entra (a música que irá mixar) até que os níveis pareçam iguais.

LEMBRE-SE

Se você não tiver controles de ganho em seu mixer, recomendo economizar para comprar um, rapidamente! No Capítulo 16 e na seção anterior, menciono a importância de colocar os atenuadores de canal em três quartos do máximo, ao invés de até o fim. Isto é muito vantajoso para as pessoas sem controles de ganho porque se uma música que você começa a mixar não ficar tão alta quanto aquela a partir da qual está mixando, você ainda terá espaço (o outro quarto até o máximo no atenuador de canal) para aumentar a altura na qual a nova música toca. Com prática e paciência, finalmente você desenvolverá o talento para pegar essas mudanças antes que outra pessoa ouça.

Os DJs digitais têm êxito novamente aqui porque os títulos do software em geral têm uma definição de ganho automático, combinando o nível de entrada das músicas na mixagem automaticamente.

Supondo que você não tem o luxo do ganho automático, mas tem um mixer com controles de ganho e medidores do nível de entrada, assegurar que todas as suas músicas toquem com um volume parecido durante a mixagem é muito simples. Veja como:

1. **Antes de pressionar o disco, com os EQs para as frequências baixa, média e alta definidas para a posição para ter o som perfeito saindo do mixer (veja a próxima seção "Definindo seus EQs"), inicie uma música a veja a tela LED do nível de entrada no mixer (você poderá precisar pressionar um botão ou chave para fazer isto).**

2. **Use o controle de ganho para definir o nível de entrada para seu ponto preferido.**

    Geralmente, sugiro que o medidor deve acender os primeiros LEDs vermelhos (algumas vezes no ponto +3 dB) de tempos em tempos, mas não constantemente. Porém, suas definições dependem inteiramente do mixer usado e em que você está gravado.

3. **Escolha a próxima música e toque-a nos fones de ouvido com os EQs definidos para a posição de reprodução ideal.**

4. **Use o controle de ganho para definir os LEDs do nível de entrada na nova música para que eles fiquem o mais próximo possível da definição do nível de entrada feita na música atual tocando nas caixas de som (veja etapa 2).**

Quando você definir os dois atenuadores de canal para o mesmo nível, ambas as músicas deverão tocar no mixer no mesmo volume. A menos que:

CUIDADO

» **Você esqueceu de colocar os EQs no nível de reprodução ideal antes de verificar os LEDs do nível de entrada, dando uma leitura artificial.**

Se você cortou o grave ao mixar a última música e não o redefiniu para ser neutro (que é zero, espera-se), quando verificou o nível de entrada da nova música, o grave reduzido fará com que a música tenha muito menos potência de sinal do que deveria. Se fez isso, por exemplo, você definiu o controle de ganho para fazer os LEDs de entrada combinarem com +3 dB da outra música, quando finalmente percebeu que cortou o grave e colocou de volta, a música poderá agora tocar com uma potência de sinal de +8 dB.

Adquira o hábito de redefinir os EQs depois de cada mixagem para que não caia nessa armadilha.

» **Suas músicas têm uma batida de ritmo que, embora pareça boa, domina o resto da música, mostrando uma falsa leitura "alta".** Portanto, embora os LEDs mostrem uma potência de entrada de +3 DB, a música realmente parece fraca (volume e potência reduzidos) em comparação com as outras músicas na mixagem.

O único modo de resolver esse problema é conhecendo suas músicas. Se o problema ocorrer uma vez na prática, anote (ou faça uma anotação na capa do disco, capa do CD ou informações do arquivo) para lembrar de abaixar um pouco o nível do grave para que possa aumentar o ganho para combinar o volume com o resto da mixagem.

As curvas do crossfader também têm uma a função no volume de uma mixagem. Verifique o Capítulo 10 para obter informações sobre como a curva do crossfader afeta o volume durante uma mixagem entre duas músicas, mas se a curva permitir que as duas músicas toquem em volume máximo ao mesmo tempo, o nível de saída geral aumentará e poderá fazer o som ficar distorcido (veja Figura 19-1).

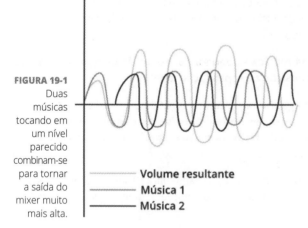

FIGURA 19-1 Duas músicas tocando em um nível parecido combinam-se para tornar a saída do mixer muito mais alta.

As duas soluções desse problema são usar uma curva do crossfader que tenha uma leve queda no meio para compensar o aumento das duas músicas tocando juntas em volume máximo (veja o Capítulo 10 para saber mais sobre as curvas do crossfader) ou usar os atenuadores de canal para baixar o nível de uma música na mixagem, então, voltar ao máximo quando a mixagem estiver quase terminada. O Capítulo 16 tem mais informações sobre como usar os atenuadores de canal para melhorar a mixagem.

Definindo seus EQs

O melhor modo de assegurar que você selecionará as melhores definições EQ para sua gravação é começar com uma folha em branco. A primeira coisa a fazer é colocar todos os EQs no mixer em seu ponto neutro. Esse ponto normalmente está marcado com zero ou é o ponto do meio no controle (para os botões giratórios, isto significa definir o EQ para que ele esteja apontando para a posição de 12 horas em um relógio). Assim, os controles EQ não estão afetando a música que você está enviando do mixer.

Contudo, mixers diferentes processam o som de modos ligeiramente diferentes. Com alguns mixers baratos, você precisa aumentar um pouco as frequências baixa e alta, e reduzir as frequências médias para fazer a música parecer certa. Se você tiver um bom par de fones de ouvido, use-os para medir a qualidade do áudio do mixer e defina os EQs da música para que pareçam bons.

Obviamente, músicas diferentes precisam que você ajuste seus EQs de modos separados para fazer as frequências baixas ou altas se destacarem um pouco mais na mixagem.

Músicas diferentes também têm batidas do bumbo diferentes e você pode querer usar os EQs médio e grave para tentar combinar a potência da batida do bumbo quando prosseguir na mixagem.

Testando, testando

Ao gravar em CD (ou um computador), faça uma gravação de teste para assegurar que não ocorra nenhum aumento nem corte na quantidade de frequências baixas, médias ou altas na gravação.

CUIDADO

Assim como qualquer problema causado por seu equipamento de gravação, você também deve considerar como configura os EQs em seu amplificador. Se você tiver o grave colocado muito alto em seu amplificador (ou estéreo), provavelmente terá os EQs do grave no mixer mais baixos que o normal para compensar. Com essa definição, as gravações feitas parecerão um pouco apagadas (com ausência de grave).

Ouça a gravação em um equipamento diferente daquele usado para gravá-la. Acho que os estéreos do carro tocam música com muita fidelidade. Se a música parecer boa no carro (especialmente em comparação com os CDs pré-gravados que você normalmente toca no carro), então poderá estar 95% seguro de que configurou os EQs e os níveis em seu mixer (e gravador) para permitir que a mixagem seja gravada corretamente.

Se a gravação não parecer correta e você precisar acrescentar um pouco mais o grave, cuide primeiro da unidade de gravação antes de ajustar o mixer. Se seu gravador tiver EQs que você pode ajustar, aumente um pouco o grave e faça outra gravação de teste. Se seu gravador não tiver controles EQ, você precisará ajustar os EQs no mixer para fazer a música ficar o melhor possível.

O motivo de mudar os EQs no gravador primeiro é porque, como DJ, você usa os EQs mais como uma ferramenta de mixagem do que uma ferramenta de processamento do som. Veja o Capítulo 16 para obter mais informações sobre como usar os EQs para melhorar suas mixagens, mas o segredo aqui é que se você tiver que aumentar o grave em 6 dB (a maioria dos controles fica em cerca de 12 dB) para fazer a música parecer boa quando gravada, quando mixar outra música com frequências do grave elevadas, correrá o risco do mixer não ser capaz de processar o sinal baixo-alto combinado bem o bastante, e a qualidade do som de seu mixer terá problemas.

Os engenheiros de som reservam um tempo para equalizar os instrumentos e os vocais com precisão, mas dificilmente movem os EQs para longe dessas configurações depois de serem ajustadas. Como DJ, você estará mudando constantemente os EQs quando mixar, portanto, se souber que precisa apenas voltar cada controle para zero para fazer a música parecer normal, aproveitará muito o processamento do som e a velocidade de suas mixagens.

Definir os EQs no gravador ou no mixer pode levar um pouco de tempo para acertar, mas ajuda a gravar a melhor mixagem possível.

Ajustando o amplificador

Você muda as definições EQ em seu amplificador dependendo das circunstâncias. Você pode gravar sua música em seu hi-fi doméstico, que também age como amplificador, portanto, as definições EQ feitas para melhorar a gravação também afetam o som do hi-fi (amplificador).

Contudo, se você estiver usando um gravador separado do amplificador, concentrar-se no som que sai do mixer no gravador é mais importante do que ajustar o amplificador. Depois de você ter configurado o som para fazer a gravação perfeita, poderá ir para o amplificador e ajustar as frequências para ter o melhor som que gostaria de ouvir nas caixas de som.

Se você definir os EQs para o amplificador primeiro, e então, achar que precisa aumentar o EQ do grave no mixer para ter uma gravação perfeita, o grave no amplificador ficará alto demais e você terá que reajustá-lo, e provavelmente, as frequências média e alta também. Você também pode ficar relutante em alterar o belo som criado com o amplificador e sacrificar a qualidade do som de sua gravação.

Apenas você sabe como gostaria de ouvir a música no amplificador, mas a diretriz básica é que o som tenha uma batida de bumbo clara e sólida (mas não tanto a ponto das frequências do grave dominarem o resto da música, que pode parecer confusa); a faixa média não deve ser tão alta a ponto de dominar as frequências do grave. Para ainda ter vocais nítidos, violões e melodias, as frequências altas devem ser definidas de modo que você possa ouvir os pratos tocando nitidamente acima do grave e das frequências médias, mas não tão alto que apareçam ferver ou que você tenha os tímpanos tremendo!

Preparando a Demo

Você escolheu uma boa ordem de músicas que compõem a demo, definiu todos os controles de gravação para ter o melhor som possível e praticou as músicas tanto que chega a sonhar com o modo como elas se reúnem. Agora, faça a etapa final e grave sua demo.

Pressione o botão de gravação, então, respire fundo — é real desta vez — e comece a mixar. Uma hora ou depois, você terá ouro em pó ou lixo químico no dispositivo de gravação.

Se for o último, pegue um copo de água (ou algo parecido), recomponha-se e faça de novo, de novo, de novo — até acertar. Você não precisa ficar chateado demais se estragar a demo (embora, admito, estragar no final de seu set é especialmente frustrante). Lembre-se que os DJs profissionais que realmente mixam sua versões de CD (ao invés de usar um software de computador para fazer isto) vêm fazendo esta brincadeira de DJ há muito mais tempo que você e são (até agora) melhores que você.

Os profissionais também têm a opção de parar quando cometem um erro, então, começar de novo de onde pararam e montar tudo no estúdio de gravação. Se você gravar diretamente no CD, precisará tocar a coleção inteira do início ao fim sem ter nada errado. Se você gravar sua mixagem em um computador primeiro, poderá editar as partes ruins e corrigir os erros parando e iniciando.

CUIDADO

Quando você está aprendendo a trabalhar como DJ, está colando um processo valioso de melhoria do DJ se tem apenas uma tentativa, então, usa um computador para arrumar suas mixagens. Sempre que você faz outra tentativa em suas músicas, completa ou não, está expandindo suas habilidades e chegando mais perto de ser tão bom quanto seus ídolos. Se você simplesmente para e reinicia a mixagem entre duas músicas depois de um erro ao gravar no computador, isso não equivale a nada mais do que pegar um atalho.

Mas se você gosta de pegar o caminho fácil e colar com atalhos, vá para a seção "Fazendo um CD Demo no Computador", posteriormente neste capítulo, para descobrir mais sobre como reeditar sua mixagem.

Ficando focado

Se você tiver que passar suas músicas três ou quatro vezes (ou mais) antes de criar uma gravação para ficar satisfeito, mantenha a compostura, fique focado

DICA

no que está tentando fazer e tente não ficar frustrado e com raiva de qualquer erro cometido.

Você pode fazer algumas coisas simples para ajudar a manter a cabeça no jogo:

» Organize suas músicas na ordem que pretende tocá-las para que não tenha que buscar em uma caixa de discos, maleta de CD ou biblioteca digital para encontrar a próxima música, apenas para ficar sem tempo e bagunçar a mixagem.

» Limpe qualquer poeira dos discos, verifique qualquer sujeira acumulada ou felpas nas agulhas, limpe os CDs e reinicie seu computador antes de começar a mixagem.

TRABALHAR COMO DJ ME FEZ GANHAR PESO

Pensei que seria esperto não ficando com fome quando gravei as mixagens. Eu costumava ter um saco de jujubas comigo ao trabalhar como DJ em casa ou em boates, apenas para o caso de ter uma queda de glicose e precisar de uma sacudida rápida. Um saco de jujubas por noite fez minha cintura aumentar incrivelmente rápido. Acrescente a isso mais tempo passado trabalhando como DJ do que na quadra jogando squash e não é nenhuma surpresa que minha cintura tenha aumentado!

» Leve algo para comer antes de começar a gravar. Hipoglicemia é a causa número um dos discos quebrados em meu quarto de DJ. Fico nervoso e frustrado quando estou com fome e (com relutância) admito jogar um ou dois discos na parede depois de uma mixagem ruim com o estômago vazio. Não fique *furioso e faminto* — pegue uma torrada ou barra de proteína antes de mixar!

» Tenha água à mão. Algumas vezes, a fome pode ser sede disfarçada. Mantenha-se hidratado para que não comece a se sentir cansado e exausto.

» Se você bagunçar uma mixagem depois de uma hora e sentir a frustração aumentar, faça uma pausa de 10 minutos, dê uma volta, esfrie a cabeça e volte para a mixagem, pronto para outra rodada. Essa pausa não apenas acaba com qualquer fator de tédio que possa levar à impaciência, mas também dá a seus ouvidos um descanso da música tocando no amplificador.

» Vá ao banheiro antes de iniciar. Precisar fazer xixi durante uma coleção de músicas não só o faz correr com a mixagem para que possa fugir para a casinha, mas você pode ficar lá por um tempo e perder a próxima mixagem. Seja sensível e vá antes de iniciar a mixagem. Apenas lembre de lavar as mãos, por favor.

Tornando-se um perfeccionista

Não importa quanto tempo você leva para ter a mixagem certa. Lembre-se que sua demo pode ser passada para qualquer pessoa. Você nunca sabe quem pode ouvir seu trabalho e ter uma influência em sua carreira.

LEMBRE-SE

A demo tem que ser perfeita aos seus olhos. Nunca, jamais, pronuncie as palavras "É tudo". Se você quiser ser um DJ de quarto para o resto da vida, então ótimo, provavelmente será tudo. Mas se tem um pingo de ambição, comece de novo. Mesmo que você perca uma batida ou tenha um problema difícil com os níveis, refaça a mixagem. Cometer um erro é aceitável; não melhorar por causa de seus erros ou não corrigi-los é completamente inaceitável. Chegue ao estágio em que quando ouvir as demos de DJs que não se importam tanto quanto você, você poderá ter orgulho de ser mais profissional que eles.

Se a demo for para enviar para uma competição ou trabalho, lembre-se que você está enfrentando milhares de outros DJs companheiros; seu perfeccionismo pode ser o motivo de ser contratado, em vez de outra pessoa.

Ouvindo com uma mente aberta

Quando você ouvir sua mixagem para avaliar como está seu desempenho, julgue com uma mente aberta. As coisas para aguçar os ouvidos são:

- » Quedas perceptíveis no volume durante as transições das músicas
- » Batidas de bumbo galopando ao combinar as batidas da dance music
- » Deslocamentos perceptíveis do andamento do som quando você aumenta (ou diminui) temporariamente a velocidade de uma música para colocá-la no ritmo
- » Controle EQ ruim
- » Escolher o tempo errado para mixar de uma música para outra

Contudo, o problema difícil é que saber exatamente quando uma mixagem ocorre e exatamente o que ouvir pode fazer você ficar cego para o som geral da mixagem. Como você pode ouvir a transição, supõe automaticamente que é uma mixagem ruim. Encorajo-o a ouvir a mixagem com um ouvido crítico, mas também ouvir com o ouvido de um ouvinte passivo. É realmente ruim ou você apenas caiu na armadilha do excesso de crítica porque conhece a mixagem muito bem?

Volte à mesma mixagem em alguns meses, quando não tiver cada segundo fresco na mente, e estou certo que gostará muito mais do que gosta agora — você pode decidir que fez bem a mixagem e ela parece ótima. Seja crítico, mas confie em suas habilidades e instintos.

CUIDADO

Não use a chance que sua opinião pode mudar com a passagem do tempo como uma desculpa para permitir que mixagens com uma combinação ruim de batidas ou concebidas de modo ruim fiquem em sua demo. Esteja 100% contente com seu produto final. Se você tiver que tossir em cada transição quando tocá--la para seus amigos em uma tentativa de cobrir alguma mixagem duvidosa, descarte a mixagem.

Fazendo um CD Demo no Computador

Gravar sua demo no computador pode tornar a demo muito mais versátil. Você pode adicionar marcadores de trilhas do CD precisamente onde gostaria antes de gravar no disco e (embora eu não encoraje isto) pode editar seus fracassos (erros) ao gravar em um computador primeiro.

Depois de ter conectado com sucesso seu mixer ao computador (consulte o Capítulo 13) e configurado o software para processar a música que entra no nível de gravação correto (consulte o manual que vem com seu software), você precisará definir a qualidade da gravação.

O som com qualidade de CD tem 44,1 kilohertz (ou 44.100 hertz), estéreo (vários sons) com 16 bits (notação binária) e você deve mudar a qualidade de gravação do áudio para essa definição usando seu software de gravação, mesmo ao usar o sistema Windows Sound Recorder básico. (Veja o manual de seu software.)

Esta definição de gravação ocupa cerca de 100 megabytes para cada 10 minutos de gravação, portanto, verifique se seu disco rígido tem, pelo menos, duas vezes o espaço requerido. Alguns softwares gravam em um cache virtual primeiro, ocupando espaço no disco rígido, mas você precisa da mesma quantidade de espaço novamente para salvar o arquivo.

Com os níveis de gravação definidos corretamente e as taxas de amostra definidas, tudo que você precisa fazer é pressionar gravar no software, iniciar sua mixagem, pressionar em parar quando tiver terminado e salvar no disco rígido.

Editando seu set

Para editar seu set, você precisa de um software um pouco mais sofisticado do que o Windows Sound Recorder. Para o PC, uso o Adobe Audition, NGWave ou Pro Tools. No Mac, uso o Apple Soundtrack, Pro Tools e Audacity para editar, adicionar efeitos e salvar os setss em diferentes formatos. Centenas de diferentes editores de áudio de software estão disponíveis. Você pode até ter um instalado com seu software de gravação de CDs. Examine sua pasta de programas no PC/Mac antes de gastar dinheiro com algum software caro.

Eis como corrigir uma mixagem se você cometeu erros ao realizá-la:

1. **Quando você gravar a mixagem no computador e cometer um erro, pressione o botão stop no software e salve o arquivo.**

2. **Nomeie o arquivo com algo reconhecível como "Mix Part 1" e salve-o em uma nova pasta, mantendo seu trabalho organizado e limpo.**

3. **Se foi um erro de combinação de batidas, conclua se isto ocorreu porque você definiu incorretamente o andamento do som da música que entra e se definiu, ajuste o andamento nessa música.**

   Mude apenas o andamento do som na música que entra. Se você mudar o andamento na música a partir da qual está mixando, as batidas (e o andamento da música) não combinarão com o arquivo gravado onde você parou.

4. **Mova a agulha ou pule o CD em cerca de 60 segundos antes de iniciar a mixagem. Pressione em gravar no PC, pressione em iniciar no CD/toca-discos e continue com o set como se nunca tivesse parado.**

Se você cometer mais alguns erros, salve o arquivo sempre que parar, como um número sequencial ("Mix Part 2", "Mix Part 3" etc.). Depois de ter terminado o set, embora tenha dividido em três ou quatro arquivos diferentes, você precisará começar a reunir o set de novo.

O software ou mesmo o computador usado pode ser diferente do que descreverei, mas o princípio permanece igual:

1. **Abra o arquivo Mix Part 1 (o primeiro arquivo) e toque-o.**

   Uma representação visual da música chamada forma de onda (um grupo simétrico de picos e vales — veja Figura 19-2) aparecerá na tela para ajudar a navegar o arquivo. Em geral, há uma barra indicadora do tempo que se move pela forma de onda quando a música toca, permitindo ver qual parte da música está tocando atualmente.

CAPÍTULO 19 **Criando uma Ótima Demo** 327

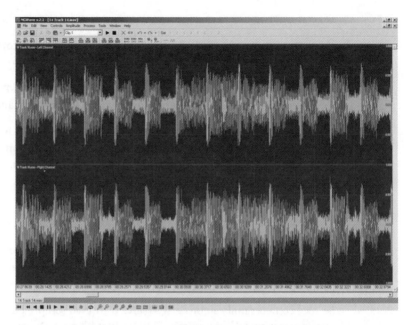

FIGURA 19-2
A forma de onda exibida no NGWave.

2. **Encontre um ponto adequado em Mix Part 1 para parar.**

   Este ponto provavelmente é antes de você ter iniciado a mixagem para a próxima música e é melhor parar a reprodução no começo de uma frase (veja o Capítulo 15 se não estiver certo sobre o que é uma frase). Amplie a forma de onda o bastante para ver os diferentes picos quando cada batida do bumbo é feita. Quando tiver ampliado bastante, deverá conseguir posicionar facilmente o indicador do tempo no ponto exato quando a primeira batida do bumbo do primeiro compasso de uma frase é feita.

3. **Abra o arquivo Mix Part 2 em outra janela.**

4. **Encontre o ponto em Mix Part 2 para iniciar.**

   Como você iniciou Mix Part 2 antes do ponto onde cometeu o erro em Mix Part 1, esta sobreposição significa que você pode encontrar o ponto idêntico em Mix Part 2 no qual parou Mix Part 1 acima. Se você conhecer bem as músicas e parou Mix Part 1 no início de uma frase, essa operação não levará muito tempo. Você precisa ampliar a forma de onda em Mix Part 2 para conseguir ter o indicador do tempo exatamente na mesma posição na música onde Mix Part 1 foi parado.

5. **Selecione a forma de onda de Mix Part 2 de onde você definiu o indicador do tempo até o final da forma de onda.**

   (No Adobe Audition, você apenas clica e arrasta do indicador até o final no lado direito da forma de onda.)

6. **Copie esta seleção da forma de onda para a área de transferência.**

   Normalmente, você apenas pressiona Ctrl+C (ou CMD+C em um Mac) ou escolhe Editar, Copiar na barra de menus.

7. **Mude a janela de volta para a forma de onda de Mix Part 1 e anote o tempo no qual o indicador do tempo está atualmente para que possa verificar facilmente seu ponto de edição.**

8. **Sem mover o indicador do tempo em Mix Part 1, cole o arquivo da área de transferência na forma de onda.**

   Escolha Editar, então, Colar ou pressione Ctrl+V (ou CMD+V para os usuários Mac).

   Este estágio pode variar de acordo com o software usado, mas a essência é que você está colando Mix Part 2 sobre Mix Part 1 a partir do ponto onde deixou o indicador do tempo para que não tenha nenhuma repetição perceptível nem corte na música, e a música deverá continuar como se nada tivesse acontecido.

9. **Defina o indicador do tempo para logo antes do tempo anotado e ouça a junção entre as duas partes da mixagem.**

   A junção deve parecer completamente normal. Se não, desfaça a colagem de Mix Part 2 (Ctrl+Z, CMD+Z ou escolha Editar, Desfazer), verifique onde definiu seus indicadores do tempo e faça de novo.

10. **Repita este processo para todas as partes do set para chegar ao final dele sem nenhum erro e salve o arquivo como "Master Mix".**

    Agora, você tem um arquivo composto de todas as alterações parecendo que você nunca cometeu nenhum erro.

DICA

Ao gravar o arquivo, salve-o como um arquivo Wave (WAV) (ou como um AIFF para Mac) e verifique se as definições da gravação são iguais às gravações do disco (estéreo com 44,1 kilohertz e 16 bits). Você também pode querer salvar o arquivo como MP3 ou qualquer outro formato de áudio desejado. Os MP3s são perfeitos para enviar na internet para outras pessoas ouvirem. Prefiro fazer os MP3s com uma taxa de transmissão de 320 Kbps (kilobits por segundo), mas 192 Kbps ainda fica fantástico com um tamanho de arquivo muito reduzido, em comparação com os arquivos WAV ou AIFF com qualidade de CD.

Gravando um CD

Depois de ter salvado seu set final como um arquivo WAV ou AIFF, você poderá gravar o set em CD. Dependendo do sistema operacional, provavelmente você poderá inserir um CD em branco no gravador de CD, arrastar o arquivo WAV ou AIFF para o ícone de CD no computador e seguir as solicitações para gravar em um CD de áudio (ao invés de um CD de dados, que não tocará em um CD player normal).

Ou se você designou um software para controlar seu gravador de CD (como o Toast para Mac ou Nero para PC), poderá personalizar as informações gravadas no CD. Isto inclui conseguir dividir um arquivo de música grande para que, ao invés de uma longa faixa gravada no CD, você tenha uma faixa diferente no CD para cada música usada em seu set, sem nenhuma lacuna de áudio entre as faixas.

Criando um CD com faixas

Não só este método faz seu set parecer muito mais profissional, mas uma demo dividida em seus componentes significa que as pessoas para quem você envia o CD poderão percorrê-lo facilmente para ouvir apenas as transições entre as músicas, ao invés de ouvir o CD inteiro ou tentar percorrer uma faixa longa de 74 minutos para encontrar os pontos de mixagem. Isto significa que elas poderão pular qualquer artifício da mixagem, como o scratch ou os efeitos que você estava fazendo durante as músicas individuais, mas infelizmente algumas pessoas não têm tempo para ouvir o set inteiro na primeira passagem e só se importam com as transições. Não se preocupe: se elas gostarem do que ouvirem, ouvirão tudo.

Você pode dividir um CD de duas maneiras:

» **O modo mais difícil:** Você pode criar um CD com várias faixas usando seu software de edição de áudio (veja a seção "Editando sua mixagem"). O software fornece o código do tempo da música e esse código é essencial para fazer o método corretamente. O código do tempo é uma medida precisa para calcular onde você está na música. A medida é normalmente mostrada como horas, minutos, segundos e milésimos de segundo (HH:MM:SS:DDD). Eis como fazer do modo difícil:

1. Se sua primeira música iniciar em 0:00:00:000 e você quiser que a segunda faixa no CD inicie em 0:04:15:150, então, salve a mixagem de 0:00:00:000 até 0:04:15:150 como um arquivo individual.

2. Se a faixa tiver dois finais em 0:09:35:223, salve a mixagem de 0:04:15:151 (note que é um milésimo de segundo à frente do último ponto de corte) até 0:09:35:223 como outro arquivo separado.

3. Faça o processo para o set inteiro de modo que agora você tenha arquivos WAV individuais para cada música que compõe seu set. Numere os arquivos ao gravá-los, não títulos, facilitando quando você os colocar na ordem correta.

4. Com cada arquivo gravado em sequência (1, 2, 3, 4, 5, 6, 7, 8, 9 etc.), use seu software de gravação de CDs para adicionar cada um dos arquivos à lista de arquivos a serem gravados no CD (na ordem numérica).

5. Defina a lacuna entre cada faixa para 0 segundo. Você pode ter que consultar o manual para saber como fazer essa definição. Se você não definir a lacuna para 0 segundo, poderá ter uma lacuna de silêncio entre

330   PARTE 4 **Sendo Notado e Tocando ao Vivo**

cada uma das faixas, o que não parecerá um set de DJ adequado, e a boate arquivará, certamente, sua demo — no lixo!

6. Depois de ter adicionado todas as faixas e definido a lacuna entre as faixas para 0 segundo, grave o set no CD e toque para assegurar que tenha dividido todas as faixas individuais corretamente, sem nenhuma exclusão no som causada por ter os códigos do tempo divididos de modo errado.

» **O modo simples:** Crie um CD com faixas usando as funções embutidas de divisão em faixas no software, como o Nero Burning Rom ou o Sonic Foundry. Cada parte do software tem um modo de marcar onde você gostaria de adicionar pontos de divisão sem ter que dividir o arquivo WAV em si.

O processo é quase como dividir o arquivo em arquivos separados. Normalmente, o software mostra uma forma de onda da música (veja Figura 19-2), que você toca do início ao fim, adicionando marcadores à forma de onda quando a revisa. Você não precisa tocar a faixa em tempo real do início ao fim: pode avançar, recuar, tocar lentamente etc., tudo para ajudar a encontrar o ponto exato onde gostaria de adicionar o marcador de divisão das faixas.

Contanto que você lembre de definir a lacuna entre cada uma das faixas para 0 segundo, o CD terminado ficará bem dividido em suas faixas escolhidas, sem o perigo de exclusões no som, como no método anterior.

Verifique o manual que veio com seu software para obter instruções mais detalhadas sobre como fazer CDs com faixas divididas individuais.

DICA

Os CDs mixados que você encontra em lojas tendem a colocar as divisões das faixas no final ou na metade do set, mas assim, se os proprietários de boates pressionarem em next no CD player, eles pularão suas habilidades de DJ. Portanto, para uma demo, você deseja dividir o CD antes de cada uma das mixagens começar para que o proprietário da boate possa avançar para ouvir como você realiza cada uma das transições.

Enviando a Demo

Depois de ter criado sua demo, o estágio final é criar uma embalagem que venda você corretamente e assegure que qualquer pessoa que receba saiba de onde ele veio, mesmo que a demo fique separada do resto dos itens enviados. (Veja o Capítulo 20 para obter mais informações sobre para onde enviar sua demo.)

Para criar um pacote que venda, você pode querer incluir um pequeno CV junto com a demo, cobrindo: sua experiência como DJ; os estilos de música mixada; se você dirige; idade; onde mora; se trabalha como DJ com vinil, CD ou é um DJ digital; se for um DJ digital, o que você usa para mixar (veja Capítulo 9); e se você se sente confortável falando em um microfone. Inclua um parágrafo rápido explicando por que você se candidatou à boate para trabalhar e por que seria um benefício mútuo você ser o DJ da boate.

Se você acha que tem uma boa aparência, colocar uma fotografia no pacote será uma boa ideia também. Se puder mostrar o quanto é apresentável, a boate terá mais probabilidade de considerá-lo e se você tiver boa aparência, a boate poderá nem ouvir o set, apenas irá contratá-lo com base em como as garotas e os rapazes irão bajular você!

Inclua uma lista das faixas de sua mixagem e indique os principais momentos na demo se você não o dividiu em faixas separadas.

Não é possível enfatizar o bastante a importância de seguir este pequeno conselho: escreva seu nome claramente, número de telefone e endereço de e-mail em cada pedaço de papel ou plástico — toda capa, CD, fotografia e capa interna — e na carta de apresentação enviada com a demo.

Se você puder imprimir uma etiqueta no CD, faça um belo design, mas assegure que os detalhes apareçam claramente. Digite seu CV e mantenha tudo limpo e organizado.

E lembre-se, o problema está no detalhe: coloque seu número de telefone e endereço de e-mail corretos!

> **NESTE CAPÍTULO**
>
> **Faça seu marketing pessoal do modo inteligente**
>
> **Lidando com as agências de DJs**
>
> **Fofocando na cabine do DJ**

Capítulo 20

Ocupando-se Disso: Trabalhando como DJ

Quando você começa a trabalhar como DJ, a parte mais difícil que precisa fazer é dominar como combina as batidas ou trabalha com as músicas de estilos diferentes, caso seja um DJ de rock ou festa, para criar um set fluido. Agora que você é um ótimo DJ, o próximo obstáculo a superar é conseguir o primeiro trabalho.

Você montou uma ótima demo; você adora, seu gato adora, sua mãe adora, é ótimo na internet em todo o mundo e até seu melhor amigo não consegue ver nenhum problema nele. Portanto, agora é a hora de colocá-lo em uso: vender-se.

Este capítulo dá conselhos e orientação sobre como abordar os bares e boates para trabalhar e dá um estímulo sobre persistência. Embora eu não possa garantir que você terá trabalho, este capítulo deverá enchê-lo de ideias e entusiasmo para a tarefa em mãos.

Você tem três modos principais de seguir em frente e conseguir trabalho:

» Marketing pessoal
» Fazer parte de uma agência
» Rede

Marketing Pessoal

A autopromoção é o segredo do sucesso. Ninguém mais fará o trabalho por você. Com certeza, quando você for grande como DJ, poderá distribuir a parte chata para outras pessoas, mas quando está começando, precisa promover-se com diligência e sinceridade. A mesma perseverança e determinação inabaláveis que o mantiveram passando por qualquer dificuldade ao desenvolver suas habilidades de DJ são exatamente o que você precisa para se vender com eficiência.

Inundando o mundo com sua demo

Você deve ter uma pilha de CDs devidamente etiquetados com seu nome e uma lista de faixas com um CV anexado (e foto) prontos para enviar para boates e bares nos quais deseja trabalhar. Se você ainda não chegou nesse ponto, verifique o Capítulo 19 para obter conselhos sobre como fazer uma boa demo.

Sabendo para onde enviar sua demo

Faça uma pesquisa nas áreas onde irá espalhar sua demo para que conheça todos os melhores lugares para enviá-lo. Não fique apenas com os lugares para onde você vai sexta-feira à noite; veja a área na qual está procurando trabalhar e faça uma lista de todos os bares e boates adequados que podem estar interessados em suas habilidades.

Se você estiver em uma cidade vibrante com uma grande variedade de bares, não há dúvidas que eles demandarão as mesmas qualidades em um DJ como uma boate. Mas isso é ótimo para você, porque agora, você é um DJ de boate profissional.

DICA

Inclua uma nota de apresentação em cada uma de suas embalagens demo especificamente adequada ao bar ou à boate onde você está tentando trabalhar. Faça uma pesquisa; se for uma discoteca que toca diferentes gêneros de música a cada noite, mencione em qual noite você acha que será melhor. Mostre indicações de que você conhece seus estabelecimentos e informe-os o que poderá acrescentar ao seu sucesso se for contratado, promovendo o fato que você é um DJ profissional e focado com o objetivo de trabalhar em sua boate.

Se seu gosto e coleção de músicas forem adequados para uma faixa de noites da boate, deixe que os proprietários saibam que você é um DJ versátil que pode tocar qualquer coisa, desde dance até rock ou indie, R&B ou bhangra. Seja o mais específico que puder; nada é pior do que receber uma carta vaga que simplesmente informa: "Quero ser DJ; aqui está meu CD".

Se você não toca uma grande variedade de gêneros musicais, poderá ser uma ideia considerar apenas os estabelecimentos que tocam a música que você deseja tocar. Isto reduz suas chances de conseguir trabalho, mas enviar uma demo com as últimas músicas de rock para uma boate R&B provavelmente é um desperdício de CD, do seu tempo e do tempo da boate.

OFERECENDO AOS PROPRIETÁRIOS O QUE ELES QUEREM OUVIR

Se você esteve em uma boate à qual está candidatando-se, — para uma pesquisa ou passar a noite — já deve ter uma ideia sobre o que agita a noite e o que acaba com ela.

Em sua carta de apresentação anexada à demo, mencione todas as coisas que tornam a boate forte e dê uma indicação do que você pode fazer para torná-la melhor. Pare de criticar a boate e dizer aos proprietários o que é ruim! Use uma linguagem positiva e faça com que os proprietários sintam que escolher você é a coisa certa.

E diga que você fará a boate ganhar muito dinheiro. Os proprietários adoram isso...

Entregando sua demo

De longe, a melhor abordagem ao enviar sua demo é entregá-la pessoalmente. Os bares são fáceis porque eles estão abertos de dia e de noite, portanto, peça para falar com o gerente e entregue a demo. Pergunte aos gerentes se eles se importariam de ouvir sua demo e informe que você voltará em alguns dias para ver se eles gostaram. Seja educado e amistoso ao falar com os gerentes, não importa a duração da conversa e se eles são ou não educados e amistosos de volta.

CUIDADO

Se nenhum gerente estiver disponível, deixe sua demo com a equipe do bar porque ela pode ser influente, mas descubra quando você deve voltar para encontrar o gerente.

Porém, contactar alguém com responsabilidade em uma boate pode ser um pouco mais difícil. Quando a boate está aberta, essas pessoas estão lidando com a operação dela e será difícil fazer com que elas parem e passem um tempo conversando com você. Mesmo que você tenha que voltar à boate algumas vezes, inicie a conversa com a equipe do bar ou organizadores para descobrir o melhor momento de retornar com sua demo. Contanto que você seja educado e não ocupe tempo demais da equipe, e esteja gastando dinheiro no bar, sua demo não deverá acabar na lixeira.

DICA

Se você vive em uma cidade pequena sem bares nem boates que tocam seu tipo de música, precisará desenvolver o desejo de viajar. Veja a cidade ou a metrópole mais próxima de onde você vive para conhecer as boates que tocam a música que você deseja. Não tente forçar sua música nas pessoas que não querem ouvir. Mas, ao mesmo tempo, não desista. Não sinta que uma parede está à sua frente e você não consegue passar. Você só precisa ir para as cidades vizinhas e dedicar-se a passar muito tempo nelas.

A GEOGRAFIA DE UMA BOATE: A DISTÂNCIA É DISTANTE DEMAIS?

Você pode querer tentar uma dominação global ou nacional, mas se não puder ir para a boate, para que serve? Se você mora a 800km de uma boate para a qual está enviando sua demo, terá que pensar em como chegará lá e se é financeiramente viável percorrer essa distância. Se você receber apenas R$1000 por noite, considere o quanto está querendo pagar para tocar pegando um trem/avião para chegar no local, então, passar a noite em um hotel se não conseguir voltar na mesma noite.

Talvez, você tenha reservado férias de duas semanas em Ibiza na esperança de poder conseguir um lugar em um bar ou boate lá por uma ou duas noites. Algumas semanas (ou meses) antes de viajar, envie um monte de demos para os lugares que acha que poderiam deixar você tocar e mantenha contato com eles via e-mail. Então, quando for para as férias, leve algumas músicas com você e acompanhe sua apresentação pessoalmente. Se você está gastando dinheiro para chegar lá, por que não tentar?

Neste primeiro estágio em sua carreira, a probabilidade de conseguir um serviço a 800km é improvável, mas tente pensar em cada eventualidade agora para não ficar surpreso quando acontecer.

Acompanhamento

Quando você estiver certo que os bares e as boates têm sua demo, acompanhe com um telefonema alguns dias depois de enviá-lo. Se alguém for gentil o bastante para pegar seu telefone, peça um retorno com educação e converse quando seu desempenho for criticado. Agradeça pelo tempo e honestidade e se a pessoa não o contratar, pergunte se você pode enviar outro demo que reflita os comentários dela.

Se a boate não recebeu sua demo, envie outro na próxima postagem (ou deixe um pessoalmente). Corrija sua carta de apresentação para incluir o nome da pessoa com quem você falou e inclua uma linha sobre seu bate-papo por telefone.

Se você tiver medo de telefones, supere isso. Não tenha medo de ligar para boates e bares. Você não tem nada a perder em uma ligação e tudo a ganhar.

Lidando com a rejeição

Você não pode ter medo da rejeição também. Você precisa colocar-se e esperar que as pessoas gostem de você. Diferentes proprietários de boates e promotores podem responder de modos diferentes: alguns levam um tempo para dizer não. Outros simplesmente não entram em contato. Os melhores dizem sim!

Se as boates não responderem, continue enviando demos até que entrem em contato — lembre-se, a persistência é o segredo.

336   PARTE 4 **Sendo Notado e Tocando ao Vivo**

Se um proprietário de boate responder, mas não quiser contratar você, então, espera-se que ele diga por que não gostou da demo. Se ele comentar sobre algo que você não percebeu como sendo um problema e você concordar que é, corrija o problema e envie a nova demo. Há uma chance de que, se o proprietário disse que pretende contratar um novo DJ, agora poderá dizer que estava sendo apenas educado e não tinha intenção de contratar ninguém. Talvez, o tempo que você levou para fazer outra demo refletindo seus comentários possa mostrar sua seriedade ao trabalhar para ele, e convencê-lo de que vale a pena arriscar.

LEMBRE-SE

O jeito é continuar tentando até o proprietário da boate empregar você ou dizer para parar de enviar demos porque não gosta de você! Você precisa ter muita força de vontade porque as cartas de rejeição podem vir aos montes e muitas delas não serão educadas, mas se você tiver habilidade, encontrará alguém, algum lugar, algum momento em que alguém lhe dará uma chance e irá contratá-lo.

Sempre que você começar a imaginar se este modo é uma forma eficiente de se vender, pense em John Digweed. Ele conseguiu sua grande oportunidade quando enviou um demo para a Renaissance e ele agora é um dos DJs mais conhecidos no mundo.

Tocando de graça

Tocar de graça são três pequenas palavras que podem levá-lo muito longe. Faça a si mesmo esta pergunta: você preferiria tocar de graça ou não tocar? Quando você tentar conseguir trabalho, colocar seu pé na porta pode ser mais importante do que ser pago.

DICA

Se você acha que uma boate ou bar pode estar interessado em usá-lo, mas o proprietário parece um pouco incerto, ofereça tocar por uma ou duas noites de graça (muito provavelmente como o DJ de aquecimento) para que ele possa ouvir o quanto você é bom no ambiente da boate. Este "aperitivo" é uma ótima maneira de ter seu primeiro trabalho; a boate ouvirá em primeira mão se você é um bom DJ em uma situação ao vivo e poderá tocar uma música adequada para uma coleção de músicas de aquecimento ou principal. O Capítulo 21 tem dicas sobre como escolher músicas para aquecimentos ou músicas principais.

Fazendo propaganda na internet

Por que esperar que outra pessoa lhe dê a chance de se apresentar? Se você tiver uma boa conexão de internet e seus aparelhos estiverem conectados ao seu computador, você poderá transmitir suas habilidades de mixagem para o mundo através de websites como `www.mixify.com`, `www.awdio.com`, `www.live365.com` e `www.mixlr.com` (conteúdos em inglês), para citar apenas algumas opções.

O website escolhido para usar e como você trabalha como DJ (como DJ digital ou usando CDs/toca-discos e um mixer conectado à placa de som) significarão configurar seu computador de maneiras um pouco diferentes. O website que você deseja usar deve ter instruções muito claras para como configurar as coisas. Ele também avisará se você precisa de uma licença para transmitir música. Alguns websites cuidam disso para você cobrando uma taxa, ao passo que outros esperam que você resolva por si mesmo.

Você não precisa enviar por stream apenas áudio. Em websites como o `www.ustream.com` (conteúdo em inglês), você pode transmitir vídeo assim como áudio.

Criando uma cena virtual

Naturalmente, há uma boa chance de você transmitir no silêncio. Portanto, você ainda precisa avisar que está transmitindo e precisa gerar ouvintes. Os sites de mídia social (Facebook, Twitter, fóruns de DJ) são uma ótima maneira de informar às pessoas o que você está fazendo e alguns websites de transmissão ajudam você a fazer isto — mas, o boca a boca ainda é a melhor maneira. Deixe que as pessoas saibam o que você está fazendo; então, faça bem e, espera-se, elas dirão a outras pessoas para ouvirem.

Contudo, lembre-se que se você for DJ em Boston, EUA, e sua presença online for grande em Manchester, Reino Unido, não será muito bom tentar conseguir trabalho em Boston. Gere uma cena mundial se puder, mas foque em criar uma cena local que irá ajudá-lo a conseguir trabalho.

Ingressando em uma Agência

Entrar em uma agência de DJs pode ser uma ótima maneira de divulgar suas habilidades. Qual papel as agências desempenham depende muito de como você é bom e o quanto é famoso como DJ.

Você tem a escolha de vários tipos diferentes de agência:

» **Gerenciamento de artistas:** Fornecendo DJs famosos, estabelecidos e profissionais que estão em alta demanda, ao invés de novatos tentando conseguir uma oportunidade ou DJs comuns em uma pequena boate. Essas agências dão menos apoio e conselhos, e têm mais tendência de assegurar que as noites ocorram sem problemas, as boates paguem na hora e os DJs conhecidos em seus books sejam bem divulgados e agendados de modo consistente. Como gerentes, essas agências lidam com a publicidade, agendamentos, viagem, acomodação etc., significando que a única coisa com a qual os DJs precisam preocupar-se é com a música.

Qualquer taxa de reserva paga ao DJ é paga ao gerente, que fica com uma comissão de porcentagem (em geral, entre 10 e 15%) antes de passar o resto para o DJ. Quanto menos reservas o DJ tem, menos dinheiro a agência

338   PARTE 4 **Sendo Notado e Tocando ao Vivo**

ganha, portanto, assegurar que os DJs em sua escalação sejam confiáveis, reservados com consistência e pagos é o melhor interesse da agência.

» **Agências locais:** As grandes cidades têm agências de DJ que fornecem para boates, bares, salões, festas de casamento e qualquer outro evento para o qual alguém possa querer um DJ. Embora a fama não seja um problema, um disco forte tocando muitas músicas é uma necessidade para essas agências contratá-lo.

As agências locais têm uma comissão parecida com a taxa de reserva das agências de gerenciamento de artistas. Como os DJs disponíveis em seus books não têm fama para se venderem sozinhos, essas agências batalham muito por sua comissão.

» **Agências na internet:** As agências de DJ na internet ajudam você a se promover, ao invés de encontrarem trabalho para você. Na maioria dos casos, elas não buscam ativamente trabalho em seu nome, mas as boates e bares entram solicitando um DJ e a agência passa seus detalhes para a boate. As agências pela internet famosas têm um grande dossiê de boates que solicitam DJs em sua escalação e conseguem mostrar uma alta taxa de acessos para os DJs que trabalham em boates.

CUIDADO

Em muitos casos, você paga uma assinatura anual para a agência na internet, ao invés de dar uma porcentagem do que ganha. Este é um conceito extremamente controverso e as opiniões são muito fortes nos dois lados em relação a você pagar adiantado para tentar encontrar trabalho.

PAGANDO ADIANTADO: PRÓS E CONTRAS

Se você deve pagar adiantado antes da agência conseguir trabalho é causa de muita discussão acalorada. Um lado do argumento é que você deve precisar pagar apenas se a agência conseguir trabalho e a agência deve tirar uma comissão da reserva. A maioria das agências físicas, que tem uma equipe de representantes visitando as boates, usa a abordagem da comissão. O promotor da boate paga diretamente à agência que, então, passa o dinheiro (menos a comissão) para você.

Como a maioria das agências na internet é, de fato, apenas o intermediário que o permite promover-se com seus contatos, elas não têm nenhum modo de dizer se você foi contratado ou pago. Contar com você para declarar que todas as noites você trabalhou por meio dos contatos da agência torna-se uma proposição impraticável; daí, a solicitação para pagar adiantado pelos serviços.

O risco óbvio ao pagar adiantado é que você paga a agência, mas ela não consegue nenhum trabalho. Até as agências da internet conseguirem uma gravação de faixas mais forte, minha sugestão é esgotar cada possibilidade para conseguir trabalho com seu próprio esforço antes de abordar tal agência. Se você estiver achando difícil conseguir trabalho e estiver certo que suas habilidades não estão desapontando-o, faça *muita* pesquisa em várias agências na internet e sobre o que elas oferecem, e pise com muito cuidado antes de escolher uma e entrar com qualquer dinheiro.

Pesquisando uma agência

Antes de entrar em qualquer agência (internet ou outra), veja qualquer testemunho em seus websites e se você tiver oportunidade, entre em contato com os DJs e boates para verificar se a agência é confiável. Algumas pessoas inescrupulosas por aí criam informações para tentar parecerem mais profissionais, portanto, faça o máximo de pesquisa que puder e envie algumas perguntas nos fóruns de DJs. (O Capítulo 22 tem uma lista de alguns fóruns.)

CUIDADO

Um alarme deverá soar se o website da agência não tiver nenhum testemunho recente dos DJs, se os DJs mencionados não responderem aos seus e-mails, se a agência forçá-lo com um contrato de mais de um ano ou se você descobrir qualquer cobrança oculta.

Contacte as pessoas responsáveis pela operação da agência. Mesmo que elas possam parecer impetuosas em seu folheto quando mencionam tentar entrar em contato, elas têm que mostrar o devido cuidado e atenção. Você precisa estar certo de que terá o serviço pelo dinheiro que está querendo investir em sua ajuda. Se elas não forem educadas, prestativas e profissionais no início da relação, corra!

Se a agência que você está considerando requer uma comissão de sua taxa de reserva, lembre-se que a quantia pode variar entre as agências. Se a comissão for maior que 10-15%, descubra se você tem os melhores serviços por esse dinheiro extra. Se não, pense bem se deseja entregar o dinheiro por nada.

Finalmente, quando estiver satisfeito para assinar na linha pontilhada com uma agência, primeiro mostre o contrato a um advogado, apenas para o caso de você não ter visto algo.

Atendendo os critérios para ingressar

As agências profissionais dos DJs famosos tendem a agir como recrutamento. Quando alguém ganhou reputação por atrair um público e tornou-se um DJ conhecimento, essas agências atacam e se oferecem para adicionar o DJ à sua escalação.

Mas as agências de DJs locais têm uma reputação a manter e como tais, têm alguns critérios rígidos que você deve atender antes de assinar. Muitas agências não adicionarão você à sua escalação de DJs com base apenas em um CD demo. Elas não podem correr o risco do DJ ter levado meses para aperfeiçoar aquele set ou que o DJ usou um programa de computador para retocar um desempenho medíocre. Porém, o mais importante, a diferença entre tocar no quarto sem nenhuma pressão e tocar em uma boate diante de milhares de frequentadores em um ambiente com um sistema de som ruim é enorme. Nervos e conforto não são um problema no quarto, mas na primeira vez em que você tocar ao vivo em uma boate, estará nervoso e em um ambiente estranho como DJ. Se você cometer um erro porque foi imaturo, isso não irá refletir bem em você ou na agência que o promove.

As agências podem ter uma lista de restrições, como limites de idade e onde você mora, mas uma constante que você encontra é que você precisa ter tido experiência antes que essas agências coloquem você em suas reservas. Se você conseguiu experiência com seus próprios esforços, fez seus próprios contatos e os desenvolveu para conseguir trabalho como DJ, então, mostre o talento necessário para garantir o trabalho, determinação e disposição necessárias para ser um profissional no mundo dos DJs.

Mantendo as agências em seu loop musical

A música que você toca como DJ pode mudar os tipos de agência abordados. Algumas agências trabalham apenas com DJs de casamento/festa e outras apresentam apenas DJs de boate e não aceitarão um DJ de casamento em seus books.

Quando você abordar uma agência que representa uma grande faixa de estilos de DJs, deixe que ela saiba no início qual tipo de música você toca melhor. Mesmo que tenha um grande acervo, de R&B a hard house, você precisa permitir que a agência saiba se você tem música (ou desejo) para passar uma noite tocando faixas de Frank Sinatra e Neil Diamond em uma festa de aposentadoria.

Se você tiver paciência para ser um DJ escravo, tocando qualquer coisa apenas para prosseguir, deixe que a agência saiba que você tocará qualquer coisa, em qualquer lugar. Você pode esperar que, com o tempo, conseguirá a confiança da agência de modo que ela começará a colocá-lo nas boates onde você poderá tocar a música que realmente deseja tocar. A desvantagem da abordagem do escravo é a quantidade de pistas de boliche nas quais você pode ter que tocar as músicas de Britney Spears.

Cortando as perdas

É difícil tentar entrar na escalação de uma agência. Seja persistente, mas também saiba quando está fazendo o movimento errado. Passei muito tempo tentando entrar em uma agência em minha área. Quando finalmente encontrei o cara que fugia, não nos entendemos e quando ele descobriu que eu já tinha trabalho e não estava querendo sair para entrar em sua agência, tudo acabou com uma ligação muito curta.

Dependendo dos contatos desenvolvidos na rede (veja a próxima seção) e dos tipos de lugares e tamanhos das boates nas quais você deseja tocar, você pode não precisar nunca dos serviços de uma agência. Eu nunca estive em uma escalação de agência. Não é porque não quero (ou por falta de tentativas); simplesmente é porque os contatos que eu fiz na rede foram úteis para conseguir trabalho.

Colocando em Rede Seu Caminho para o Sucesso

A rede pode iniciar desde um simples encontro e cumprimento do proprietário da boate ou do bar quando você entrega sua demo, até encontrar pessoas que o apresentam a mais pessoas e, finalmente, conseguir trabalho com essas conexões.

Acostume-se com a frase: "Não é o que você sabe, é quem você conhece". Todas as pessoas com quem você fala sobre sua procura para encontrar trabalho no fim dizem isso. Acrescento outra camada a esta frase quando converso com as pessoas sobre tentar conseguir trabalho na indústria de pós-produção da TV: "Como você as conhece". Apenas conhecer alguém algumas vezes pode não ser suficiente: se vocês dois forem amigos ou se conhecem porque jogam futebol ou pôquer toda semana, você achará que essa relação estendida poderá, algumas vezes, dar-lhe o incentivo extra necessário para entrar na cabine de DJ de alguém.

Vendendo-se

A atitude e a apresentação podem ser suficientes até certo ponto nesta indústria. Se você puder convencer o proprietário de uma boate ou bar que, de fato, será bom ter você por perto, porque você parece uma pessoa confiável ou porque está bem vestido e é atraente o bastante para ser agradável para o público, então, já subiu um degrau na escada. Alguns gêneros de música promovem e têm sucesso com o estilo de DJ "legal demais para você" distante, mas não é algo que recomendo para mim.

Fazendo amigos

Ir diretamente ao proprietário da boate e pedir trabalho é um movimento corajoso. Se o proprietário disser não, você poderá ter acabado com suas chances de trabalhar no lugar. Contudo, se você fizer amizade com a equipe do bar e o DJ, que podem recomendá-lo para uma pequena apresentação de DJ, poderá ter muito mais sorte.

LEMBRE-SE

Como você desenvolve sua relação com as pessoas tem relação com sua personalidade. Se você for do tipo que pode iniciar uma amizade com um DJ em um bar e usar essa amizade para chegar a algum lugar, certamente faça isto. Apenas imagine se o DJ irá reconhecê-lo como um aspirante a DJ a partir do momento em que você olhar à volta na cabine de DJ. Não finja que você não está lá por esse motivo, mas ao menos pense que vale a pena pressionar, tocar algo legal e parar o trabalho de se vender por um momento.

Conhecer a equipe do bar, em particular a pessoa mais antiga, pode ser outra boa possibilidade para entrar na boate, mesmo como um DJ de aquecimento. Novamente, você precisa ter algum tempo, tornar-se um frequentador, conhecer a equipe e a boate bem, e quando estiver contente de que pode começar a abusar da sorte, entregue uma demo e veja o que acontece.

Como um agente secreto

Colocar um pé na porta quando você já está dentro é fácil! O conhecimento interno é a melhor vantagem que você pode ter. Um trabalho de bar em uma boate ou bar no qual você deseja trabalhar é um modo excelente de se vender secretamente. Você pode espalhar sutilmente suas habilidades e deixar que as pessoas ouçam repetidamente sua demo até perceberem que gostam de você e querem colocá-lo na cabine. Quando elas entenderem sua verdadeira agenda, será tarde demais: já estarão contentes por tê-lo contratado como DJ!

COMEÇANDO MINHA JORNADA

Minha jornada começou quando eu era barman em um bar em Glasgow, chamado Café Cini. Antes dos DJs chegarem, uma fita tocava baixo no sistema de som. Depois de alguns meses de trabalho no bar, empurrei uma de minhas fitas na máquina. Felizmente, Pauline, a gerente, gostou e perguntou quem tinha feito a troca. Quando ela descobriu que fui eu, ofereceu um aquecimento de uma hora (pago em Irn Bru — bebida com cafeína) antes que o DJ chegasse. Esta apresentação levou a uma hora durante a parte principal da noite (mais Irn Bru), então, tornou-se minha noite por dinheiro (que eu gastei com Irn Bru) e estendeu-se (assim como minha cintura, devido a toda Irn Bru). Eu bebo água agora...

Um dos outros DJs, que tinha acabado de abrir sua própria boate, ofereceu-me uma apresentação de aquecimento, dando-me a primeira experiência em boates. De lá, encontrei outro DJ, que estava desistindo de sua noite de sexta-feira em uma boate e sugeriu, com sua recomendação, que eu entrasse em contato com os proprietários para assumir.

Então, de um trabalho básico no bar, minha carreira como DJ começou. Pode ser igualmente fácil para você também.

Marketing Pessoal na Internet

Criar o melhor website no mundo não trará nenhum trabalho por si só, mas um website que o apoia como DJ profissional contribuirá muito para impressionar aqueles que escolherem verificar o site.

DICA

Assim como hospedar seu último set e CV de DJ para os futuros empregadores, seu site também pode promover as noites que você trabalha para outras pessoas. Se você estabelecer um bom seguimento que possa manter atualizado no website e garantir para uma boate que certo número de pessoas aparecerá, seu pedido para trabalhar nela será adoçado pelo dinheiro garantido na porta que a boate receberá.

Com a criação dos sites de rede social como Twitter e Facebook, você nem mesmo precisará ter seu próprio website e poderá entrar em contato instantaneamente com seus "amigos" para que eles saibam onde e quando você irá tocar.

Websites como www.wordpress.com (conteúdo em inglês) permitem criar uma página mais adaptada para seus visitantes verem e você não precisará ter nenhum conhecimento de web design. Entre os editores de layout *WYSIWYG* (o que você vê é o que você terá) e a opção de usar designs de modelo personalizados, você poderá criar perfis vibrantes e bem feitos que venderão suas habilidades tão bem quanto um website pessoal.

DICA

Para obter uma abordagem de DJ mais dedicada para os websites nos quais seu perfil é visto, verifique sites como www.djpassion.co.uk e www.djpromoter.com (conteúdos em inglês).

Alguns websites que hospedam os perfis de DJ têm um link para locais que, então, usam os DJs que enviam perfis. Outros na internet são fóruns avançados e estações de rádio da internet. Mas contanto que sejam gratuitos, assine e promova-se tanto quanto puder em todas as possibilidades.

Os fóruns da internet são uma ótima maneira de se promover e descobrir o que está acontecendo no mundo da música. O Capítulo 22 tem uma lista de alguns de meus fóruns preferidos na internet.

NESTE CAPÍTULO
Sabendo o que esperar do local
Estando preparado para todas as eventualidades
Fazendo a leitura do público e reagindo às suas ações
Lidando com as solicitações, com tato
Terminando a noite bem

Capítulo 21

Encarando a Música: Tocando ao Vivo

Você está pronto. Você praticou por meses, seus amigos sabem como você é bom, você enviou a demo para bares e boates para que eles soubessem como você é bom e agora é a sua chance de mostrar a centenas de pessoas na pista de dança. Sair do quarto e entrar na cabine do DJ de uma boate é um grande salto, portanto, você tem algumas coisas a considerar.

Eu sempre disse que esse salto é como dirigir um carro. Você passa tempos com um instrutor de direção que o ensina a passar no teste, então, só quando você está sozinho no mundo real, tomando decisões por si mesmo, realmente aprende a dirigir. Como um novo DJ, você passa seu tempo no quarto aperfeiçoando sua técnica e desenvolvendo um conhecimento sobre sua música e só quando entra no mundo real, encontra trabalho e toca para as pessoas diante de você, desenvolve as habilidades para se tornar um verdadeiro DJ.

A diferença entre ser DJ no quarto e em uma boate é o controle do público, saber o que as pessoas querem ouvir e conseguir adaptar como ele está reagindo à

CAPÍTULO 21 Encarando a Música: Tocando ao Vivo 345

música que você está tocando. Saber quando subir de um gênero para outro ou quando aumentar a energia do set é algo que vem com experiência e prática, porém a habilidade mais importante desenvolvida é a capacidade de se perder na música e amar o que você está fazendo enquanto lê simultaneamente a reação do público àquilo que você está tocando.

Investigando o Local

Nada é mais assustador do que o desconhecido. Investigue a boate ou o salão para o qual você está reservado para tocar bem antes. Se você estiver assumindo sua própria noite em uma boate, terá apenas que se preocupar em deixar as pessoas para cima. Se foi solicitado para tocar em uma festa ou casamento no salão local, precisará descobrir o que deverá tocar e qual equipamento precisa levar, e começar a memorizar os nomes dos noivos!

Sondando uma boate

Não importa se esta é sua coleção única de músicas em uma boate ou se você é um DJ consagrado, faço o dever de casa. Tenha uma reunião com o proprietário da boate, gerente ou promotor para discutir sobre algumas coisas. Se você não puder ter uma reunião, tente ir para a boate em uma noite parecida com aquela para a qual você foi reservado (a mesma noite uma semana antes é perfeito), ouça a música que o DJ está tocando e observe a reação do público (veja "Fazendo a leitura do público" posteriormente no capítulo).

Quando você estiver fazendo uma investigação na boate, tente iniciar uma conversa com a equipe do bar e atendentes do banheiro (se a boate tiver). Como eles ouvem tudo que é dito e tudo que é tocado durante uma noite, a equipe, algumas vezes, pode ser uma fonte melhor de conhecimento do que o promotor da boate para a música que funciona melhor, clima geral e padrões das pessoas que frequentam o local.

Quando você é o DJ de aquecimento

Se você foi solicitado a fazer a música de aquecimento antes do DJ principal entrar, pergunte ao promotor/gerente se a boate coloca algum limite para o tipo de música que você pode tocar. Se é uma boate house/trance ou rock/indie, o promotor poderá querer que você toque músicas mais leves e conhecidas para ajudar a aquecer o público, para que o DJ principal possa levar a noite das músicas suaves até as mais pesadas, quando ele assumir o controle da apresentação principal da noite.

A música de aquecimento é extremamente importante para a boate e sua carreira. Se você tratar essa tarefa como uma hora e meia descartável onde o que você toca não importa, os clientes na boate não ficarão aquecidos e a boate não pedirá que você volte. Embora a música possa ser mais suave do que você normalmente toca em casa, contenha seu orgulho musical e perceba que tocar qualquer coisa que a boate pede é realmente importante para que você possa manter o pé na porta; mantenha a esperança de que finalmente ela deixará você tocar na apresentação principal, quando poderá mostrar do que é capaz.

Quando você está tocando na apresentação principal

Como DJ da apresentação principal, você tem menos limites, mas ainda precisa descobrir se a boate tem uma política de música. A boate pode ter um limite quanto à rapidez de um ritmo que você pode tocar e limitá-lo a tocar certos gêneros (talvez você preferisse não tocar hardcore em boates trance ou death metal em boates de rock).

Você pode achar que não está lá para tocar as últimas músicas mais underground, mas talvez o cara que você foi contratado para substituir tocava uma música rápida e pesada o tempo inteiro e a boate está procurando mudar. Portanto, se você foi levado a uma boate que costumava tocar hard dance ou rock, e agora está tentando afastar-se disso, poderá achar que ela pede para você lançar algumas músicas mais leves, comerciais, populares ou até mais antigas na parte principal da apresentação.

LEMBRE-SE

Toda apresentação pode ser sua grande oportunidade. Portanto, engula seu orgulho e perceba que, para cada cinco músicas comerciais tocadas, você pode conseguir tocar uma ou duas que as pessoas não ouviram ainda, mas que sabe que serão fortes. Mas não force a sorte! Pesquise o cenário musical, leia revistas, ouça os outros DJs e escute programas de rádio adequados para ajudá-lo a desenvolver um ouvido para selecionar as músicas que, finalmente, o tornarão popular. Assim, você não terá que arriscar com o que toca; saberá que está tocando a grande música a seguir.

Contanto que isto não aborreça a gerência, quando você escolher as músicas certas que iniciam do underground até a música predominante, o proprietário da boate e o promotor reconhecerão que você sabe das coisas e começarão, espera-se, a respeitar seu conhecimento musical e dar um pouco mais de espaço musical.

Quando você estiver substituindo um DJ

Se você estiver substituindo um DJ, descobrir o motivo é importante. Se o DJ foi demitido, pergunte ao promotor o que levou à demissão dele porque você não deseja cometer o mesmo erro!

Tive muita sorte de ser convidado para ver um DJ que eu estava substituindo uma semana antes dele sair, portanto, pude ouvir por mim mesmo o que estava errado. Contudo, tive que dizer ao promotor o que eu pensava que estava errado e como faria melhor, como um teste de minhas habilidades de DJ, mas felizmente passei no teste!

Você pode achar que o DJ vinha fazendo tudo com perfeição, mas que um choque de personalidade levou à sua demissão ou resignação; no caso, sorria e lembre o que o DJ estava fazendo que funcionou.

Um pequeno reconhecimento

Se você conseguiu assegurar uma reunião com o gerente quando a boate estava fechada, olhe dentro da cabine do DJ e tome nota de seu equipamento e onde tudo está localizado.

QUAL MIXER, TOCA-DISCOS E CD PLAYERS A DISCOTECA USA

Nem todas as boates fornecem uma combinação de CD e equipamento vinil para usar. As discotecas maiores têm, pelo menos, dois toca-discos Technics 1210, dois CDJs Pioneer (CDJ2000s ou similar) e, normalmente, um mixer Pioneer, Rane ou Numark. Mas as boates menores podem ter apenas dois CD players e um mixer, ou pior, uma unidade multifuncional que combina os CD players e o mixer.

Algumas boates de nicho podem fornecer apenas toca-discos, sem nenhuma opção de CD, mas isso é raro — e você pode trazer o seu próprio, se precisar. Se você for um DJ de vinil e não houver nenhum toca-discos, ou pior, nenhum espaço para um na cabine do DJ, precisará discutir sobre uma solução rápida!

DICA

Se você não estiver certo sobre como usar qualquer um dos controles na cabine do DJ da boate, faça uma pesquisa antes de aparecer de noite para sua apresentação. Se o mixer ou os toca-discos tiverem funções que você gostaria de usar, mas não sabe como, descobrir será muito importante. A primeira vez que usei um mixer Pioneer eu não tinha nenhuma ideia de como trabalhar com os efeitos e fiquei batendo no botão amarelo sem resultado. Não descobri como usá-lo corretamente até chegar em casa e ler.

Se você usa dois CD players básicos em casa e tem diante de si CD players simples avançados, como a série CDJ Pioneer na boate, verifique online ou converse com alguém que os tenha para que fique satisfeito em usá-los na noite.

Como todos os DJs adoram usar seus próprios toca-discos, mixers e CD players, algumas boates permitem que você leve seu próprio kit. Se você tiver sorte, na boate certa, com um gerente amistoso, poderá conseguir levar seu próprio mixer se estiver trabalhando a noite inteira, mas os CD players e os toca-discos normalmente são proibidos de mudar.

ONDE COLOCAR SEUS DISCOS/CDS

Parece básico, mas manter os olhos em quanto espaço você tem de manobra na cabine do DJ pode afetar quantos discos ou CDs você leva. Lembre-se que se você for um DJ digital, precisará verificar se há espaço para seu computador e controladora/teclado.

EXPLODINDO AS CAIXAS DE SOM POR PROCURAÇÃO

CUIDADO

Sei por experiência que você precisa ser muito cuidadoso ao trocar o equipamento. Eu costumava levar meu próprio mixer para uma boate porque o fornecido era muito básico. Infelizmente, os cabos não estavam bem marcados e quando eu os conectei no mixer da boate no final da noite, não fiz corretamente. Na noite seguinte, um DJ desavisado ligou todos os amplificadores e quase explodiu a maioria das caixas de som por causa do estouro elétrico que minhas conexões incorretas causaram.

SE TEM UMA INTEGRAÇÃO DE DJ DIGITAL

Os DJs digitais entram em um novo domínio de cuidado na cabine do DJ. Não só você precisa assegurar que pode colocar seu computador (que será muito mais fácil se usar um PC do tipo laptop ou Mac), como também precisa lutar para conectar o sistema de som da boate.

O Capítulo 9 tem mais informações sobre as diferentes maneiras de conectar um equipamento de DJ digital a uma cabine de DJ. Os métodos são divididos em dois campos diferentes:

» Toda mixagem é feita no software no laptop (algumas vezes, com uma controladora externa), com a saída conectada a uma entrada no mixer na cabine do DJ, para ser tocada nos amplificadores e caixas de som da boate.

» As saídas dos toca-discos e/ou CD players na cabine do DJ são redirecionadas para uma *interface de entrada/saída de áudio* (uma placa de som externa projetada especialmente) para controlar a música que toca no software em um computador. Então, essa música é retornada para os canais individuais no mixer do DJ para ser mixada como um CD/disco normal e tocada no sistema de som da boate.

A primeira opção é mais fácil. Geralmente, significa conectar uma saída de áudio do computador a uma entrada sobressalente no mixer usando um par de cabos fono (também conhecidos como RCA) e definir os controles no mixer para esse canal, de modo que a música toque alta e clara (normalmente, o atenuador de canais fica entre 75% no máximo, e os EQs (equalizadores) na posição central, mas isto varia dependendo da configuração do sistema de som da boate).

A segunda opção pode ser muito mais difícil. Se uma boate não estiver preparada para um DJ digital, poderá significar conectar os CD players e os toca-discos a partir do mixer para reconectá-los à interface de entrada/saída de áudio. Se você for DJ a noite inteira, poderá fazer isto quando chegar na boate, então, desconectar no final da noite, mas se a boate trouxe você para apenas duas horas no meio de uma noite de oito horas, será *muito* mais difícil colocar e retirar as conexões do mixer enquanto outra pessoa ainda está usando-o!

Quando os DJs ficarem mais digitais, as boates comprarão interfaces de entrada/saída de áudio para instalarem de modo permanente em suas cabines de DJ, cuidando elas mesmas das conexões para que tudo que o DJ tenha que fazer é conectar o computador em sua caixa de hardware com um cabo USB. Porém, verifique se o software com o qual a interface de áudio de uma boate trabalha é o utilizado por você. Se uma boate tiver uma interface de áudio Serato instalada e você usar a Traktor, então, você ainda terá alguma reconexão a fazer, pois o software Traktor e discos/CDs de controle não funcionam com o hardware Serato.

SE É FORNECIDO UM MONITOR DA CABINE

Se a boate não fornecer um monitor, você poderá solicitar um, mas a menos que seja um DJ famoso que fará a boate ganhar muito dinheiro, provavelmente, ela não concordará com a solicitação. Se você não tiver um monitor, precisará resolver da melhor maneira o atraso do áudio. (Veja o Capítulo 14 para conhecer as diferentes opções de monitoramento do fone de ouvido que irão ajudá-lo.)

ONDE ESTÃO OS AMPLIFICADORES

Você não deverá precisar fazer nada com os amplificadores — mas ainda será bom saber onde eles estão, para o caso de algo dar errado.

Problema de dinheiro

A última coisa a analisar com a gerência antes de tocar suas músicas é o dinheiro. Boates diferentes, noites e locais mudam quanto você pode cobrar. Quando você conseguir seus primeiros trabalhos, será DJ por amor à música e pela oportunidade, não pelo ganho financeiro, mas não atrapalhará ter algo escrito que declare quanto você receberá e quando receberá!

Preparando-se para a festa

Casas e salões não são projetados para serem boates improvisadas, portanto, você precisa fazer um pouco mais de investigação para assegurar que estará bem preparado para tocar nesses locais.

Se você decidir fazer uma festa em casa para que possa impressionar seus amigos com suas habilidades, as únicas coisas com as quais terá que se preocupar é garantir que seu estéreo esteja ligado alto o bastante, acalmar os vizinhos, manter bastante gelo na geladeira e onde colocar sua cabine de DJ doméstica. Mas se você alugar um salão no qual tocar, precisará pensar em uma amplificação séria (consulte o Capítulo 12), luzes e algo para montar que seja mais substancial do que a tábua de passar roupa! Se tiver convidado 200 pessoas, pense na segurança; você pode precisar de músculos no lugar, apenas para o caso das coisas saírem de controle.

Se a festa que você está dando é em casa ou em um salão alugado, a política da música não é um problema porque você decide o que tocar. Você precisa reagir

350   PARTE 4 **Sendo Notado e Tocando ao Vivo**

a como as pessoas na festa respondem ao que está tocando. Não seja teimoso: não continue com uma música da qual as pessoas não estão gostando só porque você quer tocá-la.

Se você foi reservado para tocar na festa de outra pessoa — em uma festa de aniversário, noite de despedida ou casamento — o cliente pode dar uma indicação do que ele espera que você toque de antemão. Se for alguém que sabe que você é DJ, mas não sabe que você é especializado em drum and bass, você poderá querer informar para que a pessoa não espere Katy Perry e Beyoncé, mas terá as antigas faixas de Roni Size e Goldie.

LEMBRE-SE

A menos que você seja informado o contrário, não espere que o cliente forneça nenhum equipamento; você precisará usar sua própria aparelhagem — ou poderá alugar algo melhor ao organizar uma amplificação e iluminação adequadas também. Visite o local para o qual foi agendado para tocar bem antes. Alguém que trabalha lá deverá informar sobre o local mais popular para colocar sua cabine de DJ provisória. Quando você vir o salão, poderá calcular de quanta amplificação precisará.

Preparando-se para a Apresentação

Baden Powell não estava errado sobre o valor da preparação. Provavelmente ele não tocaria duas horas de música que agitaria o salão de escoteiros — mas você pode. Prestar atenção na música que você tocará antes de ir pode tirar muita pressão de seus nervos já irritados.

Selecionando a coleção de músicas

De suas conversas sobre a política da música com o proprietário da boate ou com o organizador da festa, você deve saber qual gênero de música conseguirá tocar durante a apresentação. Com isso em mente, você pode percorrer sua coleção ou biblioteca e escolher as músicas que muito provavelmente tocará na noite.

Tenho a tendência de superestimar o número de músicas necessárias. Em uma hora de trabalho como DJ, viso alto e suponho que tocarei pelo menos 20 faixas. Mas asseguro que terei pelo menos 40 a 50 faixas comigo para cada hora tocando.

Você pode não ter confiança ainda para andar pela boate com uma bolsa de apenas 80 discos ou CDs — o que é compreensível. Esperar por uma música que você não colocou em sua seleção é algo ruim, mas pegar essa música — aquela que você teria deixado em casa — e usá-la para conquistar um público difícil pode ser algo bom.

Contanto que haja espaço na cabine, leve quantas músicas quiser. Ainda é uma boa ideia, em geral, pensar sobre a coleção e colocar todas essas músicas em uma maleta de CDs ou caixa de discos, em seguida, suas músicas de segurança

CAPÍTULO 21 **Encarando a Música: Tocando ao Vivo** 351

em outra caixa. Quando você tiver mais experiência com o planejamento de sua coleção de DJ, descobrirá que não abrirá mais sua caixa de segurança.

Os DJs digitais precisam passar por esse processo também. Embora você não tenha os mesmos limites de espaço para lidar como os DJs de CD e vinil quando levam caixas demais ou CDs com eles, como DJ digital o maior problema ao levar músicas demais é ficar esmagado com tanta escolha.

Com toda sua música armazenada no HD, como DJ digital você estará levando todas as suas músicas com você, portanto, passe um tempo fazendo listas de reprodução das músicas que você poderá tocar durante sua apresentação antes de sair. Isto significa que você evitará a pressão de tentar criar uma coleção dinamicamente, diante da tarefa de escolher em sua biblioteca inteira (que pode ter milhares de músicas) quando estiver tocando.

Listas de coleções predeterminadas

Tentar planejar e colocar apenas as músicas para uma apresentação inteira do início ao fim antes de ir a uma boate não é uma boa ideia. Mesmo que o proprietário da boate tenha fornecido a política de músicas a seguir, você ainda precisará adequar a música às pessoas na pista de dança.

Se você decidir antes de se apresentar aquecer com uma house music leve ou trilhas indie comerciais nas duas primeiras horas, mas a boate fica apertada depois de uma hora, com as pessoas pedindo a música principal, você terá a opção de tocar outra hora de house music ou indie (que pode ser chato para as pessoas da boate, portanto, é uma ideia ruim) ou pular para a música que elas querem ouvir. Se você não colocou músicas suficientes para tocar uma hora extra de música principal, lutará para preencher a apresentação de DJ da noite inteira!

Músicas de controle

Se você não gosta da ideia de uma apresentação espontânea, mas não quer criar uma lista de músicas do início ao fim, use músicas-chave para sua coleção, como pontos de controle que você passa quando aumenta a energia e o ritmo da noite. Se os pontos de controle forem músicas que as pessoas adoram ouvir, você poderá usá-las como marcadores para ajudar a mapear sua apresentação do início ao fim.

Contanto que você pratique o bastante com sua coleção, deverá conseguir escolher muitas músicas que poderá mixar para entrar e sair das músicas de controle, todas para transformar o set em outras boas músicas. Mantenha os olhos na pista de dança e tente estimar quando acha que irá mudar o ritmo e a energia de novo, e trabalhe para colocar a próxima música-chave para levar o set a outro nível.

Mas lembre-se, em toda jornada, algumas vezes você precisa pegar um retorno. Mesmo com uma estrutura de músicas para ligar seu set, você ainda precisa ser flexível e reagir ao público (veja a seção "Fazendo a leitura do público", posteriormente neste capítulo).

352   PARTE 4 **Sendo Notado e Tocando ao Vivo**

Organizando sua caixa

Você não precisa colocar suas músicas em ordem alfabética ou por gênero se não quiser, mas ter ordem no caos de sua caixa de discos, maleta de CDs ou lista de reprodução facilitará muito mais encontrar aquela faixa difícil quando você mais precisa. Você tem algumas opções de organização:

- » **Por gênero:** Se você estiver fazendo uma apresentação que requer tocar diversos gêneros de música ou vários subgêneros, agrupar cada gênero fará sentido. Especialmente porque a maioria desses gêneros se relaciona com um ponto específico na noite (por exemplo, R&B no início, então, house com vocais, depois dance comercial, trance e house progressiva), agrupar esses gêneros torna a navegação da coleção mais gerenciável.
- » **Diversas caixas/bolsas/listas de reprodução:** Experimente uma para cada gênero ou nível de energia na noite, dividindo a música para que todas as músicas do começo da noite estejam em uma caixa ou lista de reprodução e todas as músicas principais estejam em outra.

DICA

O software de DJ (ou mesmo seu iPod, se você usa isso para trabalhar como DJ) requer muito esforço para organizar suas músicas. Sua biblioteca pode crescer com um tamanho não gerenciável, mas existem algumas ferramentas para ajudar. Não apenas a maioria dos títulos de software inclui uma caixa de pesquisa prática para que você possa escolher instantaneamente uma música que deseja tocar, como também você pode classificar a biblioteca de músicas rápido e facilmente por artista, gênero, batidas por minuto ou qualquer outra definição que você possa lhes dar. Gosto de dar classificações de energia a cada uma das músicas em minha biblioteca digital. Então, por exemplo, posso encontrar as músicas house progressivas que acho que atingirão a pista de dança em total energia ou tentar encontrar uma boa música trance que tem um efeito calmante na pista para usar como um descanso na apresentação.

CUIDADO

Um aspecto do DJ digital que pode parecer uma enorme vantagem, mas realmente torna as coisas mais difíceis, é a capacidade de comprar, baixar e tocar novas faixas quando você está trabalhando como DJ! Se a boate tiver uma boa conexão Wi-Fi, você poderá acessar praticamente toda faixa gravada. Isso pode ajudar a encontrar a música perfeita para fazer o teto explodir ou pode causar problemas, especialmente quanto às solicitações na pista de dança. Se você estiver tocando uma coleção de heavy metal e for pedido que toque Bon Jovi, não poderá mostrar o cartaz "Eu não tenho comigo" se as pessoas souberem que você pode ficar online e baixar!

> ## A PREGUIÇA TEM SEU VALOR... AFINAL!
>
> Sou bem preguiçoso como DJ de vinil quanto a organizar as músicas em uma caixa de discos. Pego em qualquer lugar, mas sempre as coloco na frente da caixa. Mas esse método significa que as músicas que toco geralmente estão sempre na frente da caixa. Antes de eu sair para uma noite, quando examino as músicas que acho que poderei tocar, coloco aquelas que estou certo em 90% que incluirei na frente da caixa e aquelas que tocarei apenas se achar que é do tipo que o público responderá são as próximas, então, aquelas que tocarei apenas em uma emergência ou se a noite estiver correndo *tão* bem que poderei tocar qualquer coisa, bem na parte de trás.

Sabendo o que Esperar na Boate

Chegar na boate cedo permite planejar devidamente sua noite e dá tempo para você se acostumar com o equipamento, bater papo com a equipe do bar e promotor sobre o tipo de noite que eles acham que será e acalmar qualquer nervosismo que possa ter ficado com você.

Lidando com os nervos

A menos que você seja uma rocha, se sentirá nervoso na primeira noite que tocar. Se você tiver sorte, seus nervos se acalmarão com o tempo, sendo substituídos por um entusiasmo mágico e nervoso. Acho que o momento em que você parar de se sentir entusiasmado antes de tocar, deverá avaliar e perguntar a si mesmo se ainda ama o que está fazendo ou apenas está realizando os movimentos.

CUIDADO

Você pode ficar tentado, mas não recorra ao álcool como um modo de superar o nervosismo, mesmo que seja de graça. Você deseja estar o mais equilibrado possível quando estiver tocando. Coragem de mentira não é coragem, é uma máscara. Seu nervosismo diminuirá após algumas boas mixagens, mas você deve ficar consciente deste sentimento e usá-lo como um lembrete de o que está fazendo é importante e seu medo de falhar vem do seu desejo de ser um ótimo DJ.

Acostumando-se com suas ferramentas

Aproveite a oportunidade de aparecer na boate cedo para tocar algumas músicas para se acostumar com o equipamento. Você já deve ter investigado o equipamento da boate (veja a seção anterior "Sondando uma boate"), mas se apenas leu em um manual para usar algo na cabine, este momento será ótimo para lidar com qualquer coisa com a qual não está seguro.

Definindo os níveis e o EQ

Assim como se acostumar com o equipamento, você pode descobrir como o som percorre a boate e, espera-se, mudá-lo como quiser. Há uma longa noite pela frente. Se você não gostar do som, ela será ainda mais longa!

Carregue uma música que você conhece realmente bem, com todos os EQs definidos para 12 horas (esta é a posição *vazia* em seu mixer, onde você não acrescentou nem cortou nenhuma frequência em nenhuma quantidade). Deixe a música alta e constante em vários pontos na pista de dança. Não fique diante apenas das caixas de som grandes do grave, onde será sacudido pelas vibrações; circule, desde as bordas da pista até o centro e a frente da cabine.

Durante sua jornada pela pista de dança, ouça o som em cada posição. Se áreas diferentes da discoteca forem cobertas por vários amplificadores e EQs, pergunte se você pode mudá-los para adequar o som à sua preferência. Se apenas um amplificador e EQ estiverem disponíveis para a pista inteira, fique no meio e defina o melhor som para essa posição.

Infelizmente, é provável que a discoteca não permitirá que você ajuste o sistema de som, portanto, você precisará usar os EQs no mixer. Esta não é a melhor opção, mas ainda é melhor do que o som da música estridente, sem nenhum grave. A música que você usa para verificar o som deve ser uma referência. Use essa música para definir os EQs, então, combinar tudo a seguir com essa referência.

LEMBRE-SE

Não se esqueça de que as pessoas absorvem as vibrações do som. As roupas, pele e grandes ossos desengonçados absorvem as frequências do som quando a boate fica cada vez mais cheia. Este fato significa que você tem que definir o mixer para tocar mais alto quando a boate ficar mais cheia e você também achará que muitas frequências do grave desaparecerão nas barrigas insaciáveis do público.

DICA

De vez em quando (provavelmente quando você precisa fazer xixi), vá para a pista de dança e ouça rapidamente como está a música. Se você puder ouvir conversa demais ao invés de música, se seus ouvidos começarem a tremer com a quantidade de médios, cruze as pernas e ajuste os EQs ou o nível de saída para que a música fique melhor — então vá ao banheiro na próxima faixa.

Definindo o monitor

Se você tiver um monitor na cabine do DJ, reserve um tempo para ajustá-lo para criar uma imagem estéreo virtual entre a música em seus fones de ouvido e a música que toca no monitor. (Se você não tiver ideia do que estou falando, veja o Capítulo 14.)

Coloque um protetor de ouvido (honestamente, recomendo que você use um protetor em sua orelha *descoberta ao vivo* — consulte o Capítulo 11) e defina o nível para que possa ouvir tudo claramente, mas a música não seja tão alta a ponto de seus tímpanos tremerem. Ouvi pessoas falarem sobre *cansar* o ouvido

— que, para mim, significa que se você toca a música alto demais, por tempo demais, descobre que se concentrar na música gritando é difícil e correrá o risco de acabar com danos permanentes na audição.

Se a boate não tiver um monitor, espero que você tenha descoberto isso quando foi visitá-la e tenha passado um tempo aprendendo a mixar com uma função de mixagem dividida (se o mixer da discoteca tiver; veja Capítulo 14) ou você tenha praticado a mixagem com as duas músicas tocando nos dois ouvidos dos fones.

Trabalhando em um ambiente barulhento

Este trabalho pode ser a primeira vez em que você toca em um volume mais alto do que em seu estéreo doméstico, portanto, use a oportunidade para chegar cedo para se acostumar com todas as diferenças que o volume de uma boate pode ter.

Nada o prepara para o sentimento da batida se chocando em seu corpo ao trabalhar como DJ. Quando você está em uma boate como cliente na pista de dança, é uma sensação legal, mas como DJ, se as vibrações das batidas forem um pouco atrasadas em relação àquilo que você está ouvindo pelo monitor ou nos fones de ouvido, você poderá achar a sincronização um pouco desconcertante no início.

A boa notícia é que o sistema de som da boate pode ser muito generoso com os pequenos erros da combinação de batidas. O sub-grave pesado pode ser um som tão denso que um leve *l'Bum* ou *B'lum* (veja o Capítulo 14 se você não tiver ideia do que falo) é facilmente ocultado. Com bons fones de ouvido, você poderá ouvir esse pequeno erro de sincronização antes de qualquer outra pessoa na pista de dança.

LEMBRE-SE

A música fica diferente também. O sistema de som em uma boate não tem a total fidelidade de seus fones de ouvido, com o sub-grave algumas vezes predominando acima do grave e das melodias com médios, portanto, você acha que algumas mixagens que não funcionaram tão bem em um set demo ficarão ótimas tocadas ao vivo com os controles EQ certos.

Tocando Sua Música

Você investigou, descobriu e preparou-se até ficar sem fôlego. Você foi um DJ educado e apareceu o mais cedo possível (mesmo que seja apenas para se sentar no banheiro). Sua noite está para começar.

Fazendo a leitura do público

Se esta noite é sua primeira vez tocando para um público que não conhece, a principal diferença a notar é quanta consideração você precisa dar às suas músicas para manter as pessoas na pista de dança.

Com o tempo, você se tornará um especialista na linguagem corporal, vendo as reações das pessoas na pista quando elas colocarem suas mãos no ar e dançarem como se não houve amanhã... ou colocarem as mãos no ar por desgosto.

Primeiro, pense sobre como você reage quando está em uma boate. Quando está divertindo-se, o que você faz? Se você é do tipo que ri de orelha a orelha e coloca as mãos no ar para dançar ou balança a cabeça com o rock e está tocando o tipo de música que o faz querer fazer isto, procure esse tipo de resposta nas pessoas na pista de dança. Quando você está entediado e desinteressado, como você reage? Examine os olhos das pessoas. Se elas estão com um olhar distante ou na pista, se estão dançando sem nenhum pensamento real ou energia, elas estão em um lugar feliz em suas cabeças, esperando que algo mude. Cabe a você fazer essa mudança.

Não baseie suas leituras apenas nas pessoas diretamente à sua frente. Examine o público. Se você tiver a oportunidade de dar uma volta, circule e veja como as pessoas estão respondendo à música. Um rosto triste não é algo bom de ver. Quinze rostos tristes são um chute no traseiro que deve fazer você tocar algo melhor.

Apenas pergunte... se tiver coragem

A relação desenvolvida com o atendente do banheiro e a equipe do bar pode realmente ajudá-lo. Eles são ótimas fontes de informação sobre como você está se saindo e como está indo a noite.

Em uma boate na qual trabalhei, o atendente sabia tudo que estava acontecendo. Se as pessoas que vinham usar o banheiro estavam gostando da noite, ele rapidamente passava a informação para mim e se ouvisse histórias de que algo não estava certo com a música, eu sabia antes que fosse tarde demais. Nunca antes uma visita ao banheiro foi tão esclarecedora.

Se quiser, você pode simplesmente perguntar às pessoas como estão aproveitando a noite, pessoal ou coletivamente, pelo microfone. Se você tiver um berro coletivo ou pior, silêncio, mude rapidamente a música. Se receber aplausos, gritos e mãos no ar, continue; você está se saindo bem.

Desenvolva a apresentação

Se os DJs tocassem o mesmo estilo de música a noite inteira, as coisas ficariam muito maçantes. Os DJs de dance podem começar com house music e acabar tocando uma trance ritmada e pesada no final da noite; os DJs de rock podem começar com uma mistura de músicas mais antigas e rock mais leve para entrar na noite e acabar tocando uma música mais pesada e nova, de grupos mais pesados quando a noite progredir.

Trabalhar como DJ não é uma corrida. Você não ganhará nada por tocar todas as músicas mais novas, melhores e maiores nos primeiros 30 minutos; você perderá todos na pista. Você esgotará as pessoas, elas ficarão chateadas com a mesma música e como você não terá nenhuma música ótima restante, as pessoas na pista ficarão chateadas com o resto da apresentação. Se você começar a repetir as músicas, elas já terão ouvido, portanto, não ficarão tão entusiasmadas. Sua luz brilhará muito, mas por pouco tempo. Não estou dizendo que você deve tocar músicas maçantes como um passatempo, nem deve colocar todo o ouro no início da apresentação!

Use as músicas de controle (veja a seção anterior "Músicas de controle") como um modo de apimentar a coleção com boas músicas e mover a apresentação com energia e ritmo. Mas não decida arbitrariamente mudar as coisas. Sempre mantenha os olhos em como as pessoas na pista de dança estão reagindo àquilo que você está tocando. Se a pista de dança não estiver cheia o bastante ou se o nível de álcool não contribuiu ainda, tocar uma música um pouco mais pesada poderá esvaziar a pista. Ou talvez ela esteja ficando cheia e você tem tocado o mesmo estilo por um tempo; se você não mudar o ritmo logo, sua apresentação poderá começar a parecer chata e monótona, e as pessoas começarão a vazar da pista de dança.

Sonde o terreno. Se você não puder dizer o que as pessoas querem pela reação na pista de dança, escolha coisas um pouco mais pesadas ou rápidas, pouco a pouco, para ver qual é a resposta. Ou talvez diminua o ritmo de tempos em tempos ou coloque uma faixa mais antiga para ver a que tipo de coisa as pessoas estão respondendo, então, mantenha esse nível até suas habilidades de leitura do público mostrarem que chegou o momento de mover (ou parar) as engrenagens.

Você é o capitão

Como DJ, você é o responsável pela noite — você é o capitão do navio e define o tom. Se você é DJ porque adora música, deve realmente agitar as coisas como DJ porque está tocando a música que adora! Sorrir, dançar e passar bons momentos na cabine do DJ não é algo para suprimir em uma vã tentativa de parecer legal. Se as pessoas virem você amando o que está fazendo, elas se alimentarão de sua energia e terão um ótimo momento. Se você parecer alguém que apenas corre atrás do gato, caberá a elas criarem sua própria energia. Vale a pena repetir: você define o tom de como aproveitar a noite.

Lidando com as solicitações

Eu lido com as solicitações com as seguintes considerações:

- » Eu iria tocar a música solicitada de qualquer modo? Se tocaria, fico contente por dizer sim quando alguém pede e digo quando será tocada.
- » O quanto a pessoa foi educada ao fazer a solicitação? Não estou dizendo que eu tocaria *qualquer coisa* se alguém fosse bastante educado, mas modos ruins deixam menos provável que eu toque algo. Por favor e obrigado não requerem muito tempo ou esforço para dizer, e podem levar alguém longe neste mundo.

Não importa o que você considera quando alguém pede uma música (isto inclui a boa aparência da pessoa), lembre-se que as pessoas pagaram bem para entrar na boate e espera-se que tenham entretenimento, portanto, pelo menos desaponte-as com gentileza.

Se você não quiser tocar a música que alguém pediu, porque não tem ou não é a hora certa para tocar aquela música, diga o seguinte, dependendo da esperança que quer dar à pessoa:

» "Esqueci em casa... desculpe".
» "Darei uma olhada, mas *acho* que deixei em casa... desculpe".

Se você for um DJ digital, invente uma boa desculpa sobre não ter Wi-Fi.

Solicitações como um DJ de aquecimento

A apresentação de aquecimento pode ser difícil para as solicitações. O proprietário/promotor disse para você tocar músicas leves que todos conhecem, nem pesada demais nem as faixas mais recentes e grandes. Na metade da apresentação, algumas pessoas pedem para você tocar as grandes músicas do momento ou alguém uma vez "pediu": "Toque algo pesado para eu poder dançar — isto é muito ruim". Adorável...

Aqui estão alguns problemas. O lugar não está cheio e o promotor disse para não tocar essas músicas, mas é um cliente, que pagou para ter entretenimento. Esta situação é o motivo para eu enfatizar a importância de conversar com o proprietário/promotor quando você pegou o trabalho, para resolver esses possíveis problemas (veja a seção anterior "Quando você é o DJ de aquecimento"). Talvez seja exatamente por isso que a boate tenha uma política de música: eliminar o tipo de pessoa que quer apenas dançar ou bater a cabeça em plena velocidade em uma pista de dança vazia.

Solicitações como DJ principal

Quando você toca a apresentação principal, a boate tira muitas restrições sobre o que você pode tocar. As solicitações só se tornam problemas quando alguém pede uma música que você não gosta ou não tem, ou que não é adequada nesse ponto da noite.

Você pode receber o pedido de uma música "problemática" se alguém não percebeu o tipo de boate para a qual foi. Várias vezes pediram para eu tocar uma faixa R&B em uma boate trance, o que me surpreende, mas geralmente essa solicitação é introduzida com: "Fui arrastado aqui por meus amigos e não gosto desta música, então..."

NÃO SE PERTURBE

Você está no controle da noite de todos como DJ e com isso vem muita pressão. Essa pressão pode deixá-lo irritado e pode levá-lo ao pânico se as coisas começarem a dar errado. No quarto, se você cometer um erro não importa porque você pode iniciar a mixagem de novo e ninguém conhecerá nada diferente. Em uma boate, se você cometer um erro, isto significará muito mais.

Se sua última mixagem foi um desastre, seja duro consigo mesmo, sem dúvidas, porque você é um perfeccionista e deveria ter feito o melhor, mas não deixe que um erro estrague o resto de sua apresentação. Ninguém ouviu os erros, não importa o quanto são ruins. Muitas pessoas não estão tão ligadas na música quanto você ou estão tendo um momento muito bom para se importarem. Observe as reações: se as pessoas na pista começarem a cantar "Demita o DJ", você saberá que cometeu um erro estúpido, mas se elas ainda estiverem sorrindo e dançando, não se perturbe com algo que não teve importância afinal.

DICA

Seguranças amistosos e leões de chácara algumas vezes podem intrometer-se e assumir o papel de mediadores passando as solicitações. Esta opção evita que você argumente por três minutos com alguém sobre uma música que você não está querendo tocar, e então perca a próxima mixagem.

Solicitações como um DJ de festa

Como um DJ de boate, você tem alguma licença para dizer não para as pessoas quando elas pedem músicas — você conseguiu o trabalho porque deve ter um conhecimento superior sobre música. Como DJ de festa, você tem que parecer estar à mercê das pessoas para quem está tocando, para seguir suas solicitações ou não. Contudo, podem surgir algumas ocasiões quando você dirá não a uma solicitação se não tiver a música em particular ou se ela não descer bem.

Se você estiver trabalhando em um casamento e a pista de dança tiver todos os avós, soltar o último rap de rua ou uma música nu metal poderá ser um erro. Ou se você for um DJ de rock e todos forem loucos pela coleção de Bon Jovi/Van Halen dos anos 1980 que você está tocando, concordar em tocar uma solicitação de White Zombie não será a melhor decisão tomada na noite.

Assumindo o controle de outra pessoa

Os DJs de aquecimento têm uma vida difícil: eles aparecem, tocam por uma hora e meia para colocar o público no clima, então, o próximo DJ os tira do caminho para terminarem o trabalho iniciado. Quando você for a pessoa que faz a progressão, faça uma pausa e preste atenção no que estava acontecendo antes de ter entrado na cabine do DJ.

CACOFONIA DO SOM

Na primeira vez em que eu toquei ao vivo, o cara do aquecimento antes de mim desligou o crossfader e usou os atenuadores de canal de modo próprio. O problema foi que eu esqueci de ligar de novo o crossfader e como precisei mixar com os fones de ouvido nas duas orelhas porque a cabine do DJ não tinha um monitor, isto foi um desastre. Coloquei os fones de ouvido, defini o nível de entrada para os dois canais, pressionei os botões para que ambas as músicas tocassem nos fones, então, aumentei o atenuador de canal ao máximo e movi lentamente o crossfader da esquerda para a direita.

Como os fones de ouvido estavam nas duas orelhas, não ouvi que, quando aumentei o atenuador de canais, a nova música explodiu em volume máximo sobre a outra e quando eu movi o crossfader da esquerda para a direita, nada aconteceu; as duas músicas continuaram a tocar uma sobre a outra em volume máximo.

Tirei meus fones de ouvido e só depois de um breve momento de pânico, com um barulho terrível vindo das caixas de som, ficou óbvio o que tinha acontecido. Eu bati no atenuador de canais na música que saía para ficar em zero e baixei a cabeça de vergonha. Mas o que deve ser lembrado aqui é que ninguém mais notou! Nem pude acreditar.

DICA

Tente chegar na boate pelo menos 15 minutos antes de iniciar para que possa ouvir o final da coleção do DJ de aquecimento. Este momento lhe dá a oportunidade de avaliar como o público está respondendo à música e também evita que você repita uma música que acabou de ser tocada. Faça perguntas ao DJ de aquecimento sobre a reação do público à música já tocada e como ele acha que a noite continuará, com base em sua experiência até o momento.

Verificando o equipamento

Verificar o equipamento é extremamente importante. Veja o que o DJ está usando. Se ele estiver usando apenas CDs e você for usar toca-discos, verifique rapidamente os toca-discos e as configurações no mixer para assegurar que o DJ anterior não tenha desconectado, interrompido ou trocado algo que acabará causando problemas.

CUIDADO

Veja como o DJ está mixando também. Se ele mixou usando apenas atenuadores de canal, veja o crossfader. Se o mixer tiver chaves de atribuição, o DJ pode ter desligado o crossfader para não ter nenhum controle sobre a mixagem.

Avaliando o clima

Use suas habilidades de linguagem corporal para julgar o clima do público antes de decidir como iniciar sua apresentação. Se a boate estiver cheia, com

TOCANDO DEMAIS, CEDO DEMAIS

CUIDADO

Embora nem sempre seja um erro, colocar uma música realmente pesada quando apenas 20 pessoas estão na pista de dança é uma aposta perigosa. Ouvi um DJ cometer um erro terrível enquanto o aquecimento ainda estava tocando uma música house vocal leve e a pista de dança estava apenas começando a encher. Ao invés de atrair gentilmente mais pessoas para a pista com um aumento sólido no ritmo e na energia, o novo DJ tentou uma mudança rápida e drástica, usando uma música clássica mais antiga: "Born Slippy" do Underworld. É uma ótima música no momento certo, mas diretamente na luz, a house music musical, a mudança foi grande demais e as 20 pessoas que *estavam* na pista saíram rapidamente, deixando uma pista vazia e desolada para o DJ entrar em pânico.

uma energia reprimida e o DJ de aquecimento recebeu muitas solicitações para mais músicas alegres, use isso a seu favor para mudar instantaneamente de uma música de aquecimento leve para algo mais novo, rápido e pesado. Essa mudança dará um estímulo rápido ao público. Contudo, lembre-se para não colocar sua coleção inteira tentando levantar ainda mais o público, apenas para ficar sem músicas para tocar.

Se as pessoas ainda estiverem movendo-se com hesitação na pista de dança, seja um pouco mais gradual ao mudar a música. Comece a partir do que o DJ anterior tocou, adicione uma sensação de energia e entusiasmo iminentes, mas faça isto gradualmente para manter as pessoas na pista.

Tocando com o momento

Se você estiver assumindo o controle de outra pessoa que já está tocando músicas rápidas e potentes, terá uma opção: poderá mixar a partir da última música do DJ em uma mixagem suave, contínua e imperceptível, poderá anunciar sua chegada com uma mudança no ritmo/gênero/tom/volume ou poderá tentar algo como uma parada total, giro para trás ou desligar a energia se realmente quiser deixar que as pessoas saibam que você está assumindo o controle. (Verifique os Capítulos 16 e 17 para saber mais sobre essas técnicas.)

Minha preferência é usar uma música básica e simples. Algo que seja apenas percussões e uma melodia com batidas de contratempo poderosas saindo de uma música bem frenética é uma maneira de mudar a energia sem mudar o ritmo. (No Capítulo 18, isto é descrito como o *ti* do ritmo condutor *ta-ti* para um *ta-fi-ti-ti*.) Então, posso desenvolver a apresentação para uma sensação mais completa com meu próprio ritmo, ao invés de continuar com o mesmo som do antigo DJ, que pode chatear a pista.

Você também pode ser um pouco audacioso e gradualmente, nos últimos minutos da última faixa do DJ de aquecimento, abaixar um pouco o volume que está tocando para que as pessoas na pista não percebam. Então, quando você tocar sua música inicial poderosa no mesmo volume no qual o aquecimento estava tocando, realmente parecerá que você, de fato, aumentou o sistema de som no início de sua apresentação.

Mudando a música

Uma das coisas mais interessantes que já tive que fazer foi assumir o controle de um DJ de heavy metal. Mudar de Iron Maiden para David Morales não é algo natural de fazer! Usei um enfraquecimento simples com um início rápido da próxima música, que não é uma mixagem particularmente difícil, mas escolher a música certa com a qual começar é importante. A música que usei, "Needin' U" de David Morales, foi uma música simples e reconhecida, com a linha de baixo simples em contratempo que mencionei na seção anterior, e funcionou muito bem.

Terminando a noite

Depois de uma noite bem-sucedida na cabine do DJ, colocar a última música e deixar correr pode ser difícil — você só quer continuar tocando a noite inteira. Comece pensando sobre como deseja terminar sua apresentação cerca de uma hora antes de acabar.

A lotação da boate determina como você termina a coleção. Se a boate ainda estiver cheia, continue tocando ótimas músicas até o final, então, tente terminar com a melhor música que você puder pensar. Eu costumava adorar terminar com "Believer" de BT porque é uma faixa enérgica que termina com uma linha vocal que repete "I'm a believer...", ecoando no silêncio. Isto é muito melhor do que apenas enfraquecer as batidas ou uma música que sussurra no silêncio.

Algumas boates pedem que você abaixe a energia e o ritmo da música no final da noite ou quando a pista de dança começa a ficar mais calma, para que as pessoas não fiquem hiperativas quando saírem da boate. Acho que isso subestima um pouco a boate e os clientes — você precisa tocar a música mais adequada para as pessoas que estão no local do início ao fim.

Respeite as leis de licença da boate na qual você está tocando; você não deseja que ela perca sua licença só porque você quer espremer mais uma faixa. Mesmo que as pessoas estejam gritando por outra, não pegue as leis nas mãos tocando outra música. Esse é um caminho certo para não voltar à boate de novo na semana seguinte! O proprietário/promotor provavelmente ameaçará você no final da noite para garantir que irá parar, portanto, não abuse da sorte.

As últimas coisas a fazer quando você termina a noite são embalar todas as suas músicas (e qualquer equipamento trazido), desconectar qualquer coisa usada para gravar sua apresentação, colocar tudo em um lugar seguro, então, encontrar a pessoa com seu dinheiro!

Enquanto você ainda estiver na boate, fale com a equipe do bar e o atendente do banheiro para descobrir o que eles acharam da noite. Sempre ouça o comentário. Se eles disserem algo com o qual você não concorda, tudo bem, mas lembre disso e tenha cuidado na próxima vez, no improvável caso deles saberem melhor que você.

Se você estiver trabalhando com uma agência, será pago por ela, portanto, só precisa dizer adeus e sair com o conhecimento de que teve outra noite de sucesso.

Se você não estiver trabalhando com uma agência, terá que jogar o que chamo de "caça ao homem do dinheiro". Você pode ter que visitar alguns lugares estranhos, mas finalmente encontrará a pessoa que irá pagá-lo. A menos que você tenha algo melhor para fazer, não o deixe sair de sua visão até ser pago. Integralmente.

Tenha cuidado se a boate não lhe der a quantidade total ali mesmo. Se a pessoa que paga lhe der metade agora com uma promessa da metade na próxima semana porque a boate ganhou pouco — não acredite. Você nunca verá a outra metade! O mesmo ocorre com as promessas de transferências bancárias ou o antigo "O cheque vai pelo correio" sem sentido. Ouça as pessoas do Gas Monkey Garage e só negocie com dinheiro vivo!

A Parte
dos Dez

NESTA PARTE . . .

Descubra as respostas para as perguntas que você sempre quiser fazer sobre DJ.

Descubra as coisas que você realmente não deve fazer ao trabalhar como DJ.

Reserve um tempo para preparar seu equipamento e planejar sua apresentação, e observe a pista de dança encher.

NESTE CAPÍTULO

Sabendo onde ir para obter mais informações

Descobrindo a instrução que pode estar disponível para você

Expondo-se (musicalmente)

Capítulo 22

Dez Recursos para Expandir Suas Habilidades e Fãs

As habilidades que você está desenvolvendo são as bases sólidas que o levam a se tornar um bom DJ. De modo crítico, você não pode descansar sobre os louros. Suas habilidades e reputação precisam de um constante reforço e os 10 recursos a seguir irão mantê-lo na frente da cena e aumentarão sua reputação para que as pessoas saibam quem você é quando está tocando e irão procurar você.

LEMBRE-SE

Sua sede por conhecimento não deve acabar nunca. No momento em que você achar que sabe tudo, começará a ficar para trás. Fique atualizado com o novo equipamento e tecnologia, mantenha os olhos no cenário para que possa começar a ler os gostos musicais da tendência e compartilhe o máximo de informações que puder com outros DJs.

Ficando Atualizado com a Mídia

TV, rádio, DVD, revistas e internet são todos recursos incríveis para seu desenvolvimento como DJ. Seu foco pode ser dividido em três áreas: cenário, música e suas habilidades.

Música

A música deve cuidar de si mesma. Ouça o máximo de música que puder. Não importa o gênero que você toca, de rock a R&B, você é tão bom quanto a música que conhece. Busque rótulos e artistas que você já conhece e gosta, mas lembre-se de que você precisa manter-se atual. Ouça outras bandas, DJs e produtores. Se você puder encontrar a melhor música nova e tocá-la para as pessoas na pista de dança, ficará um passo à frente do resto.

O acesso que a internet concede a você para as músicas antigas e novas é incrível (e algumas vezes esmagador). Seja esperto com o que você ouve, mas assegure que esteja ouvindo!

Os programas de rádio são um ótimo lugar para ouvir música nova. A maioria deles normalmente anuncia quais trilhas estão tocando, tem websites que atualizam regularmente a lista de faixas e agora, as estações de rádio digital transmitem os detalhes da música que está tocando diretamente na tela do rádio! E com várias estações de rádio online, digital e via satélite disponíveis, alguém está sempre tocando uma música nova em algum lugar! A BBC Radio 1 é um recurso inacreditável para obter música nova. Se você estiver fora do Reino Unido, verifique `www.bbc.co.uk/radio1` (conteúdo em inglês); na maioria das noites, ela toca a melhor música nova de vários gêneros diferentes.

O cenário

Veja os anúncios em revistas (e outdoors) para encontrar os próximos eventos para ver quais DJs estão sendo reservados. Isto pode ser uma boa orientação sobre quais DJs as boates estão reservando atualmente. Não só irá ajudá-lo a focar seus esforços nas boates certas, como também ajudará a acompanhar as tendências que mudam.

DICA

As revistas (e seus websites de suporte) dedicadas à cultura do DJ, equipamento e música sempre o mantêm atualizado. As críticas de música e gráficos de DJs em revistas podem ser valiosos, contanto que você confie nas opiniões do DJ ou do crítico, e eles o mantêm à frente dos DJs que acham que ir à discoteca uma vez por mês é suficiente. Estou em uma lista de correio de uma revista dedicada às novidades sobre quando novas boates serão abertas, novas instalações de som e todas as informações interessantes que você em geral só ouve alguns meses depois. Se você puder descobrir uma nova boate em sua área antes dos outros DJs, poderá sair na frente e enviar uma demo para os desenvolvedores antes que os outros DJs saibam.

Os programas de TV que têm entrevistas com DJs que tocam as músicas que você adora, colunas sobre equipamento e cultura, e críticas sobre as boates que tocam seu estilo de música podem dar ideias sobre como você precisa desenvolver-se para progredir em um mercado ultracompetitivo. E esses programas não são apenas transmitidos na televisão. Os canais do YouTube, websites de revistas e até websites de boates hospedam um conteúdo de mídia incrivelmente útil.

Suas habilidades

Os DVDs e vídeos que mostram a você como ser DJ podem ser uma ótima ajuda. Algumas vezes, você precisa ver uma técnica para entendê-la completamente. Uma cena inspiradora ou videoclipes de seu DJ favorito hospedados online (pesquise www.youtube.com — conteúdo em inglês) poderão mostrar muitas habilidades novas, assim como acender uma luz para torná-lo mais determinado a se tornar DJ.

Visitando Websites de Conselhos para DJ

Vinte anos atrás, a internet tinha uma carência de informações sobre DJ, com apenas alguns websites tentando lançar luz sobre *como* ser DJ.

Desde então, muitos sites surgiram, cada um oferecendo maneiras diferentes de explicar como ser DJ. Simplesmente pesquise a internet com "dicas de DJ" e terá muitos acessos. Você achará que alguns sites dão mais informações que outros, alguns sites cobram uma taxa (que eu considero pagar apenas se fico cansado de todas as outras informações existentes) e alguns websites apenas agregam informações de livros e websites. Mas reserve um tempo para ler o máximo que puder. Cada pessoa tem suas próprias visões sobre os diferentes aspectos de trabalhar como DJ, não importando o gênero sobre o qual escrevem. Você pode aprender alguma coisa com qualquer pessoa.

Com exceção de meu próprio website (www.recess.co.uk — conteúdo em inglês), busque sites como www.digitaldjtips.co.uk (conteúdo em inglês), que é um recurso maravilhoso para obter informações sobre o DJ digital e as habilidades do DJ, www.djprince.no (conteúdo em inglês) para obter informações incríveis sobre a mixagem harmônica e www.mixmag.co.uk (conteúdo em inglês), o website da revista *Mixmag*, que o mantém atualizado sobre o cenário musical e o novo equipamento.

CAPÍTULO 22 **Dez Recursos para Expandir Suas Habilidades e Fãs**   369

Obtendo Respostas nos Fóruns de DJs

Os *fóruns de DJs* são um ótimo lugar para postar qualquer pergunta que está incomodando você e também são um modo fantástico de se envolver com uma boa comunidade que ouve suas mixagens e dá um retorno brutalmente honesto para ajudá-lo em seu desenvolvimento. Crie um nome de tela (escolha um anônimo para que possa postar aquelas perguntas embaraçosas sem medo de ser ridículo) e visite fóruns como:

» www.djforums.com/forums (conteúdo em inglês) Uma comunidade enorme com conselhos sobre técnica, uma seção classificada, envios de sets conselhos para DJs de festas e muito mais.

» www.digitaldjtips.com/forum (conteúdo em inglês) O fórum no website Digital DJ Tips. Ocorre muita criatividade aqui, portanto, se você tiver uma pergunta sobre DJ digital e suas habilidades, mas não sabe a quem perguntar, veja se consegue encontrar a resposta nesse fórum.

» www.tranceaddict.com/forum (conteúdo em inglês) Uma comunidade amistosa e divertida — não apenas para os fãs de trance — com um ótimo espaço para os DJs postarem imagens de seus próprios equipamentos de DJ. Humor, conselho e orientação estão todos à mão aqui.

» www.djchat.com (conteúdo em inglês) Os fóruns anteriores são basicamente para o DJ de dance music de boate/eletrônica. O DJ Chat tem dezenas de milhares de membros, porém o mais importante, ele lida com todos os tipos diferentes de DJ, desde country até cristão, de karaokê a música latina.

A maioria dos usuários nos fóruns é educada e prestativa, mas para minimizar qualquer *hostilidade* (abuso), tente postar na seção correta, verificar sua ortografia, seja educado — e não escreva com letras maiúsculas nos fóruns, ISTO É VISTO COMO UM GRITO! E mais, faça uma pesquisa rápida para verificar se alguém já não postou sua pergunta.

Você me encontrará em qualquer um dos fóruns anteriores como Recess ou DJRecess.

Lendo Outros Livros

Ficarei magoado se você pensar em ler outro livro de técnicas de DJ depois deste.

Falando a sério, dos outros livros por aí no mercado sobre técnicas de DJ, de longe o melhor para comprar, em minha opinião, é *How to Be a DJ* de Chuck Fresh (Premir Press). Pode estar progredindo um pouco agora, mas o livro cobre cada aspecto para se tornar um DJ e é destinado a todo tipo de DJ, desde casamento a rádio e DJ de boate. Mas o melhor é como é escrito: Chuck é muito amistoso, ele não diminui você e nem passa um livro inteiro jurando e tentando ser legal.

No Capítulo 18, menciono um livro chamado *Beyond Beatmatching* de Yakov Vorobyev e Eric Coomes. Se você for um DJ que deseja criar mixagens harmônicas e musicais contínuas, este livro será obrigatório.

CUIDADO

Cuidado com alguns e-books e guias disponíveis na parte de trás das revistas de DJ ou online. Embora muitos sejam genuínos e úteis, outros são uma completa perda de tempo e dinheiro ou, como achei, são uma imitação de meu website! Poste uma solicitação em um fórum de DJ (veja a seção anterior para ter ideias sobre onde ir) para obter uma crítica de um determinado guia, só para garantir.

Obtendo Conselhos Práticos

Se você tiver dinheiro e quiser conselhos práticos sobre todos os aspectos do trabalho como DJ, então, vale a pena investigar os cursos da DJ Academy (www.djacademy.org.uk), Subbass (www.subbassdj.com) e Point Blank Music School (www.pointblanklondon.com) no Reino Unido, ou Scratch DJ Academy (www.scratch.com) e DJ4Live Academy (www.dj4life.org) nos EUA (conteúdos em inglês). (A DJ4Life está expandindo-se no mercado mundial agora — portanto, verifique seu website quanto à disponibilidade.)

Como os cursos custam dinheiro (de seu próprio bolso), faça uma pequisa antes de assinar para assegurar que seu dinheiro será bem gasto, ao invés de jogado fora.

Universidades e faculdades também perceberam que há uma oportunidade para ensinar DJs, com formação no Reino Unido do Certificado Nacional em Tecnologia de Música, DJ e Mixagem. Cobrindo a combinação de batidas, scratch, produção em estúdio, tecnologia do computador, criação de som e mais, tais cursos podem ensinar muito sobre DJ e as indústrias afins (como as oferecidas pelas academias de DJ particulares) e têm a vantagem extra de tirar sua mãe do seu pé porque você pode dizer a ela que está na faculdade aprendendo uma habilidade.

A vantagem do treinamento formal é que você tem a continuidade da ajuda de alguém que está lá para corrigi-lo quando você fizer algo errado, que o faz praticar (ao invés de deixá-lo desviar-se ao jogar no Xbox) e pode responder às perguntas quando você estiver inseguro sobre algo.

Verifique em sua área também. Um DJ experiente local pode gostar de compartilhar conhecimento com outras pessoas. Isto é algo que gosto de fazer de vez em quando porque é sempre ótimo encontrar e ajudar os novos DJs.

LEMBRE-SE

Os cursos podem mostrar a mecânica de como mixar e dão informações sobre outros aspectos do DJ (produção do som, contabilidade, promoção etc.), mas o que eles *não podem* ensinar é como ser DJ em um sentido mais esotérico. O que quero dizer com *esotérico*? Quero dizer que, em parte, você desenvolve e absorve o conhecimento do DJ não pelo processo de alguém dizendo o que fazer, mas passando horas praticando, com experiência, confiança, falha, tentativas e erros, e simplesmente ouvindo suas músicas. Se você fizer um curso, ainda precisará passar a mesma quantidade de tempo praticando e desenvolvendo seu talento para realmente se tornar um ótimo DJ.

Transferindo Podcasts ou Mixagens Hospedadas

Quando o espaço em disco e largura de banda ficarem mais baratos, mais web-sites (como `www.djpassion.co.uk` e `www.mixcloud.com` — conteúdos em inglês) darão a chance de transmitir e promover sua apresentação para qualquer pessoa no mundo baixar (e algumas vezes julgar).

Do iTunes ao `www.podcast.com` (conteúdo em inglês), diferentes diretórios de podcast têm modos um pouco diferentes de transferir e configurar seu podcast, portanto, recomendo que você visite o website do diretório que deseja usar e siga seus tutoriais para ter seu podcast... lançado.

Se você usa um podcast, hospeda um set online ou envia por stream um programa de rádio na internet, você ainda terá que divulgar para assegurar que as pessoas irão ouvi-lo. O Capítulo 20 contém dicas sobre seu marketing pessoal e como transmitir um programa de rádio na internet.

Ouvindo os Sets de Outras Pessoas

Quando você ouve gêneros diferentes e DJs diferentes no rádio, internet ou boate, abre seus olhos para técnicas diferentes. Não importa o quanto é bom ou ruim o desempenho, você sempre ganha algo ao ouvir qualquer tipo de set, inclusive a música que não ouviu antes.

Ouvir um set ruim é tão útil quanto ouvir um bom. Se você puder reconhecer o que torna um set ruim, poderá ouvir essas mesmas coisas em seus próprios sets (como uma seleção de músicas ruim, uma combinação de batidas fraca e um controle do volume ou do equalizador negligente) e manter esses problemas fora de seus sets.

Mesmo que você não conheça nenhum DJ, websites como `www.mixcloud.com` (conteúdo em inglês) têm milhares de sets na maioria dos gêneros hospedados online para você analisar.

Participando de Competições

Você pode distribuir ou transferir quantas demos quiser, mas algumas vezes precisa de mais algumas habilidades a seu favor para que possa divulgar suas proezas como DJ. Veja revistas, internet e o que existe em sua área local para saber se qualquer "batalha" de DJ ou competição está para acontecer, dando a oportunidade perfeita para você mostrar suas habilidades.

Devido à sua natureza, o DJ de boate é bem difícil de se colocar em um formato correto de competição sem se tornar uma competição para quantas músicas você pode tocar em uma apresentação de 15 minutos. As competições do "DJ de quarto", por outro lado, convidam os DJs desconhecidos a enviarem um set completo e são uma forte rota para impulsionar as carreiras dos Djs.

Para os DJs de scratch, você não terá uma melhor oportunidade do que a DCM World DJ Competition para mostrar suas "habilidades malucas". Você estará em uma competição realmente difícil, mas espera-se que a experiência e a chance de encontrar os melhores DJs irão melhorar as possibilidades de sua carreira.

Se você não puder encarar as competições ou a rejeição de não fazer o final de uma competição de revista, procure boates e bares que tenham uma noite de *cabine aberta*, onde os DJs fazem apresentações de meia hora para tocar música e impressionar as pessoas na pista. Se você for bom, será notado.

Sendo Anfitrião em Sua Própria Noite

Se você não puder encontrar ninguém para deixá-lo trabalhar em uma noite de sexta-feira em sua boate, a solução será simples. Simule sua própria noite. Você pode ter que se contentar com o salão da cidade ou com uma noite de terça-feira em uma boate escura, mas se puder ter pessoas suficientes aparecendo em uma noite sua, se organizar bem e se torná-la um completo sucesso (significando muitas pessoas vindo e ninguém machucado!), o comentário irá espalhar e você poderá ser caçado (no bom sentido). Mesmo que a noite não gere nenhum interesse direto em um proprietário de boate ou promotor, você terá uma seção muito forte em seu CV de DJ para mostrar às pessoas que está entusiasmado e é sério quanto a se tornar DJ.

Promoção é o segredo. Consiga tantos amigos e amigos dos amigos quanto puder. Se você puder se apresentar à noite com outro DJ, melhor ainda; são dois grupos de amigos que você poderá colocar na boate. Entregue filipetas (sem sujeira nem sendo preso), vá a alguns bares para conseguir mais pessoas vindo, faça um site na internet promovendo um evento e tudo que puder para tentar conseguir o máximo de pessoas vindo.

Verifique se todos sabem qual gênero de música esperar, tente conseguir um grupo de *impostores* (pessoas convidadas especificamente para a tarefa) que dançarão na pista, não importando as músicas tocadas, e não se esqueça de fazer a leitura do público e tocar uma música que ele queira ouvir. Se você tocar apenas *sua* coleção a noite inteira e não tentar entreter as pessoas que vieram ver e ouvir você, terá uma queda nos números na próxima vez que tocar. Na noite, toque o gênero de música que você disse que tocaria, mas não tenha medo de mudar um pouco a apresentação para cuidar dos gostos diferentes...

CUIDADO

As boates para menores de 18 anos, as noites nos salões de escoteiros e salões da cidade são uma boa ideia, mas podem ser repletas de problemas logísticos. Com muita frequência, os problemas envolvem álcool e segurança, portanto, tenha cuidado se estiver trabalhando em uma noite sem ajuda profissional: verifique se você está no lado certo da lei.

Mergulhando no que Você Adora

O recurso mais óbvio para seu desenvolvimento são as boates que você adora. Do mesmo modo como ouvir o máximo de sets possível pode ajudar em seu desenvolvimento, você pode ir a muitas boates também. As boates com música com um gênero diferente do que você toca podem ensinar muito, mas seu melhor desenvolvimento vem de ir a boates que tocam a música que você adora.

Visite locais diferentes também. Desde uma festa de 40 anos à maior boate na maior cidade, e desde boates underground até um DJ de destaque em um festival — isto permitirá que você experimente modos muito diferentes de tocar e trabalhar com um público. Identifique o que torna cada equipamento de DJ diferente e aprenda a adotar e adaptar esses estilos em suas apresentações.

DICA

Divida-se em dois. Seja o DJ que absorve o que está acontecendo, reconhecendo como o outro DJ está trabalhando (ou alienando) o público. Pegue tudo que puder de um bom DJ e absorva as coisas boas em suas próprias habilidades. Mas também passe um tempo na pista de dança como um frequentador normal. Dance como louco, sinta a música, deixe o ritmo fluir por seu corpo e não pare de sorrir o tempo inteiro.

Como DJ, você deseja ajudar as outras pessoas a experimentarem e reconhecerem uma boa noite quando elas estiverem na pista de dança, e lembre-se de procurar por si mesmo no público na próxima vez que tocar ao vivo. Se você vir que as pessoas estão se divertindo tanto quanto você, estará fazendo um bom trabalho!

> **NESTE CAPÍTULO**
>
> **Deixando seu posto e continuando legal**
>
> **Modificando o clima personalizando a música e a iluminação**
>
> **Causando uma boa impressão — escolhendo seu nome de DJ e vestindo-se para o sucesso**

Capítulo 23

Dez Respostas para as Perguntas dos DJs que Você Tem Medo de Fazer

E ste capítulo cobre diversas perguntas feitas com frequência. As 10 perguntas a seguir são as mais populares e embaraçosas feitas a mim na última década, e embora eu responda a muitas perguntas neste livro, estas realmente não se encaixam em nenhum outro lugar e são perfeitas para o capítulo A Parte dos Dez.

Qual tipo de DJ você é e onde está tocando podem gerar diferentes respostas para muitas das perguntas a seguir. Quando aplicável, dividirei a resposta para DJs de boate (qualquer gênero de música) e DJs de festa.

Eu Preciso Falar?

Se você precisa endereçar seu público quando está trabalhando como DJ é realmente uma boa pergunta. Muitas pessoas se tornam DJs porque adoram música e adoram mixar, mas muitas delas não acham que terão que usar o microfone para falar com o público. Resumindo, sim, você precisará falar.

A mecânica de usar um microfone é bem simples. Coloque o microfone bem perto da boca e quando falar, reduza o atenuador de canais da música tocando atualmente para que você possa ser ouvido acima dela. Quando não estiver falando, afaste o microfone da boca (para que o público não ouça você respirando a 100 decibéis) e aumente de volta o atenuador de canais para o normal. Você pode precisar diminuir e aumentar o atenuador muitas vezes em uma frase, mas contanto que faça isso rapidamente e com confiança, tudo bem.

Você pode ter um botão de conversa (talk-over) em seu mixer que faz a mesma coisa. Contudo, a queda no volume da música pode ser um pouco repentina, portanto, se o som não estiver correto, esqueça e use os atenuadores de canal.

Se você quiser realizar uma noite de festa ou casamento, bem, precisará acostumar-se a falar com as pessoas na pista de dança. Pode ser pedido que você apresente a noiva e o noivo, ou anuncie que o bufê está aberto.

Se você anunciar que o bufê está aberto em uma voz muito nervosa, as pessoas poderão imaginar o que está errado com a salada de batatas! Portanto, você precisa sentir-se confortável, ser claro e confiante quando falar ao microfone.

DICA

Se você for do tipo tímido, seja um ator e crie um personagem DJ. Se acha que sua voz é um pouco maçante, adicione um pouco de modulação do DJ de rádio a ela enquanto está falando para os convidados. É por isso que criei meu personagem Recess como DJ: para não ficar constrangido ao falar ao microfone porque era o Recess o tempo todo. Isto pode parecer um pouco forçado (se não um pouco esquizofrênico!), mas o público não conhecerá nada melhor (e, sejamos honestos, provavelmente não estará ouvindo).

O que Devo Vestir?

Se você for um DJ de boate, a pergunta sobre o que vestir é facilmente respondida pegando o comando do código de vestuário da boate onde você está tocando e escolhendo uma versão confortável disso. Costumo usar uma camiseta preta, jeans marrom claro e Timberlands ao trabalhar como DJ. A camiseta faz com que eu me sinta legal e confortável em uma cabine de DJ quente e a cor do jeans costuma ser adequada à maioria dos códigos de vestuário das boates. Se você estiver fazendo uma apresentação inteira de pé por seis horas, escolha sapatos confortáveis.

Os DJs famosos podem usar o que quiserem. Como eles se tornaram ícones, seu senso de moda pode passar por um exame detalhado, portanto, espere que suas camisetas pretas sejam de uma marca famosa.

Se você for um DJ de casamento, lembre-se que as outras pessoas no casamento se esforçaram. Não estou dizendo para aparecer com casaca, smoking ou kilt (embora provavelmente *fosse* apreciado), mas apareça elegante com camisa e calças passadas.

LEMBRE-SE

Provavelmente você está cobrando muito dinheiro por seu serviço e o motivo de você cobrar essa quantia é porque é um DJ profissional. Portanto, seja profissional e apareça sorrindo e vistoso.

Como Vou ao Banheiro?

Rápido.

Se você puder, tente ir antes da apresentação. Se você ficar nervoso, poderá entrar e sair do banheiro, mas tente assegurar que qualquer visita ao banheiro seja rápida e não envolva muito tempo sentado...

Se você for um DJ de boate e tiver urgência para se aliviar, coloque uma música longa, peça a um amigo *confiável* ou a um leão de chácara para ficar perto dos aparelhos, então, entra e saia o mais rápido que puder. Com confiável quero dizer alguém que não entrará sorrateiramente e tentará assumir o controle enquanto você está fora.

Como DJ de casamento, você pode estar sozinho. Se a pressão aumentar, por assim dizer, primeiro tente segurar até o pausa do bufê (se houver uma). Se não conseguir esperar, faça amizade rapidamente com um garçom ou alguém que você acha que pode confiar para cuidar dos aparelhos ou simplesmente faça uma pausa — e volte o mais rapidamente que puder.

Apenas lembre: sempre tenha bastante tempo para lavar as mãos!

DICA

Não importa o tipo de DJ que você é, a música colocada para cobrir sua pausa de conforto é muito importante. Tem que ser longa o bastante para cobrir sua ausência, ter pouca chance de pular enquanto você está fora e não ser repetitiva demais (para que o público não fique chateado com ela).

Esta é possivelmente a única vez em que defendo o uso de uma mixagem sincronizada/automática com o software de DJ. Coloque uma música e configure uma mixagem automática para o caso de ficar atrasado — mas tente voltar antes da primeira música terminar, caso não funcione!

Posso Convidar Meus Amigos para a Cabine do DJ?

Convidar seus amigos para a cabine do DJ depende de onde está trabalhando. Se você levar seu namorado/namorada para uma festa como assistente para facilitar a vida ao pegar bebidas e solicitações, provavelmente isso será bem-vindo. Se estiver em uma boate e sua outra metade sentada atrás de você na cabine do DJ parecendo irritado(a), ocupando espaço e atrapalhando todos, a gerência poderá pedir para a pessoa sair da cabine.

Seus amigos desejarão rir na cabine do DJ e provavelmente acabarão tirando a agulha do disco ou pressionando stop nos CD players (espera-se que seja por acaso — embora seja, algumas vezes, *por diversão*) ou irão desligar seu computador quando tentarem enviar por Tweet algo para o mundo! Se você levou seus amigos para a boate de graça, faça com que eles paguem passando a maior parte do tempo na pista de dança divertindo-se, mantendo a noite com a aparência de um enorme sucesso.

Como Retiro a Batida ou os Vocais?

Como você remove completamente a batida ou os vocais de uma faixa é uma pergunta complicada. Atualmente, você não consegue fazer isso perfeitamente na música inteira, mas algumas vezes pode remover bastante frequências de uma *amostra* (uma pequena seção) da música para que ela pareça bem limpa para você tocar sobre outra coisa.

Um amigo, em uma banda chamada Pacifica, fez isso com o gancho vocal "Ooo ooo – aa aa" da música "Heart of Glass" do Blondie. Infelizmente, mesmo a parte mais limpa de "Heart of Glass" ainda tem percussões e uma melodia de baixo acima dela. No fim, com paciência e uma boa engenharia usando compressores, expansores, filtros EQs (equalizadores) e um pouco de mágica, meu amigo limpou a amostra para usar na música.

Outro método é usar o software do computador que engloba as propriedades do estéreo da música para isolar os vocais. Quando você grava a música, o procedimento padrão é que os instrumentos sejam *movidos* para a esquerda e a direita em um sinal estéreo, mas o vocais permaneçam centralizados no meio. O software do computador calcula o que é o que, e pode remover tudo que está no movimento central (os vocais), deixando apenas as informações da música estéreo ou vice-versa.

Algumas músicas funcionam melhor que outras com esse método, mas como tudo mais no trabalho do DJ, requer muito tempo e prática para acertar.

378   PARTE 5 **A Parte dos Dez**

CUIDADO

O perigo desses dois métodos é que os sons estéreo e mono, e as frequências do áudio são mixados em todas as partes da música. Por exemplo, algumas frequências que compõem os sons da percussão e da música também compõem a amostra vocal. Portanto, quando você corta as altas frequências para remover os pratos, também remove toda a *sibilância* (os sons *sssss*) do vocal. O mesmo se aplica às frequências baixa e média, com o resultado final parecendo ruim.

É como fazer lasanha com massa, carne moída, tomate, ervas e queijo, então, decidir depois de tudo pronto que você deseja tirar a carne moída. Com certeza, você conseguirá tirar *grande parte* da carne, mas não só ficará um pouco, como você irá tirar parte do tomate e das ervas também!

E mais, a imagem estéreo nunca é tão limpa quanto "toda música à esquerda e à direita; vocais no meio". Embora o vocal fique predominantemente centralizado, os engenheiros de som mixaram com habilidade o vocal no campo estéreo para criar paisagens de som melhores, significando que você será capaz de ouvir o vocal tocando mesmo depois de remover o som central. (Isto será a carne moída residual!)

Se você já ouviu uma versão apenas com o vocal de uma música, provavelmente é uma *a capella* (vocais sem música de acompanhamento) lançada pelo artista ou talvez por alguém que gravou uma imitação muito boa dos vocais e usou isso, esperando que ninguém pudesse dizer a diferença.

Uma versão instrumental de uma música (apenas a música, sem vocal) provavelmente foi feita pelo artista original, que apenas precisou desligar a parte vocal e remixar os níveis dos instrumentos para impedir que a falta de vocais causasse qualquer queda do áudio.

Como Escolho Meu Nome de DJ?

Você pode decidir que seu próprio nome não é poderoso o bastante para ser mostrado em um outdoor (espera-se) ou talvez esteja procurando o anonimato. Se você deseja um nome de DJ, poderá criar um pseudônimo completo (como Bob Sinclar — o nome verdadeiro de Christophe LeFriant), propor um nome de DJ no formato DJ "Algo" ou apenas um nome. Sugeri o nome Recess porque John Steventon não ficaria bom na parte de trás de um ônibus.

Ao tentar escolher um nome, pense no que você faz, quem você é, o que toca, como toca, quais são seus interesses, qual é seu nome real — e veja como você pode mudar isso para um bom nome de DJ.

DICA

Se você for preguiçoso ou procura inspiração, verifique o website chamado Quiz Meme (`www.quizmeme.com` — conteúdo em inglês), onde você digita seu nome e o website retorna um nome de DJ. Digitei John Steventon e recebi DJ Flowing Cranny. Digitei Recess — e recebi DJ Vinyl Artist, portanto deve estar correto!

> ### DEADMAU5 PARA LEIGOS
>
> Eis um exemplo de ótimo nome de DJ (e um DJ incrível). Joel Thomas Zimmerman é mais conhecido por seu nome artístico, Deadmau5. Mas o "5" no nome cria certa confusão: o nome é pronunciado "Dead-mouse", não "Dead-mow-5".

Outro modo de propor um nome é mudar as palavras. Pense em 10 palavras que você usaria para se descrever ou descrever sua música, e considere se elas (ou qualquer derivação) seriam boas. Por exemplo, se você for um DJ deep house que gosta de pescar, poderá propor DJ Deep Lure, que então poderia mudar para DJ D'Allure. Ou não...

Contudo, como você geralmente é conhecido ainda é uma das maneiras mais pessoais de criar seu nome de DJ. Os apelidos são um ótimo começo, mas se, como no meu caso, você era chamado de algo estúpido como "Manteiga" na escola, poderá querer explorar outros. Alexander Coe tinha o nome mais fácil de mudar no mundo e é agora um dos DJs mais famosos no planeta — ele poderia ter escolhido Xander, Zander, Alex Coe ou qualquer outra coisa como seu nome de DJ, mas escolheu Sasha (que deriva do nome russo Aleksandr) e que funcionou muito bem para ele!

No meu caso, Recess é um pouco de ambos. Minhas iniciais são J.R.C.S e eu retirei o J, ficando com RCS, que mudou para Recess. (JRCS é muito parecido com "jerks", que significa imbecil...)

Não importa o que você propõe, digite no mecanismo de busca da internet para descobrir se alguém mais usa. (E se você levou anos para digitar o nome ou esqueceu como escreve, considere mudá-lo; se for longo demais ou complicado demais, as pessoas não lembrarão seu nome ou não irão escrevê-lo.)

Tenho Bebidas de Graça? (E Como Pego Bebidas no Bar?)

Se você for um DJ de boate, tente negociar se você tem bebidas de graça quando falar pela primeira vez com o proprietário/promotor sobre o trabalho na boate. O pior que o promotor pode dizer é não e isso evitará qualquer constrangimento no futuro.

PAPO DE ESPECIALISTA

Se você for bem conhecido como DJ, poderá enviar um *contrato* (uma condição do trabalho) antes de chegar à boate, solicitando uma Bud, uma garrafa de Jack e um saco de M&Ms na cabine para quando iniciar. Mas para as boates locais e DJs menos conhecidos, provavelmente você terá uma bebida de graça quando o gerente do bar for até a cabine para bater papo.

380   PARTE 5 **A Parte dos Dez**

Se você for um DJ de festa e tiver sorte, as pessoas, como o pai da noiva ou o aniversariante, poderão oferecer bebidas quando estiverem realmente se divertindo mais — mas não conte com isso.

Nas boates, deixar a cabine do DJ para ir ao bar pegar uma bebida geralmente é inaceitável. Se você não tiver bebidas de graça em uma boate e ninguém estiver disponível para ir até o bar para você, provavelmente terá que ficar com sede até o garçom ou um membro da equipe do bar aparecer e você pedir uma bebida. Mas leve uma garrafa de água (ou qualquer coisa que você considerar melhor), apenas para o caso de ninguém ser bom o bastante para oferecer.

Nos bares, festas e casamentos, ir ao bar para comprar uma bebida normalmente é correto e se a equipe souber que você é o DJ (acredite, algumas pessoas não sabem), provavelmente você será servido com muita rapidez. Mas tenha cuidado, não deixe a música secar enquanto você está molhando sua garganta!

Quem Faz a Iluminação da Noite?

Em relação à pergunta sobre quem faz a iluminação da noite, os DJs de casamento e festa tendem a levar suas próprias luzes, assim como amplificadores, caixas de som e equipamento de DJ — e eles controlam as luzes também! Ao escolher as luzes, você pode querer preferir aquelas que têm sensores para fazê-las se mover e piscar com base no som da música (não, não como o filme estrelando Julie Andrews e algumas montanhas). Com esses sistemas automáticos, tudo que você precisa fazer é configurar tudo e as luzes cuidarão de si mesmas. A outra opção é conseguir uma unidade de controle compacta com diferentes padrões predefinidos para fazer as luzes moverem-se e piscarem em ordens diferentes (embora geralmente em sincronia com a música).

Em relação às boates, trabalhei em algumas que tinham uma disposição de luz predefinida similar, exceto que elas tendiam a ter mais luzes do que o cenário de casamento ou festa. Contudo, a maioria dos lugares nos quais trabalhei (e fui como frequentador) tinha uma pessoa separada para a iluminação para controlar as luzes.

A diferença entre uma pessoa da iluminação boa ou ruim pode ser quase tão importante quanto a música tocada. O uso criativo de luzes estroboscópicas, *gobos* (as luzes giratórias que piscam) e apresentações com laser complicadas, junto com *VJs* (videojockeys), que usam máquinas como o DJV-1000 da Pioneer para criar apresentações incríveis com imagens de vídeo, podem realmente melhorar a experiência da boate para o público. Sem as apresentações incríveis de luzes, o DJ de festival não chegaria nem perto de entreter; a música nos festivais podem ser ótimas, mas as apresentações de luzes são incríveis!

DICA

Se você iniciar uma boa relação com a pessoa da iluminação e explicar algo extraordinário sobre as músicas que está tocando, isso poderá ajudar a trabalhar em harmonia com sua mixagem e os dois poderão finalmente construir uma apresentação incrível, parecida com um evento orquestrado.

Devo Redefinir o Andamento do Som para Zero Depois de Combinar a Batida?

Você redefine o andamento do som para 0 depois de combinar as batidas de uma música com outra? Não.

Os dois motivos principais para você combinar as batidas das músicas ao mixar são:

» Manter uma batida do bumbo potente e constante para os frequentadores dançarem

» Tocar a música em um ritmo que combina com a velocidade das batidas cardíacas dos frequentadores

Se você decidir que 135 bpm (batidas por minuto) são um ritmo perfeito no qual tocar sua música e colocar uma música que toca a 130 bpm quando o toca-discos estiver definido para um andamento do som 0, precisará aumentar o controle de andamento em cerca de 4% para fazer a música tocar em 135 bpm, então, deixar assim para manter a música em 135 bpm.

CUIDADO

Definir o controle de andamento do som de volta para 0 depois de ter combinado as batidas e mixado as duas músicas fica horrível. Primeiro, o andamento da música diminui (a menos que você esteja usando aparelhos com o *master tempo*, que mantém a afinação do som igual, não importando a rapidez com a qual você toca a música), deixando o som fora da própria música. Em segundo lugar, agora que a música está tocando em uma velocidade abaixo do ritmo dos batimentos cardíacos dos frequentadores, as pessoas terão que dançar mais lentamente e você acabará com a energia da noite.

O resultado é ainda pior ao contrário, quando você aumenta a velocidade da faixa redefinindo o andamento do som para 0. Imagine que você teve que reduzir o ritmo de uma música com 140 bpm em 4%. Quando você redefinir o andamento para 0, todos ficarão cansados no final da música porque ela agora está tocando em 140 rpm em uma pista de dança que está acostumada a interagir com apenas 135 bpm!

As flutuações no número de batidas por minuto quando você progride em uma apresentação de duas horas pode ser útil (consulte o Capítulo 18), mas quando você estiver combinando as batidas, descobrirá que raramente tocará qualquer música em um andamento de som 0.

O que Faço se o Disco ou o CD Pular, ou o Software Travar?

Você é um DJ profissional. Se o disco ou o CD pular, reaja como um profissional. Um salto em um disco não é ruim demais porque pelo menos é apenas uma repetição de um ou dois segundos de música que toca para o público, mas se um CD pula, é um som horrível e você precisa fazer algo imediatamente.

Se você não puder apenas pular para a próxima faixa no CD, pressione o botão de busca no CD player para avançar 5 ou 10 segundos, passando da parte que está pulando (diminua o atenuador de canais ao mesmo tempo, para esconder o que você está fazendo).

Com um disco, a melhor coisa é diminuir rapidamente o atenuador de canais em cerca de 25% do volume de reprodução normal e bater na agulha para frente no disco em meio centímetro ou mais. Sim, esse método não parecerá muito bom, e sim, você pode danificar seu disco, mas o disco já estará danificado se estiver pulando e não parece bom porque está se repetindo!

DICA

Evite esse tipo de ocorrência limpando seus discos ou CDs antes de tocá-los. (Vá para os Capítulos 4 e 7 para saber mais sobre como cuidar de sua coleção de músicas.)

Gosto de indicar a próxima faixa quase instantaneamente depois de mixar uma faixa, por esse motivo; então, tenho a próxima música esperando, pronta para mixar rapidamente, caso algo dê errado. Com certeza, uma mixagem de emergência não ficará ótima, mas como isto se compara com a música tocando atualmente?

Se você for um DJ digital e o software travar, poderá parecer que seu mundo inteiro caiu. Em muitos casos, se você não tiver nenhum outro CD ou o CD/toca-discos não conseguir tocar sem o software, a única coisa que poderá fazer é reinicializar — rapidamente — e voltar ao set.

Se você tiver acesso a um CD ou CD player que toca sem precisar ser alimentado pelo computador, coloque rapidamente o CD e pressione em play. Você poderá ainda querer manter um CD player com um "CD de segurança" dentro ou um iPhone/MP3 player conectado ao mixer para esse tipo de ocasião, apenas para ter tempo de reinicializar seu sistema, voltar e operar de novo.

A alternativa é o silêncio. Tenha cuidado para não viajar na pista de dança!

Ter sucesso em qualquer coisa que você faz, DJ ou outra coisa, envolve habilidade e conhecimento, mas também depende de como você lida com a pressão. Se você puder preparar e corrigir uma catástrofe como um CD danificado que pula ou um computador que trava com compostura e profissionalismo, mostrará a todos que está no controle e merece estar onde está — na cabine do DJ como um DJ profissional.

> **NESTE CAPÍTULO**
>
> **Reconhecendo o que me influenciou com os anos**
>
> **Aceitando o que me tornou mais forte como DJ**
>
> **Perdendo a fé e reconquistando-a**

Capítulo 24

Dez Ótimas Influências sobre Mim

S uas influências são muito pessoais: veja a música que você ouve, as pessoas que encontra e os lugares onde vai como pontos-chave em sua carreira. Com essas influências, você deve conseguir fazer um mapa de como se desenvolveu como DJ. Este capítulo descreve minha jornada.

Renaissance: Disco 1

Renaissance — Disco 1 foi minha introdução à dance music real. Até eu ouvir esse set de Sasha e Digweed, eu pensava que a dance music era um cenário acid e o pop agia como uma Snap music óbvia e repetitiva. Até eu ouvir esse disco, tudo que eu escutava eram bandas de rock, como Van Halen e Aerosmith.

Individualmente, as músicas no set são obras-primas poderosas e bem feitas, mas o modo como Sasha e Digweed as mixaram para criar uma jornada de 74 minutos sempre me afetou. Acho que a habilidade envolvida é o motivo de eu sempre me esforçar para criar um set contínuo com início, meio e fim — ao invés de apenas 20 músicas jogadas porque ficam bem juntas.

Eu tenho uma cópia desse set à mão desde o primeiro dia que o ouvi. Eu tinha em fita no meu Walkman enquanto cortava a grama, em um CD no carro ao dirigir para a faculdade, em um MiniDisc no bolso ao procurar trabalho e, agora, em um iPhone preso no braço enquanto pratico remo em uma academia.

Amidalites

Uma escolha estranha como influência, concordo, mas quando fiquei de cama, doente, por uma semana, ficando consciente, e não com apenas a Radio 1 para me manter fora do delírio da febre, consegui ouvir a música que nunca tinha ouvido antes.

Eu nunca tinha ouvido falar de um cara chamado Pete Tong e às 6 horas em uma sexta-feira à noite, quando seu programa começou, meus olhos foram abertos para muitos gêneros diferentes de dance music. Do trance ao drum n' bass e house americana, fiquei na cama, lutando para ficar acordado. Eu nunca tinha ouvido a Radio 1 nos finais de semana, portanto, a *Essential Selection*, Trevor Noelson, Dave Pearce e *Essential Mix* me abriram os olhos para mais do que apenas o CD *Renaissance* que eu vinha ouvindo sempre de novo.

O que começou como um acidente porque eu estava doente demais para levantar e mudar a estação (ou ligar a TV), acabou como um ritual de sexta-feira à noite: eu, Pete Tong, um pedaço de papel e um gravador de fitas para tomar nota das melhores músicas.

La Luna: "To the Beat of the Drum"

Na primeira vez em que fui a uma boate não consegui dançar, eu tinha cabelo longo e não estava bem vestido. Passei grande parte da noite me sentindo um pouco perdido, de pé perto das escadas enquanto as outras pessoas pareciam divertir-se. O que mais lembro é da primeira música que ouvi enquanto andava: "To the Beat of the Drum" de La Luna.

A música era realmente simples, mas ver a reação das pessoas na boate, sentir a batida do baixo vibrando por meu corpo e ouvir a dance music nesse volume, nessa atmosfera, pela primeira vez, liberou algo em mim que deixou os CDs do Van Halen sem tocar nos próximos sete ou oito anos.

(Um corte de cabelo e roupas melhores seguiram-se quase que imediatamente.)

Ibiza 1996, Fim de Semana da Radio 1

A BBC Radio 1 desenvolveu uma tradição de transmitir de Ibiza desde 1995. Esse evento se tornou uma parte sólida da programação da Radio 1, mas para mim, a estação nunca foi melhor do que o horário de 2–4 da manhã em Amnesia, em julho de 1996. Eu posso dizer honestamente que o motivo para eu me tornar DJ foi por causa dos 90 minutos que pude colocar na fita de Sasha no set. Portanto, se você quiser culpar alguém, ligue para ele!

Em relação à coleção de músicas do DJ, isto foi um passo à frente do set *Renaissance* que eu ouvia sempre. Como era ao vivo, era óbvio que a lista de músicas foi preparada para trabalhar o público, ao invés de apelar para um ouvinte de CD e mostrou a mágica do trabalho como DJ: que ser DJ era mais do que apenas tocar os discos de outras pessoas.

O que vendeu esse set para mim, e ainda me dá arrepios quando ouço, foi quando, perto da metade, depois de tocar algumas músicas realmente fortes, enérgicas e potentes, Sasha tocou "Inner City Life" de Goldie. Enquanto ainda mantinha a energia e o ritmo do set em um nível parecido, Sasha conseguiu mudar completamente a dinâmica do set com apenas essa música. Foi como ter um descanso — sem descanso!

Trazer a energia de volta para o set usando as batidas do tarol de uma música chamada "Yummy" do Agh foi o ponto crítico do poder real do set. O público enlouqueceu e eu não posso dizer que ouvi um set que tenha me afetado tanto.

Tunnel Club, Glasgow

O Tunnel Club em Glasgow foi como minha casa por seis ou sete anos. Ele ainda existe atualmente, em uma versão um pouco mais domada de seu passado, mas continua a guardar memórias incríveis para mim.

As três coisas que eu levei dessa boate são o cheiro de gelo seco e do Red Bull que explodia no rosto ao entrar, a qualidade constante dos DJs e a música que eles tocavam todo final de semana, e o mais importante, eu conheci minha esposa lá — dançando com amigos no outro lado da pista.

O apoio, conselhos e capacidade de sorrir, com educação, de Julie quando eu estava aborrecendo-a com uma nova música e novas maneiras de mixar uma música em outra têm feito com que eu continue esforçando-me para melhorar desde a metade dos anos 1990. Como foi por causa do Tunnel que nos conhecemos, posso responsabilizar a boate por minha felicidade atual e posição ao escrever este livro.

Jamiroquai: "Space Cowboy"

"Space Cowboy" de Jamiroquai foi a primeira música original que eu já ouvi remixada em algo melhor (aos meus olhos) que a original.

Eu não sabia muita coisa sobre Jamiroquai, mas conheci "Space Cowboy" quando foi lançada como um single. Achei que era boa, mas nada de especial. Então, David Morales deu uma repaginada na música. Sua remixagem de "Space Cowboy" está sempre em minha caixa de discos (na maioria das vezes sem tocar, infelizmente) e sempre está em minha lista das dez músicas favoritas.

Quando ouvi essa faixa, foi a primeira vez em que consegui comparar uma original com uma remixagem, e entender os elementos necessários para mudar uma música de uma boa gravação original para uma remixagem dance, tendo a estrutura e sons funcionando perfeitamente na pista de dança.

(Um exemplo um pouco mais recente de outra remixagem fantástica é "Breathe" de Anna Nalick. Pesquise na internet a remixagem de Blake Jarrell. É incrível e nunca sai de minha lista de músicas.)

Técnicas de DJ Digital

Depois do CD, o trabalho do DJ realmente se estabeleceu no mercado de DJs; como milhares de outros DJs, fui para esse formato e comecei a deixar as tampas cada vez mais empoeiradas dos toca-discos. Para mim, isto sempre foi com uma triste relutância. Adoro o que os CD players podem fazer e adoro o fato de encontrar e remixar uma nova música, e gravá-la em CD pronta para tocar na noite ser tão fácil, mas não usar toca-discos para tocar a música deixou um grande vazio em meu coração.

Tudo isso mudou quando usei pela primeira vez meus toca-discos para controlar o software de DJ. Agora, tenho o melhor dos dois: a flexibilidade de ter uma música disponível com o clique de um mouse junto com a sensação tátil e a capacidade de usar os toca-discos para controlar a música, ao invés dos cliques de botões e bandejas de CDs.

Sinto-me um DJ de verdade novamente. Sempre que eu entrava em uma cabine de DJ, ao invés da sensação escusatória ao usar os CDs, eu me sentia capacitado e de acordo com a música que eu estava tocando. A combinação da forte base histórica dos toca-discos junto com a versatilidade, estabilidade e criatividade de usar o software de DJ fizeram com que eu sentisse que estava voltando para casa — não importando onde estava a cabine do DJ.

Alice DeeJay: "Better Off Alone"

Nem todas as influências foram positivas.

Descobri esta música quando era apenas uma instrumental do DJ Jurgen. Ela tem um pequeno gancho adorável e parece ótima. Toquei muito e tive uma boa resposta nos bares e boates sempre que a tocava.

O problema (para mim) era quando alguém pegava a música e colocava um vocal, mudando a dinâmica do som da faixa de algo que era uma peça musical interessante para um "saco" comercial. Como eu preferia a música original, automaticamente não gostava da versão vocal: ela conseguia transformar uma boa faixa da qual eu gostava de tocar em uma faixa ruim que eu odiava.

Infelizmente, era apenas eu. Todas as outras pessoas adoravam! Então, eu ainda tinha que tocá-la porque os lugares onde eu trabalhava pediam muitas faixas comerciais na lista de músicas para compensar qualquer faixa desconhecida mais underground. (Ironicamente, a faixa foi classificada como underground antes de ser vocal.)

LEMBRE-SE

Esta faixa, e várias outras no futuro, ensinou-me que, algumas vezes, você tem que tocar o que a boate e os frequentadores querem. Até você se tornar um DJ com a fama e o poder de Deadmau5, Sasha ou Oakenfold, terá que seguir as diretrizes da boate. No começo, o trabalho de DJ é manter as pessoas felizes e ganhar dinheiro suficiente para comer. Se eu tivesse recusado tocar essa faixa, não teria sido convidado para retornar como DJ; eu sabia que a coisa certa a fazer era apenas continuar tocando a música até que o apelo desaparecesse.

Delirium: "Silence"

No Capítulo 4, escrevi sobre me apaixonar pela música "Silence" do Delirium, tocando o quanto podia e como ainda significa muito para mim quando a ouço. Mas vejo essa música como uma faca de dois gumes. Vejo essa música como um ponto crítico em minha carreira de DJ, quando ela ficou um pouco ácida. Essa música não foi diretamente responsável, mas depois de "Silence" ser um sucesso, o mercado foi inundado de discos que eram melodias muito simples, óbvias e suaves, com uma mulher atraente cantando.

Obviamente, as pessoas tinham lançado discos desse tipo por anos antes de "Silence", mas o sucesso de "Silence" combinado com a facilidade de fazer e distribuir música na internet abriu as portas para os avarentos que descobriram que podiam lançar um disco ruim com vocais e ganhar dinheiro. Foi o que eles fizeram. Nem todas eram ruins: algumas faixas vocais muito boas apareceram com a onda. Mas muitos produtores não entenderam que "Silence" era um grande sucesso porque a música era realmente boa e se dava bem por si só, porém, o mais importante, a voz de Sarah McLachlan era inesquecível, única e combinava perfeitamente com a música e a atmosfera de uma boate.

Enfim, essa comercialização cruzada do cenário dance afastou a boa música. As pessoas que estavam comprando esses discos começaram a ir para boates que normalmente tocavam menos música comercial e elas começaram a pedir para ouvir o que conheciam. Os proprietários de boates, reagindo a uma nova voz e vendo aumento nos lucros com o novo grupo de frequentadores, concordaram felizes. Esse movimento levou a música que eu adorava tocar cada vez mais para o underground, a ponto de ser difícil conseguir trabalho tocando-a.

O problema com as tendências comerciais é que, por sua natureza, elas mudam quando as pessoas se movem de moda em moda. Como consequência, como cada nova faixa parecia mais com a antiga, a novidade dessa música desapareceu e os frequentadores se afastaram para o R&B e o nu metal. Isto significou que as boates que tinham abandonado sua antiga política de música precisava reajustar-se.

Algumas boates começaram a tocar música cada vez mais pesada, permitiram pessoas que elas não teriam no passado ou mudaram seu cenário musical completamente. Isso deixou a música (e o cenário da boate inteiro, como vi) em um estado de fluxo, deixando um sentimento de preocupação com meu futuro como DJ e com a música que eu adorava tocar. Como resultado, eu não devia ter preocupado-me.

Sasha e Digweed, Miami 2002

Meu último momento-chave da música de influência neste capítulo é o set que Sasha e Digweed fizeram em abril de 2002 na Winter Music Conference em Miami, EUA, como parte de seu tour Delta Heavy.

Quando ouvi esse set no final de 2003, estava passando mais tempo ensinando a ser DJ do que me apresentando, pois não estava apaixonado pela música como costumava estar. Mas eu ainda tinha um ponto fraco em meu coração para Sasha e Digweed — eu ainda era grato por eles darem o motivo para eu ter começado a ouvir dance music em primeiro lugar. Um amigo tinha esse set no iPod e perguntei se eu poderia ter uma cópia, apenas para ouvir o que estava acontecendo.

Duas horas depois, percebi que minhas suposições e preconceitos sobre música e como o cenário dance tinha terminado após sua hipercomercialização estavam errados de uma visão mais global. Senti como se estivesse renascendo musicalmente.

O set foi incrivelmente bem planejado e algumas músicas eram incríveis (a mixagem de "Headfirst" de Adam Dived para "Janeiro" de Solid Sessions quase explodiu as caixas de som em meu carro; toquei alto demais!). Esse set foi a chave que marcou meu retorno à música e ao trabalho de DJ — e é o motivo para eu ter escrito o livro *Técnicas de DJ Para Leigos*.

392   PARTE 5 **A Parte dos Dez**

NESTE CAPÍTULO

Evitando erros que fazem você parecer pouco profissional

Saindo para a noite com todo seu equipamento e músicas, depois de ser pago integralmente

Capítulo 25

Dez Erros dos DJs a Evitar

Os dez erros mais comuns que descrevo neste capítulo são exatamente isso: comuns. Alguns deles podem não acontecer nunca com você, mas, infelizmente, alguns podem com muita frequência. Não cometi todos os erros neste capítulo. A maioria deles sim. Mas nem todos... ainda.

O importante sobre os erros cometidos (ao ser DJ ou apenas na vida em geral) é que você aprende com eles. Assegure que você não irá repeti-los ou, pelo menos, verifique se você sabe como lidar com as consequências... como o som do silêncio em uma boate.

Esquecendo as Plataformas Deslizantes/Fones de Ouvido/Laptop

Esquecer suas plataformas deslizantes (que é algo fácil de fazer) não é um grande problema porque a maioria das boates tem seu próprio conjunto, mas se você falhar em levar seus fones de ouvido, é improvável que a boate tenha um par sobressalente de fones de ouvido com qualidade por lá para os DJs esquecidos usarem.

Esquecer qualquer parte de seu equipamento de DJ digital (laptop, cabos, controladora/vinil de controle, interface de áudio ou disco rígido) é muito pior porque é pouco provável que a boate terá um computador com seu software e sua biblioteca de músicas! Fazer uma lista e verificá-la duas vezes não é apenas para o Papai Noel!

Verifique o Capítulo 26 para ver uma lista de verificação das dez coisas que você precisa levar ao trabalhar como DJ.

Tirando a Agulha do Disco Errado

Tirar a agulha do disco errado é exatamente igual a pressionar stop ou ejetar o CD player errado. Garanto que em algum estágio em sua carreira de DJ você cometerá esse erro. Felizmente, você estará no santuário de seu próprio quarto, onde apenas o gato pode julgá-lo por seu erro.

Alguns programas de DJ digitais resolvem parte disso com uma configuração que torna impossível carregar uma nova música no aparelho que está tocando atualmente (lock playing deck) — mas você ainda tem que lembrar de não tocar nos controles do aparelho que está tocando — ou pressionar o botão errado na controladora/mixer.

Se você foi azarado o bastante para cometer esse erro ao trabalhar como DJ ao vivo em uma boate, coloque a agulha de volta (com cuidado: não a coloque no disco em pânico) ou pressione em play rapidamente no CD player (ou software). Se você ejetou o CD, ele levará um tempo para carregar de novo. Portanto, pressione play no outro aparelho e mova rapidamente o crossfader para esse canal.

Em seguida, assuma a responsabilidade. Sem desculpas. Diga que sente muito e prossiga com a noite.

394 PARTE 5 **A Parte dos Dez**

Exterminando os Problemas de Definição do Mixer

Deixar de colocar os controles ajustados para o canal errado, de modo que quando você move o crossfader reduz até ter silêncio (ou a música errada), é fácil de fazer. Ou você pode deixar, sem perceber, o grave parar durante uma mixagem e apenas entender no meio da música que não há grave. E pode deixar facilmente efeitos como flangers, filtros ou eco porque está focando sua atenção na próxima música (ou na garota/loira na pista de dança). Um lapso de concentração é tudo que é necessário para arruinar uma boa mixagem (e sua noite) — portanto, concentre-se!

Ficando Bêbado Durante a Apresentação

CUIDADO

Você precisa estar totalmente no controle de seu equipamento, mas não conseguirá fazer isso se levou muitas cervejas ou Jacks para a cabine de DJ. Tomar algumas bebidas alcoólicas para ter coragem é bom, mas ninguém achará que você é profissional se estiver tão ocupado com bebidas alcoólicas que nem consegue ver o mixer à sua frente e não consegue mixar corretamente.

Ouvi histórias de DJs se embebedando com uma caixa de Bud antes de ir para os aparelhos. Se você precisar beber, beba uma ou duas — então, fique com água.

> ### MOVIMENTO DE IMITAÇÃO
>
> Eu vi uma ótima foto na revista *DJ* há alguns anos de Sasha inclinado nos aparelhos para que alguém na pista de dança pudesse acender seu cigarro. (Na verdade, tenho um pôster acima de meu equipamento doméstico.) De volta aos dias quando eu fumava (não é bom, não é inteligente e *irá* matá-lo), eu achei que era tão legal que tentaria fazer o mesmo.
>
> Não só recebi uma chamada do cara da iluminação enquanto eu esperava alguém com um fósforo, mas quando eu me inclinei sobre os aparelhos, minha camiseta ficou presa na agulha no disco, tirando-a do lugar. (A agulha, não a camiseta.) Felizmente, era o disco a ser mixado, ao invés daquele que tocava na pista de dança, mas ficou mais complicado quando larguei o cigarro aceso no toca-discos porque eu estava muito perturbado pelo que tinha acabado de fazer.

CAPÍTULO 25 **Dez Erros dos DJs a Evitar** 395

Navegando ao Mixar

Um erro para os DJs digitais por aí. Você tem um computador à sua frente e você está conectado ao Wi-Fi da boate — com certeza não atrapalhará verificar alguns e-mails ou atualizar seu status do Facebook? Acredito, você passará muito tempo longe do set e terá que correr com a próxima transição ou perderá a próxima mixagem, deixando um silêncio e desordem na pista de dança. Pior que isso, o software executado fora de seu software de DJ poderá danificar o computador, fazendo-o congelar ou travar! Reinicializar colocará seu set no silêncio nos cinco minutos mais longos de sua vida!

Inclinando-se sobre os Aparelhos

Como DJ, você é o *anfitrião* da noite e tem permissão para mostrar e receber algum reconhecimento (com apertos de mão e beijos nas bochechas sendo os melhores). Apenas verifique se você é reconhecido um pouco à esquerda dos aparelhos, para que não bata neles ou bata com algo no mixer.

Evitando as Falhas do Guarda-roupas

Evitar uma falha do guarda-roupas é mais difícil do que você pensa. Do jeans com corte baixo demais (portanto, quando você se inclina para pegar um disco, todos podem ser seu cofrinho) até as mulheres usando um sutiã branco sob uma camiseta preta de modo que as luzes ultravioletas mostrem seus peitos brilhando, você ficará surpreso com o que pode dar errado.

Chapéus, lenços, ponchos e barbas falsas ficarão presos em seu equipamento ou cairão nos aparelhos. Se você estiver pensando em trabalhar como DJ com uma roupa sofisticada, faça um ensaio em casa primeiro. Você pode parecer incrível como Wolverine atrás dos aparelhos, mas verifique se as garras não arranham as músicas!

Passando Tempo Demais Falando com Alguém

Seja profissional: não passe tempo demais falando com um amigo, empregador em potencial ou membro do sexo oposto se você não tem bastante tempo para mixar corretamente a próxima faixa. Mesmo que tenha bastante tempo para iniciar a mixagem da música, não corra com a mixagem só para que possa voltar a conversar. E o que quer que faça, não passe muito tempo falando com alguém a ponto do disco chegar completamente ao fim; a menos, claro, que você queira ser demitido.

Deixando Sua Última Música para Trás

Se você estiver apenas fazendo parte da noite e alguém está assumindo o controle a partir de você, há chances de que terminou sua coleção de músicas em uma música muito boa, portanto, não deseja deixá-la para trás. Espere até que o próximo DJ tenha mixado sua última música, então, pegue o disco/CD, pegue suas bolsas e saia da cabine. Se você for afastado por alguém, peça ao DJ para colocar sua música em um lado e diga que irá pegá-la depois — pelos menos, assim a pessoa não se mandará com ela por acaso.

E DJs digitais: lembrem-se de sair com *todo* o seu equipamento...

Sendo Pago Antes de Sair

Depois de uma noite agitando o público, não saia da boate antes de ser pago integralmente. Não caia em desculpas como: "Não estou com meu talão de cheques aqui" ou "Não tenho tudo aqui; posso dar metade agora e o resto na próxima vez?". Já caí nessa no passado (com os promotores da boate em quem eu achei que podia confiar; a ironia de ser explorado assim em uma discoteca chamada Pravda — *honestidade* em russo — ainda é demais para mim).

LEMBRE-SE

Cada caso é diferente e você deve saber o quanto pode pressionar e aguentar do promotor ou do proprietário da boate, noiva ou noivo para exigir o pagamento. O mais seguro a fazer é concordar com a quantia antes de colocar o pé na cabine do DJ. Assim, você poderá ser muito persistente ao assegurar que terá todo o dinheiro devido.

Um contrato será especialmente importante se você for um DJ de casamento ou festa. Redija um contrato e assegure que ele seja assinado por você e pelas pessoas que o contrataram. Isso lhe dará a confirmação necessária de que você foi reservado — e lhe dará algo para consultar quando for pago.

398   PARTE 5 **A Parte dos Dez**

> **NESTE CAPÍTULO**
>
> **Equipando-se para um noite de DJ**
>
> **Lembrando das coisas que ajudarão a mantê-lo avançando durante a noite**
>
> **Chegando em casa com sua cabeça fora das nuvens**

Capítulo 26

Dez Itens para Levar ao Trabalhar como DJ

Desde os itens óbvios, como seus CDs, discos e fones de ouvido, até os menos óbvios como levar lanches e algo para gravar seu set, os 10 itens que descrevo neste capítulo são tudo que você precisa para ter uma noite bem-sucedida com os aparelhos.

Você pode querer afixar uma nota dos seguintes itens na parte de trás da porta ou perto das chaves do carro para que possa verificar antes de sair de casa. (E leve a lista com você para trazer tudo de volta!)

Todos os Discos ou Bits Corretos

Você pode ter milhares de discos ou CDs em sua coleção. Assegure se leva os certos com você. Verificar uma última vez se você escolheu a caixa certa ou se a maleta de CDs não irá atrapalhar! Também leve uma escova para limpar seus discos e um pano macio para os CDs.

Se você for um DJ digital, provavelmente levará seu equipamento inteiro, não apenas uma unidade com a música. Não suponha que uma boate terá um equipamento digital para você usar — a maioria não tem (é por isso que é importante pesquisar o equipamento de uma boate antes de aparecer). Você precisa embalar seu computador, controladora (inclusive o vinil de controle se você usar um), interface de áudio, cabos e música para assegurar que não cometeu um erro com nada quando chegar.

Inicialize seu computador e teste se tudo funciona antes de embalar e sair para a noite: dê uma olhada rápida para verificar se sua biblioteca de músicas também está lá! Em um mundo perfeito, você tem uma controladora de backup, computador e interface de áudio — mas como é improvável que você queira gastar dinheiro com um kit de backup, verifique se, pelo menos, tem um HD de backup contendo toda sua música e uma cópia do banco de dados da biblioteca de músicas do software.

Não Emprestar Fones de Ouvido e Plataformas Deslizantes

Faça uma última verificação para assegurar que seus fones de ouvido ainda funcionam e se você tem algum adaptador que precisa para que eles funcionem. Se você usa fones de ouvido que pode consertar com peças sobressalentes (como o Sennheiser HD25s), leve sua bolsa de ferramentas e peças sobressalentes.

Coloque duas plataformas deslizantes entre alguns discos na caixa de discos para que elas fiquem retas e sem danos. E lembre-se colocá-las de volta no final da noite!

Usar suas próprias plataformas deslizantes evita qualquer problema com as plataformas com pelos, grossas e sujas que uma discoteca pode ter. As plataformas deslizantes básicas no conjunto de aparelhos de uma boate podem criar muita resistência e, ainda pior, podem danificar seus discos devido à sujeira e aos respingos de cerveja agarrados.

Você É uma Estrela! Obtendo um Gravador Digital/CD em Branco

Tire o máximo de cada oportunidade gravando-se no set, que é especialmente útil no início de sua carreira. Você aproveitará muito porque poderá estudar seu desempenho e melhorar. Se uma boate não tiver nenhum meio de gravar o set (verifique antes), leve algo que possa usar para gravar seu set para ter uma evidência de que agitou o público!

Divulgando a Música com Demos

Nada melhor do que alguém pedindo uma cópia de seu trabalho depois de ouvir você tocar em uma boate. Nada pior do que não ter uma. Leve alguns CDs de seu set mais recente (verifique o Capítulo 19 para obter dicas sobre como criar o CD com o melhor som e aparência) e entregue-os com um sorriso no rosto.

Alguns exemplos de seu melhor trabalho serão úteis se alguém quiser reservar você por uma noite em algum lugar. Se você der às pessoas um ótimo set para levarem, elas não o esquecerão — apenas lembre de incluir seu número de telefone ou e-mail!

Sempre Estar Preparado: Caneta e Papel

Não apenas para anotar os números de telefone de uma clientela boa, caneta e papel também são úteis para anotar pedidos, enviar pedidos de bebidas para o bar e trocar números de telefone com as pessoas que desejam reservar você.

Embalando Suas Ferramentas e Salvando o Dia

Qualquer dono de casa sabe que as únicas ferramentas necessárias são WD-40 e fita isolante. Mas se você quiser ser exagerado, leve algumas chaves de fenda com formas e tamanhos diferentes em uma bolsa também porque não se sabe quando você poderá precisar de uma chave Phillips para salvar o dia.

Mantendo-se Abastecido com Comida e Bebida

Infelizmente, você não está lá para fazer piquenique; você conseguiu um trabalho. Mas leve alguma substância para mantê-lo para o caso de seu corpo precisar de combustível. Mantenha uma ou duas latas de seu energético escolhido e se você começar a ficar fraco na metade da noite, beba com cafeína.

CUIDADO

Contudo, saiba que algumas pessoas não reagem bem a um gole de cafeína. Portanto, no meio de uma apresentação diante de muitas pessoas não é o melhor momento para descobrir se seu corpo gosta de cafeína e guaraná!

Além de um energético, você também precisa levar algo para comer para o caso de ter fome. A fome pode ser uma distração e você não ficará tão atento às necessidades do público. Pastilhas e jujubas corrigem rapidamente o açúcar e contêm pouca gordura. Uma barra de cereais dá uma melhor nutrição e satisfazem por mais tempo, mas tem um teor calórico maior e algumas têm gosto de papelão!

Mantendo-se em Movimento com as Chaves do Carro

Você não irá muito longe sem as chaves do carro. Passei grande parte de uma noite sentado no porta-malas do carro, mãos na cabeça sem acreditar que tinha esquecido as chaves de novo! Tudo bem se você estiver saindo de casa, mas não será bom se suas chaves estiverem no bolso da jaqueta na boate fechada na qual você acabou de tocar.

Pegue a Carteira e Viaje

Você nunca sabe quando precisará de um pouco de dinheiro para pegar um táxi para casa (porque esqueceu as chaves do carro) ou apenas para comer massa depois da apresentação.

Se você tiver alguns cartões de visita, mantenha-os na carteira ou bolsa para que sejam entregues quando você precisar fazer alguma autopromoção.

Apenas para Esfriar: Set para Relaxar na Volta para a Casa

Algumas vezes, termino minha apresentação às 4h da manhã e estou sem clima para manter a agitação ouvindo mais músicas bombando de volta para casa. Portanto, tenho uma cópia da trilha do filme *The Big Blue* no carro para tais ocasiões. Ela tem algumas das músicas mais fantásticas que já ouvi em muito tempo. Minha esposa, Julie, se preocupa achando que a música me fará dormir na volta para casa, mas tudo que ela faz é abrandar a altura natural na qual eu estava com uma noite de energia e êxtase musical (mas não faz muito com a cafeína, devido às muitas bebidas energéticas!).

Recomendo o filme também...

PARTE 5 A Parte dos Dez

Índice

A

a cappella, 378–379

agências, ingressar em, 338–342

agente secreto, 343

agulhas
  tirar de discos errados, 394

álcool, 395

amigos
  convidar para cabine do DJ, 378
  falar com, 396–397
  fazer novos, 342–343

amplificadores
  boates e, 350

ao vivo, apresentar-se
  festas, 350–351
  ficar bêbado, 395
  leitura do público, 356–358
  o que esperar nas boates, 354–356
  pesquisar locais, 346–351
  preparar-se para apresentação, 351–354
  sobre, 345–346
  terminar, 363–364

aquecimento, DJ
  assumir o controle, 360–364
  sobre, 346–347
  solicitações, 359–360

artista, agência de gerenciamento, 340

automáticas, recurso de sincronização de
    batidas, 142–143

B

banheiro, pausas, 377

batidas
  remover, 378–379

batidas, combinar
  redefinir andamento do som para zero
      após, 382

bebidas
  de graça, 380–381
  lembrar de levar para o trabalho, 402

"Better Off Alone" (música), 389

boates. Veja também tocar ao vivo
  pesquisar, 346

C

cabine, monitor, 350

cabos, verificar, 38

caneta, lembrar de levar para o trabalho,
    401

carteira, lembrar de levar para trabalho, 402

CD players
  pesquisar boates e, 348

CDs. Veja também CD players
  guardar na boate, 348–349
  pular, 383–384

cenário, recursos, 368–369

chaves do carro, lembrar de levar para o
    trabalho, 402

clima, avaliar, 361–362

Coe, Alexander (DJ), 379–380

coleções
  selecionar, 352

comida, lembrar de levar para o trabalho,
    402

competições, participar de, 373

conectar ao sistema de som da boate, 346

configuração. Veja também conexões
  verificar, 361

conselhos para DJ, 369

conselhos práticos, 371–372

controle, músicas, 352, 352–353

corpo, linguagem, 361–362

cortar perdas, 341–342

critérios para agências, 340–341

D

Deadmau5 (DJ), 380

definições

EQ, 355

monitor, 355–356

níveis, 355

de graça, bebidas, 380–381

Delerium, 389–390

digitais, DJs/técnicas de DJ

como influenciador, 388–389

digital, lembrar de levar gravador, 401

Digweed, 390–391

dinheiro, discutir com boates, 350

discos

guardar, 348–349

lembrar de levar para o trabalho, 400

pular, 383–384

disponibilidade do vinil, 64

DJ, cabine

convidar amigos para, 378

DJs

aquecimento, 346–347

escolher nomes, 379–380

fóruns, 370

substituir, 347–348

websites de conselhos, 369

E

EQ (equalizador), controles

configurações, 355

equipamento

acostumar-se a, 354–355

lista de verificação para, 399

ergonomia do mobiliário, 24

erros comuns, 393–397

esquecer, 394

F

ferramentas, lembrar de levar para o trabalho, 401

festa, DJ

solicitações para, 360

tocar ao vivo como, 350–351

física, loja, 33–34

fones de ouvido

esquecer, 394

fóruns de DJ, 370

G

gêneros

organizar músicas por, 351–352

guarda-roupas, falhas, 396

H

habilidades, recursos para desenvolver, 369

hospedadas, transferir mixagens, 372

I

iluminação, 381

influências, 385–392

internet, marketing, 344

iTunes, podcast, 372

J

Jamiroquai, 388

L

La Luna, 386–387

laptops

esquecer, 394

lembrar de levar para o trabalho, 399

ler

livros, 370–371

406   **Técnicas de DJ Para Leigos**

público, 356–358

limpar, 53–54

locais, pesquisar, 346–351

M

marketing pessoal, 344

Mídia, 368–370

mixar

 surfar enquanto, 396

Mix Cloud, 372

mixers

 pesquisar boates e, 348

Mixmag (revista), 368

mobiliário, 24–28

momento, tocar com, 362–363

monitores

 ajustes, 355–356

música

 lembrar de levar para o trabalho, 401

música, recursos, 368

música. Veja também música, estrutura

 organizar, 351–352

N

nervosismo ao tocar ao vivo, 354

níveis

 configurações, 355

notícias, pesquisar, 50–51

novo, comprar, 33–36

O

orçamento para equipamento, 31–32

organizar músicas, 353–354

P

pago, ser, 397

papel, lembrar de levar para o trabalho, 401

para DJ digital, 32

perdas, cortar, 341–342

pesquisar

agências, 340

 locais, 346–351

 boates, 346

pessoal

 marketing, 344

 vender-se, 342

plataformas

 lembrar de levar para o trabalho, 400

plataformas deslizantes

 esquecer, 394

podcasts, transferir, 372

precisão, controle do andamento do som, 84–85

predeterminadas, listas de músicas, 352

preparar

 para se apresentar ao vivo, 351–354

principal, apresentação, 347

principal, DJ

 assumir o controle a partir do DJ de aquecimento, 360–364

 solicitações para, 359–360

problemas de ajuste, 395

profissionalismo, 395

público, fazer leitura de, 356–358

pular discos/CDs, 383–384

R

Radio 1

 como influência, 387

Recess (DJ), 379–380

recursos, 367–374

rede, 342–343

redefinir andamento do som para zero após combinar batidas, 382

Renaissance: Disco 1, 386

roupas, 376–377, 396

S

Sasha (DJ), 379–380, 390–391

ser anfitrião em sua própria noite, 373–374

set para relaxar, lembrar de levar para o trabalho, 403

sets

lembrar de levar para o trabalho, 403

sets de outras pessoas, 372

"Silence" (música), 389–390

software

organizar músicas com, 351–352

travar, 383–384

solicitações, lidar com, 358–361

"Space Cowboy" (música), 388

Steventon, John (autor e DJ)

influências, 385–392

nome de DJ, 379–380

website, 369

substituir um DJ, 347–348

T

toca

com momento, 362–363

toca-discos

pesquisar boates e, 348

"To the Beat of the Drum" (música), 386–387

trabalho

ingressar em uma agência, 338–342

marketing na internet, 344

rede, 342–343

transferir podcasts/sets hospedados, 372

travado, software, 383–384

Tunnel Club, Glasgow, 387–388

V

vender-se, 342

vinil

guardar, 348–349

lembrar de levar para o trabalho, 400

pular, 383–384

vocais, retirar, 378–379

volume

trabalhar em ambientes barulhentos, 356

W

websites

BBC Radio, 369

Mixmag (revista), 369

perfis do DJ, 344

Steventon, John, 369

WordPress, 344

Y

YouTube, 369

Z

zero, andamento do som, 382

Zimmerman, Joel Thomas (DJ), 379–380